创新的资本逻辑

（第二版）

FINANCE AND INNOVATION
SECOND EDITION

田轩 ◎ 著

北京大学出版社
PEKING UNIVERSITY PRESS

图书在版编目（CIP）数据

创新的资本逻辑 / 田轩著. — 2版 —北京：北京大学出版社，2021.8
ISBN 978-7-301-32079-2

Ⅰ. ①创⋯ Ⅱ. ①田⋯ Ⅲ. ①企业管理 – 研究 Ⅳ. ①F272

中国版本图书馆CIP数据核字(2021)第056145号

书　　　名	创新的资本逻辑（第二版）
	CHUANGXIN DE ZIBEN LUOJI（DI-ER BAN）
著作责任者	田　轩　著
责任编辑	裴　蕾
标准书号	ISBN 978-7-301-32079-2
出版发行	北京大学出版社
地　　　址	北京市海淀区成府路205号　100871
网　　　址	http://www.pup.cn
微信公众号	北京大学经管书苑（pupembook）
电子信箱	编辑部em@pup.cn　总编室zpup@pup.cn
电　　　话	邮购部010-62752015　发行部010-62750672　编辑部010-62752926
印刷者	天津中印联印务有限公司
经销者	新华书店
	730毫米×1020毫米　16开本　30.75印张　687千字
	2018年第1版
	2021年8月第2版　2024年2月第4次印刷
定　　　价	89.00元

未经许可，不得以任何方式复制或抄袭本书之部分或全部内容。
版权所有，侵权必究
举报电话：010-62752024　电子信箱：fd@pup.pku.edu.cn
图书如有印装质量问题，请与出版部联系，电话：010-62756370

再版序

《创新的资本逻辑》首版是由北京大学出版社在2018年出版的。2016年下半年起意、筹备、撰写，2017年12月31日完成全书的第一稿，2018年7月第一版《创新的资本逻辑》付梓面世。一转眼，本书的出版已经过去近三年时间。再次翻阅，心中无限感慨。

我是一个不太愿意"走老路"的人，比起"回头看"，我更愿意将目光投向更具有挑战性的前方。但是，第一版《创新与资本逻辑》的读者们在各种场合、通过各种渠道给我的反馈，以及他们对于书中内容进一步探究的强烈渴求，使我不得不常常去回忆，去重新翻捡这些过去的文字。这一看，却也看出不少名堂来，促使我静下心来对这本书做一个全新的修订与升级。

作为我在国内的第一本著作，第一版《创新与资本逻辑》尽管集合了我2008年博士毕业后十年研究的精髓，但面对大众进行呈现，仍显得瑕疵不断。尽管如此，拙作依然能得到大家的认可和鼓励，令我非常感激。无以为报，只能以新版更加精彩的内容、更加前沿的研究成果谨表谢忱。

◇ 新理论框架下的中国经验与证据

这本书第一版于2018年面世，当时书中谈及的许多内容，在当前这个"百年未有之大变局"里，显得更加鲜明，很多道理和事情被看得更清楚，书中的许多命题如今走入现实，成为摆在我们面前亟待解决的焦点问题。

主流的声音也在响起——如今中国经济、中国企业面对的，是一场"质与量的战争"，我们要从过去三十年来依靠巨大人口红利与资源投入的粗放型高速发展，转变为依靠创新、依靠全要素生产率提升的高质量发展——决策层这种明确的判断与抉择着实令人振奋。

理想很丰满，现实却比较骨感。受内外环境影响，近几年来，关于"下半场"的说法越来越多：互联网"下半场"、消费升级"下半场"、金融科技"下半场"……"下半场"成为中国经济热词，意味着支撑经济的传统动力开始减速。我们无法一味延续过去的发展路径与模式，这已是不争的事实。而与此同时，去全球化、贸易保护主义、经济脱钩等一系列新的外部环境问题又给我们带来了新的挑战。

诺贝尔经济学奖得主 Romer 的内生经济增长模型提出在资本和劳动外，可把人力资本（以受教育年限衡量）和新思想（以专利衡量）作为增长的内生要素。可见，中国经济未来何去何从，关键在于能否回答好两个问题：第一，先行者如何利用资源优势来守？第二，后来者如何利用真正的创新来攻？而后者是"下半场"成败的重中之重。

众所周知，实体经济的创新离不开金融支持和人才投入，企业是创新的主体。保证创新企业具有良好的融资环境、降低企业的融资成本，对促进创新具有重要意义。资本市场是企业筹集资金的主要渠道，构建完善的资本市场体系，能够提高企业生产要素增加效应及创新倾向提高效应，从而助力企业创新，帮助中国顺利形成"双循环"的发展格局。

然而，一个严酷的事实是，中国的资本市场虽然经历了三十年的发展，但仍然存在很多制度扭曲，在支持创新方面的作用仍然十分有限，远没有充分发挥其应有的功能。

回到"创新驱动中国经济下半场"这个命题。既然发展增量空间有限，那么如何盘活存量，在已有基础上定义、定位好创新，是我们在"撸起袖子加油干"之前，应该审慎求解的命题。

这也正是《创新与资本逻辑》第二版努力探求的核心问题。在新版中，基于上述中国语境的应用场景，我重新梳理了原书的逻辑和脉络，根据最新研究成果，新撰写了四章内容。在更新和完善各章节理论框架的基础上，以中国的经验证据作为章节落脚点，同时特别大幅度修订了专门面向中国创新实践的第17章"制度创新与企业创新：国有企业与股权分置改革"，带领读者探寻那些在身边已经发生和正在发生的现象背后的真相，寻找破局之法。

"学之大者，为国为民"。我愿以此书，通过国际比较的视野，把自己对中国崛起、中国模式、中国话语的思考表达出来，与所有关心中国乃至世界命运的朋友一起分享，为中国经济转型升级贡献一些智慧的力量。

◇ 生于研究，成长于研究，不止于研究——探寻"so what"

此次再版的《创新的资本逻辑》，也是我在学术研究道路上从"what"转变为"so what"的一个历程及阶段性成果的完整记录。

回想起十七年前刚开始读金融学博士，初入学术界，我也与大多数年轻学者一样，沉迷于研究过程中炫酷的数学公式和编程技巧（我把它们喻为《神雕侠侣》中，独孤求败"五把剑"中最具有视觉刺激性，且凌厉刚猛的一把剑：无名利剑）。对技术的莫名痴迷，导致当时的我愿意把大量的时间，花在学习各种计量经济学的方法、统计软件的应用和计算机语言的编程上。

这个阶段大概持续了八年，直到博士毕业三年后的某一天，我终于顿悟——数学、计量、编程等技术只是工具，玄铁重剑无锋才是更高的境界。由此，我开始体味事物内里之逻辑玄妙，关注结论背后的因缘而生。我将其形容为一个打开"黑盒子"的过程。

所谓"黑盒子"，是指我们只能看见一个理论或者实证的结果，但是，即使用炫目的技术建立了因果关系，也无法了解这个理论，或者实证结果的内在逻辑和推导形成的过程。而打开"黑盒子"的过程，是一种建立再推翻，从迷雾中寻找真理的思考方式；是寻找内在底层逻辑，对事件进行深入剖析的能力。"黑盒子"里世间万物的运行机制，才是学者应该解构和探索的对象。

2014年，我获聘终身教授，也进入了学术生涯中相对成熟的阶段，经常有学术"中年危机"之感，发表与否不再决定职业的生死存亡，世事逐渐淡然。这个时候，我开始将目光更多地聚焦在追寻研究的意义——把自己做的事情，放到历史中，看看其能否作为过去的总结、现在的镜鉴，又有多少值得流传下去。仿若进入独孤大侠手持木剑的阶段。

随着金融改革在中国的深化，我们面对的是一个更加复杂开放，和我们日常生活联结日益紧密的金融市场。那么，如何让学术之光以生动的形象呈现在大众面前，并与现实生活发生充分的"光合作用"？这也是近些年来我不断在金融与创新这个交叉学科的研究道路上追寻的目标。

《创新的资本逻辑》第一版上市至今，在致力于将研究成果应用于中国金融市场化改革实践的这条路上，我一直不敢懈怠。幸运的是，也取得了一些新成果——我的研究获得国家自然科学基金委员会"国家杰出青年科学基金"和北京市"卓越青年科学家"项目的慷慨资助，一些成果在《人民日报》和中央电视台综合频道与财经频道等主流媒体上发表和播出。我与合作者共同撰写的论文"对冲基金积极主义者如何重塑企业创新?"荣获国际顶级金融期刊 Journal of Financial Economics 的 Jensen Prizes(詹森奖)一等奖。我也获聘权威学术期刊 Journal of Corporate Finance 联席主编,成为其创刊以来第一位在亚洲高校全职工作的主编。随着学术成熟度的提高,我也坚持跨界和交叉融合的研究原则,把目光投向其他领域。过去几年也有若干篇论文被不同领域的国际顶级学术期刊接收发表,例如 Journal of Financial Economics(金融学类期刊)、Journal of Accounting Research(会计学类期刊)、Management Science(管理学类期刊)、Journal of Law and Economics(法经济学类期刊)、Information Systems Research(信息系统科学类期刊)。

在将研究与实践结合不断向纵深推进的过程中,出于学者的使命感与责任感,在面对 2020 年年初肆虐全球的新冠疫情时,我牵头撰写的关于中国经济的疫情对策、中小企业生存发展的多篇内参,经有关部门上报后,也得到了中央领导的重要批示和响应。同时,为提高理论研究的针对性和实效性,我主持申报的课题"重大突发公共卫生事件对我国经济高质量发展的影响及对策"经过国家自然科学基金委评审,入选"新冠肺炎疫情等公共卫生事件的应对、治理及影响"专项项目资助名单,获批立项。

当然,比起研究成果,更重要的是,如今,我可以将所有这些新增的、关于"so what"的拓展性研究成果,通过如今的《创新的资本逻辑》第二版呈现给大家。希望通过全新理论架构与场景化的实证案例分析体系,帮助你重构思维方式,与你共同开启一扇用资本视角思考创新未来的智慧之门,共同迎接 20 世纪第三个十年的挑战。

◇ 愿为一座桥、一盏灯

近些年来,随着"概论"之风的兴起,各个分门别类的学科衍生出更加细致的分支,这导致如今学术界产生了一种诡异的现象——"研究的越来越多,明白的却越来越少"。

如果只专注于眼睛下方鼻尖上的一个小点儿,即使研究得再深,也会失去纵观全局的眼光,无法实现对现实的真正理解。在发展中,很多学科逐渐形成面向自己"圈内人"的术语体系。于是,随着人们对世界了解的不断深入,横亘在人生与知识之间的沟壑也更加宽广——大众无法理解智者的思考,求知者无法理解知者的观点。更可怕的是,当知识庞杂到无法在民众中普及,则知识极易沦为象牙塔里的理论，甚至演化为民众对权威的盲目迷信。

所以，在当下，作为学者和教者，做好知识普惠工作的责任显得更为重大。作为一名在金融领域还算有一些经验的学者和实践者，我在 2019 年花了一整年的时间，尝试了全新的知识传授方式，比如在得到 App 平台开设《公司金融》的视频课程。借此，对于理论知识的大众传播，我也有了新的理解和认知。

在这本全新升级的《创新的资本逻辑》中，借力于近期在线下、线上所做的全新尝试，我希望以一种打破第一版常规理论讲述的方式，引导读者走近、了解、领会金融与创新这门交叉学科的知识体系，让读者能够构建出自己对于现象、事件的洞见，构建起对于社会运行整体认知的金融学直觉。

金融体系是一项发明，而塑造这种体系的过程还远没有结束。新的时代发出了新的呐喊，如今，我们每个人都被定义为金融创新的参与者。希望大家通过阅读这本书，能够真正将自己视为经济、金融、科技生活中的"局中人"，去思考生活中的现象与问题，而不仅仅是看热闹的"吃瓜群众"。

只有我们每个人都实现金融思维的成功跃迁，我们才能以更加积极和主动的姿态，履行时代赋予我们的责任，在每个人、每个家庭、每一天的决策中，潜移默化地实现对金融体系民主化和人性化的改造。直到未来某一天，我们能够看到，各类金融机构在普通民众的生活中更加常见，它们产生的影响也更加积极。

◇ 写在最后

此书之所以能结集出版，首先要感谢我的责任编辑裴蕾女士，她是我在北大年轻很多级的师妹，很难想象本科是数学专业的她在文字编辑上有如此了得的功力。她极其细致的工作、很多建设性的意见和持续的鼓励促成了本书第二版的写作。同时，我也要感谢我研究团队的成员赵海龙、黄兆君、赵影、张溪婷、隗玮和张澈，他们为本书第二版的写作付出了很多辛勤的、基础性的努力。本书的出版得到了国家自然科学基金委（项目号 71825002，71790591，91746301）和北京市"卓越青年科学家"项目（项目号 BJJWZYJH012019 10003014）的资助。

一本书一旦出版，便获得了自己的生命，读者或褒或贬，均不在作者的掌控之中。但我却认为自己写作此书的意愿，即用中国话语来论述中国和世界，只会随着中国经济的转型升级，而越来越具有生命力。仅做此序，也期待更多人加入推动中国经济再出发这一最激动人心的辉煌伟业中来。

由于个人水平有限，尚祈读者诸君惠赐宝贵意见，不吝指正。

序

成为一名大学教师本不是我人生规划的一部分。从童年开始，在相当长的一段时间里，我的理想是成为一名钢琴家。从5岁开始习琴，每周二下午去中央音乐学院的琴房见我的钢琴老师是小学里印象最深刻的记忆之一。后来因为我的手掌不够大，手指不够修长，我又改学演奏小号，继续着我的音乐梦想。在报考中央音乐学院附中失败后，我"被迫"走上了一个13岁普通少年常规的求学之路：上中学，考大学，直至出国留学。

即使在2001年于北京大学毕业后开始出国求学时，我也从未想过要在大学任教，搞学术研究。那时的想法很简单：从小一直生活在北京，我想看一看外面更大的世界。我与同学们一起申请了二十几所美国大学的博士项目。历经波折，我很幸运地拿到了位于美国西雅图的华盛顿大学的录取通知书，开始了远涉重洋赴美求学之路。之后，我又辗转来到位于美国东部的波士顿学院，继续攻读金融学博士学位。

曾经，我以为读博士就是读更难的书、做更难的题、考更难的试，但我很快就发现自己对博士的理解是错误的。博士是训练一个学生从知识的消费者（学习知识）变成知识的创造者（发现知识）的过程，这个转变是攻读博士学位中最"惊险的一跃"。在"炼狱"般的蜕变中，无数优秀且聪明的学生最终却未能顺利毕业。这些学生虽然可以迅速理解各种概念、定理，甚至可以在考试中轻松获得满分，但当他们自己需要"创造"知识、发现一些新东西的时候，却无法完成，最后只能以ABD（all but dissertation，特指完成了全部课程但是没有完成博士论文，因此未能获得博士学位的学生）的身份黯然退出。

也许是由于导师的谆谆"洗脑"，我不断被灌输并最终认同了这样的理念：博士的使命是探索未知、发现真理、拓展人类知识的边界，而成为大学教师是博士毕

I

业后的"正途"。渐渐地，我发现自己对科研有了兴趣，开始找到了一些做学术的感觉，并且领会到了其中的美妙。随着博士论文的顺利完成，我获得了金融学博士学位。更加幸运的是，我收到了美国印第安纳大学凯利商学院的聘书，在而立之年成为了一名金融学助理教授，正式开始了我的学术生涯。

学术研究的过程很像本书的主题：企业的创新活动。它是一个对新现象、新问题，或者新数据背后本质的探索与发现的过程。首先，你需要知道自己知道什么，也知道自己不知道什么。其次，要在未知中保持凝视，因为可以做的事情太多，如果不够专注很容易迷失方向。最后，也是最重要的，你需要有恒心和韧性。真正的学术研究对于纵向的深度有着非常苛刻的要求。从问题的提出、模型的推导、数据的采集和分析、稳健性的检验、其他可能假说的排除、最后结论的得出，到论文的写作完成，整个过程非常漫长而枯燥。更可怕的是，这只是论文发表过程"万里征程"的第一步。这之后作者需要在学术讲座和会议上反复地宣讲论文，并收集反馈意见，然后根据同行和审稿人的意见多次修改，直到论文最终被主编认可接受发表。这个过程短则两到三年，有时甚至需要十几年。这是一个充满挫败感的修炼过程，也是对一位学者恒心和韧性的考验。

自我2008年博士毕业至今（指本书初版出版时，即2018年）已经整整10年。在这10年里，除了研究风险投资和并购重组，我一直专注于对企业创新这一领域的研究，探讨如何运用金融手段帮助初创企业和成熟企业进行技术创新。技术创新本身其实并不是一个新领域，它在管理学、战略学里已经被很多学者研究过。我所做的是从一个新的角度切入，研究金融与企业技术创新这样一个交叉学科。记得最早是在2009年3月，在一个非常偶然的机会下，我接触到金融与企业技术创新这个交叉领域，那时关于这个领域的研究基本还是一片空白，大量有趣且极为重要的课题尚未被研究和发掘。我仿佛误入所罗门宝藏的挖矿人，一头扎了进去，连续数年一直在这个领域里不断挖掘，不能自拔。随着这个领域越来越被主流金融学界认可，我的研究成果也一篇篇地发表在国际顶级学术期刊上，也有越来越多的学者加入，和我一起在金融与企业创新这个领域共同耕耘。我自己也很幸运地在36岁的时候晋升为终身教授，两年之后成为教育部"长江学者"特聘教授。

关于金融与企业技术创新，我们的研究主要涉及两大主题：一是如何运用金融手段激励企业进行技术创新；二是如何更有效地为企业创新进行融资。这本书是对我过去10年研究成果的回顾，也是对未来的展望。应该说，它是国内第一部基于原创成果系统介绍金融与创新前沿理论与实践的学术参考书。本书重点介绍了金融与创新领域前沿的理论、重要的研究问题、核心的研究思想和精巧的研究设计与方法。全书共14章，每一章为一个专题，以我的一至两篇论文为核心展开。每章初始会以美国资本市场为依托，研究特定的要素如何激励企业创新，这是因为美国资本市场对企业技术创新的支撑作用，在全世界范围来看，具有较强的参考价值，所以借鉴和参考美国经验具备直接的现实意义。当然，我们的研究最终还是要落脚中国，无论是从市场角度还是政策角度，本书都着力引入大量中国数据和案例，探索在中国场景下如何学习美国的经验，吸取美国的教训，避免其走过的弯路，更好地利用金融手段激励企业创新，并不断优化创新所需的融资安排。

同时，本书也为企业创新的资本逻辑提供了一个崭新的理论框架，它涵盖了：微观企业层面上的要素，比如股票流动性、兼并收购、供应链等；中观市场层面的要素，比如金融分析师、机构投资者和银行业等；宏观国家层面的要素，比如金融市场的发展、政策不确定性和体制改革等。从学术的角度来讲，这一框架可以为学者们提供更多的研究思路，从而更深刻地理解创新激励的路径和机制。从实践的角度来讲，本书也为政策制定者、市场监管者和参与者以及企业管理者在激励技术创新等方面提供了现实可行的参考方案。当前，我国经济发展进入新常态，在大力推进供给侧结构性改革、强化资源配置效率，以科技创新助力经济腾飞的大背景下，金融要回归其本源，实现为实体经济服务的使命，通过资本激励企业创新，助力经济增长，从而带动资本市场健康发展。这一良性循环，是我国"创新驱动发展战略"的实践，也是实现中国经济结构转型、提升经济发展层次的必经之路。

"十年磨一剑"，终成此书。在本书即将付梓之际，我要感谢众多前辈、师长和同行对我持续的关怀、指导和支持。我要感谢我的研究团队（博士生和研究助手们）在本书撰写中所付出的辛勤努力，他们是：赵海龙、丁娜、孟清扬、赵文庆、欧阳方家、隗玮、杨元辰、李响、钱佳琪、张诏、叶静、张澈、赵影、任庆东、季诗朋、陈战光和魏昊。我很感谢这些年来所有选修清华大学五道口金融学院"高级金融问题前沿研究"课程的学生，特别是很多外校的教师和学生。他们在秋季学期的每个周一，风雨无阻地赶到五道口的红色小院，在萧瑟的秋风或寒冷的冬夜中和我们一起研读经典，他们对知识的渴求和对学术的热情鼓励了我对本书的撰写。我要感谢我的导师 Thomas Chemmanur 教授：他引领我进入学术的殿堂，并且鼓励我在荆棘的学术道路上坚持下去。我要感谢我所有的论文合作者：他们带给我灵感，和我一同忍受文章被无情拒绝时的挫败感，也和我一同分享文章最终发表时的成就感。我还要感谢北京大学出版社林君秀主任，特别是我的责任编辑裴蕾女士，她们细致而卓有成效的工作使本书的出版过程平稳、顺利。本书的写作和出版得到了国家自然科学基金委重大项目（项目号 71790591）和清华大学自主科研基金（项目号 20151080451）的资助。

最后，也是最重要的，我要感谢我的太太。没有她二十多年持续、无私、坚定的支持，我今天的一切皆无可能。

再版前言

第二版对原书内容做了大幅调整和充实，包括对多个章节做了更新，并且根据最新研究成果，新撰写了四章。第二版包括导论和四篇，一共18章。每一章自成体系讨论一个重要的创新驱动要素。本书导论（第1章）对金融与技术创新这一领域做了一个鸟瞰式的综述，重点梳理本领域的重要文献并搭建了一个崭新的逻辑框架。微观企业篇（第2章至第7章）主要从微观层面探讨了企业内部和外部特征及要素对于创新的影响：第2章关注风险投资和其对失败的容忍度对创新的影响；第3章讨论股票流动性的利弊；第4章通过"宝万之争"探讨了反收购条款对创新的作用；第5章论述了人力资本的发掘和激励；第6章讨论了供应链上下游企业的相互影响和创新；第7章剖析了金融分析师在激励创新中所扮演的特殊角色。

中观市场篇（第8章至第12章）主要在中观资本市场的层面上厘清市场运行机制对于创新的作用：第8章讨论了一种崭新的组织形式——企业风险投资——对于技术创新的影响；第9章关注来自机构投资者的干预；第10章从银行业竞争的角度研究债务资本提供者的作用。新增的第11章论述了上市公司财务报告披露频繁程度对于创新的影响；新增的第12章从创新的市场生态系统角度考虑，关注专利审查机构的可达性。

宏观制度篇（第13章至第17章）从宏观层面，主要利用跨国数据和分析，研究了制度和政策对创新的影响：第13章比较了各国资本市场和债务市场的发展程度对创新的不同影响；新增的第14章关注资本市场的开放和自由化对企业创新的影响；第15章讨论了开放资本市场后随之而来的国外机构投资者对于创新的促进作用；第16章对比了政策和政策不确定性给创新带来的不同后果；最后，第17章落脚在我们中国，以我国资本市场的股权分置改革为切入点，探讨了制度创新给企业技术创新带来的新机遇。

最后，在新增的拓展篇（第18章）中，我为对学术研究有兴趣的读者准备了一篇对金融与企业创新领域的尽量全面的文献综述。这章基于我和佐治亚大学 Jack He 教授合作的两篇综述文章（He and Tian, 2018, 2020），回顾了近年来快速增长的有关金融与企业创新的 200 多篇文献，我们重点讨论了企业融资的动机和资金来源，金融市场和金融制度在多大程度上影响了企业技术创新的启动、过程、特征和结果。

本书的主要观点和结论来自发表在国际顶级金融和经济学术期刊上的学术论文，都是经过严格、严谨甚至苛刻的反复论证。本书在写作上尽量注意兼顾严谨性和可读性，删掉原学术论文中大量的技术细节而只保留其核心内容，对于一般读者不太熟悉的计量经济学的方法和著名经济学家也做了简短的介绍。同时，本书大量加入基于中国场景的迷你案例和数据分析，紧密联系我国的金融实践，把学术研究和企业实践结合起来，力求成为对资本与创新这一领域感兴趣读者的案头必备书籍。

当然，尽管我在写作过程中尽量提高本书的可读性，但是书中仍然不可避免会有一些普通读者不熟悉的专业术语和计量统计方法的表述。所以，对于不同类型的读者，我的建议如下：对于不熟悉相关学术术语和文献的普通读者，可以重点阅读每章的研究背景、案例讨论、分析结论和在中国场景的运用。对于专业人士和学者，可以更多关注每章的逻辑阐述、假说推导和技术细节。本书可以作为包括高校与研究机构的学者、博士研究生、硕士研究生、MBA（EMBA）和有余力的高年级本科生的学术参考书或教材，亦可作为业界从业人员与政府机构工作人员等专业人士的参考读本，也可作为一般读者的专业知识入门读物。

目录

导 论

第1章 金融与创新学术前沿：一个崭新的框架 / 3

上 篇 微观企业篇

第2章 拥抱风险，宽容失败：风险投资与创新 / 21

第3章 股票流动性的利弊辩 / 52

第4章 收购与反收购条款："宝万之争"的启示 / 76

第5章 发挥人的作用：激励还是保护？ / 106

第6章 把创新沿着企业供应链进行到底 / 132

第7章 金融分析师的罪与罚 / 152

中篇 中观市场篇

第 8 章　企业风险投资：一种新的创投组织形式 / 177

第 9 章　来自机构投资者的干预 / 202

第 10 章　银行竞争谁受益：大企业？小企业？ / 225

第 11 章　财务报告披露频率之争：年报、半年报还是季报？ / 247

第 12 章　近水楼台先得月：专利审查机构的可达性与企业创新 / 276

下篇 宏观制度篇

第 13 章　金融业发展和创新：基于跨国证据 / 303

第 14 章　开放资本市场的祸与福 / 327

第 15 章　国外机构投资者与资本市场的开放 / 354

第 16 章　政策不明朗惹的祸：政策稳定与创新 / 371

第 17 章　制度创新与企业创新：国有企业与股权分置改革 / 393

拓展篇

第 18 章　金融与企业创新：一个尽量全面的文献综述 / 423

part 导论

FINANCE AND INNOVATION
(SECOND EDITION)

创新的资本逻辑
（第二版）

第1章

金融与创新学术前沿：一个崭新的框架

> 近年来，金融与企业创新已成为学术研究者关注的重要课题。对这个新兴领域的研究主要包括两个主题：一是如何更好地激励企业管理者投资创新；二是如何有效为创新融资。

创新是发展的第一动力，是建设现代化经济体系的战略支撑。中国正在走上以创新驱动和创新发展为主导的创新强国之路，对加快建设创新型国家提出明确要求。

如今世界各国创新产业竞争日趋激烈，信息技术、生物技术、新能源和新材料等技术交叉融合，同时以互联网、云计算、5G、人工智能、大数据为代表的新一轮科技革命也如火如荼地进行着。我国政府充分认识到创新对国家发展的重要性，反复强调"加强国家创新体系建设"，致力于培育以新技术、新产品、新业态、新模式为代表的"四新经济"，打造中国经济升级版。

创新激励：概览

众所周知，创新非常重要。美国著名经济学家Robert Merton Solow教授在他经典的"内生增长模型"中提到了创新对一个国家经济增长的重要作用。哈佛商学院的Michael E. Porter教授也说过：在战略管理中，创新对一家企业保持竞争优势地位非常重要，技术创新对一家企业保证优势地位也十分关键。据统计，一个国家平均85%的经济增长源自技术创新，技术创新对经济增长的重要性不言而喻。

同时，激励技术创新却非常困难。我们日常中的工作主要分为两大类：一类是常规工作（routine tasks），相当于我们对已知的方法、已知的模式不断、反复地进行运用；另一类是创新活动，是从 0 到 1、从无到有、无中生有的过程。创新活动需要探索新的方法、新的模式、新的手段、新的视角，必须是"something new"（新的东西）。所以我们用传统意义上的工作方法去激励企业创新是没有效果的。

以高校工作为例，大学教师的工作主要有两个：一是教学，二是科研。有人说大学教师的工作很轻松，一个礼拜上几小时的课，还有寒暑假，其实事实并非如此。除了教学，科研工作占据了我们大部分的时间。科研就是进行学术研究（research）。研究者通过科研发现新知，把人类知识的边界向前推进一步，使我们对自然、对社会的了解不断增加。由此，教学就是常规工作。在我看来，教学其实是体力活，一旦学会如何教，教学就变得非常简单。2008 年，我获得金融学博士学位，第一份工作是在美国印第安纳大学凯利商学院做金融学助理教授。通常，教授的职业发展路径是：博士毕业后做助理教授，然后是副教授，接着是正教授。助理教授要在六至九年内在顶级学术期刊发表足够数量的论文后，才能拿到终身教职并且晋升为副教授。然后再用若干年的时间，继续在顶级期刊发表论文，再晋升为终身正教授。印第安纳大学为了保证助理教授们有足够的时间做科研，制订了一个优惠政策：助理教授可以将全年需要教授的课程压缩在一个学期上完。这样加上寒暑假，我每年有八个月不用教书，可以专心做科研。而在唯一需要教书的学期，我只需教三个班级的同一门课。更幸运的是，我所教的三个班级的课程全部被安排在同一天。于是，我集中时间上完课，剩下的时间就可以专心科研。

我在印第安纳大学第一个学期只做了一件事，就是学习怎么教书。这个学习曲线非常陡峭，刚开始我并不知道怎么教书，怎么与学生互动，怎么调动大家的学习兴趣。大家可以想象，在美国的课堂里坐着各种各样的学生，对我来说英语并不是母语，要用英语给美国学生上课是件多么困难的事情。第一个学期确实很辛苦，但是当我用一个学期学会了如何教书以后，事情就变得非常简单了。我在之后的第二年、第三年、第四年……每一年的授课几乎都在重复，这是因为教学几乎不需要创新（尤其在一个助理教授还没拿到终身教职，需要在科研上下大力气的时候）。所以后来我只需上课前 10 分钟看看讲义就可以了。第一个班讲完了，休息半个小时，到第二个班基本上就是重复第一个班的上课内容，包括板书，也是重复一下。我在第一堂课的第 15 分钟讲了一个笑话，大家哈哈大笑；到第二堂课的第 15 分钟，我把同样的笑话重复一下，大家又开怀大笑，学生们的情绪能够被我精准调动。最后我的教学评估反馈也非常好,还被提名为"年度最佳教授"。

我举这个例子是想说明,当我们做常规工作时,一旦知道如何做,工作就会变得非常简单。再举一个例子,我有一个博士学生,本科毕业于沃顿商学院。毕业后第一年,她进入了一家对冲基金。这位学生很聪明,两年后却不想继续在基金公司工作了,她想要读博士、做教授、做科研。我感到有些奇怪,博士生收入很低,她在对冲基金第一年的分红就有一百多万美元。我问她为什么继续读博士,她说:我在对冲基金做了两年,发现每天的工作都是重复性的,没有任何智力上的挑战,甚至一只猴子都可以做这些事情。这就是常规工作,没有创新,只有重复,一旦你掌握了怎么去做,工作就变得非常简单。

而创新则类似于科研工作。如何进行科研工作呢?首先,你需要掌握某一个学术领域最前沿的研究成果。美国犹他州立大学的助理教授 Matt Might 是这样形容学术研究的:比如在一张白纸上,画一个圆圈,这个圆圈里面是已知的,外面是未知的。学者要达到圆圈的边界,这相当于人类知识的边缘,我们做的事情就是不断向外推,当有一天在某一个点有了新的变化,我们就把人类的知识在一个非常窄的范围向前突破了一点,我们所知道的更多一点,不知道的更少一点。正是有千千万万的学者在不同领域做着这样的事情,我们所知越来越多,未知越来越少。所以科研是一个非常漫长,常常令人感到疲惫和沮丧的过程。你可能有十个研究想法(research ideas),但不知道它们能不能被实际数据支持,于是你要搜集数据,做很多严谨的分析。而最后很可能只有一个想法能够被实际数据证实,得以写出一篇论文,而十篇论文可能只有一篇能发表在顶级学术期刊上。因此,科研的过程非常漫长,失败的风险是非常高的。

所以我们在激励创新的时候,就不能用激励传统重复性工作的方法,比如说绩效(pay-for-performance)评估的方法。再举一个例子,类似于"新东方"或"学而思"的培训机构,如果想激励一个老师更好地教学,其实很简单,只需在合约规定根据课程评估结果来付课时费就可以了。这样就可以激励老师花更多的时间备课,达到更好的教学效果。但对科研人员我们却没有办法这样做。我们从不与年轻的助理教授签订这样的合约:在 *Journal of Finance* 发表一篇文章后你的薪酬是多少,或者在《经济研究》上发表一篇文章后你的薪酬是多少。因为我们知道以绩效为基准的合约是没有办法激励创新的。

那么如何激励创新呢? 2011 年,当时还在美国 MIT 任教的一位教授 Gustavo Manso 在发表于 *Journal of Finance* 的一篇文章中提出了一个非常重要的观点:

"Tolerance for failure is necessary for motivating innovation"（对失败的容忍是激励创新的必要条件）。他的基本观点是：对失败的容忍非常重要，如果要想创新，必须要容忍失败。他的核心理论是，创新契约（contract）应该这样制订：在短期内对失败容忍，允许试错和失败；同时对长期的成功给予回报。这样的契约组合是最能够激励企业创新的。这篇论文对整个金融与企业创新领域的研究起到了奠基性的作用，它第一次让我们理解究竟什么能够激励企业创新。我们知道传统意义上的绩效为主的评估方法是不能激励企业创新的；如果想激励创新，就要有"短期对失败的容忍，加上长期对成功的回报"，这样的组合是激励企业创新的最佳组合。我们所有的研究工作几乎都以这个理论为基础。

下面我们看一组统计结果。得克萨斯大学达拉斯分校列出了 24 本商学院顶级学术期刊，包括商学院所有的科目：会计、财务、金融、营销、战略、管理……我只挑出其中六本，包括金融类三本：*Journal of Finance*、*Journal of Financial Economics*、*Review of Financial Studies*；会计类三本：*Accounting Review*、*Journal of Accounting and Economics*、*Journal of Accounting Research*。我从自 2000 年 1 月至 2021 年 3 月的时间段中，从这 6 本期刊发表的论文的标题和关键词中搜索"innovation"（创新），我发现一共有 128 篇论文包含"innovation"这个词。如图 1-1 所示，在这些文章中有 108 篇是发表在金融类期刊上的，发表在会计类期刊上的只有 20 篇，比较少。

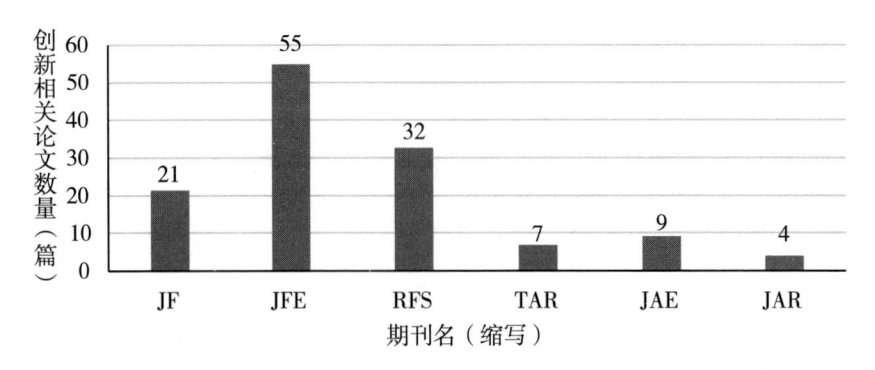

图 1-1 创新相关文献发表情况（按期刊统计，2000 年 1 月—2021 年 3 月）

如图 1-2 所示，在这些期刊中，早期关于企业创新的文章只有零零星星的几篇，但是从 2011 年、2012 年开始，相关文章数量爆发式增长，这表明学术界对金融和企业创新领域研究的重视程度在不断加深。这些研究成果囊括了企业微观、市场中观，以及宏观各要素对企业创新的影响。

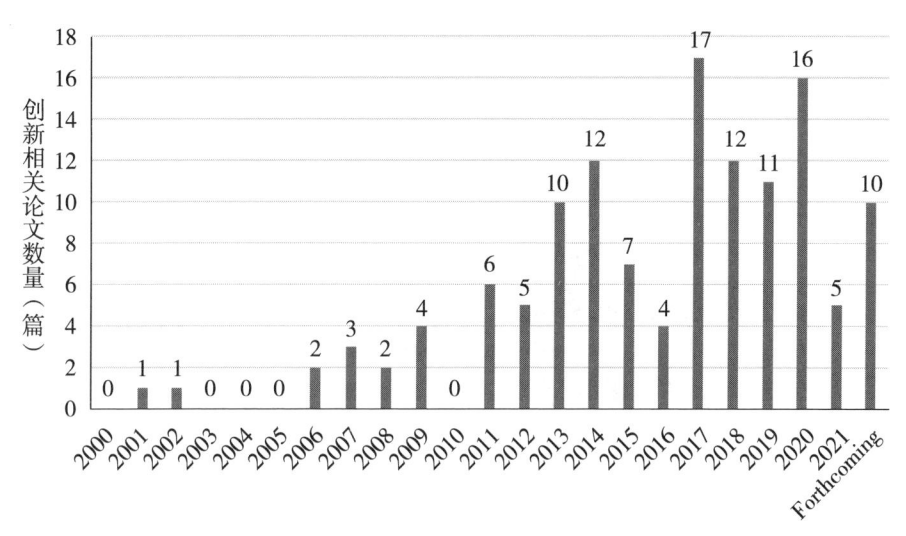

图 1-2　创新相关文献发表情况（按发表时间统计，2000 年 1 月—2021 年 3 月）

如图 1-3 所示，研究企业创新的论文分为理论模型和实证研究两种，主要分为三个研究方向。一是资产定价（asset pricing），关于这方面创新的论文非常少，只有 20 篇。这些论文主要研究企业创新作为风险因子怎样解释股票的横截面回报差异。二是公司金融（corporate finance），这部分文章最多，一共有 104 篇。三是宏观经济学（macroeconomics），这部分论文最少，只有 14 篇。

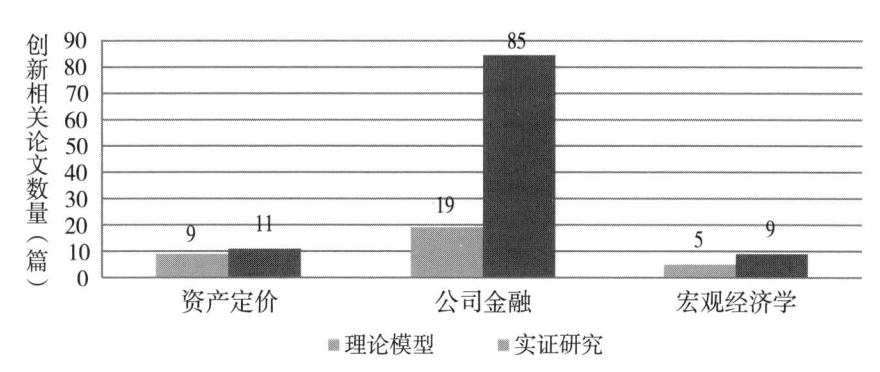

图 1-3　创新相关文献发表情况（按研究内容统计，2000 年 1 月—2021 年 3 月）

在实证类公司金融这个领域的 74 篇文章中，绝大多数是以上市公司作为研究对象的。由于实证研究必须有数据支持，而上市公司的数据比较容易得到，所以绝大多数研究是基于上市公司开展的。当然也有一部分研究是关于在上市过程中的公司，因为这些公司的信息也会部分披露。还有一些论文是关于风险投资（VC）的，由于研究人员可以取得一些其他研究者无法获取的数据，因而进行了相关的研究。具体领域分布如图1-4所示。

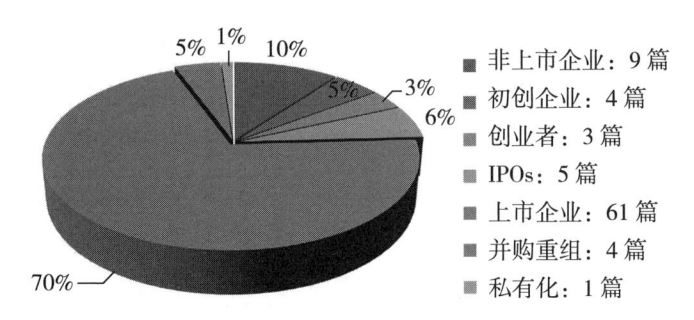

图1-4 公司金融方向创新相关文献发表情况

- 非上市企业：9篇 (10%)
- 初创企业：4篇 (5%)
- 创业者：3篇 (3%)
- IPOs：5篇 (6%)
- 上市企业：61篇 (70%)
- 并购重组：4篇 (5%)
- 私有化：1篇 (1%)

接下来，我将分别为大家介绍从微观企业到中观市场，直至宏观跨国，各种各样已经发现的要素对企业创新的影响。请注意，我在本章只是把每个领域里最重要的几篇文献列出来，试图给读者一个总体的观察角度。更多、更具体的现有文献综述会在第18章里介绍。

微观企业特征[①]

我们首先回顾研究企业层面创新决定因素的文献，这些决定因素包括：风险投资支持和所有权结构，股东可以控制的因素如公司治理和薪酬计划，以及股东不能控制的经济因素，如分析师报告、机构投资者和股票流动性等。

◇ 企业的上市状态

企业一般可以分为两类：一类是上市企业，一类是非上市企业。那么，哪类企业进行创新更有优势呢？现有研究发现非上市企业进行创新更有优势。其背后的逻辑是：一旦企业上市，就会有各种各样的短期资本市场压力。在聚光灯下，金融分析师会关注你，媒体会关注你，投资者会关注你。分析师会预测企业下一季度每股收益、每股盈利等，一旦企业达不到这些盈利预测，股价就会下跌。同时，门外有很多"野蛮人"也在关注你，如果你的股价下跌，他们很可能会通过敌意收购（hostile takeovers）将你替换掉，2016年轰动一时的"宝万之争"就是一个典型的

---

① 本节部分内容参考了我在多所大学和学术会议主旨演讲的速记稿。

例子。相对来说，非上市企业其实是"被保护"的，它们并没有这么多的短期压力，不需要做披露，没有受到那么多的关注。这样，非上市企业就可以专注于企业的长期创新。所以要想激励创新，必须让企业管理者在一定程度上被"保护"起来，然后让他们能够专注于企业长期创新。

2011年，美国哈佛大学商学院的讲席教授Josh Lerner和他的合作伙伴在*Journal of Finance*上发表的文章中比较了两类企业——上市企业和非上市企业，主要关注通过杠杆收购（LBO）私有化的企业，采用实证检验的方法分析如下问题：通过杠杆收购使一个上市企业变成非上市企业，这个过程是否可以缓解管理者的短期压力，促使他们在长期创新项目上投入更多资金？他们发现当企业通过杠杆收购，从上市企业转变为非上市企业以后，企业创新的质量提高了。

4年以后，Lerner的学生Shai Bernstein（现在是斯坦福大学助理教授），发表了一篇与此相关的论文。他发现非上市企业在上市后创新水平会下降，这篇论文也发表在*Journal of Finance*上。他发现了很多很有趣的内在机理，例如为什么一家企业上市以后，它的创新数量反而减少了？这不仅因为它有短期的压力，还因为企业的早期员工（那些做创新的发明者和科研人员）拥有原始股，他们在企业上市后变成百万富翁、千万富翁，因此不再继续做科研，所以企业的创新水平就下降了。

接下来我们看风险投资对企业创新的影响。2000年，Josh Lerner和他的合作伙伴在*RAND*上发表的文章发现，风险投资对企业创新总体上有正面作用。2014年，我和Thomas Chemmanur教授及Elena Loutskina副教授在*Review of Financial Studies*上发表的文章进一步把风险投资分成两类：一类是传统意义上的VC，即IVC（independent venture capital）；另一类是企业风险投资，即CVC（corporate venture capital）。CVC是那些主业为非金融企业的风险投资，与传统风险投资有所不同。很多大公司如微软、甲骨文、Facebook都有自己的风险投资部。这些风险投资部隶属于一家企业，而不是独立的VC实体。中国现在也有很多CVC，联想、海尔、新希望、BAT等都有自己的CVC。我们看到所谓CVC，就是背后有一家大型企业支持它，它实际是大型企业下面的风险投资。我们对比这两类VC，研究哪类对企业创新更有帮助。答案是CVC。为什么是CVC？因为IVC的存续期是有限的，在中国一般为"5+2"年，二级市场表现好的时候存续期会更短，有的时候甚至是"3+2"年。2015年股灾之前，存续期甚至短到"1+2"年。美国的VC基金存续期比较长，有"10+2"年。但是这么长的存续期也有终结的一天，最长到12年的时候这个基金也要清算，所有企业都要退出。但是 CVC 不一样，CVC 不是独立的实体，背后依靠母公司，只要母公司存在，CVC 就可以一直存在，所以它的存续期超长，能够允许企业不断试错，不断尝试，然后再去发展、创新，能够很好地吻合创新型企业需要非常长的存续期的特点，能够支持企业长期创新。同时，CVC 背后的母公司也能够提供支持和激励。所以在这篇论文里，我们发现 CVC 比 ICV 更能支持创新。

2014 年，我和 Tracy Wang 副教授在 Review of Financial Studies 发表的另一篇文章，探索了风险投资对失败的宽容如何激励企业创新。应该如何衡量 VC 对失败的容忍度呢？我们找到了一种度量方式。VC 在投资的时候一般需要分阶段注资，比如 A 轮、B 轮、C 轮，一步一步进行投资。如果一位创业者需要 VC 投资 1 亿人民币，没有任何一家 VC 会一次性地将 1 亿元全部投给他。VC 一定分阶段注资，先投一点儿，设立阶段性目标，如果阶段性目标实现了再进行后续投资。我们利用 VC 投资的特点，关注已知投资结果是失败的项目，看 VC 在这个创业失败项目中等待了多长时间才最终退出。我们的逻辑是：VC 等待的时间越长，其对于失败的容忍度越高。用这个方法度量 VC 对于失败的容忍度，我们发现，创业公司背后支持的 VC 失败容忍度越高，这些创业公司在上市以后的创新水平也会越高。这直接验证了 Gustavo Manso 教授的理论：想要激励企业创新，就要对失败有较高的容忍度。

还有一类文献是关于企业的边界对于创新的影响。企业边界主要体现在并购重组中。2014 年，斯坦福大学教授 Amit Seru 发表在 Journal of Financial Economics 上的论文主要研究了企业的跨界并购对于企业创新的影响。跨界并购相当于把企业边界向外扩延，他发现跨界并购对企业创新其实是有抑制作用的。企业有外部的资本市场，同时企业也有内部的资本市场。在企业内部的资本市场中，CEO 会在不同的部门间做内部资本市场的资源配置。如果企业有各种各样的跨界部门，那么每一个部门都可以向 CEO 争取稀缺的资源，因此这些部门就会更关注短期业绩，而不是长期的创新，这对创新非常不利。如果企业只经营一个主业，那么就能够为创新营造一个好的环境。

2014 年，加拿大大不列颠哥伦比亚大学的两位教授 Jan Bena 和 Kai Li 发表在 Journal of Finance 上的论文和我的一篇工作论文，不约而同地研究了并购对企业创新的影响。两篇文章得到了一致的结论：大企业创新实际是依靠对创新型小微企业的收购来实现的。小微企业创新做得好，大企业直接把它买过来，这样小微企业的很多创新（专利）就为大企业所有。

◇ **企业的外部因素**

接下来我们讨论企业的外部因素对企业创新的影响。首先看金融分析师。2013年，我和佐治亚大学 Jack He 副教授发表在 *Journal of Financial Economics* 上的论文研究了金融分析师对企业创新的影响。大家对分析师的印象都很好——分析师能够探索企业的发展方向，能够发现对企业有用的信息，减少企业融资成本。但是，这篇论文却挑战了传统观点，我们发现分析师对企业创新起负面作用。其原理是什么呢？为什么有更多分析师追踪的企业的创新成绩更差？分析师会给企业设定很多短期的盈利目标，比如下一个季度每股收益率是多少，从而给管理者造成较大的短期业绩压力，所以他们只能关注企业的短期业绩而没有办法专注于长期的创新。基于这个逻辑，我们这篇论文发现分析师对企业创新具有负面作用。这篇论文的结论出人意料，在发表后引起了很大的关注，多次被列为 ESI 世界排名前 1% 的高影响力论文。[①]

机构投资者对企业创新也有影响。中国机构投资者相对较少，美国 80% 以上的投资者是机构投资，中国则主要以散户为主。2013 年，美、英几位著名学者 Aghion、Van Reenen 和 Zingales 在 *American Economic Review* 上发表了一篇论文。这篇论文发现，如果一家美国企业的机构投资者占股比重较大，那么这家企业的创新情况一般会更好。这个发现的逻辑是什么？相对于散户，机构投资者更加"聪明"（sophisticated），更能理解这些企业在做什么。如果它们发现这些企业在做技术创新，就不会给企业过多的短期的压力。而散户则不同，他们大多不懂行业，只要企业业绩下滑，就会直接撤资。而创新需要一个长期的过程，可能投资后很长时间看不到直接的业绩反馈，只有最后才突然爆发，企业表现才会变好。所以这篇论文的观点是散户并不理解企业创新，但是机构投资者是明白的，一旦一家企业有很多机构投资者投资，这些机构投资者就会为企业提供"保护"，使企业更专注于创新。

对冲基金也是影响企业创新的一个重要外部因素。2018 年，我和杜克大学的

---

① 基本科学指标（Essential Science Indicators，简称 ESI）是由世界著名的学术信息出版机构美国科技信息所（ISI）于 2001 年推出的衡量科学研究绩效、跟踪科学发展趋势的基本分析评价工具，是基于汤森路透所收录的全球 12 000 多种学术期刊的 1 000 多万条文献记录而建立的计量分析数据库。ESI 已成为当今世界范围内普遍用以评价高校、学术机构、国家/地区国际学术水平及影响力的重要评价指标工具之一。

Alon Brav 教授、哥伦比亚大学 Wei Jiang 教授和耶鲁大学 Song Ma 助理教授的一篇发表在 Journal of Financial Economics 的论文，探索了对冲基金对企业创新的影响。对冲基金在进入 21 世纪后有一个很重要作用，就是介入企业中去干预企业的治理和运营。20 世纪八九十年代，美国因为垃圾债券的起步，敌意收购现象非常多。后来很多企业在公司章程中加入了反收购条例，因此进入 21 世纪，敌意收购基本消失了。代替敌意收购的是什么呢？主要是对冲基金的干预（也被称为 shareholder activism，即"股东的积极主义"）。对冲基金一旦购买了企业超过 5% 的股票，便需要举牌并且披露其下一步的意图。一些对冲基金会披露它们下一步要干预企业，帮助企业提升公司治理和运营效率等。它们就像企业的医生，帮助企业调整运营和策略，在企业价值提升后它们获利退出。这篇论文发现，对冲基金进入企业后做的最重要事情就是 cut、cut、cut（削减、削减、削减），把各种各样与企业主营业务不相关的创新裁掉，让企业更关注与其主营业务相关的创新和投资，这样企业就能更加专注于创新，更能促进企业提升创新效率。这篇文章也获得了 Journal of Financial Economics 表彰公司金融领域最佳论文的 Jensen Prizes（詹森奖）一等奖。

国外机构投资者也会影响企业创新，尤其是来自技术更发达的国家和地区的机构投资者。我和我的合作者 2017 年发表在 Journal of Financial and Quantitative Analysis 上的论文发现，国外机构投资者能够对企业创新起到正面作用，它的原理是：来自技术先进国家和地区的机构投资者能够带来新的技术，从而促进企业创新。

银行的介入会促进企业创新。我和我的合作伙伴 Connie Mao 副教授、Yuqi Gu 助理教授在 2017 年发表在 Journal of Law and Economics 的论文中提出了银行对企业的影响规律。银行一般并不干预企业，是比较消极的投资者。那么我们怎样研究银行的作用呢？当企业发生银行债务违约，银行就会介入，企业控制权就会转移到银行手中。这样银行就可以帮助企业重新规划发展战略，把不相关的人遣散，不相关的企业创新去掉，从而使企业更关注主营业务创新。

◇ 企业的内部因素

在这部分，我们将注意力转向上市公司的创新活动。我们回顾并探讨关于企业创新的企业层面决定因素的文章。首先看一看 CEO 的个人特征之一——CEO 的过度自信（CEO overconfidence）。在现有研究中，一个共识是过度自信的 CEO 做出的很多企业决策（比如并购）都是不好的，会减少企业的价值。但是对于企业创新，研究者却发现过度自信的 CEO 能激励企业创新，因为 CEO 过度自信的特质正好是克服创新困难所需要的。如同科研工作，要成为好的研究者，就需要"过度自信"一点儿——10篇论文中有9篇被拒绝发表，90%的拒稿率，这对任何一位学者都是很大的打击。因此我们需要有锲而不舍的精神，要非常自信，才能继续学术之路。

接下来的话题是关于一篇颠覆性的论文——我和Vivian Fang助理教授、Sheri Tice教授关于企业股票流动性（stock liquidity）对企业创新影响的论文。这篇论文于2014年发表在 *Journal of Finance* 上。什么是股票流动性？直观上来说，买卖股票的价差越低，代表交易成本越低，所以股票流动性就越好。过去几十年中，有很多文献发现，股票流动性强对企业的方方面面都会起到积极作用，比如对企业的发展、对降低信息获取成本和融资成本等。但这篇论文得出的结论和现有文献的共识恰恰相反：我们发现股票流动性对企业创新有非常强烈的，而且是非常稳健的负面作用。

当时得出这个结果时，我们团队的压力很大，因为这个结论太离经叛道了。我们每写出一篇论文，都要在学校的学术午餐会上向大家介绍研究成果。大家一边吃午饭，一边听你讲，然后给你提出一些建议。我在美国印第安纳大学工作后的第一个学术午餐会上讲的就是这篇论文。当时我还很年轻，资历也很浅，我所在的系里有很多教授整个学术生涯中都在论证股票流动性有多么好。于是当我硬着头皮向大家介绍股票流动性对企业创新会起到负面作用时，遭到了强烈的批评。而在美国评选教授、终身职称，都需要资深教授投票，因此当时我的压力很大。后来事实证明我们是对的，股票流动性对企业其他方面确实会起到积极的作用，但是对创新却有负面作用，因为股票流动得太快，投资者忠诚度就会降低。买卖成本很低，投资者能够快进快出，就会造成企业短期业绩压力过大，以至于高管们不能专注于长期创新。这篇论文也因为其对传统观点的挑战，在发表后引起了不小的轰动，多次被列为ESI世界排名前0.1%的超高影响力论文。

同时，现有文献发现对劳动者保护得越好的国家的企业创新越好。这其中的逻辑很清楚：企业创新的失败率很高，因此不能因为员工的一次失败尝试就将其开除。如果不能保护员工，就没有人愿意进行创新实践，所以对劳动者的保护会对企业创新起到正面作用。但是，我和我的合作伙伴Daniel Bredley教授和Incheol Kim助理教授于2017年发表在 *Management Science* 上的论文发现，对劳动者保护得太好，反而会鼓励他们偷懒并导致"敲竹杠"的问题，使得激励机制扭曲，不利于激励企业创新。

报酬和激励机制对企业创新也会产生影响。有学者发现：如果企业高管的报酬对企业股价比较敏感，对企业创新会起到负面作用；但如果报酬对股价的波动比较敏感，则会对创新起到正面作用。这其中的经济学直觉非常简单：我们希望激励企业创新，那么高管必须冒风险，而股价波动也是一种风险，因此只有甘愿冒风险，才能更好地激励创新。

企业高管层第二梯队的竞争也是影响企业创新的一个重要因素。COO、CTO、CMO 等第二梯队的成员是潜在的 CEO 人选，第二梯队的竞争、合作关系对企业创新也会产生影响。如果能够更好地激励他们，让他们更好地竞争，对企业创新也会起到正面作用。我和我的合作伙伴张维宁副教授和贾宁副教授在一篇工作论文中对这个问题展开了研究。我们发现企业管理团队内部的竞争确实有利于激励企业创新。

供应链（supply chain）金融也会影响企业创新。我和我的合作伙伴 Yongqiang Chu 副教授和 Wenyu Wang 助理教授的一篇 2019 年发表在 *Management Science* 的论文发现，供应链下游客户给上游企业提供的反馈，对上游企业的创新会起到正面作用。也就是说，上游供应商能够从下游客户那里学习有用的知识，得到有价值的反馈，并以此促进上游供应商的技术创新。

最后我们探究了对企业创新来说，究竟是人力资本更重要，还是组织资本更重要，即究竟是企业本身更重要，还是创新的发明者更重要。区分二者是非常困难的，英特尔公司有很多发明者申请了很多专利，我们不知道究竟是英特尔公司更厉害，还是发明者更厉害，那么该怎么区分呢？我和我的学生、康奈尔大学的 Yifei Mao 助理教授和在沃顿商学院攻读金融学博士学位的刘通，利用发明者的跳槽情况，将二者的作用区分开来。我们发现，其实人力资本对于创新比组织资本更重要。

中观市场特征

研究中观层面市场要素对创新的影响，首先要探索产业市场上的竞争。哈佛大学 Aghion 教授和他的合作伙伴发现，产业竞争对企业创新的作用曲线呈倒 U 形。当竞争不是很激烈的时候，增加一些竞争，对企业创新有正面作用，但是当达到一个均衡点以后，过度竞争则不利于企业创新。所以想要激励创新，我们需要一些竞争，但又不能过度竞争。哈佛大学教授 Nanda 和 Rhodes-Kropf 发现，当市场较"热"时，企业创新情况比较好；当市场较"冷"时，企业创新情况比较差。

银行业竞争（banking competition）对企业创新也有很大的影响。美国历史上对银行业的监管比较严格，从 20 世纪六七十年代开始，才展开了去监管化运动。

美国早期监管严格到什么程度呢？银行不能跨州开设营业点，更不能跨州并购其他银行。20世纪六七十年代至七八十年代，美国实行了一系列去监管化措施，导致银行业竞争不断加剧。我和Jess Comaggia副教授、Yifei Mao助理教授和Brain Wolfe助理教授2015年发表在 Journal of Financial Economics 上的文章研究了银行业竞争对大型企业创新的影响，结果令我们感到非常惊讶。我们一直认为银行业竞争加剧后，有大量低成本的银行信用被释放出来，能够激发企业创新，企业创新水平应该会有所提高。但是，我们得出的结果却是大企业创新水平在银行业竞争加剧后反而会降低。应该如何解释这个看似非常"反直觉"的结果呢？这篇论文停滞了很长时间，因为我们不知道如何解释这个结果。突然有一天，我脑中灵光一闪，一下子想到了该怎样解释这个结果。我在前面介绍的另一篇论文提到，大型企业是通过收购创新型小微企业来实现创新的。那么，会不会由于银行业竞争加剧，很多低成本的银行信贷被释放出来，而这对小微企业创新起到了正向作用。通过研究，我们发现答案是肯定的。这是逻辑的第一步，也就是说银行业竞争加剧对小微企业创新是有正面作用的。逻辑的第二步，因为小微企业能够获得低成本信贷，因此可以保持独立而不被大企业收购。这样，依靠收购小微企业进行创新的大企业失去好的标的企业，因此它们的创新水平也会下降。经过后续实证检验，这个猜想也得到了证实。这篇论文在发表后也引起了众多关注，多次被列为ESI世界排名前1%的高影响力论文。

企业信息披露也会影响企业创新。1934年美国证监会要求企业发布年报，1955年改为半年报，到1970年则改为要求企业披露季报，即一年披露四次。我和我的合作者研究了企业披露的频率对其创新的影响，我们的文章即将发表在 Journal of Law and Economics 上。我们发现，披露频率越高，企业创新情况越不理想。这个发现的内在逻辑和前面是一样的：一家企业不断进行披露，企业管理者就会有过高的短期业绩压力，因此失去了进行长期创新投资的动力。

企业面临的税收对创新也有影响。已有文献发现，减税对企业创新没有明显的正向作用，但增税对企业创新却具有负向作用。因此，我们建议如果想要激励企业进行技术创新，政府在做出增税决策时一定要非常谨慎。

宏观国家和社会的制度特征

我们首先探讨宏观金融市场的发展对企业创新的影响。2014年我和香港大学的 Po-Hsuan Hsu 副教授和 Yan Xu 副教授发表在 *Journal of Financial Economics* 上的文章，用 32 个发达和发展中国家的跨国数据来研究金融市场发展对企业创新的影响。我们发现一个国家的资本市场越发达，它的企业创新情况就越好。但是，一个国家的信贷市场越发达，它的企业创新情况反而更不好，尤其对那些依赖外部资本的行业和高科技行业更是如此。所以，可以得到一个结论就是要想发展创新，必须大力发展直接融资的资本市场。

2017 年，我和香港科技大学的 Utpal Bhattarcharya 教授、香港大学的 Po-Hsuan Hsu 副教授和 Yan Xu 副教授在一篇发表在 *Journal of Financial and Quantitative Analysis* 上的论文中用了 43 个国家的跨国数据，研究究竟是政策本身还是政策的不确定性对企业创新有影响。我们发现从国际角度来说，一个国家的政策对创新本身没有影响。也就是说，无论一个国家的政策是偏"左"一点，还是偏"右"一点，企业家都可以调整适应。但是，一个国家的政策不确定，也就是不知道未来政策导向如何，企业家就只能采取观望的态度，因此会减少创新的投入。就像 2016 年美国大选，两位候选人希拉里和特朗普的民调支持率很接近，所有人都在等最后的结果，没到最后一刻大家都不知道谁会赢，所以所有人都在观望。但一旦政策确定下来，按照我们的理论，企业家是可以快速适应和调整的，可以调整他们的投资和研发策略，根据新的政策进行企业投资和创新。

接下来我们来看法律和制度因素。有学者研究发现一个国家的法律、制度、宗教和文化都会对创新产生影响。比如，学者们发现越腐败的国家，创新水平越低；法律制度越健全的国家，创新水平越高。我国这些年反腐败工作，对我国企业创新是有正面作用的，这个有待学者继续研究和验证。

总体来说，关于国家宏观层面的研究由于受数据可获得性的限制，目前和微观企业层面、中观市场层面相比，研究还不十分充分。这个领域还有很多尚待挖掘和研究的课题。

创新的未来研究方向

关于企业创新的研究，随着数据的可获得水平不断提升，发展十分迅速。美国学者在 20 世纪 90 年代末，开始大规模整理专利数据，并把这些专利数据放到互联网上，每位研究者都可以通过公开渠道获取这些数据。这极大地促进了企业创新研究领域的发展。我认为，未来企业创新研究会向三个方向延伸和发展。

第一，寻找更好的外生冲击，从而更好地解决识别问题。我们在进行实证研究时，最难解决的就是变量的内生性问题。我们需要证明确实是某个要素导致了企业创新，而不是其他要素。例如每天早晨公鸡都会打鸣，公鸡一打鸣，太阳就升起来了，天天如此。如果我们收集这些数据，便会发现公鸡打鸣和太阳升起有一个非常强的正相关性。但是，我们能不能因此得出结论，正是因为公鸡打鸣，太阳才升起来了？显然不能！再举一个例子，我们发现平均来说，红酒消费量大的个人事业成功指数往往更高，我们可能会得出这样的结论：喝红酒能够促进一个人的成功。但事实显然并非如此。还存在另一种可能性：成功人士为了显示品位更爱喝红酒。这些就是我们需要解决的识别问题。我们需要找到更好的外生冲击（比如监管政策的变化或者自然灾害等），运用精巧的检验设计和计量方法来实现。

第二，寻找更好的代理变量，从而更好地描述和刻画创新的数量和质量。早期学术界使用国家或企业的研发投入衡量企业创新。但学者们很快发现，用研发投入衡量创新有很大的弊端。目前主流的研究方法是用专利的数量衡量创新的数量，用专利的引用次数衡量创新的质量。但不可否认的是，用专利衡量企业创新也有其弱点和局限性，学者们最近也做了很多努力和探索。我们希望能够找到更好的代理变量，从而更深刻地描述和刻画企业创新的数量和质量，这将帮助我们更好地理解企业创新。

第三，更好地理解企业创新带来的经济和社会后果。目前研究者更关注如何寻找激励企业创新的要素，但对企业创新给社会和企业带来的后果却鲜有关注。企业创新是否可以提升企业的业绩水平和股票表现？企业创新是否可以刺激就业？企业创新是否可以促进国家经济发展和社会福利水平的改善？诸如此类，不一而足。对于这些问题的深刻探究是未来企业创新学术研究的一个重要方向。

Part 上篇

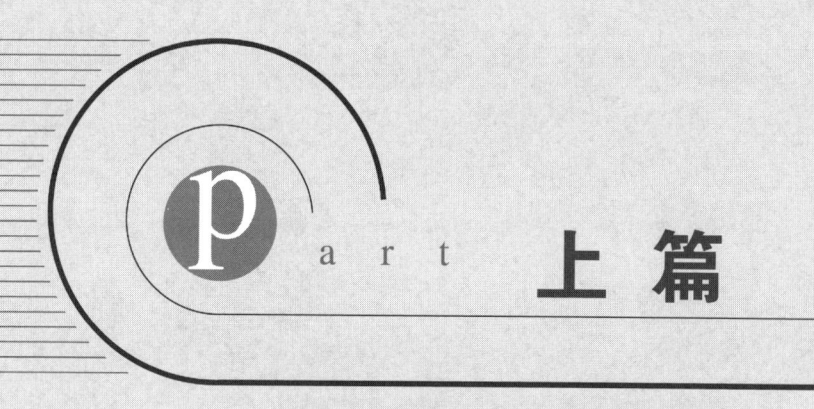

微观企业篇

FINANCE AND INNOVATION
(SECOND EDITION)

创新的资本逻辑
（第二版）

第 2 章

拥抱风险，宽容失败：风险投资与创新

风险投资被视为成熟的金融市场投资者，在创业创新融资中扮演了重要角色，被誉为企业背后的英雄。谷歌、脸书和苹果等高科技企业都是在风险投资的助推下不断发展壮大的。创新能力是企业长期经营的核心竞争力，但不同于企业常规经营活动，技术创新具有长期、高风险和不确定的特点，所以激励和培育创新需要足够的失败容忍度和风险承受力，而这正是风险投资相较于其他金融机构的优势所在。现有理论证明企业创新投资需要长期回报与短期失败容忍相结合的激励手段。那么风险投资怎样才能激励企业创新？风险投资的失败容忍度是否越高越好？具体到投资行为与投资结构方面，分阶段投资是否可能扭曲对企业的创新激励，组建辛迪加投资模式能否缓解这种扭曲？通过讨论这些问题，本章将重点分析风险投资的失败容忍与企业创新之间的关系，这对于更好地营造创业创新失败容忍环境具有重要理论和现实意义。

谷歌背后的沙丘路：风险投资对企业创新的影响

以人工智能、大数据为代表，新一轮技术革命在世界范围内迅速蔓延，科技创新成为推动国家经济可持续增长的动力，而要提高自主创新能力，必须从微观层面提升企业的创新能力。中小型初创企业是科技创新最活跃的群体，在国家创新活动和经济运行中起着极为重要的作用。但初创企业的自有资金往往不足以支撑公司运行，需要外部融资。

与此同时，初创企业的发展前景并不明朗，企业与投资者之间存在较大的信息不对称问题①。美国著名经济学家、2001年诺贝尔经济学奖获得者 Joseph E. Stiglitz 提出，在信息不对称的市场中，道德风险②发生的概率大大提高。因此，传统金融机构对初创企业望而却步，初创企业几乎不可能获得银行贷款或其他债务融资。另一方面，一些私人投资者和机构投资者会寻求在其投资组合中加入流动性较差、风险较高的长期投资，以获取较高的收益，但这些投资者却没有足够的专业技能来进行长期股权投资。

经济学家小传 MINI BIOGRAPHY

约瑟夫·E. 斯蒂格利茨（Joseph E. Stiglitz）

美国著名经济学家，2001年因其在"对充满不对称信息市场进行分析"领域所做出的重要贡献而荣获诺贝尔经济学奖。斯蒂格利茨为信息经济学的创立做出了重大贡献，他将信息不对称理论应用于保险市场。由于被保险人与保险公司之间存在信息不对称问题，车主在购买车险后会疏于保养汽车，从而使保险公司承担较大损失。斯蒂格利茨通过构建理论模型，提出让购买保险者在高自赔率加低保险费及低自赔率加高保险费两种投保方式间做出选择，从而解决了逆向选择和道德风险的问题。同时，斯蒂格利茨博士对宏观经济学、货币理论、发展经济学、公司金融、产业组织及福利经济学等领域均做出突出贡献。

斯蒂格利茨博士在本科毕业仅3年后便获得麻省理工学院博士学位，26岁即被耶鲁大学聘为经济学正教授，先后任教于耶鲁大学、普林斯顿大学、牛津大学、斯坦福大学和哥伦比亚大学，现任美国哥伦比亚大学教授、哥伦比亚大学政策对话倡议组织主席。除学术任职外，在克林顿总统任内，他曾担任克林顿总统经济顾问委员会委员，并于1995—1997年任该委员会主席。1997—2000年任世界银行首席经济学家及高级副总裁。

在这种情况下，风险投资应运而生。风险投资基金多采用有限合伙的架构，

---

① 信息不对称问题（asymmetric information problem），指在市场活动中，不同经济主体事前对信息的了解存在差异。掌握信息较多的一方相较于信息贫乏的一方，处于有利地位。

② 道德风险（moral hazard），指在事后信息不对称的情形下，交易一方不能完全观察另一方的行动，或当观察成本太高时，一方做出增进自身效用但不利于他人的行为。

包括资金提供者（有限合伙人，limited partners，LP）和进行投资、监督和管理的个体（普通合伙人，general partners，GP）。风险投资机构多扮演普通合伙人的角色，从机构和高净值人群中筹集资金，然后投资于高风险、高回报的初创项目。为了解决信息不对称的问题，风险投资机构通过投资前集中审核、投资后严格监管等方式积极地参与投资，尽可能地提高公司的股权价值。最终，风险投资机构出售其所持有的公司股权，并将收益分给相应的投资者们，实现各方共赢。

风险投资机构与二级市场投资机构存在很多不同，最根本的区别在于风险投资的主动性。风险投资机构会积极深入地参与被投资公司的管理和运营，帮助公司提高经营业绩、完善公司治理，在推动公司不断成长之外，也有效地推动经济的发展。

当前，中国经济处在重大转型阶段。在过去的近三十年间，中国依靠人口红利、大量资本投入等保持经济高速增长，但这种发展模式消耗了大量的能源、资源，人口红利也逐渐消失。因此，经济转型、产业升级和企业竞争力提升成为未来中国经济发展的新模式。在中国转型升级的过程中，风险投资面临着良好的发展机遇。在经济新常态下，风险投资如何适应新形势的需要，促进国家创新活动和经济良好运行，是我们需要认真思考的问题。因此，在本章中，我们将集中探讨风险投资对企业技术创新的影响。

◇ **风险投资影响企业创新的历史**

说到创新，人们最先想到的是硅谷。谷歌（Google）、脸书（Facebook）和苹果（Apple）等高科技企业层出不穷的创新不断改变着世界。而在硅谷的门洛帕克（Menlo Park），有一条不长的街道——沙丘路（Sand Hill Road），里面汇集了全世界最大、最多的风险投资机构，这些风险投资机构为初创公司的发展做出了不可忽视的贡献，沙丘路也因此被称为"创业者的圣地"。以谷歌为例，其背后的两家风险投资机构——红杉资本和凯鹏华盈，为谷歌带来了公司治理经验、资源和声誉，在一定程度上促进了谷歌的创新与发展。

而风险投资行业的诞生，则要追溯到美国研究与发展公司（American Research and Development Company，ARD）的诞生。1946年，为解决美国创新型中小企业融资难的问题，时任波士顿联储主席Ralph Flanders和哈佛商学院教授George Doriot主持成立了ARD公司，用风险资本支持企业家将科研成果商品化。1957年，ARD公司向数字设备公司（Digital Equipment Corporation，DEC）投资7万美元，拥有其

77%的股份，而到1971年，ARD所持有的DEC股份价值已上升至3.55亿美元，较投资额增加了五千多倍，这也成为风险投资发展史上的经典案例。

为了真正回答风险投资究竟会对企业创新产生何种影响，经济学家们设法找到更系统、更具说服力的证据。美国经济学家Sam Kortum和Josh Lerner的研究表明，风险投资对企业创新具有显著的积极影响，风险投资活动使企业专利数大幅增加，而且风投支持的企业的专利引用数更高，研发活动也更加密集。Thomas Chemmanur、Karthik Krishnan和Debarshi Nandy用全要素生产率[①]的增长来衡量技术创新，发现有风险投资支持的企业在得到风险融资之前的TFP高于没有风险投资支持的企业，并且二者之间的差距在得到融资之后不断扩大，从而证明风险投资能够筛选出更具有创新性的企业，并通过投资后的监督和辅导进一步促进企业创新。

1985年，中国第一家风险投资机构——中国新技术创业投资公司正式成立，随后IDG、软银、红杉等海外风险机构纷纷进入中国市场，很多地方政府、民营企业也成立了以孵化科技为目的的风险投资公司。风险投资规模的不断扩大催生了一批优质的高科技公司，如腾讯、阿里巴巴、百度和京东等。伴随着风险投资的蓬勃发展，国内学者也就风险投资对企业创新的影响展开了研究，发现风险投资的进入对企业创新投入产生显著的正向影响，同时也促进了企业创新产出的增加。

◇ **风险投资影响企业创新的作用机制**

根据经验，风险投资对企业创新通常有正向影响，那么风险投资影响企业创新的作用机制是什么呢？通过分析初创企业的特征我们可以发现，初创企业难以获得融资，一方面是因为技术创新具有风险高、周期长的特点；另一方面是由于初创企业管理经验缺乏，没有有效的监督和激励机制，而且初创企业在行业内的资源有限，承担风险能力较弱。这些特征均阻碍了初创企业的技术创新，而风险投资正是通过缓解这些问题来促进企业的发展。

风险投资能够为企业创新提供资金支持。初创企业一般具有高风险、高收益的特征，这与风险投资的投资模式相契合。而且风险投资相较于其他传统金融机构，具有较强的专业性，能够筛选出优质的投资项目。因此，风险投资可以为企业创新

[①] 全要素生产率（total factor productivity，TFP），指剔除要素（资本、劳动等）投入的产出贡献后的产出增加，最早由索洛（Solow，1957）提出，又称为索洛残差。全要素生产率的增长一般是由技术进步、组织创新等带来的，故被视为科技进步、技术创新的指标。

提供资金支持，在一定意义上成为企业与投资者之间的信息中介，有效解决信息不对称的问题。风险投资的注资方式并非一次性提供所有资金，而是采用分阶段投资的方式。企业要想获得风险投资持续的资金支持，必须提高自身的研发能力和经营能力，以达到风险投资每一阶段预设的要求。另外，风险投资为企业提高了声誉，也会为企业提供后续的融资安排，大大提高企业的资金融通能力，从而解决企业创新的资金问题。

风险投资积极参与企业经营管理，培育企业的创新能力，并为企业提供关系网络等增值服务。风险投资的最终目的是价值创造，而这是通过积极参与企业经营管理实现的。Hellmann 和 Puri（2000）研究发现，风险投资不仅能够为企业创新提供货币资本，还可以为企业的经营管理带来珍贵的"知识资本"。在投资后，风险投资会对创新项目进行监督和管理，帮助企业建立管理团队、确定市场定位。风险投资还可以获得董事会席位，通过行使投票权来加强对企业的约束。同时，风险投资能够帮助企业完善创新激励机制，通过利益一致激励、奖金支付和股权激励等方式提高雇员的主人翁精神，促进创新。除此之外，风险投资还可以利用其广泛的关系网络为被投资企业提供增值服务，实现技术成果的商业化，提高企业创新绩效。风险投资广泛的关系网也能够为企业牵线搭桥，帮助公司寻找到合适的投资者、上下游厂商、管理人才甚至买家。

正如 Josh Lerner、Ann Leamon 和 Felda Hardymon 在《风险投资、私募股权与创业融资》（*Venture Capital, Private Equity, and the Financing of Entrepreneurship*）一书中所说："风险投资支持的企业的治理水平可能是最强的，这类企业拥有专业且积极的投资者，投资者会选择最优策略、组织资源并联合管理层以实现企业的成功。股东、董事会和管理层之间几乎没有断层。"风险投资在企业的创新研发、日常运营中起到至关重要的作用，其理念和行为直接影响企业的最终命运。因此，下面几节将重点讲述风险投资的失败容忍理念与企业创新之间的关系，并用风险投资的投资行为和投资结构对结论加以验证，具体包括常用作监督手段的分阶段投资行为和多机构联合投资的辛迪加投资模式。

失败容忍，对创新者最好的激励

创新能力是企业长期经营的核心竞争力，但对于绝大多数企业来说，激励和培育创新是极富挑战的。不同于常规经营活动，技术创新具有长期性、高风险性和不确定性的特点，传统的基于业绩的薪酬合约并不足以激励创新。有效激励企业创新需要对创新活动给予足够的失败容忍。宽容失败，能够激励创新者敢于走别人不敢走的路，从失败中积累经验教训。2017年，美国加州大学伯克利分校教授古斯塔沃·曼索在其发表在 *Journal of Finance* 上的论文中，通过对企业创新过程进行建模，发现短期内对失败的容忍能够有效激励企业创新。

经济学家小传
MINI BIOGRAPHY

古斯塔沃·曼索（Gustavo Manso）

加州大学伯克利分校哈斯商学院教授，他主要的研究方向是公司金融、初创企业和企业创新。曼索教授本科和硕士阶段在巴西学习经济学和数学，后在斯坦福大学商学院获得金融学博士学位。博士毕业后，曼索教授进入麻省理工学院斯隆管理学院担任助理教授和副教授，随后在加州大学伯克利分校哈斯商学院任教至今。曼索教授是创新理论领域的领军人物，他于2011年发表的一篇开创性文章"激励创新"中，构建了一个理论模型来研究创新的激励问题。在这篇文章中，他指出最优的创新激励契约需要容忍早期失败并为长期的成功提供回报。曼索教授的理论对公司的经营环境如何影响企业创新具有重要借鉴意义，许多学者纷纷就曼索教授的理论展开后续研究。

曼索教授获得了大量学术奖励，他于2016年荣获 *Poets & Quants* 评选的"世界上40岁以下的40个最佳商学院教授"荣誉。

创新离不开社会环境的滋养。2015年5月6日李克强总理在全国科技活动周提出要培育尊重知识、崇尚创造、追求卓越的创新文化，营造良好的创新氛围，而对失败容忍的文化便是良好创新氛围最重要的组成部分。在硅谷，"失败可以创造机会和更好的创新"是人们普遍接受的理念，失败者受到的是"大多是鼓励，很少是惩罚"。正如红杉资本的合伙人 Doug Leone 所说："成功和失败应该是平衡的。如果你还没有失败过，那说明你还没有尝试；但如果你只是失败过，那说明你还不知道怎样正确地做事。"

> **迷你案例**
> MINI CASE
>
> ### 京东的危机与梦想
>
> 2007年，京东拿到第一笔融资，投资方为今日资本，融资额为1 000万美元。拿到融资后，刘强东决定将京东从售卖"3C产品"转为一站式全品类消费平台，并自建仓配一体的物流体系。这个决定使京东的运营成本急剧上升，很快用完了第一轮融到的1 000万美元。而就在即将开始第二轮融资时，2008年年初的雪灾压坏了京东在上海的仓库，更严重的是，金融危机来了，京东的估值从2亿美元一路下降到了3 000万美元。物流持续亏损、找不到投资人、资金无法到位，京东几乎走到了命运的尽头。但今日资本始终没有放弃京东，而是极尽所能地利用自己的关系网为刘强东联系投资人、耐心地持有和等待，终于通过今日资本年会的契机帮助京东拿到了2 100万美元的第二轮融资。这笔资金依旧被刘强东用于提升物流平台、服务技术创新等方面。正是刘强东的决定和今日资本的坚持让京东拥有了商品种类全、正品多、货运速度快的优势，在竞争激烈的电商行业中杀出一条血路，陆续获得了老虎基金、高瓴资本、红杉资本等机构的投资。2014年京东以286亿美元的市值登陆纳斯达克，并在2016年首次实现盈利。

◇ 风险投资的失败容忍度

2014年我和美国明尼苏达大学副教授Tracy Yue Wang在发表于 *Review of Financial Studies* 的"失败容忍度与企业创新"一文中，基于Manso（2011）的理论，首次提出了度量风险投资失败容忍度的指标，实证检验了风险投资机构的失败容忍度对企业创新的影响。风险投资的数据主要来自于Thomson Venture Economics数据库，样本区间为1980—2006年。

Manso（2011）指出，管理者往往通过观察创新项目的业绩来判断是否终止此项目，因此可以用管理者终止项目的临界业绩来衡量失败容忍度。对失败较为容忍的管理者能够接受较低的业绩表现，因此会选择比较低的业绩作为退出投资的临界值，而不容忍失败的管理者会选择比较高的临界值。这个设定能够被完美地应用到风险投资的运行框架中。风险投资积极参与到被投公司的日常运营中，通过分阶段注资来实现对项目的监督，并最终决定是继续投资还是终止投资。因此，如果被投公司在得到前几轮投资后并没有达到投资者的阶段性目标，这时投资者会选择继续投资还是终止投资，在一定程度上能够反映出其失败容忍度。

在实证中，由于初创企业的数据并不是强制披露的，我们无法得到被投企业每一阶段的业绩数据，也就无法直接观察到投资者选择终止投资的临界值，但我们可以通过观察风险投资在最终失败的项目上持续的时间来衡量其风险容忍度。从事后看，一个最终失败的项目在运营期间的表现一定不是一帆风顺的，如果风险投资在这种项目上坚持的时间越长，则说明它具有更高的失败容忍度。因此，我们用风险投资在最终失败的项目上的平均投资时间来度量失败容忍度。具体来讲，如图2-1所示，某一风险投资机构在 t 年的失败容忍度为该机构从 $t-9$ 年到 t 年间，对所有最终被清算的投资项目的投资额加权平均投资时间。同样，该风险投资机构在 $t+s$ 年的失败容忍度为该机构从 $t+s-9$ 年到 $t+s$ 年间，对所有最终被清算的投资项目的投资额加权平均投资时间。因为我们用10年期滚动窗口进行计算，所以失败容忍度是随时间而变化的。

风险投资机构在 $t-9$ 年到 t 年间有 N_t 个最终失败的投资项目，计算机构 i 对 N_t 个失败项目的加权平均投资时间 ⇒ 风险投资机构 i 在 t 年的失败容忍度

风险投资机构 i 在 $t+s-9$ 年到 $t+s$ 年间有 N_{t+s} 个最终失败的投资项目，计算机构 i 对这 N_{t+s} 个失败项目的加权平均投资时间 ⇒ 风险投资机构 i 在 $t+s$ 年的失败容忍度

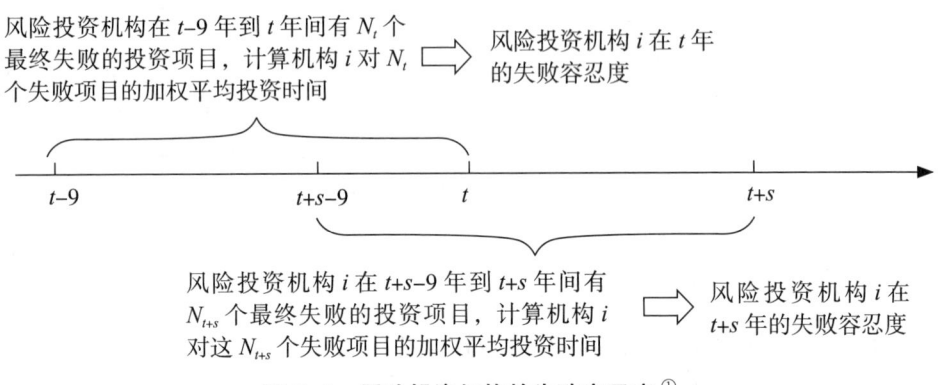

图2-1　风险投资机构的失败容忍度[①]

接下来，为了检验失败容忍度对企业创新的影响，我们需要将风险投资的失败容忍度与其所投资的最终上市的公司进行匹配。如图2-2所示，假设某一风险投资在 t 年对某初创公司进行了首轮投资，这家公司随后在 $t+k$ 年成功上市，那么风险投资对此公司的失败容忍度为该风险投资在 t 年时的失败容忍度。换言之，风险投资对所投资的IPO公司的失败容忍度为首轮投资该公司时的风险容忍度。在现实中，风险投资多以辛迪加方式进行投资（辛迪加投资占本文总样本的91%），其中领投的风险投资起主要监督决策作用，因此我们将领投机构的失败容忍度作为主要

---

① Tian, X and Y Wang. Tolerance for Failure and Corporate Innovation [J]. *Review of Financial Studies*, 2011, 27(1): 211–255.

指标。除此之外,我们还构建了 IPO 公司的辛迪加失败容忍度,即辛迪加中所有风险投资在首轮投资时的投资额加权平均失败容忍度。在我们的研究样本中,领投机构的平均失败容忍度为 3.25 年,最长可达 7.75 年,辛迪加失败容忍度平均为 2.97 年,这反映出领投机构比辛迪加内其余机构对失败更为容忍。

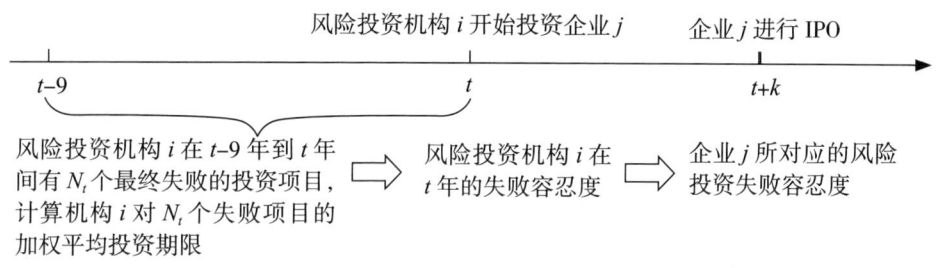

图 2-2　IPO 企业所对应的风险投资失败容忍度[①]

◇ **实证研究发现**

在论文中,创新的度量数据主要来自美国国家经济研究局(National Bureau of Economic Research, NBER)所提供的专利引用数据库,数据库中包括年度的授予专利名称、数量,每个专利被引用的次数,专利的申请年份和授予年份等。本文用专利申请年份作为衡量基准年,因为申请年份更能反映企业当年的创新活动。

为了度量上市公司的产出状况,我们从创新产出的数量和质量两个维度进行了测量。第一个维度是企业申请且最终被授予的专利数量,主要测量企业创新产出的数量。虽然这一测量比较直观且容易实施和理解,但是却难以反映专利与专利之间的区别,比如专利是属于领域内突破性的成果还是对已有技术的部分改善。因此为了更加全面地度量企业的创新产出活动,我们在文中使用上市公司专利受到其他公司专利的引用次数度量企业的创新产出质量。将专利数据与风险投资支持的 IPO 公司进行匹配后,我们发现平均每家公司有 3.1 个专利、平均每个专利有 2.5 次引用。

之后,我们用普通最小二乘法分析了风险投资失败容忍度与上市企业创新之间的回归模型。在回归模型中加入了上市公司的规模、盈利能力、成长性、研发投入、资本支出等控制变量,同时对行业固定效应以及年份固定效应进行了控制,回归模型如式(2-1)所示。

[①] Tian, X and Y Wang. Tolerance for Failure and Corporate Innovation [J]. *Review of Financial Studies,* 2011, 27(1): 211–255.

企业创新产出 $=\alpha+\beta\times$ 失败容忍度 $+\gamma\times$ 控制变量 + 固定效应 $+\varepsilon$ （2-1）

其中，α 为截距项，β、γ 为系数，ε 为随机扰动项。回归结果如表 2-1 所示。

表 2-1 失败容忍度与企业创新[①]

变量	专利数量			
	（1）	（2）	（3）	（4）
领投机构失败容忍度	0.409***		0.346***	
	（0.095）		（0.079）	
辛迪加失败容忍度		0.343***		0.317***
		（0.129）		（0.098）
控制变量	是	是	是	是
固定效应	是	是	是	是
样本量	11 239	11 239	11 239	11 239

注：计量结果括号内为稳健性标准误，*** 表示 1% 的显著性水平。

计量方法介绍
ECONOMETRICS

普通最小二乘法

普通最小二乘法（Ordinary Least Squares，OLS）是单一方程线性回归模型最常见、最基本的估计方法，广泛地用于研究解释变量（自变量）对被解释变量（因变量）的影响。最小二乘法是一种线性估计，通过求解一个目标为最小化残差的平方和的最优化问题，得到每个解释变量对应的回归系数。应用最小二乘法，需要随机误差项和自变量满足四个基本的统计假设，这样得到的估计才是线性的、无偏的、有效的。由于最小二乘法的假设非常严格，现实中的数据常常违背某些假设，由此人们在最小二乘法的基础上进行了拓展，以便更好地解决异方差、序列相关等问题。在回归中，一般用对单个系数进行假设检验的方法来检验经济理论及其推论。假设检验的步骤如下：首先根据研究内容做出原假设，记作 H_0，回归中常作假设为变量系数 $\beta=0$；随后，选取合适的统计量，由研究样本计算出统计量

[①] Tian, X and Y Wang. Tolerance for Failure and Corporate Innovation [J]. *Review of Financial Studies*, 2011, 27(1): 211–255.

的值；最后，根据预先给定的显著性水平进行检验，做出拒绝或接受原假设 H_0 的判断。

从回归结果可以发现，领投机构失败容忍度和辛迪加失败容忍度均与被投上市公司的创新产出数量和质量显著正相关。这一结果在我们更换回归模型、失败容忍度构建区间、样本或行业分类标准，加入地区控制变量，以及采用截面回归后仍然稳健。因此，风险投资对失败的容忍能够提高被投资公司的创新活动，支持了 Holmstrom（1989）和 Manso（2011）的结论。

◇ **因果推断**

目前我们还不能将失败容忍度和企业创新之间的关系归为因果关系，因为可能存在遗漏变量，同时影响风险投资的投资期限和被投企业的创新活动。为解决潜在的内生性问题[①]，我们首先找出可能存在的遗漏变量，然后利用三种不同的策略实现因果推断。

除了失败容忍度之外，风险投资的投资周期还受其他两个因素的影响。首先，投资周期与风险投资筛选项目的能力有关。风险投资的筛选能力越强，被选择项目事后的创新表现也会越好，而风险投资也有足够的信心等待更长的时间。其次，投资周期受被投资项目运营表现的信息含量影响。被投资项目通过运营表现向投资者传达的信号越清晰，投资者的学习和更新速度会越快，投资期限也会相应缩短，而创新项目的高度不确定性使其传达的信号比较嘈杂、信息含量低。

解决内生性问题的关键在于，被投项目和风险投资的某些特征可能会同时影响风险投资过去失败项目的投资时间和未来成功项目的创新表现，因此我们可以用风险投资过去的成功项目的投资时间来缓解内生性问题。一家风险投资在同一时期所投资的项目在事前看往往具有相似的特征，不论这些项目最终是成功还是失败，风险投资过去的成功项目的投资时间并不能反映出它的失败容忍度。因此，如果是被投项目和风险投资的某些特征导致了表 2-1 的结果，而非失败容忍度，那么用风险投资过去成功项目的投资时间替代失败容忍度进行回归，也应该得到同样的结果。因此，我们采取的第一个识别策略是看风险投资过去对成功项目的投资时间是

[①] 内生性问题（endogeneity problem）在统计学中指解释变量与随机扰动项有相关性。在经济学研究中，内生性问题，可能导致"伪回归"等问题，即虽然回归结果显著，但解释变量对被解释变量并无实质影响。导致内生性问题的常见原因有遗漏变量、反向因果等。

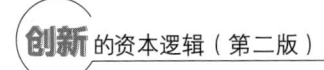

否影响企业创新。用与失败容忍度相似的方法得到"成功项目投资期限"变量，构造成功项目投资期限与企业创新产出的线性模型，回归结果见表2-2。

表2-2 成功项目投资时间与企业创新[①]

变量	专利数量		专利引用次数	
	（1）	（2）	（3）	（4）
成功项目投资期限	0.087	−0.074	0.045	−0.087
	（0.115）	（0.126）	（0.091）	（0.102）
失败容忍度		0.416***		0.369***
		（0.115）		（0.100）
控制变量	是	是	是	是
固定效应	是	是	是	是
样本量	10 956	10 956	10 956	10 956

注：计量结果括号内为稳健性标准误，*** 表示1%的显著性水平。

回归结果表明，风险投资对过去成功项目的投资期限与被投上市公司的创新活动并没有显著相关性，而在控制了成功项目投资期限后，风险容忍度的回归系数仍然显著为正。因此，除失败容忍度之外，其余同时影响成功项目与失败项目投资期限的特征并不能影响被投企业的创新活动。

风险投资的某些特征能够影响其筛选项目的能力，因此我们采取的第二个识别策略是直接控制风险投资和被投企业的特征。本文进一步控制了领投机构的固定效应，以及领投机构随时间变化的投资经验。我们从三个角度衡量风险投资的投资经验：一般投资经验、成功投资经验和专业度。具体而言，用投资机构过去10年间投资的企业数、过去10年间募集资金额和从成立开始的经营年数来衡量一般投资经验，用投资机构过去10年间IPO退出的项目数占总投资项目数的比重来衡量成功投资经验，用投资机构过去10年间的投资项目在行业上的集中度和在早期阶段的集中度来衡量专业度。加入这些特征变量后，回归结果如表2-3所示。我们发现在加入这些控制变量后，失败容忍度的回归系数仍然显著为正。

[①] Tian, X and Y Wang. Tolerance for Failure and Corporate Innovation [J]. *Review of Financial Studies,* 2011, 27(1): 211–255.

表2-3 控制风险投资的筛选能力[①]

分表A：专利数量

变量	专利数量 (1)	(2)	(3)
失败容忍度	0.676***	0.655***	0.558**
	(0.235)	(0.210)	(0.229)
投资企业数	−0.026		
	(0.136)		
募集资金额		0.009	
		(0.071)	
经营年数			0.251
			(0.174)
IPO退出比例	1.759*	1.758*	1.459*
	(0.910)	(0.956)	(0.872)
行业集中度	−0.793	−0.733	−0.686
	(1.047)	(0.882)	(0.923)
阶段集中度	−0.297	−0.278	−0.145
	(0.820)	(0.769)	(0.814)
控制变量	是	是	是
固定效应	是	是	是
样本量	11 239	11 239	11 239

分表B：专利引用次数

变量	专利引用次数 (1)	(2)	(3)
失败容忍度	0.445**	0.423**	0.353**
	(0.176)	(0.174)	(0.177)
投资企业数	−0.054		
	(0.112)		
募集资金额		−0.015	
		(0.061)	
经营年数			0.148

[①] Tian, X and Y Wang. Tolerance for Failure and Corporate Innovation [J]. *Review of Financial Studies*, 2011, 27(1): 211–255.

（续表）

变量	专利引用次数		
	（1）	（2）	（3）
			（0.132）
IPO退出比例	1.176	1.188	1.004
	（0.778）	（0.777）	（0.782）
行业集中度	−0.634	−0.562	−0.502
	（0.719）	（0.667）	（0.650）
阶段集中度	−0.603	−0.545	−0.479
	（0.577）	（0.582）	（0.570）
控制变量	是	是	是
固定效应	是	是	是
样本量	11 239	11 239	11 239

注：计量结果括号内为稳健性标准误，***、**、*分别表示1%、5%和10%的显著性水平。

最后，我们用初创企业所面临的失败风险来识别失败容忍度的影响。高失败风险是指，给定企业的创新能力，实现创新目标的可能性较低。在高失败风险的情况下，初创企业更加需要风险投资对失败宽容的态度，即更高的失败容忍度的边际效用。因此，如果我们所定义的失败容忍度确实能够反映风险投资对于失败的态度，而且对失败的容忍能够帮助企业实现创新目标，那么当企业面临更高的失败风险时，风险投资失败容忍对企业创新的边际激励效果应该更强。我们从初创企业的成立初期、发展阶段和所属行业三个角度来界定失败风险。具体而言，企业处于经济衰退时期、运营处于初级阶段，以及所属行业为制药行业等创新难度和成本较高的行业，均可认为企业面临高失败风险。我们得到，在面临高失败风险的企业样本中，失败容忍对企业创新的边际激励效果更强，这个结果验证了我们的观点。

风险投资失败容忍度的影响因素

通过上文的分析，我们发现在美国的资本市场中，风险投资对失败的宽容态度能够促进企业创新。既然失败容忍能够激励创新，那么为什么并不是所有的风险投资都选择容忍失败呢？有哪些因素能够影响风险投资的失败容忍度呢？我们对此问题进行了进一步的研究。

◇ **资本约束**

绝大多数风险投资基金有一定的存续期。在美国，一只风险投资基金的存续期为 10 年，并且有两次延期 1 年的机会。因此，风险投资机构经常面临资金受约束的问题，需要定期向有限合伙人寻求后期资金支持。已有研究表明，风险投资机构的资金约束会扭曲其投资决策，影响被投项目的上市决策。资本约束同样会影响风险投资的失败容忍度，容忍失败需要投资者对表现不尽如人意的初创企业持续注资，而资金受到约束的风险投资机构一般没有足够的流动性和能力完成注资。因此，我们认为资本约束的存在会降低风险投资的失败容忍度。

尽管我们无法得到风险投资机构的资金约束情况，但是我们可以看到风险投资募集资金的事件，在获得有限合伙人的大规模资金后，风险投资机构的资本约束问题会得到缓解。我们通过观察风险投资机构在获得大规模资金后的失败容忍度变化，来检验资本约束的影响。结果如图 2-3 所示，获得大规模资金后，风险投资的失败容忍度大幅上升，从而验证了我们的假设。

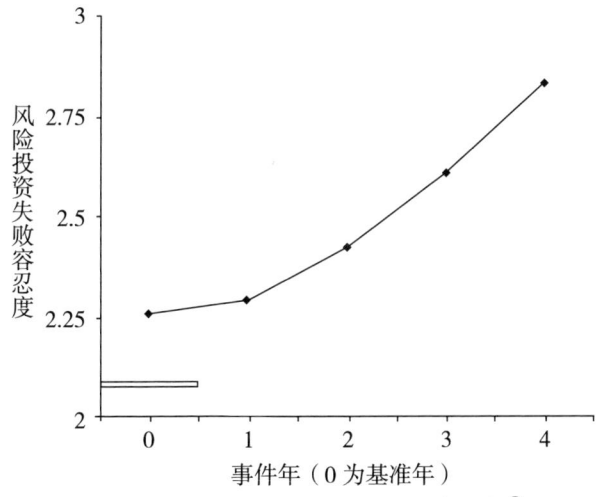

图 2-3　资本约束对失败容忍度的影响[1]

更进一步，Gompers 和 Lerner（1998）发现，成立时间越长、越有经验的风险投资机构面临资本约束问题的可能性越低，因为凭借过往的经验、关系积累和声誉，这些机构能够更容易地从市场上融通到资金。因此，我们认为资本约束对失败

---

[1] Tian, X and Y Wang. Tolerance for Failure and Corporate Innovation [J]. *Review of Financial Studies,* 2011, 27(1): 211–255.

容忍度的影响在新的、缺乏经验的风险投资机构样本中更为明显。我们分别根据成立年数和投资经验进行分样本对比,结果如图 2-4 所示,在获得资金后,新风险投资和缺乏经验的风险投资机构的失败容忍度上升幅度更为明显。

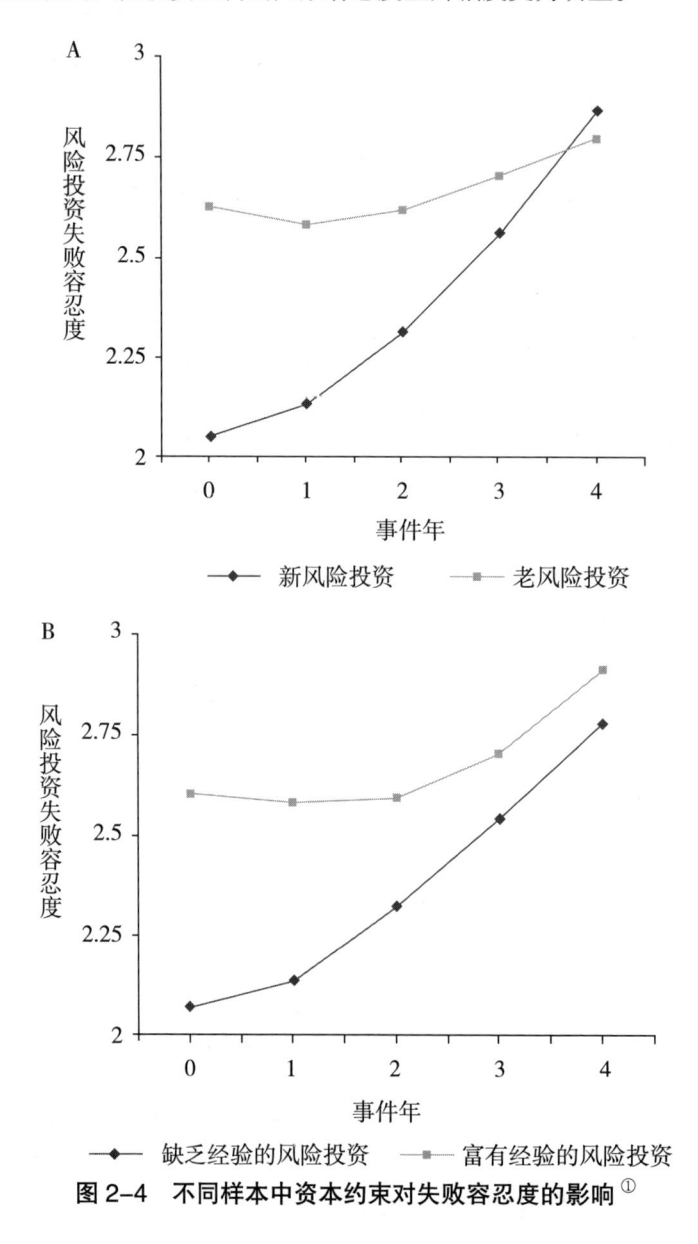

图 2-4　不同样本中资本约束对失败容忍度的影响[1]

---

[1] Tian, X and Y Wang. Tolerance for Failure and Corporate Innovation [J]. *Review of Financial Studies,* 2011, 27(1): 211–255.

综上所述，风险投资机构所面临的资本约束会扭曲其投资行为、降低对失败的容忍程度，这种影响在新创立的风险投资和缺乏经验的风险投资样本中更为明显。

◇ **对职业生涯的考虑**

出于对职业生涯的考虑，风险投资会希望拥有成功的投资记录，这样会提高其声誉，从而获得更好的发展。那么对职业生涯的考虑是否会影响投资者的失败容忍度？现有研究并没有得出一致的结论。一方面，终止投资项目一般被视为风险投资的监督管理能力较差的象征，因此出于对职业生涯的考虑，风险投资可能"打肿脸充胖子"，不愿意终止项目。另一方面，风险投资需要将有限的资源分配到不同的投资项目中。Goel、Nanda 和 Narayanan（2004）研究发现，出于对职业生涯的考虑，管理者充分甚至过度分配资源，以更好地体现自己的投资能力。因此，当投资项目表现差强人意时，重视职业生涯的风险投资会更快地终止投资，将资源重新分配到有前景的项目中。尽管已有研究没有在此问题上达成共识，但已经证明对职业生涯的考虑会扭曲风险投资的失败容忍度，因此我们尝试从实证上检验职业生涯考虑对失败容忍度的影响。

首先，我们检验了风险投资的经营年数和经验对失败容忍度的影响。相较于成立已久、富有经验的风险投资机构，新成立、缺乏投资经验的风险投资机构的前景更加不明朗、生存压力更大，因此对职业生涯的考虑也就更多、建立好声誉的动机更强。因此，可以利用经营年数和经验两个变量衡量风险投资机构的职业考虑。结果如表2-4分表A所示，新成立、缺乏投资经验的风险投资机构的失败容忍度更低。

接下来，我们利用风险投资成功的投资经历来进一步检验这个问题。尽管我们无法直接观测到风险投资所面临的生存压力，但当风险投资机构的投资项目获得成功后，这种压力会得到一定程度的缓解，对职业生涯的考虑也会相应减弱。因此，如果风险投资出于对其职业生涯的考虑会改变失败容忍度，我们应该能够观察到如下现象：当收获成功后，风险投资的失败容忍度会上升，而且这种影响在新成立、缺乏投资经验的风险投资机构中应该更加明显。这是因为对于新机构而言，成功具有一定的奠基作用，成名战的影响要大于常胜将军的又一次胜利。在表2-4分表B中，我们检验了项目获得成功对失败容忍度的影响，并根据风险投资经营年数和经验进行了分样本检验。结果发现，项目获得成功后风险投资显著提高了失败容忍度，并且这种效果仅出现在新成立的机构和缺乏经验的机构样本中。

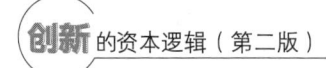

表 2-4　职业生涯考虑与风险投资失败容忍度 [1]

分表 A：风险投资经验与失败容忍度

变量	失败容忍度			
	（1）	（2）	（3）	（4）
经营年数	0.143***		0.061***	
	(0.012)		(0.021)	
投资企业数		0.207***		0.069***
		(0.012)		(0.012)
控制变量	是	是	是	是
固定效应	否	否	是	是
样本量	14 786	14 917	14 786	14 917

分表 B：投资项目获得成功对失败容忍度的影响

变量	失败容忍度				
		经营年数		过往投资经验	
	全样本	新机构	老机构	缺乏经验	富有经验
获得成功	0.106**	0.110**	0.010	0.094***	0.020
	(0.023)	(0.030)	(0.029)	(0.028)	(0.028)
控制变量	是	是	是	是	是
固定效应	是	是	是	是	是
样本量	15 262	7 069	7 730	9 043	5 861

注：计量结果括号内为稳健性标准误，***、** 分别表示1%、5% 的显著性水平。

分阶段投资对企业创新的影响

如前文所述，风险投资多采用分阶段注资的方式向企业投入资金，这也是风险投资机构对企业实行监督管理的重要方式。风险投资多阶段注资，被投企业能否拿到下一轮融资的关键在于是否能达到风险投资已经提出的发展目标，而且风险投资保有停止投资的权利。美国经济学家 Paul A. Gompers 研究发现，分阶段投资

---

[1] Tian, X and Y Wang. Tolerance for Failure and Corporate Innovation [J]. *Review of Financial Studies,* 2011, 27(1): 211–255.

能够缓解代理问题[1]，使企业管理者专注于价值创造，起到有效的监督作用。然而，学术界对于分阶段投资如何影响企业创新这一问题并未达成一致观点。

经济学家小传
MINI BIOGRAPHY

保罗·A. 冈珀斯（Paul A. Gompers）

  哈佛商学院工商管理教授，同时担任美国国家经济研究局公司金融部门的研究员及欧洲公司治理研究协会研究员。冈珀斯专注于研究从公司初创一直到上市这一过程中的一系列金融问题，并取得了丰富的学术成果。冈珀斯于1987年获得哈佛大学生物学学士学位，毕业后在拜尔化学公司做生物化学研究工作时被经济学吸引，获得奖学金入读牛津大学并获得了经济学硕士学位，而后回母校哈佛大学攻读商业经济学并于1993年获得了博士学位。毕业后冈珀斯去芝加哥大学做助理教授，他在两年之内就开设了一门全新的课程"创业金融与管理"，教授影响创业金融和投资者的相关问题。

  与冈珀斯在教学领域相得益彰的是他在研究领域的成果。冈珀斯的研究工作主要集中在私募股权基金的结构、治理、绩效、融资来源、激励设计以及公司的业绩评估，并检验影响新上市公司业绩的体制和市场因素。同时冈珀斯也致力于对创业公司的成败及影响因素的研究。他在风险投资领域出版了3本专著，其中与哈佛大学Josh Lerner教授合著的《风险投资周期》(*The Venture Capital Cycle*)一书，详细解读了风险投资的整个运行周期，被译成中文、韩文、日文等多种文字，在全球范围广泛传播。

◇ **代理假说**

  分阶段投资可以缓解初创企业对风险投资的"敲竹杠"问题[2]。如果风险投资将所有金额一次性投入初创企业，那么当创新活动开始后，初创企业这笔投资已经

---

  [1] 代理问题（agency problem），指由于代理人和委托人的目标函数不完全一致，当存在信息不对称问题时，委托人无法对代理人进行完全监督，代理人有可能从自身利益出发做出损害委托人利益的行为。

  [2] "敲竹杠"问题（hold-up problem）指当存在只能在事后确定的事项时，合同中有利的一方对不利一方利益的侵害。如一项交易活动需要一方投资，但如何生产、产品定价等条款却不能事先确定，只能事后确定，那么在先期投资者已经投入的情况下，后者会借机剥削前者的利益，这就是"敲竹杠"行为。"敲竹杠"行为的后果是造成投资的不足。

变成了风险投资的沉没成本[①],风险投资已经无法约束自己,此时初创企业就有动机损害风险投资的利益。Neher(1999)研究发现,通过分阶段投资的方式,风险投资机构可以持续约束被投企业,降低企业的议价能力,从而缓解代理问题和"敲竹杠"问题。因此,"代理假说"认为分阶段投资能够促进企业创新。

◇ 镣铐假说

通过分阶段投资频繁甚至过度干预企业的运营,就像给初创企业戴上镣铐一般,会阻碍其创新活动。在前文中,我们可以看到,因为创新活动所特有的长期性和不确定性的特点,风险投资需要给予初创企业足够的失败容忍度。尽管分阶段投资可以通过设立短期目标来缓解套牢问题,但短期的压力会使企业管理者将大部分精力用于实现短期目标,而忽略了企业的长期经营,这会降低初创企业进行创新研发的积极性。因此,在"镣铐假说"下,通过分阶段投资监督管理创新活动,在一定程度上会降低初创企业的创新水平。

◇ 实证研究发现

我和美国康奈尔大学助理教授 Yifei Mao,以及印第安纳大学教授 Xiaoyun Yu 就这一问题进行了实证检验。我们用风险投资在上市公司孵化期的投资阶段数来衡量分阶段投资的程度,并分别用专利数量、引用次数、原创性、通用性、探索性专利数[②]和开发性专利数[③]六个指标来度量企业创新的数量和质量,即企业创新产出。研究样本为 2 526 个得到风险投资支持并在 1980—2014 年间上市的创业公司。回归模型如式(2-2)所示。

$$企业创新产出 = \alpha + \beta \times 投资阶段数 + \gamma \times 控制变量 + 固定效应 + \varepsilon \quad (2\text{-}2)$$

其中,α 为截距项,β、γ 为系数,ε 为随机扰动项。

[①] 沉没成本(sink cost)指过去已经发生、不因现在或将来的决策而改变的成本。沉没成本常见于经济学研究与商业决策中,虽然其属于不可控成本,但往往干扰人们的决策。

[②] 学术界一般将专利分为探索性专利和开发性专利,其中探索性专利(exploratory patent)指脱离原有技术轨迹或依靠新知识所进行的专利研发,以获得新的市场、满足新的顾客需求。在本文中,如果一项专利 60% 以上的引用都基于新知识,则定义该专利为探索性专利。

[③] 开发性专利(exploitative patent)指以公司既有知识和技术为基础所进行的专利研发,目的是满足现有客户与市场。在本文中,如果一项专利 60% 以上的引用都基于既有知识,则定义该专利为开发性专利。

使用普通最小二乘法计算得到的回归结果如表 2-5 所示，分阶段投资的程度与专利数量、引用次数、原创性、通用性和探索性专利数均显著负相关，这说明投资的阶段数对企业创新的数量和质量均产生了负向影响，验证了"镣铐假说"。值得注意的是，投资阶段数对开发性专利数没有显著影响，这是因为开发性专利是依托已有知识的渐进式改善，而非真正意义上的创新，因此不受分阶段投资的影响。

表 2-5　分阶段投资对企业创新的影响（OLS）[1]

变量	专利数量	引用次数	原创性	通用性	探索性专利数	开发性专利数
投资阶段数	−0.216***	−0.088*	−0.042***	−0.034***	−0.096***	0.000
	（0.041）	（0.051）	（0.009）	（0.009）	（0.012）	（0.004）
控制变量	是	是	是	是	是	是
固定效应	是	是	是	是	是	是
样本量	14 984	14 984	14 984	14 984	14 984	14 984

注：计量结果括号内为稳健性标准误，***、* 分别表示 1%、10% 的显著性水平。

但是表 2-5 的结果并不能证明分阶段投资与企业创新存在因果关系，因为风险投资根据初创公司的特征决定自己的分阶段投资决策，这是一个内生的过程。我们用工具变量两阶段最小二乘回归的方法解决内生性问题，采用的工具变量为虚拟变量 IDD，即在公司孵化期内，公司所在州是否持续采用了不可避免披露原则（Inevitable Disclosure Doctrine, IDD）。IDD 是法院为避免对商业秘密潜在的侵占行为而推出的规定之一，主要用于禁止离职雇员在其行业内为原雇主的竞争对手工作。因此，IDD 在一定程度上限制了人力资本的流动，增加了初创公司招募人才的成本，从而增加了公司的人力资本风险。为了缓解 IDD 所带来的不确定性，风险投资会提高分阶段投资的程度，所以 IDD 提高了风险投资的分阶段投资倾向，且不通过其他途径影响被投公司的创新水平。

计量方法介绍
ECONOMETRICS

工具变量两阶段最小二乘法

在统计学、计量经济学和相关学科中，当一个解释变量与误差项相关时，会

---

[1] Mao, Y, X Tian and Yu. Unleashing Innovation. Working paper, 2016.

产生内生性问题，此时使用普通最小二乘法会产生有偏差的估计，使用工具变量（instrumental variable，IV）仍可得到一致性估计。工具变量本身不属于解释方程，其与内生变量相关，取决于其他变量的值。在线性模型中使用工具变量有两个要求：

1. 该工具变量必须与内生性解释变量相关。

2. 该工具变量不能与解释方程中的误差项相关，即这个工具变量不能与原来的预测变量存在同样的问题。如果满足这个条件，那么这个工具变量满足排他性约束。

将工具变量法应用于两阶段最小二乘法（Two Stage Least Squares，2SLS）的步骤为：

1. 以工具变量为解释变量，内生自变量为被解释变量进行回归，得到工具变量的拟合值；

2. 将原被解释变量对第一步中工具变量的拟合值进行回归，得到正确的回归系数。

基于IDD工具变量的两阶段最小二乘回归结果如表2-6所示，我们发现第二阶段回归与普通最小二乘法回归得出的结论一致，投资的阶段数对企业创新数量、质量和探索性专利数均产生了负向影响，但不影响开发性专利数，从而进一步验证了"镣铐假说"。

表2-6 分阶段投资对企业创新的影响（2SLS）[①]

变量	第一阶段回归					第二阶段回归	
	投资阶段数	专利数量	引用次数	原创性	通用性	探索性专利数	开发性专利数
投资阶段数		−1.177*** (0.440)	−1.655*** (0.584)	−0.209*** (0.092)	−0.215** (0.093)	−0.517*** (0.139)	−0.078 (0.057)
IDD	0.120*** (0.025)						
控制变量	是	是	是	是	是	是	是
固定效应	是	是	是	是	是	是	是
样本量	14 984	14 984	14 984	14 984	14 984	14 984	14 984

注：计量结果括号内为稳健性标准误，***、** 分别表示1%、5%的显著性水平。

① Yifei Mao, Xuan Tian and Xiaoyun Yu. Unleashing Innovation. Working paper, 2016.

风险投资的辛迪加模式

在风险投资行业发展早期，由于每只风险投资规模都比较小，因此出现了多个风险投资机构联合投资同一家公司的现象，即风险投资的辛迪加模式。现在，风险投资的辛迪加模式已经非常普遍，在美国，创立于1980年至2005年的三万多家初创公司中，有70%的公司得到过两个或更多的风险投资，88%的风险投资支持的上市公司从风险投资辛迪加中获得资金。风险投资辛迪加模式的业绩如何？它在初创公司价值创造中起什么作用？是否影响公司技术创新？我在2012年发表在 *Review of Finance* 的"风险投资辛迪加模式在初创公司价值创造中的角色"一文中就对这些问题进行了实证检验。

迷你案例
MINI CASE

滴滴的豪华投资人背景

成立于2012年的滴滴出行（原滴滴打车）目前估值已超过500亿美元，是中国智能出行领域当之无愧的龙头。滴滴的成功，在很大程度上离不开诸多投资人的助推。

滴滴成立之初，给自身的定位仅仅是"打车软件"。在B轮后的每一轮融资中，不断有实力雄厚的风险投资进入，为滴滴带来了市场推广、技术、人脉、国际化、媒体联系等方面的巨大提升，使滴滴的实力与雄心飞速成长。以F轮投资为例，此轮滴滴出行获得融资45亿美元，风投辛迪加由苹果、中国人寿、蚂蚁金服、腾讯、招商银行、软银中国等实力极为雄厚的公司组成。苹果的进入使滴滴坐实了"智能出行"的概念，腾讯与阿里一如既往的支持使滴滴在手机端的使用更加便捷，用户基础几乎扩大到了所有智能手机用户，成功转型为"分享经济"的先驱。此外，中国人寿、招行等投资方也为滴滴经营活动的现金流提供了强有力的保障。汇聚了各方助力的滴滴出行，已经由最初的一叶扁舟变成了今日的豪华巨轮，正驶向明天。

◇ 产品市场价值

采用辛迪加投资模式可以将不同的风险投资机构聚集在一起，这些机构具有不同的专业技能、信息来源、关系网络，能够为初创企业提供更加丰富的资源和指导。例如，有些风险投资机构更善于筛选项目，并敢于在风险较大的项目中投入更多的资金；有些风险投资机构有更为丰富的关系网络，能够为初创企业雇用到优质的雇员、寻找到高质量的供应商和顾客、开拓产品市场等；有些风险投资机构更善于筹集资金，能够为初创公司提供雄厚的财务支撑。很难有一家风险投资同时具有如此多的资源，因此，与单独投资相比，辛迪加模式能够更好地提高公司产品的市场价值。另外，由于辛迪加模式中的风险投资具有多样的专业技能、关系网络和信息来源，在筛选和管理能力上的优势使得它们敢于投资风险更大的创新型公司，这在一定程度上激励和培育了企业创新。

◇ **金融市场价值**

辛迪加投资模式和单独投资在金融市场价值创造上的表现是不同的。前面已经提到，在资本市场上，公司内部人士和外部投资者的信息是不对称的。另外，资本市场对风险投资基金的需求远远大于供给。因此，多个不同的风险投资愿意同时投资同一家公司，这个行为本身就向资本市场传达了有利的信号，而仅仅获得一家风险投资的支持则不具有这个效果。基于辛迪加投资模式与单独投资的区别，我认为二者成功退出的概率是不同的，这些区别也会导致被投企业在 IPO 抑价、市场估值等方面的系统性差异。

但是，还有另外一种可能。如果一家风险投资通过早期积极参与被投公司的日常经营获得很多一手信息，发现这家企业具有非常光明的发展前景。为了避免竞争、独享投资收益，这家机构会避免其他风险投资参与到对这家公司的投资中来。在这种情况下，单独投资会比辛迪加投资拥有更高的成功退出概率，被投资公司的创新活动、上市后业绩表现也会更优。

◇ **实证研究发现**

学术界对于辛迪加投资模式有两种定义，第一种定义是两个或更多的风险投资机构在同一轮同时投资同一家公司；另一种定义则是只要同一家企业获得了两个或更多的风险投资机构的投资，即为辛迪加模式。本文主要采用第一种定义，并用第二种定义进行稳健性检验，得出相同的结论。风险投资每一轮投资的数据主要来自 Thomson Venture Economics 数据库，样本区间为 1980 年到 2006 年，包括 9 720 家风险投资机构单独投资的初创公司，21 141 家由辛迪加投资的初创公司。统计发现，与单独投资相比，辛迪加模式投资的初创公司种类更加丰富，而且更年轻，公司面临的风险更大。IPO 公司的数据主要来自 Securities Data Company (SDC) Global New Issues 数据库。通过与风险投资数据进行匹配，最终筛选出 2 112 家有风险投资机构支持的 IPO 公司，其中 1 856 家接受的是辛迪加投资模式、256 家接受的是单独投资。度量创新的数据主要来自 NBER 所提供的最新版的专利引用数据库，从创新产出数量和质量两个维度进行研究。

在金融市场价值部分，我首先利用多元 Logit 回归分析了辛迪加模式对风险投资退出结果的影响，回归模型如式（2-3）所示。

$$退出结果 = \alpha + \beta \times 辛迪加投资模式 + \gamma \times 控制变量 + 固定效应 + \varepsilon \quad (2-3)$$

其中，α 为截距项，β、γ 为系数，ε 为随机扰动项。

风险投资退出方式包括 IPO、并购和清算，其中 IPO 和并购一般被视为成功的退出结果。我们在回归中控制了初创公司和风险投资的特征，结果如表 2-7 所示。结果表明，受到辛迪加投资支持的公司更有可能 IPO 或者被并购，同时这与辛迪加投资模式将提高初创公司金融市场价值的假设相一致。

计量方法介绍
ECONOMETRICS

离散选择模型

与普通最小二乘法类似，离散选择模型研究的也是解释变量（自变量）对被解释变量（因变量）的影响。不同之处在于，离散选择模型中的被解释变量是离散的（如二元离散选择模型中，被解释变量仅有"0"和"1"两种取值；多元离散选择模型中，被解释变量可能有离散的三个及三个以上的取值），这导致随机误差项的性质与最小二乘法中的随机误差项存在很大区别。最常用的离散选择模型包括 Logit 模型和 Probit 模型。

Logit 模型和 Probit 模型是两种广泛应用于计量经济学、生物统计学、市场营销学等领域的离散选择模型。两者的不同之处在于，Logit 模型实质上假定了自变量的分布函数为 Logistic 函数，而 Probit 模型则假设自变量的分布服从正态分布。离散选择模型中回归系数的含义为：自变量增加一个单位，对应的"机会比率"（odds）的增加量。通俗地说，离散选择模型可以估计出解释变量的增加导致被解释变量取"1"的概率变大了多少，是一种估计"概率"的模型。

表 2-7 辛迪加模式与退出结果（Logit）[1]

变量	退出结果			
	IPO	M&A	IPO	M&A
辛迪加投资模式	0.120***	0.015*		
	(0.012)	(0.009)		
参与投资的风险投资数量			0.017***	0.007***
			(0.002)	(0.001)
控制变量	是	是	是	是
固定效应	是	是	是	是
样本量	11 239	11 239	11 239	11 239

注：计量结果括号内为稳健性标准误，***、*分别表示1%、10%的显著性水平。

但这个模型可能存在内生性问题。这些内生性问题一方面源于遗漏变量问题——可能存在一些遗漏变量既使公司容易被辛迪加投资，又导致其容易获得成功；另一方面源于反向因果问题——可能是因为公司前景光明、获得成功的可能性较大，吸引了风险投资组成辛迪加进行投资。为了解决内生性问题，我采用工具变量两阶段最小二乘回归的方法，选取领投机构投资组合的行业集中度（Industry Concentration Index, ICI）作为工具变量。现有研究表明，投资组合的集中度是影响风险投资决定是否与其他机构进行合作的重要因素之一。行业集中度越高，暴露于某一行业的风险越大，出于降低风险的考虑，风险投资越倾向于与其他机构合作。因此，领投机构投资组合的行业集中度越高，寻求组建辛迪加投资的动机越大，而且该指标不会通过其他途径影响到被投公司的成功概率。基于ICI工具变量的两阶段最小二乘回归结果如表2-8所示，利用工具变量解决内生性问题后，辛迪加投资模式仍会显著提高被投公司获得成功的概率。

---

[1] Tian, X and Y Wang. Tolerance for Failure and Corporate Innovation [J]. *Review of Financial Studies,* 2011, 27(1): 211–255.

表 2-8　辛迪加模式与退出结果（2SLS）[①]

变量	第一阶段回归		第二阶段回归			
	辛迪加	风险投资数量	IPO	M&A	IPO	M&A
辛迪加投资模式			0.378***	0.217***		
			(0.092)	(0.067)		
参与投资的风险投资数量					0.021**	0.017**
					(0.010)	(0.007)
领投机构 ICI	0.682***	1.622***				
	(0.080)	(0.176)				
控制变量	是	是	是	是	是	是
固定效应	是	是	是	是	是	是
样本量	10 668	10 668	10 668	10 668	10 668	10 668

注：计量结果括号内为稳健性标准误，***、** 分别表示 1%、5% 的显著性水平。

其次，我检验了辛迪加模式对 IPO 抑价和市场估值的影响。IPO 抑价指首次公开发行定价明显低于上市初始的市场价格，等于首次交易日的收盘价与 IPO 定价的差占 IPO 定价的比重。这主要是由股票发行方和外部投资者之间信息不对称造成的。如果辛迪加投资模式能够向市场传达信息，那么辛迪加投资模式应该降低 IPO 抑价。另外，我计算了 IPO 公司的 IPO 定价与公司内在价值[②]（市场估值 1）的比值，以及首次交易日的收盘价与公司内在价值（市场估值 2）的比值，以检验辛迪加模式对被投公司市场估值的影响。结果如表 2-9 所示：辛迪加投资模式显著降低了 IPO 抑价，提高了市场估值，而且参与投资的风险投资数量越多，市场估值越高。

[①] Tian, X and Y Wang. Tolerance for Failure and Corporate Innovation [J]. *Review of Financial Studies,* 2011, 27(1): 211–255.

[②] 内在价值（intrinsic value）指由公司基本面所决定的本身所固有的价值。内在价值的估计方法分为两种：绝对估值法和相对估值法。绝对估值法通过对公司的历史及当前的基本面的分析和对未来财务数据的预测来估计内在价值，相对估值法则是根据可比公司数据进行估值。本文采取相对估值法对内在价值进行估计。

表 2-9　IPO 抑价与市场估值[①]

变量	IPO 抑价		市场估值 1		市场估值 2	
	（1）	（2）	（3）	（4）	（5）	（6）
辛迪加投资模式	−1.554*		1.445***		4.512***	
	（0.827）		（0.366）		（1.526）	
参与投资的风险投资数量		−0.012		1.09*		0.582***
		（0.229）		（2.113）		（0.224）
控制变量	是	是	是	是	是	是
固定效应	是	是	是	是	是	是
样本量	1 822	1 822	1 193	1 193	1 193	1 193

注：计量结果括号内为稳健性标准误，***、* 分别表示1%、10% 的显著性水平。

在产品市场部分，我首先检验了辛迪加投资模式对被投企业 IPO 后 4 年间（IPO 当年为 IPO 后 1 年）创新活动的影响，结果如表 2-10 所示。辛迪加投资模式显著提升了公司的创新活动，专利数量和专利质量均显著上升，而且参与投资的风险投资数量越多，创新数量和质量越高。这与我们的假设相符，辛迪加模式相较于单独投资，具有更多样的专业技能、关系网络和信息来源，因此能更好地激励和培育创新，提高公司产品的市场价值。

表 2-10　IPO 后的创新活动[②]

变量	专利数量		专利引用次数	
	（1）	（2）	（3）	（4）
辛迪加投资模式	0453***		0.375**	
	（0.127）		（0.146）	
参与投资的风险投资数量		0.022**		0.018**
		（0.010）		（0.009）
控制变量	是	是	是	是
固定效应	是	是	是	是
样本量	1 998	1 998	1 998	1 998

注：计量结果括号内为稳健性标准误，***、** 分别表示1%、5% 的显著性水平。

---

① Tian, X and Y Wang. Tolerance for Failure and Corporate Innovation [J]. *Review of Financial Studies*, 2011, 27(1): 211–255.

② Tian, X and Y Wang. Tolerance for Failure and Corporate Innovation [J]. *Review of Financial Studies*, 2011, 27(1): 211–255.

进一步，我分析了辛迪加模式对被投公司 IPO 后运营表现的影响，具体包括 IPO 后 4 年（IPO 当年到 IPO 后 3 年）的资产收益率（return on assets，ROA）、税息折旧及摊销前利润[①]占总资产的比例（EBITDA/assets）和边际利润率[②]（profit margin）。在这里，辛迪加模式的投资决策特点会产生比较严重的内生性问题。如前文所讲，辛迪加模式所具有的专业技能、关系网络和信息来源，使它们具有筛选和管理项目上的优势，因此敢于投资高成长价值、高风险的创新型公司，但这些公司在短期内往往无法实现盈利。为了解决内生性问题，我采用前文提到的领投机构行业集中指数作为工具变量进行回归，结果显示，辛迪加模式能够显著提高公司的营运表现。

表 2-11 IPO 后的营运表现[③]

变量	ROA		EBITDA/assets		profit margin	
	（1）	（2）	（3）	（4）	（5）	（6）
辛迪加投资模式	1.054***		7.848***		2.358***	
	(0.306)		(3.090)		(1.345)	
参与投资的风险投资数量		0.021		0.022		0.565
		(0.016)		(0.024)		(1.389)
控制变量	是	是	是	是	是	是
固定效应	是	是	是	是	是	是
样本量	1 932	1 932	1 932	1 932	1 932	1 932

注：计量结果括号内为稳健性标准误，*** 表示 1% 的显著性水平。

❏ 本章小结

本章分析了风险投资对企业创新的影响，重点讲述了风险投资失败容忍度、分阶段投资和辛迪加投资模式所带来的影响。本章要点总结如下：

1. 风险投资对企业创新有正向影响；
2. 风险投资促进企业创新的作用机制包括提供资金支持、积极参与企业管理

[①] 税息折旧及摊销前利润（earnings before interest, taxes, depreciation and amortization，EBITDA）指的是未计利息、税项、折旧及摊销前的利润。
[②] 边际利润率（profit margin）是指边际利润与销售收入的比率，反映增加单位销售收入能为企业增加的收益。
[③] Tian, X and Y Wang. Tolerance for Failure and Corporate Innovation [J]. *Review of Financial Studies,* 2011, 27(1): 211-255.

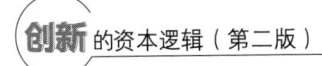

和为企业提供关系网络等增值服务等；

3. 风险投资失败容忍度对企业创新有促进作用，并且当企业面临更大的失败风险时，对失败的容忍会发挥更重要的作用；

4. 分阶段投资给管理者带来的短期业绩压力阻碍了创新活动；

5. 风险投资采用辛迪加投资模式能够为企业带来更多资源，会促进创新活动，进而提高企业的产品市场价值、金融市场价值和技术创新水平。

参/考/文/献

[1] 陈见丽. 风险投资能促进高新技术企业的技术创新吗？——基于中国创业板上市公司的经验证据 [J]. 经济管理, 2011, 2: 71-77.

[2] 苟燕楠, 董静. 风险投资背景对企业技术创新的影响研究 [J]. 科研管理, 2014, 2: 35-42.

[3] 吕炜. 论风险投资机制的技术创新原理 [J]. 经济研究, 2002, 2: 48-56.

[4] Boot, A W A. Why Hang on to Losers? Divestitures and Takeovers [J]. *Journal of Finance*, 1992, 47(4): 1 401-1 423.

[5] Brander, J A, R Amit and W Antweiler. Venture-capital Syndication: Improved Venture Selection vs. the Value-added Hypothesis [J]. *Journal of Economics & Management Strategy*, 2002, 11(3): 423-452.

[6] Chemmanur, T J, K Krishnan and D K Nandy. How does Venture Capital Financing Improve Efficiency in Private Firms? A Look Beneath the Surface [J]. *Review of Financial Studies*, 2011, 24(12): 4 037-4 090.

[7] Goel, A M, V Nanda and M P Narayanan. Career Concerns and Resource Allocation in Conglomerates [J]. *Review of Financial Studies*, 2004, 17(1): 99-128.

[8] Gompers, P A. Optimal Investment, Monitoring, and the Staging of Venture Capital [J]. *Journal of Finance*, 1995, 50(5): 1 461-1 489.

[9] Gompers, P A. Grandstanding in the Venture Capital Industry [J]. *Journal of Financial Economics*, 1996, 42(1): 133-156.

[10] Gompers, P A. and J Lerner. What Drives Venture Capital Fund-raising? [J]. *Brookings Papers on Economic Activity—Microeconomics*, 1998, pp. 149-192.

[11] Gompers, P A. and J Lerner. Money Chasing Deals? The Impact of Fund Inflows on

Private Equity Valuation [J]. *Journal of Financial Economics*, 2000, 55(2): 281–325.

[12] Hall, B H, A B Jaffe and M Trajtenberg. The NBER patent citation data file: Lessons, Insights and Methodological Tools[R]. National Bureau of Economic Research, 2001.

[13] Hellmann, T and M Puri. The Interaction Between Product Market and Financing Strategy: The Role of Venture Capital [J]. *Review of Financial Studies,* 2000, 13(4): 959–984.

[14] Holmstrom, B. Agency Costs and Innovation [J]. *Journal of Economic Behavior & Organization*, 1989, 12(3): 305–327.

[15] Kortum, S and J Lerner. Assessing the Contribution of Venture Capital to Innovation [J]. *Rand Journal of Economics*, 2000, 31(4): 674–692.

[16] Lockett, A and M Wright. The Syndication of Private Equity: Evidence from the UK [J]. *Venture Capital: The International Journal of Entrepreneurial Finance*, 1999, 1(4): 303–324.

[17] Lockett, A and M Wright. The Syndication of Venture Capital Investments [J]. *Omega*, 2001, 29(5): 375–390.

[18] Lee, P M and S Wahal. Grandstanding, Certification and the Underpricing of Venture Capital Backed IPOs [J]. *Journal of Financial Economics*, 2004, 73(2): 375–407.

[19] Manso, G. Motivating Innovation [J]. *Journal of Finance*, 2011, 66(5): 1 823–1 860.

[20] Mao, Y. X Tian and X Yu. Unleashing Innovation. Working paper, 2016.

[21] Neher, D V. Staged Financing: An Agency Perspective [J]. *Review of Economic Studies,* 1999, 66(2): 255–274.

[22] Rothschild, M and J Stiglitz. Equilibrium in Competitive Insurance Markets: An Essay on the Economics of Imperfect Information [J]. *Quarterly Journal of Economics*, 1976: 629–649.

[23] Tian, X and T Y Wang. Tolerance for Failure and Corporate Innovation [J]. *Review of Financial Studies*, 2011, 27(1): 211–255.

[24] Tian, X. The Causes and Consequences of Venture Capital Stage Financing [J]. *Journal of Financial Economics*, 2011, 101(1): 132–159.

[25] Tian, X. The Role of Venture Capital Syndication in Value Creation for Entrepreneurial Firms [J]. *Review of Finance*, 2011, 16(1): 245–283.

第 3 章

股票流动性的利弊辩

股票流动性是投资者做出投资决策时的重要考虑因素之一，对股票市场的重要性不言而喻。高的流动性虽然会方便投资者的投资和退出，但对上市公司的影响却仍充满争议。以企业创新为例，流动性提高一方面可以方便大股东进入，大股东通常会更积极地监督上市公司的活动，促进企业创新；但另一方面，流动性提高也会增加上市公司的被收购压力，增加投机型及指数型被动投资者的持股比例，增加企业短期业绩压力，抑制企业创新。那么流动性究竟会对上市公司的创新活动产生何种影响呢？

如何度量股票市场流动性

股票市场作为企业融资以及投资者进行证券投资交易的场所，在实现资源有效配置的同时，也起到了服务实体经济的重要功能。经过三十年左右的发展，我国的股票市场规模逐步扩大，对经济发展的支撑和促进作用也日益凸显。投资者在做出投资选择时要考虑的要素主要包括：收益率、风险性、流动性三点，在股票市场的投资也不例外，股票流动性是影响股票市场投资者，尤其是基金公司等大型机构投资者投资决策的重要因素之一，Amihud 和 Mendelson（1988）甚至称"流动性就是市场的一切"。正因为流动性的重要性，我国上海证券交易所每年的市场质量报告中都会用约三分之一的篇幅，从各个维度对市场的流动性指标进行度量和分析。

简单来说，股票的流动性是股票便于流通、易于买卖的程度，极端的高流动性和低流动性就是市场的牛市与熊市。但全面系统地刻画流动性却并非易事，上海证券交易所的市场质量报告便采用了股票价格冲击指数、流动性指数、买卖价差、有效价差、订单（市场）深度、大额交易成本等多个指标对市场流动性进行了度量。

学术界对流动性概念的解释也可谓众说纷纭。Hicks（1962）较早地提出了流动性的概念，他认为，流动性是指立即执行交易的可能性；Black（1971）认为股票流动性高体现在"总是存在股票的买卖报价，而且二者价差非常小，同时小额的交易可以完成，并不会引起价格的过大波动"；Kyle（1985）则重点从买卖价差的角度对流动性进行了概括，认为股票的买卖价差越小说明流动性越好；Hasbrouck和Schwartz（1988）进一步概括，认为流动性指以合理的价格迅速成交的能力；Massimb和Phelps（1994）则认为流动性衡量的是市场立即执行交易且不导致市场价格出现大幅波动的可能性。

经济学家小传
MINI BIOGRAPHY

约翰·理查德·希克斯（John Richard Hicks）

英国著名经济学家、英国科学院院士、瑞典皇家科学院院士、美国科学院外籍院士，1972年因其在经济学一般均衡理论和模型构建方面的研究而与美国经济学家肯尼斯·J. 阿罗（Kenneth J. Arrow）一起荣获诺贝尔经济学奖。由于约翰·希克斯的开创性工作，IS–LM模型成为凯恩斯宏观经济学的核心。他创造性地提出了经济物品和劳务实际产量的波动是由乘数和加速原理结合的作用决定的，即希克斯经济周期理论。除此之外，他还完善了以序数效用论和无差异曲线来解释的边际效用价值论，并针对商品、生产要素、信任和货币的整体性提出了一个完整的均衡模型，发展了一般均衡理论，这一模型直到今天仍是分析经济增长和变动不可或缺的内容。约翰·希克斯在批评庇古福利经济学基础上，建立了新福利经济学理论体系。在研究通货膨胀时，他创造性地提出了结构性通货膨胀理论。

约翰·希克斯曾在伦敦经济学院任助教、讲师，随后到剑桥大学、曼彻斯特大学任教并在曼彻斯特大学度过了整个第二次世界大战的年代，第二次世界大战后约翰·希克斯任牛津大学纳菲尔德学院的高级研究员。除学术任职外，约翰·希克斯曾任英国皇家利润税和收入税方面的委员会成员、英国皇家经济学会会长。

综合上述对股票流动性概念的讨论，不难发现，股票流动性可以从以下几个维度来衡量。首先是股票交易的即时性，即用多长时间可以卖出股票；其次是交易股票的成本，流动性越高交易成本越低；再次是可交易的股票数量，可交易的股票数量越大流动性越高；最后是在交易股票时造成的股票价格偏离度，价格偏离程度越小，说明流动性越高。因此股票流动性越高时，股票便可以较低的成本、迅速地完成大数量的股票交易且不造成股票价格大幅波动。

古语有云，"流水不腐，户枢不蠹"。确实，生命在于运动，流动性对股票市场自然也十分重要。但如一枚硬币的两面，适当运用流动性，可以方便投资者买卖股票，增大股票对投资者的吸引力，但若驾驭不好，流动性也会对市场带来巨大的破坏。

2015年的股灾也加深了大家对流动性的认知。当市场处于非常状况时，投资者可能会进行非理性的抛售，程序化的交易只会带来助涨助跌的效应，造成股市的巨幅波动。这种极端状况下，流动性如洪水猛兽，会对市场造成巨大的破坏。因此，在股灾期间，出于为市场提供"冷静期"、避免或者减少股市大幅波动、保护中小投资者的目的，我国证监会出台了"熔断"机制。然而，事与愿违，"熔断"机制带来的不是市场需要的"冷静期"，相反，由此带来的流动性限制加剧了市场的非理性。在2016年1月7日，股市于早盘9：42触发熔断暂停交易后，于9点57分开盘，仅3分钟后便再次触发熔断，这是"熔断"机制推出后的第二次提前收盘，同时也创造了最快休市记录。除"熔断"机制外，为限制流动性过大带来的不合理价格波动，抑制市场的投机行为，我国股票市场还设立了涨跌幅限制，而这也带来了本次危机中"千股跌停"的局面。

流动性，企业创新杀手？

◇ 提出问题

作为普通的股票投资者，我们在选股时都会关注上市公司是否掌握核心技术、是否进行了新的技术研发，因为这些技术创新会为公司带来行业竞争优势，进而决定公司的长期价值。创新研发是公司树立自身行业地位的关键。同样，对一个国家的经济发展而言，创新也是重要的驱动力。正如Porter（1992）所言，"为提升在国际市场的竞争力，一个国家必须对其产业进行不断创新，并不断升级其竞争优势。而创新以及升级都来自对有形资产以及无形资产的投资。"

尽管创新活动十分重要，但由于委托代理等问题的存在，作为一个国家创新最基本组成单位的企业却往往面临创新研发投入不足的问题。企业的管理者通常会将更多精力放在企业的常规运营活动中，因为这些活动可以在短期内提高企业业绩。这种现象也被称为管理者短视。因此，对企业创新激励要素的研究便显得尤为重要。我国政府为鼓励企业创新，也采取了对创新研发企业给予税收优惠及直接补贴等多种政策措施。但针对股票市场制度这一微观制度的设计，仍有许多可以采取的措施。以股票流动性为例，流动性除影响投资者的投资决策外，也会对上市公司的创新研发产生影响。

股票流动性既可能对企业创新带来正向促进作用，也可能会抑制企业的创新。

首先，在正向促进作用方面，Maug（1998）和 Edmans（2009）的研究显示，提高股票流动性可以为大股东的进入提供便利。而大股东一方面会相对更为积极地对上市公司进行监管，因为他们试图通过这种频繁的监督活动使公司股价升高，进而获利退出。另一方面，这些大股东们由于持股较多，也会更加有动力去搜集上市公司未公开的信息，并基于这些信息做出买卖决策。大股东的信息搜集行为不仅可以使公司股价更有效，还可以缓解公司高管的短视行为。Admati 和 Pfleiderer（2009），Edmans（2009）以及 Edmans 和 Manso（2011）的研究均发现，当公司实行股权激励，高管薪酬与公司股价高度一致时，若公司高管为提高短期股价，采取损害公司长期价值的机会主义行为，那么这些积极搜集信息的知情大股东们便会抛售公司股票，从而导致公司股价下跌。这无疑会增加公司高管通过缺乏战略眼光的短视行为为自己谋利的难度，因此大股东持股可以缓解公司高管的短视行为。如上所述，如果提高股票流动性会导致更多大股东持股，进而可以更好地对公司高管进行监督并提高公司股价的效率，那么自然也会增加公司高管进行创新研发等长期投资的意愿。

其次，在抑制创新方面，Stein（1988）研究发现，由于公司的管理者与投资者之间存在信息不对称问题，高管面临的被收购压力会迫使其牺牲公司的长期价值（比如公司的创新研发活动），而更多地关注可以带来短期收益的投资活动，以避免公司股价被低估而成为收购者的目标。其次，Shleifer 和 Summers（1988）的研究也发现当公司面临的敌意收购压力更大时，公司高管的控制力会相对更弱，这也会导致其进行长期研发投资的动力更小。而 Kyle 和 Vila（1991）发现当公司股票流动性高时，外部潜在的收购者在进行收购活动时更容易伪装自己。因此，股票流动性变高时，公司面临敌意收购的可能性会提升，这会导致公司高管的短视行为，从而降低公司的创新研发等长期投资活动水平。

经济学家小传
MINI BIOGRAPHY

杰瑞米·C. 斯坦（Jeremy C. Stein）

美国著名经济学家，2012年被任命为美国联邦储备委员会委员，而早在2002年，他便因在资本市场和资产定价研究方面的突出贡献而获得Fama-DFA奖。杰瑞米·C. 斯坦1997年便开始研究公司总部将稀缺资源分配到相互竞争项目的行为以及由此产生的影响。与银行不同的是，总部拥有控制权，能够参与"赢家挑选"——将资金从一个项目转移到另一个项目。通过"赢家挑选"，总部可以创造价值，即使在根本无法放松整个公司的信贷约束的情况下，也能创造价值。同时杰瑞米·C. 斯坦利用模型发现，当总部监督一个小而集中的项目时，内部资本市场有时会更有效地运作。

杰瑞米·C. 斯坦曾在高盛集团实习一年，1987—1990年在哈佛商学院担任金融学助理教授，随后10年杰瑞米·C. 斯坦在麻省理工学院斯隆管理学院担任金融学教职，2006年他再次回到哈佛大学任教。除学术任职外，他在奥巴马总统任内曾担任国家经济委员会委员，2015年3月开始担任对冲基金蓝山资本咨询顾问。

除此之外，高流动性会降低交易成本，这会为关注公司短期业绩的机构投资者的进入和退出提供便利，而这部分投资者会导致公司股价被错估，以及给高管过多短期压力等问题。Bushee（2001）的研究便发现了此类机构投资者的存在，它们更关注公司的短期业绩，通常会对有更高短期盈利预期的公司持有更高的仓位。而当公司的管理者感觉到此种压力的时候，这些投资者通常会采取削减短期无法实现收益的研发投资等方式，来操纵短期盈利。Graham、Harvey 和 Rajgopal（2005）通过对公司高管的调研也发现了高管的这种短视行为。在他们的调研中，公司的CFO表示他们经常会因迎合公司的短期盈利目标，而牺牲长期投资。因为，迎合公司短期的盈利目标（如分析师对公司业绩的一致预期等）可以帮助公司稳定股价。

如上文分析，股票流动性对上市公司创新活动到底会起到抑制作用还是促进作用，理论上仍充满争议。我和美国明尼苏达大学的Vivian W. Fang副教授以及杜兰大学的Sheri Tice教授合作，于2014年发表在 *Journal of Finance* 的文章"股票流动性促进还是抑制企业创新？"便对以上议题进行了研究。下面是我们文章的研究设计和研究结论的简要阐述。

◇ 企业创新的度量

企业的创新是一个相对抽象的概念，当前的文献主要从企业的研发投入以及专利申请活动两个方面来度量企业创新水平。然而，相对于研发投入，企业的专利活动被认为是企业创新活动更好的代理指标，因为专利衡量了企业创新活动的产出，同时也可以有效地度量企业创新研发活动的效率。若企业的创新研发能力不足，即便有更多的研发投入，也不代表企业的创新性更强。

因此我们在文章中采用专利活动来度量企业的创新水平。企业的专利相关数据来自NBER专利引用数据库。这个数据库提供了从1976年到2006年的专利数据，数据包括专利申请人的姓名、专利的被引用次数、专利的申请年份以及授权年份等。基于这些数据，我们从专利数量以及专利引用次数两个维度度量企业的创新活动。其中专利数量主要度量企业创新产出的数量，指企业在指定年份申请并最终被授予的专利数量；而专利引用次数则衡量企业创新产出的质量，指专利在后续年度中来自非本企业的引用次数。在我们研究的样本区间内，平均每家企业每年会被授予6.5个专利，同时每个专利会收到3.4次非自身引用。

但也有必要指出，采用专利活动来度量创新也有一定的局限性，尤其是不同行业的企业，其创新研发的密度和周期会有所不同。例如，虽然医药企业可能在某一段时间内的专利申请数量比较少，但这并不意味着这些医药行业企业比互联网等行业企业创新水平更低。因为，申请专利虽然会得到法律上的保护，但也意味着要将技术的细节予以公开，因此很多医药企业在新药物研制成功初期并没有很大动力申请专利。当然，我们相信对不同企业的行业及企业特征进行充分控制后，上述问题不会影响到我们的研究。

◇ 股票流动性的度量

如前文所述，由于流动性是对股票交易用时、耗费成本、交易量以及造成的价格波动等几个维度的综合考量，因此不仅对流动性的定义难以概括，测量指标的选取也绝非易事。

换手率是衡量股票流动性的一个指标，针对中国股票市场的早期研究也均采用换手率来测量股票市场的流动性。基于换手率这一测量指标，早期研究认为中国股票市场的流动性非常高。通过表3-1可以发现，如果从换手率这一指标看，中国股票市场的流动性确实在绝大多数情况下都要高于发达国家和地区，更远远高于同属发展中国家的印度。但稍加分析，不难发现，中国股市换手率最高出现在 2015 年，而其他地区股市的换手率最高均出现在 2008 年，这分别对应了中国 2015 年的股灾以及 2008 年爆发自美国最终席卷全球的次贷危机。而 2015 年危机期间中国上证指数年内最高达到了 5 178.19 点，最低则跌至 2 850.71 点，指数出现了过山车般的巨幅震荡。同样，2008 年金融危机期间各国股市也均出现了大幅波动。因此，换手率虽可以在一定程度上刻画股票交易的活跃程度，但却难以反映交易所造成的价格波动，并非度量流动性的良好指标。

表 3-1　各国股票市场换手率

年份	中国	美国	印度	日本	德国	新加坡
2006	101.18	156.28	79.59	119.17	119.13	48.37
2007	140.78	215.10	62.85	152.07	154.61	70.72
2008	219.54	407.63	142.99	199.27	377.25	95.49
2009	219.16	227.54	83.47	117.00	138.34	52.74
2010	205.02	208.44	66.25	111.56	104.54	47.25
2011	195.60	262.43	64.08	129.62	132.85	45.91
2012	135.97	173.29	48.77	96.19	84.10	34.08
2013	194.88	138.33	47.22	133.90	67.80	37.44
2014	199.16	148.03	46.89	110.66	73.00	26.65
2015	480.29	165.15	50.92	113.82	84.19	30.94
2016	249.91	94.72	50.55	105.44	74.93	31.93

数据来源：世界银行。

当然，采用换手率来度量流动性的做法已逐渐被取代，微观市场结构相关的研究文献也相继采用一系列其他的指标来衡量市场的流动性。在我们的研究中，我们使用了相对有效价差来衡量股票的流动性。相对有效价差由交易的执行价格与执行前的买卖报价的中间值的绝对差价比这一中间值计算而来。相对有效价差越高意味着流动性越差。这一基于市场交易的高频数据的测量指标，被认为是流动性最为有效的度量指标，事实上这一指标也已成为评判其他相关指标是否可以有效度量市场流动性的一个标准。如果读者对这一指标感兴趣，可以参阅 Chordia、Roll 和 Subrahmanyam 于 2001 年发表于 *Journal of Finance* 的文章 Market Liquidity and Trading Activity，或者参阅 Fang、Noe 和 Tice 于 2009 年发表于 *Journal of Financial Economics* 的文章 Stock Market Liquidity and Firm Value。与 Fang、Noe 和 Tice（2009）

的研究接近，我们的样本区间内相对有效价差的均值为 0.022，中值为 0.013。

我国上海证券交易所的市场质量报告中也对我国沪市股票的相对有效价差指标做出了相应的统计分析，其中相关年份的沪市股票相对有效价差指标统计如图 3-1 所示。从图 3-1 可以看出我国股票市场的流动性状况呈逐渐改善的趋势，尤其相较于 2001 年，我国沪市股票的流动性已经有了长足的提升。2016 年我国沪市股票的相对有效价差更是首次落至 30 个基点以下，尽管如此，与美国市场仍有较大的差距。以我们的研究为例，美国股票市场 1994—2005 年间这一相对有效价差的均值仅为 22 个基点，中值更是仅为 13 个基点。因此，我国股票市场的流动性相对于发达国家股票市场仍相对较弱。

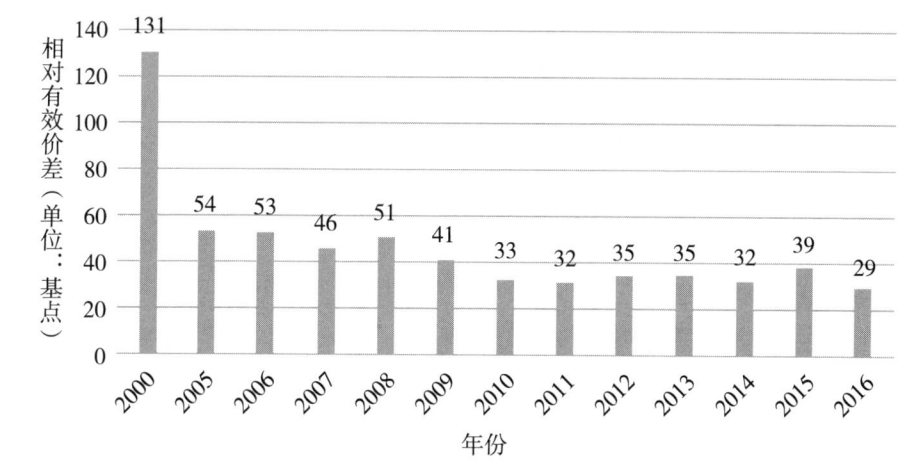

图 3-1　沪市相关年份相对有效价差

◇ OLS 回归

确定好核心的因变量和自变量后，我们参考已有创新相关文献，控制公司规模（市值）、盈利能力（ROA）、研发投入占比等公司层面的因素以及赫芬达尔指数[①]等行业层面的因素后，进行了 OLS 回归，具体回归模型如式（3-1）所示。

$$企业创新产出_{i,t+1} = \alpha + \beta \times 股票非流动性_{i,t} + \gamma \times 控制变量_{i,t}\\ + 公司、年份固定效应 + \varepsilon_{i,t} \tag{3-1}$$

---

① 赫芬达尔指数，为行业中各个上市公司的销售收入占全行业销售收入比值的平方和，数值越大表明行业集中度越高，越小则表明行业集中度越低。

其中，α 为截距项，β、γ 为系数，ε 为随机扰动项，下标 i 代表公司，下标 t 代表年份。

我们研究的样本包含了 1994—2005 年间共 39 469 个观测值，OLS 的回归结果如表 3-2 所示。由于企业的创新研发是一个长期的过程，因此为了确保结果的稳健性，我们分别将公司的流动性指标以及其他控制变量与公司后 1 年、后 2 年、后 3 年申请并最终被授予的专利数量及专利引用次数进行回归。从表 3-2 中我们可以发现，相对有效价差与公司的专利数量以及专利引用次数，无论在经济意义上还是在统计意义上均显著正相关。也就是说股票的相对有效价差越大，企业创新的产出数量和质量也会越大。换句话说，公司股票的流动性越高，其创新产出数量和质量也会越低。

表 3-2 股票流动性与创新（OLS）[①]

分表 A：专利数量

变量	后 1 年专利数量	后 2 年专利数量	后 3 年专利数量
股票非流动性	0.141***	0.168***	0.170***
	(0.020)	(0.023)	(0.026)
控制变量	是	是	是
公司、年份固定效应	是	是	是
样本量	39 469	33 098	27 363

分表 B：专利引用次数

变量	后 1 年专利引用次数	后 2 年专利引用次数	后 3 年专利引用次数
股票非流动性	0.104***	0.106***	0.106***
	(0.015)	(0.016)	(0.019)
控制变量	是	是	是
公司、年份固定效应	是	是	是
样本量	39 469	33 098	27 363

注：计量结果括号内为稳健性标准误，*** 表示 1% 的显著性水平。

为了进一步确保上述结果的稳健性，我们又进行了一系列的检验，发现上述结果并非由公司的并购活动、小市值公司、无创新产出的公司所驱动，而且上述相

[①] 表格整理自：Fang, V W, X Tian, S Tice. Does Stock Liquidity Enhance or Impede Firm Innovation? [J]. *Journal of Finance*, 2014, 69 (5): 2 085-2 125.（表 3-3 至表 3-9 出处相同）

关性随时间的推移变得越发显著。

美国股市十进制报价改革

上述回归结果说明了股票流动性与上市公司的创新活动之间存在显著的负相关关系，但我们还不能将上述发现解释为因果关系，即尚不可说较高的股票流动性会抑制上市公司的创新活动。因为，公司股票的流动性和公司创新活动之间可能存在内生性的问题，即公司的创新活动可能会反过来影响公司股票的流动性，还有可能有其他没有控制的因素同时影响公司股票的流动性和创新活动。

接下来，我们采用双重差分法（Differences in Differences, DID，简称"双差法"）解决上述内生性问题，进一步研究流动性和上市公司创新活动之间的因果关系。

在双差法中，最重要的是外生冲击的选取。在文中，我们选取了美国股票交易定价的十进制改革这一政策作为双差法的外生冲击。在2001年之前，美国三大股权交易所股票交易的最小买卖报价单位为1/16美元，即买卖报价均为1/16美元的倍数。而在2000年8月28日到2001年1月29日之间，纽交所和美国证券交易所分别终止了这一分级定价方法，将买卖报价的最小单位缩小至美分。这一冲击会导致一部分股票的流动性显著提升，我们将这部分股票作为研究的实验组，而其他流动性受政策冲击较小的股票则作为研究的对照组，之后我们研究两组企业创新活动的差异在政策出台前后的变化，以此推断股票流动性与公司创新活动之间的因果关系。

纳斯达克也于2001年3月12日至2001年4月9日期间陆续完成了十进制报价改革。Bessembinder（2003）以及Furfine（2003）等早期的研究均发现，十进制报价改革导致了股票流动性的显著提升，尤其对那些交易活跃的股票。因此，十进制报价改革便成为我们双差法的一个良好的外生事件冲击。因为十进制报价改革会直接影响股票的流动性，但不会直接影响上市公司的创新，且由于这一十进制报价改革是分批完成的，因此在不同的股票分组结果也会有所差异。除此之外，企业创新活动的变化也不会影响十进制报价改革所带来的流动性变化。因此十进制报价改革引起的流动性变化，是我们研究流动性对企业创新影响的一个准自然实验。

选定上述外生冲击后，我们依据十进制报价改革后1年和前1年的相对有效价差变化，将股票分为三组，并选取变化最大的一组和变化最小的一组作为我们的样本库。之后，我们用倾向得分匹配法，采取最邻近匹配的方式，从变化最大和最小的两组股票中匹配出最终的样本，最终得到了 508 对匹配样本。

计量方法介绍
ECONOMETRICS

倾向得分匹配法

倾向得分匹配法（Propensity Score Matching）是一种用于经济学和社会科学定量研究的统计方法，它在研究某事件产生的影响时应用较为普遍。比如我们想研究实施某项激励计划对公司业绩的影响，如果简单地将全部公司作为研究主体，按照是否实施该计划建立哑变量，以公司业绩为因变量进行回归，那么得到的结果往往是不可靠的。因为我们无法知道那些没有实施该计划的公司如果实施了以后业绩会怎样。倾向匹配得分法是指在全部公司的样本中，对每一家公司可能实施该计划的概率进行估计，针对每一个已经实施计划的公司，筛选出与它有非常相似的概率实施这项计划但实际上没有实施的公司，作为已实施计划的公司的对照组，然后分析它们业绩上的区别。将样本中所有已实施计划的公司都找到相应的对照组公司后，再对两组样本进行对比分析。因此，在使用倾向得分匹配法时，通常要先对总样本建立 Probit 模型，估计出每一个样本实施某事件的概率；然后对所有受事件影响的样本，以概率相似为依据，找到一个或多个与之匹配的样本；最后对新的样本进行分组对比研究。

之后，我们基于匹配的样本，利用双差法研究了十进制报价改革前后，实验组相较于控制组创新产出数量和质量的变化，结果如表 3-3 所示。我们分别计算出十进制报价改革前后 3 年的实验组和控制组企业创新产出数量和质量的变化，之后再对变化作差，得到最终的双重差分结果。从结果可以发现：首先，无论是实验组还是控制组，在十进制报价改革之后，公司的创新产出和质量都发生了下降，这与我们上文的 OLS 回归结果一致，即流动性与企业创新负相关。其次，创新产出数量和质量的双重差分结果均显著为负，说明实验组股票创新活动的抑制程度要高于控制组。从创新质量的角度，这个结果表明在十进制报价改革后 3 年内，实验组公司的有效专利申请数量，相对于控制组，较改革前 3 年多减少了 3.5 个，即平均每年多减少约 1.2 个专利，专利数量下降 18.5%（平均每年 6.5 个）。同样，在创新产出质量上，实验组公司股票的专利引用次数在改革后平均比控制组也要少 2.6 次，相当于每年每个专利引用次数减少 0.9 次，下降了 26.4%（平均被引用次数为 3.4 次）。

表 3-3　股票流动性与创新（DID）

变量	实验组均值对比 （冲击后 – 冲击前）	对照组均值对比 （冲击后 – 冲击前）	差值均值对比 （冲击后 – 冲击前）	T 值
专利数量	−5.169 （1.103）	−1.682 （1.074）	−3.487** （1.540）	−2.265
专利引用次数	−11.14 （0.986）	−8.522 （0.884）	−2.616** （1.324）	−1.976

注：计量结果括号内为稳健性标准误，** 表示 5% 的显著性水平。

除了外生事件冲击外，双差法另一个重要的前提是平行趋势假设，即确保双差法的结果是由事件冲击所致，而不是在冲击之前实验组和控制组便存在趋同或者趋异的趋势。首先，在倾向得分匹配后，我们可以发现两组公司之间的控制变量并无显著差异。其次，为更加详细地考察十进制报价改革前后企业创新活动的动态变化，我们进一步将改革前 1 年和当年的虚拟变量及其与实验组的交叉项加入回归中进行检验，结果如表 3-4 所示。从表中我们可以发现，实验组和控制组的创新活动的变化在改革当年和改革前 1 年均无显著差异，而在改革之后差异变得显著，这一点从图 3-2 和图 3-3 可以更加直观地看出。

表 3-4　股票流动性与创新（DID，验证平行趋势假设）

变量	专利数量	专利引用次数
实验组 × 前 1 年	−0.031 （0.061）	0.002 （0.073）
实验组 × 当年	−0.092 （0.078）	−0.050 （0.072）
实验组 × 后 1 年	−0.164* （0.085）	−0.099 （0.074）
实验组 × 后 2 年或后 3 年	−0.191* （0.098）	−0.141* （0.079）
前 1 年	−0.064* （0.039）	−0.138*** （0.047）
当年	−0.054 （0.049）	−0.212*** （0.047）
后 1 年	−0.230*** （0.055）	−0.342*** （0.046）

（续表）

变量	专利数量	专利引用次数
后 2 年或后 3 年	−0.478***	−0.514***
	(0.067)	(0.054)
实验组	0.156	0.132
	(0.110)	(0.082)
截距	0.640***	0.586***
	(0.077)	(0.056)
样本量	5 836	5 836

注：计量结果括号内为稳健性标准误，***、* 分别表示 1%、10% 的显著性水平。

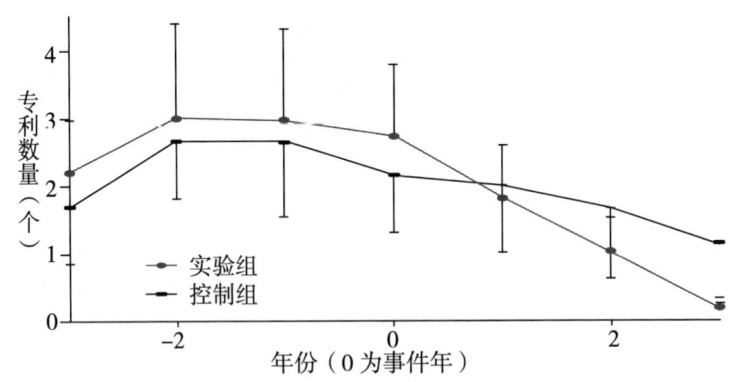

图 3-2　股票流动性与企业创新（专利数量）[①]

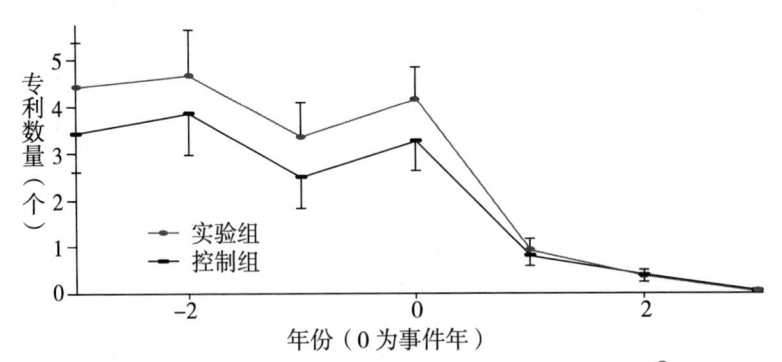

图 3-3　股票流动性与企业创新（专利引用次数）[②]

---

① Fang, V W, X Tian, S Tice. Does Stock Liquidity Enhance or Impede Firm Innovation? [J]. *Journal of Finance,* 2014, 69 (5)：2 085–2 125.

② Fang, V W, X Tian, S Tice. Does Stock Liquidity Enhance or Impede Firm Innovation? [J]. *Journal of Finance,* 2014, 69 (5)：2 085–2 125.

虽然上文已基于十进制报价改革这一准自然实验采用严格的双差法对内生性问题进行了控制，但仍有可能会存在我们无法观察到的因素同时对实验组和控制组产生不同的影响，并且与公司的创新活动相关。也就是说，上文结果可能并非由流动性的变化所导致，而是由我们无法观察到的其他因素所驱动。为了排除这一可能性，我们采用了1997年美国股票市场的买卖价格最小单位从1/8美元降到1/16美元的外生政策冲击[①]，再次进行了验证。虽然，如 Chordia, Roll 和 Subrahmanyam（2008）的研究所示，此次最小报价单位的调整所带来的相对有效价差的变化要比十进制报价改革小，但此次变革也导致股票相对有效价差也下降了28.4%。因此，我们基于1997年的这一政策冲击，重新对上文的结果进行了检验。同样首先基于倾向得分匹配法，确保满足平行趋势假设，我们确定了338对样本公司，之后的双差法结果如表3-5所示。由表3-5我们可以发现，以1997年的最小报价单位变化作为外生冲击时，平均而言，实验组比对照组多减少了4.6个有效的专利数量，相当于每年多减少了1.5个专利，下降了23.1%，且这一结果在统计意义上也十分显著。同样，实验组公司相对于控制组的专利引用次数也会多减少4.7次，相当于每个专利每年减少1.6次引用，下降了47.1%。

表3-5 股票流动性与创新（DID，基于1997年政策冲击）

变量	实验组均值对比 （冲击后－冲击前）	对照组均值对比 （冲击后－冲击前）	差值均值对比 （冲击后－冲击前）	T值
专利数量	−1.973 （0.797）	2.621 （2.185）	−4.595** （2.326）	−1.976
专利引用次数	−9.065 （1.806）	−4.360 （1.189）	−4.706** （2.162）	−2.177

注：计量结果括号内为稳健性标准误，** 表示5%的显著性水平。

更换外生冲击后，我们发现结论仍然成立。不可观测的遗漏变量与两次最小报价单位的变革同时发生，并对结果产生影响的概率已经非常小。为了进一步排除这一可能性，我们又利用2000年十进制报价变革逐步推进的渐进性重新进行了检验。在十进制报价改革中，根据美国证监会的推荐，是分批次逐步实施的，也就

[①] 从1997年5月7日到1997年6月24日这段时间内，美国纽交所、美国证券交易所以及纳斯达克均将其最小的买卖报价单位从1/8美元降到了1/16美元。

在不同股票群体中产生了差异。以纽交所为例,其首先在2000年6月份宣布6家公司将作为第一批试点公司于2000年8月28日开始实施十进制报价,之后第二批52家公司从2000年9月25日起开始实施十进制报价,2000年12月4日又增加了94家试点公司,剩余的公司则在2001年1月开始全部实施十进制报价。

其中第一批股票的选取主要考虑十进制报价的实施难易程度,而第二批股票则主要选取具有不同流动性水平以及交易地点的股票[①],这些考虑因素均不会直接影响企业创新,因此这一渐进的十进制报价改革的样本选取是外生的。我们基于纽交所的这一变革的渐进性,即这一变革对实验组和非实验组股票影响的时间不同,采用多重冲击下的双重差分法,进行了进一步的研究。在回归中,我们将样本局限在1999年和2000年,这一设计的机理是1999年实验组和控制组均未受到这一变革冲击,而2000年只有实验组的公司受到了十进制报价变革的冲击。如果股票流动性确实会导致企业创新的变化,即存在因果关系的话,那么实验组公司在2000年的创新活动会较控制组下降更多。回归结果如表3-6所示。从表中可以发现流动性对企业创新活动的抑制效果仍然显著,这说明我们上文发现的因果关系成立。

表3-6 股票流动性与创新(DID,基于2000年渐进变革冲击)

变量	后1年专利数量	后1年专利引用次数
十进制改革×2000年	−0.485**	−0.309*
	(0.213)	(0.164)
十进制改革	0.289	0.313*
	(0.243)	(0.166)
2000年(虚拟变量)	−0.014	0.091
	(0.165)	(0.097)
控制变量	是	是
行业固定效应	是	是
样本量	2 160	2 160

注:计量结果括号内为稳健性标准误,**、*分别表示5%和10%的显著性水平。

[①] 根据2000年8月16日纽交所的新闻稿:"第二批股票的选取规则是纽交所作为参与成员,与证券行业委员会一起制定的。这些规则包括选取日常交易活动的股票,这些股票需要遍布整个交易大厅以便更多交易员可以体会这一变化。" "在第二批试点60天后,纽交所和证券行业委员会将会对试点的结果进行评估,将集中从流动性、交易模式以及系统的承受力等角度展开评估。"

流动性的作用机制

根据上文的分析，我们已经证明了股票流动性会抑制公司的创新活动。接下来，我们将进一步验证，是否确实如本章第一部分所述，流动性会增加公司面临的被收购压力以及关注公司短期业绩的投资者的持股量，进而对公司的创新活动带来负面影响。

◇ 被收购压力

如本章第二部分所述，当公司股票的流动性高时，外部潜在的收购者在进行收购活动时便更加容易伪装自己。而当上市公司面临的敌意收购压力更高时，公司高管相对的控制力会被削弱，这会进一步导致其进行长期研发投资的动力下降。

经济学家小传
MINI BIOGRAPHY　　　　劳伦斯·亨利·萨默斯（Lawrence Henry Summers）

美国著名经济学家，1993年因其在经济学界的杰出表现而被美国经济学会授予约翰·贝茨·克拉克奖。早在1987年，他便成为首位社会科学家从美国国家科学基金会夺得沃特曼奖。作为一名杰出的经济学家，萨默斯在宏观经济、公共财政、劳工经济、金融政策等方面做出了重要贡献。其曾担任政府经济顾问，能将实践和理论相结合，这些独特的优势使萨默斯除了研究上述领域外，也活跃于国家发展经济学、经济人口学、美国经济历史及国际经济的研究领域。他的研究侧重于利用经济数据来回答和解决实际问题，譬如：税后利率调整后储蓄会如何变化？是不是劳动者只在过度失业的情况下才能获得失业优惠？面对复杂的宏观经济和微观经济形势，人们能否准确预测到股票的收益？一系列有趣的经济问题、劳动问题、财政问题等在萨默斯的研究中得到了有效解决。

劳伦斯·亨利·萨默斯博士毕业后曾在麻省理工学院和哈佛大学短期任教，28岁时萨默斯成为哈佛历史上最年轻的终身教授。除学术任职外，在里根总统任内，萨默斯曾担任白宫经济顾问；在克林顿总统任内，萨默斯曾担任第71任美国财政部部长；在小布什总统任内，萨默斯离开了财政部回到哈佛大学担任校长；在奥巴马总统任内，萨默斯出任国家经济委员会主席。

我们从SDC数据库获取公司的并购交易活动数据，这些并购交易包括已经交易完成的和尝试并购但未成功的所有案例。之后，我们以 SDC 提供的信息作为依据，将这些交易划分为友好的并购以及敌意收购两类。参考 Cremers, Nair 和 John（2009）的研究，我们采用 Logit 回归的方式，估计出上市公司的被收购压力，然后采用双重差分法研究了流动性冲击对上市公司的被收购压力的影响，估计结果如表 3-7 所示。

表 3-7　股票流动性与企业被收购压力（DID）

变量	实验组均值对比 （冲击后 – 冲击前）	对照组均值对比 （冲击后 – 冲击前）	差值均值对比 （冲击后 – 冲击前）	T 值
敌意收购	0.212 （0.021）	0.035 （0.024）	0.177*** （0.032）	5.036
所有收购	0.04 （0.008）	0.019 （0.009）	0.022* （0.012）	1.828

注：计量结果括号内为稳健性标准误，***、* 分别表示 1% 和 10% 的显著性水平。

首先，针对敌意收购，我们发现流动性提高后，实验组公司面临的被收购压力大幅提升，而且相对于控制组公司，其被收购压力也显著提升了 17.7%。而从所有类型的收购角度而言，公司面临的被收购压力在流动性事件冲击后仅出现小幅的上升，相对于控制组，实验组被收购压力提升了 2.2%，结果仅在 10% 的水平上显著。因此，流动性提升会显著提升公司面临的敌意收购压力。如 Shleifer 和 Summers（1988）的研究所示，当公司面临的被收购压力上升时，高管对公司的控制力会大大下降，这也会导致高管投资于仅在长期才会有所回报的创新活动的动力下降。因此，被收购压力，尤其敌意收购压力的上升，是流动性抑制企业创新活动的渠道之一。

◇ **不同类型的机构投资者**

接下来，我们将检验"投机型机构投资者"（即上文提到的那些关注中短期的、买卖交易频繁的机构投资者），以及被动的"指数型投资者"持股比例的上升，是否也是流动性导致企业创新活动下降的传导因素之一。

正如 Porter（1992）的研究所述，对长期有形资产的投资，由于初期需要投入大量的资金，通常会抑制公司的短期盈利。同时，他在文中也强调美国绝大多数的机构投资者都是这种追求短期利益的"投机型"投资者，其可能会因为公司季报的盈利不达预期便卖出所持股票，同时一些被动的指数投资者更是简单地模拟指数持仓，很少会主动对公司进行监督。

迷你案例
MINI CASE

股票拆分——为百度带来更多的"投机型投资者"

2010年4月29日，百度公布了漂亮的一季报（净利润7 040万美元，同比增长165.3%），当天股价最高涨至718美元。股价高能反映出企业价值高，但是实际上，在百度股价超过700美元之后，百度公司管理层就已经开始担忧，因为过高的股价会使机构投资者或者散户望而止步，过高的股价使得机构投资者脱手成本高，从而会被"锁定"，公司股票流动性变差。除了百度，美国的苹果公司、国内的腾讯公司等高股价公司都面临这样的尴尬局面。于是在股价升高后，这些公司也纷纷选择了股票拆分以提高公司股票的流动性。百度在股票拆股之后，由于流动性的提升，大量散户以及"散户性质的"投机型机构投资者也纷纷介入，他们的持股比例也大幅上升。

由于信息不对称，管理者通常会努力地将股价维持在较高的位置，因为股价是股东看得到的、能衡量管理者绩效的指标。出于这个目的，管理者会削减长期的项目投资来提升公司的短期绩效。Matsumoto（2002）的研究表明，投机型机构投资者持股比例越高的公司，季度的盈利达到或者超过分析师预期的概率越大，这说明公司的管理者将努力做多企业的短期业绩。因此，如果流动性的提高使得更多的投机型以及被动的指数型机构投资者持有公司股票的话，那么必然也会导致公司高管短视，牺牲长期投资，追求短期盈利。

接下来，同样基于双重差分法，我们研究了十进制报价变革对不同类型的机构投资者[①]持股比例的影响，结果如表3-8所示。从表中可以看出，在变革后，实验组的投机型机构投资者持股比例上升了4%，而控制组则下降了1.2%，即实验组的投机型机构投资者持股比例相对上升了5.2%；与之相似，指数型机构投资者对实验组公司的持股比例在改革后上升了6.4%，控制组则上升了0.9%，即实验组相

[①] 对机构投资者的分类，本书主要参考了Bushee（1998；2001）的研究，将机构投资者分为专注型、指数型和投机型三类。其中专注型机构投资者的持股组合会相对集中而且换手率较低；指数型机构投资者会采用追踪指数的策略，通常会持有一个分散的多样化股票组合；投机型机构投资者则通常会做很多动量交易，有较高的换手率。

对上升了5.5%；而尽管专注型的机构投资者在改革后对实验组和控制组的持股比例也均有所上升，但二者增加的比例差异却不显著。因此，这些关注中短期且买卖频繁的机构投资者，以及消极的被动机构投资者持股比例的上升，是流动性导致企业创新活动下降的传导机制之一。

表3-8 股票流动性与不同机构投资者持股比例（DID）

变量	实验组均值对比（冲击后−冲击前）	对照组均值对比（冲击后−冲击前）	差值均值对比（冲击后−冲击前）	T值
投机型机构投资者持股比例	0.040（0.004）	−0.012（0.002）	0.052***（0.005）	11.42
指数型机构投资者持股比例	0.064（0.005）	0.009（0.004）	0.055***（0.006）	9.127
专注型机构投资者持股比例	0.013（0.002）	0.007（0.003）	0.005（0.003）	1.586

注：计量结果括号内为稳健性标准误，***表示1%的显著性水平。

◇ **解释力度**

确认了上述两条传导机制后，我们进一步研究了这两条传导机制对企业创新活动下降的解释力。具体而言，我们将改革后公司有效专利申请数量以及专利引用次数的双重差分结果，与上文被收购压力以及机构投资者持股比例的双重差分结果进行回归分析，所得估计如表3-9所示。首先，从回归结果可以发现，被收购压力以及投机型和指数型机构投资者持股比例的上升，确实会导致公司的有效专利申请数量以及专利引用次数显著下降。除此之外，在控制了上文的传导机制后，截距项，即专利数下降未被解释的部分为−1.533，比基准回归中的−3.487提升了56%；同样，对于专利引用次数来说，控制了传导机制的影响后，截距项为−1.888，比基准回归中的−2.616提升了28%。因此，我们提出的两条传导机制，对流动性抑制企业创新活动有较强的解释力度。

表3-9 传导渠道的解释力度（OLS）

变量	专利数量变化	专利引用次数变化
变革前3年及后3年被收购的概率	−0.067*（0.035）	−0.055*（0.030）

续表

变量	专利数量变化	专利引用次数变化
投机型机构投资者持股比例	−0.520**	−0.271**
	(0.258)	(0.134)
指数型机构投资者持股比例	−0.102	−0.269***
	(0.118)	(0.101)
专注型机构投资者持股比例	−0.055	−0.141
	(0.184)	(0.156)
截距项	−1.533*	−1.888*
	(0.815)	(1.141)

注：计量结果括号内为稳健性标准误，***、**、*分别表示1%、5%和10%的显著性水平。

在中国场景中的应用

以上研究针对美国股市展开，我国的资本市场起步较晚，目前尚处于不断完善发展的转型阶段，那么上述发现在中国的场景中是否同样适用呢？

胡勇、李意和乔元波（2016）参考我们的文章，对中国股票市场中流动性对上市公司创新活动的影响做了实证检验。他们采用了我国2010年至2015年的计算机、通信等创新性较高的行业的上市公司作为研究样本，用发明专利数量度量上市公司的创新质量，用发明专利和实用新型专利数量的和度量上市公司创新活动的数量，而在流动性指标上，也采用了相对有效价差。

同样基于双重差分法[①]，他们的研究结果与我们的基本一致：流动性提高同样会抑制我国上市公司的创新活动。而在传导渠道上，他们发现股票流动性增加会吸引更多的基金持有上市公司股票，而我国的基金也大多更关注企业的短期业绩，这会给公司高管带来更多短期压力，进而减少创新投资，这与我们的研究也是一致的。

除此之外，冯根福等（2017）以我国2006年至2013年的沪深A股上市公司作为样本，也对股票流动性对我国上市公司的创新活动的影响进行了研究。他们的文章更进一步结合中国实际，分别对民营和国有两种性质的企业进行了研究。在

---

① 其中，采用2011年温州动车追尾事故的事件作为外生冲击，合理性有待商榷，感兴趣的读者可以参阅原文。

流动性的度量上，他们也采用了相对有效价差，在创新的度量上，他们采用专利数量以及企业的创新效率两个指标。其中，创新效率主要借鉴 Desyllas 和 Hughes（2010）以及 Hirshleifer 等（2012）的研究，采用公司的专利数量与研发投入绝对额自然对数的比值。

在文中，他们采用了我国的股权分置改革和印花税改革作为流动性的外生冲击，来解决内生性问题。研究发现，对民营企业而言，由于其市值一般较小，而且股权相对分散，得出结论与我们的研究发现一致：流动性高会增加它被并购的可能性。

同时如果其业绩下滑，高的流动性会使得短期投资者更方便退出，给管理者带来压力。因此流动性水平的提高会抑制我国民营企业的创新水平。

与民营企业不同，他们的研究认为，在我国，国有企业的并购活动更多由政府主导，被市场非国有企业并购的可能性较小。而且，国有企业无其他大股东监督，加之代理链条长，管理者出于升迁考虑，本身会对短期利益更加看重，长期投资不足。在股改前，由于流通股占比少，流动性对国企影响较小。股改后，国企考核方法和股权结构日趋多元化。此时，如果国企经营业绩不佳，流动性的提高会使投资者用脚投票，导致股价下跌。为了国有资产的保值增值，管理者会更加注重研发投入，增加企业的长期盈利能力。同时，股改后，外部投资者可以成为国企大股东，这部分大股东追求利润最大化，更看重企业的短期和长期盈利能力，迫使国企加大研发创新投入，否则股价下跌，将导致国有资产贬值。因此，他们的研究发现，在国有企业样本中，技术创新水平与股票流动性显著正相关。

❑ 本章小结

本章分析了股票流动性这一重要的市场特征对上市公司的创新活动的影响，并对流动性影响创新的传导渠道做了探究和分析。本章要点总结如下：

1. 股票流动性不仅会影响投资者的投资决策，对上市公司也会产生真实的影响，具体表现为会抑制上市公司的创新活动；

2. 公司股票流动性提高，使敌意收购者更容易伪装自己，增加上市公司面临的被收购压力，进而会抑制上市公司的创新活动；

3. 流动性提高会对不同类型的机构投资者的投资决策产生影响，投机型以及指数型投资者的持股比例会大幅上升，而其中短期的投资者会给管理者带来更多的短期业绩压力，进而抑制公司的创新活动；

4. 政府及证监会等相关监管单位可以考虑对我国的交易制度等进行完善，抑制投机性的短期、高频交易行为，培养长期投资者，降低单纯带来更多"噪音"的部分流动性，以促进公司的创新。

参 / 考 / 文 / 献

［1］冯根福, 刘虹, 冯照桢等. 股票流动性会促进我国企业技术创新吗？[J]. 金融研究, 2017(3): 192-206.

［2］胡勇, 李意, 乔元波. 股票流动性与公司创新——基于创新行业的实证分析 [J]. 投资研究, 2016(10): 97-110.

［3］Admati, A and P Pfleiderer. The Wall Street Walk and Shareholder Activism: Exit Asa Form of Voice [J]. *Review of Financial Studies*, 2009, 22: 2 645-2 685.

［4］Amihud, Y and H Mendelson. Liquidity, Volatility and Exchange Automation [J]. *Journal of Accounting, Auditing and Finance*, 1988, 3(4): 369-395.

［5］Bessembinder, H. Trade Execution Costs and Market Quality after Decimalization [J]. *Journal of Financial and Quantitative Analysis*, 2003, 38: 747-777.

［6］Bushee, B. Do Institutional Investors Prefer Near-term Earnings over Long-run Value? [J]. *Contemporary Accounting Research*, 2001, 18: 207-246.

［7］Bushee, B. The Influence of Institutional Investors on Myopic R&D Investment Behavior [J]. *Accounting Review*, 1998, 73: 305-333.

［8］Black, F. Toward a Fully Automated Stock Exchange, Part I [J]. *Financial Analysts Journal*, 1971, 27(4): 28-35.

［9］Cremers, M, Vinay Nair and Kose John. Takeovers and the Cross-section of Returns [J]. *Review of Financial Studies*, 2009, 22:1 409-1 445.

［10］Chordia, T, R Roll and A Subrahmanyam. Market Liquidity and Trading Activity [J]. *Journal of Finance*, 2001, 56(2): 501-530.

［11］Desyllas, P and A Hughes. Do High Technology Acquirers Become More Innovative? [J]. *Research Policy*, 2010, 39(8): 1 105-1 121.

[12] Edmans, A and G Manso. Governance Through Trading and Intervention: A Theory of Multiple Blockholders [J]. *Review of Financial Studies*, 2011, 24: 2 395–2 428.

[13] Edmans, A, X Gabaix and A Landier. A Multiplicative Model of Optimal CEO Incentives in Market Equilibrium [J]. *Review of Financial Studies*, 2009, 22: 4 880–4 919.

[14] Fang, V, T Noe and S Tice. Stock Market Liquidity and Firm Value[J]. *Journal of Financial Economics*, 2009, 94: 150–169.

[15] Furfine, C. Decimalization and Market Liquidity [J]. *Economic Perspectives*, 2003, 27: 2–12.

[16] Fang, V W, X Tian, S Tice. Does Stock Liquidity Enhance or Impede Firm Innovation? [J]. *Journal of Finance*, 2014, 69 (5) : 2 085–2 125.

[17] Graham, J, C Harvey and S Rajgopal. The Economic Implications of Corporate Financial Reporting [J]. *Journal of Accounting and Economics*, 2005, 40: 3–73.

[18] Hasbrouck, J and R A Schwartz. Liquidity and Execution Costs in Equity Markets [J]. *Journal of Portfolio Management*, 1988, 14(3): 10–16.

[19] Hicks, J R. Liquidity [J]. *Economic Journal*, 1962, 72(288): 787–802.

[20] Hirshleifer, D, P H Hsu and D Li. Innovative Efficiency and Stock Returns [J]. *Journal of Financial Economics*, 2013, 107(3): 632–654.

[21] Kyle, A. Continuous Auctions and Insider Trading [J]. *Econometrica: Journal of the Econometric Society*, 1985: 1 315–1 335.

[22] Kyle, A and J-L Vila. Noise Trading and Takeovers [J]. *RAND Journal of Economics*, 1991, 22: 54–71.

[23] Massimb, M N and B D Phelps. Electronic Trading, Market Structure and Liquidity [J]. *Financial Analysts Journal*, 1994, 50(1): 39–50.

[24] Matsumoto, D. Management's Incentives to Avoid Negative Earnings Surprises [J]. *Accounting Review*, 2002, 77: 483–514.

[25] Maug, E. Large Shareholders as Monitors: Is There a Trade-off Between Liquidity and Control?[J]. *Journal of Finance*, 1998, 53: 65–98.

[26] Porter, M. Capital Disadvantage: America's Failing Capital Investment System [J]. *Harvard Business Review*, 1992, 70: 65–82.

[27] Shleifer, A and L Summers. Breach of Trust in Hostile Takeovers [M] // *Corporate Takeovers: Causes and Consequences.* University of Chicago Press, 1988: 33–68.

[28] Stein, S. Takeover Threats and Managerial Myopia [J]. *Journal of Political Economy*, 1988, 96: 61–80.

第 4 章

收购与反收购条款："宝万之争"的启示

收购是资本市场常见的投资方式，也被视为重要的外部公司治理措施。企业可以通过自主创新，也可以通过收购创新型企业来实现创新。反收购条款可以帮助公司管理层抵御被并购威胁，专注于更高价值的长期创新投资，也是管理层用于保护职业生涯的防御手段。对于企业创新而言，收购与反收购条款会对其产生怎样的影响？采用更多反收购条款是否能更好地激励企业创新？哪些企业采用反收购条款更有助于提升企业价值？收购目标的选择与收购交易成败是否会改变收购方的创新产出？通过讨论这些问题，本章重点分析了收购与反收购条款对企业创新的影响及其作用机制。研究发现对于规范资本市场中的收购行为以激发企业创新活力、提升企业价值具有重要的理论和现实意义。

■ 敌意收购：董明珠击退"野蛮人"

上市公司管理层的激励约束机制有多种形式，而 2016 年的"宝万之争"（宝能敌意收购万科）则将收购与反收购博弈带入大众视野。一时之间，"野蛮人"上门使得上市公司风声鹤唳。据《经济日报》的报道[①]，仅 2017 年上半年就有逾 620

---

① 温济聪. 逾 620 家上市公司增设反收购条款 [EB/OL]. (2017-06-15) [2020-10-10]. http://paper.ce.cn/jjrb/html/2017-06/15/content_336127.htm.

家上市公司在公司章程中引入反收购条款[①]。通过反收购条款，如提高股东大会表决通过票数门槛和减少每年高管改选数量等，上市公司能够大幅提高收购难度，更大程度减少被收购的威胁。伴随万科与宝能的股权争夺等一系列资本市场的标志性事件，上市公司的收购防御也日益成为中国公众投资人、上市公司管理层以及市场监管者各方关注的焦点。

◇ 敌意收购

敌意收购本质上是收购足够多上市公司股权以获得公司的控制权，股权分散的公司更容易受到敌意收购的攻击。在美国，上市公司股权分散早在20世纪20年代便已经存在，直至1960年敌意收购才逐渐兴起，这主要是因为自20世纪50年代机构投资人逐渐成为股市主力，从那时开始，美国个人投资者成为股权市场上的净卖出方，而机构投资者则成为净买入方，具备发起敌意收购的实力。它们伺机对股权分散且由于内部管理不善价值被低估的上市公司发起并购攻势，取得控制权并撤换原来的管理层，提升公司的业绩从而获利。这些发动敌意收购的投资人被称为"门口的野蛮人"。

迷你案例
MINI CASE

董明珠击退"野蛮人"

2016年11月30日晚，格力电器在回复深交所的质询函中披露，前海人寿自当年11月17日公司复牌至11月28日期间大量购入公司股票，由公司的第六大股东上升至第三大股东。前海人寿持股比例上升至4.13%，距离5%的举牌线仅一步之遥。格力公司股权较为分散，是A股最适合举牌的公司之一。"野蛮人"来势汹汹，万科事件似乎又有重演之势。

面对"咄咄逼人"的"野蛮人"，董明珠采取了一系列措施。首先，格力电器对入职满3个月的全体员工每人每月加薪1 000元。加薪虽然增加了公司的费用支出，但是强化了普通员工对格力的认同，增强了公司凝聚力，起到"稳定军心"的作用。12月3日，董明珠在接受媒体采访时表示，自己不会因为资本市场的变化影响情绪，格力仍然要做技术的领导者，"如果(资本)成为中国制造的破坏者，(那

[①] 又称"驱鲨剂"，指公司为防御其他公司的敌意收购而采取的一些正式的反接管手段。

么）它们是罪人""我不会分散自己的精力，会全身心地投入企业发展"。之后，董明珠在自媒体上进一步阐述了上述观点，并同时发布了格力中央空调凭借领先技术成功应用于航空产业基地项目，为国产飞机研发和中国航空航天保驾护航。12月9日晚，前海人寿发布声明称，将不再增持格力股票，并会在未来根据市场情况和投资策略逐步择机退出。"野蛮人"正式"认输"。①

一方面，敌意收购的优点在于它会对上市公司内部管理层起到监督作用，使面临市场竞争威胁的公司管理层不得不认真经营公司，避免沦为"野蛮人"的猎物。另一方面，敌意收购让那些只顾短期收益的资本市场投机分子得以阻挠公司的长期经营战略。为免于成为这些投机分子的目标，上市公司不得不短视地放弃企业创新研发投入等长期性投资，而这将阻碍公司未来的长远发展。

收购防御与反收购条款：万科的"白衣骑士"

◇ 收购防御

1968年《威廉姆斯法案》（The Williams Act）的出台正式掀开了美国反敌意收购的序幕。此后，随着私募基金和对冲基金等机构投资人在20世纪70年代末到80年代对上市公司发起的凌厉攻势，收购防御成为美国公司法及公司治理中的重要课题。②

上市公司面对收购威胁时采用的防御措施主要可以分为两大类。第一类防御措施是拒绝将股票出售给敌意收购者。其中最耳熟能详的便是"毒丸"，又称股东权利计划，即通过只增发给其他股东而不发给敌意收购者来稀释敌意收购者的股权。其他较典型的防御措施还包括杠杆式资产重组，公司通过借钱向股东派发红利使其不会轻易将股票卖给收购方，而目标公司自己加的杠杆又限制了收购方用目标公司资产加杠杆实施收购的能力；回购股票也是上市公司阻碍收购方获得股份的手段之一。另一类防御措施是将股份出售给敌意收购者之外的"白衣骑士"，即面对

---

① 前海人寿发公告：未来不再增持格力股票并逐步退出 [EB/OL]. (2016-12-09) [2020-10-10]. http://www.chinanews.com/cj/2016/12-09/8089377.shtml.

② 收购与反收购：好戏还靠好唱本. (2017-08-30) [2020-10-10]. http://www.sohu.com/a/168480360_667897.

敌意收购，上市公司董事会选择把公司卖给自己属意的买家，这些买家可能会为董事们保留职位。

迷你案例
MINI CASE

万科的"白衣骑士"

"宝万之争"或许是中国资本市场上规模最大的杠杆收购与反收购"攻防战"。2015年7月，万科公司股价处于低位，宝能系通过前海人寿、钜盛华等公司逐步开始建仓。2015年8月，宝能系一举超过华润成为万科第一大股东。宝能成为万科第一大股东后，万科集团董事会主席王石公开表示不欢迎宝能，质疑宝能系收购资金来源有问题，由此双方对峙公开化。万科管理层公开质疑宝能的资金来源，并开始积极接触"白衣骑士"：深圳地铁。若万科管理层重组方案成功，深圳地铁将一跃成为新股东，宝能降为第二大股东，原大股东华润摊薄为第三大股东。此举引发了原大股东华润的不满。万科于2016年6月17日晚发布与深圳地铁合作的预案后，华润立即表示反对该预案。之后，宝能于6月26日提请召开临时股东大会，提议罢免除2015年年底已请辞的海闻外所有董事以及监事，称公司的管理层不利于公司长期发展和维护股东利益。对此，万科也做出了回应。之后，万科向中国证监会举报宝能的一致行动人钜盛华资金来源违法违规，同时恒大开始举牌增持宝能股票，博弈局势进一步复杂化。[1]

2017年，华润转移了全部股票，并不再持有任何股份，深圳地铁集团成为第一大股东。与此同时，保监会对前海人寿做出行政处罚，对时任前海人寿董事长姚振华给予撤销任职资格并禁入保险业10年的处罚。2017年6月21日，万科发布新一届董事会候选名单，王石退位，郁亮接棒。[2]

◇ 反收购条款

除了意识到收购威胁后采取防御措施外，上市公司还可以防患于未然，在出

---

[1] 中国财富管理50人论坛、清华大学国家金融研究院联合课题组：规范杠杆收购，促进经济结构调整——基于"宝万之争"视角的杠杆收购研究。

[2] 万科公告新一届董事会成员候选名单：王石退位、郁亮接棒 [EB/OL]. (2017-06-21) [2020-10-10]. http://china.cnr.cn/xwwgf/20170621/t20170621_523812359.shtml.

现威胁前提早在公司章程或细则中设置某些条款让收购变得更加困难,即反收购条款。其中最常见的是分层董事会,即每年只能改选小部分董事。由于董事会拥有赎回"毒丸"的权力,所以董事会的构成直接关系到"毒丸"对敌意收购者造成的威胁。其他反收购条款包括规定公司高管高额解职金的"黄金降落伞"和"同股不同权"的双重股份制结构等。

迷你案例
MINI CASE

双层股份制结构与科技创新

双层股份制结构（Dual Class Share Structure）被谷歌、脸书、Linkedin 等多家科技公司采用,指公司在 IPO 招股过程中对公司创始人和新股发行人提供两种不同权力的普通股,创始人持有的普通股有较高的表决权。因此在双层股份制结构下,公司的创始人可以在股份数量不占绝对优势的情况下控制公司。双层股份制结构是反收购条款的一种形式,因为它显著增加了公司被潜在的收购者收购的难度,从而也可以使公司的创始人更加专注于长期目标和创新。例如,近几十年来最具创新性的公司之一——谷歌公司,采用的就是双层股份制结构。在谷歌 IPO 时给股东的公开信中,公司的创始人谢尔盖·布林和拉里·佩奇表示,公司更希望专注于长期的发展而非"下一季度的利润数字",这也是公司采用双层股份制结构的重要原因。脸书公司的创始人马克·扎克伯格在脸书 IPO 时也曾表达过类似观点。①

不仅西方科技企业,而且许多中国企业也在采用双层股份制结构,京东和阿里巴巴就是其中两个典型例子。下面我们来看一看京东和阿里巴巴的案例。

京东于 1998 年由刘强东在北京中关村创立,如今已发展成为中国首屈一指的电商平台。早期,京东主要采用优先股进行融资。由于优先股股东只具有有限表决权,不能参与公司的日常经营管理,因此该策略也保证了创始人刘强东对公司的控制权。然而,优先股融资的额度十分有限,从 2011 年起京东开始发售普通股融资,在大规模融资过程中,通过排他性投票权委托制度,刘强东获得了 55.90% 的投票权,以微弱的优势维持了对公司的控制权。之后,出于对战略布局的考量,公司决定上市融资。京东上市后,无法回避普通股数量增加、创始人股份被大幅稀释的问

---

① Chemmanur, J T and X Tian. Do Antitakeover Provisions Spur Corporate Innovation? A Regression Discontinuity Analysis [J]. *Journal of Financial and Quantitative Analysis*, 2018, 53(3): 1 163–1 194.

题。因此，京东采用了典型的双层股份制结构，其中，A级（次级）股票每股只有一份投票权，而B级（优先级）股票每股享有20份投票权。公司董事长兼首席执行官刘强东团队合计持有京东23.10%的股权，而招股说明书中规定，仅有刘强东个人以及他实际控制的两家公司拥有B类股份，因此凭借优先级股票，刘强东实际控制了公司83.70%的投票权。通过实施双层股份制，京东虽然已经上市，但创始人仍然牢牢掌握了公司的控制权，保证了管理层决策不受干扰，也抵御了敌意收购行为。

阿里巴巴集团于1999年由马云等人创立，如今已发展为一家经营多元化的大型跨国互联网公司。阿里巴巴的发展离不开多轮融资的支持。2005年，雅虎以10亿美元和雅虎中国的全部资产获得阿里巴巴39%的股权，解决了阿里巴巴的资金短缺问题，但也为后来的控制权之争埋下了隐患。之后，雅虎与阿里巴巴的合作理念逐渐发生冲突，阿里巴巴数次向雅虎发起回购，均被拒绝。2012年9月18日，双方达成协议，阿里巴巴耗资76亿美元从雅虎手中收回21%的股权。这一系列事件让马云深刻认识到如果无法牢牢抓住企业控制权，将为企业的长期发展埋下隐患。2010年，阿里巴巴提出以创新的治理结构实现公司治理的转型，在双层股份制结构的基本模式基础上，创造性地推行了"湖畔合伙人制度"。"湖畔合伙人制度"可以被视为传统双层股份制架构的延伸，其核心内容是通过掌握公司控制权保证创始人团队和管理层的权益，并传承他们所代表的企业文化。然而，阿里巴巴实行的"湖畔合伙人制度"与香港联交所奉行的"同股同权"制度存在冲突，经过艰难的谈判和博弈，香港证券交易机构终究未能为阿里巴巴破例。最终，阿里巴巴选择在美国纽约证券交易所挂牌上市，并以217.67亿美元创下纽交所IPO融资额纪录，成为全球最有价值的科技公司之一。[①]

不同于已有研究中"同股不同权"在房地产等传统行业中弊大于利的结论，由以上案例可以看出，2004年谷歌上市后催生了大量高科技企业效仿采用双层股份制结构。2017年3月2日Snap的IPO将其运用到极致，彻底排除了公众投资人的投票权。由于这类企业中创始人发挥的特殊作用，双重股份制结构完全有可能带给这些企业与以往不同的影响，但目前对此领域的研究较少。

[①] 宋建波，文雯，张海晴.科技创新型企业的双层股份制结构研究——基于京东和阿里巴巴的案例分析[J].管理案例研究与评论，2016, 9 (4): 339–350.

可见，深入探究反收购条款与企业创新之间的关系有重要理论及实际意义，这也是本章的主要内容。本章首先将基于实证研究的证据，揭示反收购条款对企业创新能力的影响；然后分析这种影响背后的具体作用机制，并对不同信息环境与市场竞争下的场景进行考察；接着，本章进一步讨论以企业创新为手段，反收购条款对企业价值的影响；最后，本章将讲述除了内部控制，企业如何通过收购从外部获得创新能力。

反收购条款与企业创新

创新是公司获得长期增长与竞争优势的重要战略之一，也是一个具有高风险性和不确定性的长期过程。美国加州大学伯克利分校 Manso 教授在其 2011 年发表在 Journal of Finance 上的论文中指出，对短期失败的容忍是有效激励企业创新活动的必要条件，但资本市场却常常给管理层带来过度的压力使其"短视"从而阻碍创新，进一步影响公司长期发展。因此，研究是否能通过公司治理机制来解决市场短期压力与创新所代表的公司长期利益之间的矛盾，显得尤为重要。

◇ "长期价值创造"假说

Stein（1988）提出信息不对称会使股东无法准确评估管理层进行长期创新投资的价值。这会导致创新型企业的股价被市场低估，使其更容易遭受敌意收购。为了避免这种境况，公司管理层通常倾向于花更多精力在可以为公司带来更快、更确定的收益的日常工作上，导致创新投资不足，形成管理短视。Chemmanur 和 Jiao（2012）认为双层股权结构等反收购条款能促使高素质管理层更积极地投资长期创新项目，从而减少公司的短视问题。这说明反收购条款有助于企业创新，我们将其称为"长期价值创造"假说，即反收购条款保护管理层远离来自股票市场上短期投资者的压力与被收购的威胁，允许管理层将精力集中于长期技术创新上，从而促进企业创新，创造长期价值。

◇ "管理层防御"假说

根据道德风险理论，没有被适当监督的管理层倾向于为个人私利而扭曲公司投资策略，投资短期收益更高的日常性项目，而这会降低公司价值。敌意收购作为对管理层的强有力的约束，能有效降低道德风险，鼓励公司进行真正有价值的投资与创新，最终提高公司价值。在这种设定下，从 Grossman 和 Hart（1988）的公司内部控制理论衍生出的一系列文献表明，与上述"长期价值创造"假说相反，反收购条款巩固了管理层的权利，阻碍了来自资本市场的有效监督，从而减少公司创新，使公司价值下降，我们将其称为"管理层防御"假说。

经济学家小传 MINI BIOGRAPHY　　　　　　　　　　奥利弗·哈特（Oliver Hart）

美国著名经济学家，哈佛大学经济学教授，2016 年因其在契约理论方面的贡献而荣获诺贝尔经济学奖。[1]哈特教授是不完备契约理论的开拓者。哈特教授认为，对企业的剩余控制权，也就是在契约中并未明文写出的条款，对企业的决策是重要的。哈特与格罗斯曼在 1986 年合著的论文以及他与摩尔在 1990 年合著的论文，奠定了不完备契约理论的基础，这两篇论文都发表在 Journal of Political Economy 上。哈特教授在 1995 年所撰写的教科书《企业、合同与财务结构》(Firms, Contracts and Financial Structure) 已成为契约理论和企业理论的经典。哈特教授的研究兴趣十分广泛，包括契约理论、公司理论、法律经济学、公司金融等。他与格罗斯曼有许多合作，1980 年，他们在合著发表在 The Bell Journal of Economics 的一篇著名的论文中分析了企业收购中的搭便车问题，1983 年他们在 Econometrica 杂志上发表的另一篇著名文章中分析了委托代理问题。

哈特先后获得剑桥大学国王学院数学学士学位、华威大学经济学硕士学位、普林斯顿大学经济学博士学位，他是美国计量经济学会会员、美国文理科学院院士，以及英国国家学术院会员。他还曾担任美国法律与经济协会主席和美国经济协会副主席。[2]

Atanassov（2013）以 1976 年至 2000 年间共 13 339 家美国公司为样本进行双重差分法分析，发现比起没通过反收购条款的州，通过了反收购条款的州外生性地降低了其公司所受到敌意收购的威胁，使得这些公司不仅专利产出数量减少，而且专利质量也有所下降。他进一步发现实施其他公司治理机制可以减轻但无法完全消除反收购条款对创新活动的负面影响，比如引入大股东、养老基金、财务杠杆与

---

[1] Oliver Hart. (2020-01-01)[2020-10-10]. https://www.nobelprize.org/nobel_prizes/economic-sciences/laureates/2016/hart-facts.html.

[2] Oliver Hart. (2020-01-01)[2020-10-10]. https://scholar.harvard.edu/hart/home.

产品市场竞争等等。他的结论更强调外部收购对公司的监督作用。Sapra 等（2014）发现创新与被收购压力之间存在一种 U 形关系，这种关系主要来源于管理控制权私利与期望收购溢价之间的交互作用。然而，Karpoff 和 Wittry（2017）指出，由于 Atanassov 选取州层面的反收购条款存在问题，导致其结论准确性有待商榷。因为每个州的反收购条款存在差异，有的州出台的反收购条款不仅没有提高反而降低了敌意收购的门槛，因此对公司产生的影响也不同。具体来说，只有"毒丸法"与"1989 阿曼达法庭裁定"这两项条款是有助于防御收购的，而企业合并法并不能有效增强公司的反收购能力。

◇ **实证研究**

我和美国波士顿学院 Thomas Chemmanur 教授 2018 年发表于 *Journal of Financial and Quantitative Analysis* 的文章"反收购条款会增强企业创新吗？基于断点回归方法的分析"对以上两个可能的假说进行了验证，以 1990 年至 2006 年间共 3 474 家拥有反收购条款信息的上市公司为样本，给出了反收购条款与企业创新之间关系的实证证据。

在文章中，创新的数据主要来自 NBER 所提供的专利引用数据库，这个数据库包含了上市公司从 1976 年到 2006 年的专利授予和专利引用数据。具体而言，数据库会提供每年的专利授予名称、数量，每个专利被引用的次数，专利的申请年份和授予年份等。为了度量上市公司的产出状况，我们从创新产出数量和质量两个维度进行测量。第一个维度是申请且最终被授予的专利数量，文章中主要用专利申请年份作为基准专利年份，因为申请年份更能反映企业当年的创新活动。我们在文中用上市公司专利受到其他公司引用的次数度量企业的创新产出质量。沿用已有文献，我们使用当年的专利数量与未来的引用次数代表专利数量与专利质量，分别作为回归分析中的因变量。基于创新活动的长期性特质，我们同时考察未来 2 至 3 年的结果。在我们的研究样本中，每个公司平均每年被授予 7.4 个专利，每个专利被其他公司引用的次数平均为 2.4 次。

为了避免上文提到的 Atanassov（2013）文章中存在的问题，我们从 RiskMetrics 数据库提取了公司层面的反收购条款的相关信息。该数据库收录了近 1 500 家上市公司反收购条款的详细信息，其中包含了 Gompers 等（2003）划分的五大分类下共 24 种不同类型的反收购条款，自 1990 年以来共有 8 次更新（1990 年、1993 年、1995 年、1998 年、2000 年、2002 年、2004 年、2006 年）。我们沿用 Gompers 等

（2003）创建的反收购条款数量指标来度量反收购条款。在我们的研究样本中，每个上市公司平均每年有 8.9 条反收购条款。

我们还从 RiskMetrics 数据库里提取了 1997 年至 2006 年期间共 9 082 条股东提案信息，由于所有提案都代表股东利益，为了增强股东权力，这些与反收购条款相关的提案大多与减少反收购条款的数量有关，例如撤销分级董事会计划或解除绝对多数条款等等。在我们的研究样本中，共有 1 380 条关于改变反收购条款数量的提案，投票通过率为 52.4%。

在断点回归中，我们主要关注股东投票通过率阈值附近特定带宽内的提案。带宽的选择反映了准确度与偏误的权衡，范围越宽则包含更多观测值，从而提高估计的准确度，但同时也会引入更多噪声，带来偏误。沿用已有文献的定义，我们选择阈值附近带宽为 10% 的提案构建断点回归的局部样本，共计 233 个提案，投票通过率为 51.5%。

计量方法介绍
ECONOMETRICS

断点回归法

断点回归（Regression Discontinuity，RD）是一种仅次于随机实验的准实验，能够解决选择性偏误问题引起的内生性问题。断点回归通过处理变量（断点处）附近小邻域进行随机分组，检测断点两侧变量是否会引起被解释变量显著差异，从而在断点邻域个体均无系统差别的情况下验证处理变量的效果。

根据临界值性质，断点回归可以分为两类：第一类，临界值是明确的，即在临界值一侧的可以视为接受处置，另一侧则相反；第二类，临界点是模糊的，即在临界值附近，接受处置的概率是单调变化的。目前断点回归已经在政治经济学、劳动经济学等领域取得了广泛的应用。但是使用断点回归需要注意以下两点：

1. 断点回归使用的前提是断点处的变量分布不能人为地精准操控，否则断点回归无效。

2. 断点回归在断点处局部有效，并不能推广到距离断点过远的样本中。

我们还选取了可能影响企业创新产出的一系列公司与行业层面特征变量作为控制变量，包括上市公司的规模、盈利能力、有形资产率、杠杆率、资本支出、产品市场竞争力、增长机会、财务约束、机构持股等。其中，公司财务数据来自

Compustat 数据库，分析师相关的数据来自 I/B/E/S 数据库，机构投资者持股数据来自 Thomson Financial 13F institutional holdings 数据库。

然后，我们利用普通最小二乘法对反收购条款与上市企业创新之间的关系进行回归分析，在回归中加入上述控制变量，同时对公司固定效应以及年份固定效应进行了控制。回归模型如式（4-1）所示。

$$\text{企业创新产出}_{i,t+n} = \alpha + \beta \times \text{反收购条款}_{i,t} + \gamma \times \text{控制变量}_{i,t} + \text{固定效应} + \varepsilon_{i,t} \quad (4-1)$$

其中下标 i 代表公司，下标 t 代表年份。基础回归的结果如表 4-1 所示。

表 4-1 反收购条款与创新（OLS）[1]

分表 A：专利数量

变量	第 1 年专利数量	第 2 年专利数量	第 3 年专利数量
反收购条款	0.090***	0.087***	0.090***
	(0.025)	(0.025)	(0.028)
控制变量	是	是	是
固定效应	是	是	是
样本量	20 204	18 663	17 018

分表 B：专利引用次数

变量	第 1 年专利引用次数	第 2 年专利引用次数	第 3 年专利引用量次数
反收购条款	0.044***	0.038***	0.035***
	(0.014)	(0.015)	(0.016)
控制变量	是	是	是
固定效应	是	是	是
样本量	20 204	18 663	17 018

注：计量结果括号内为稳健性标准误，*** 表示 1% 的显著性水平。

从回归结果我们可以发现，反收购条款数量越多，则公司专利产出数量越多，专利质量也越高，即便在两三年后这种关系依然显著存在。另外，从可能影响

---

[1] Chemmanur, J T and X Tian. Do Antitakeover Provisions Spur Corporate Innovation? A Regression Discontinuity Analysis [J]. *Journal of Financial and Quantitative Analysis*, 2018, 53(3): 1 163–1 194.

企业创新产出的一系列控制变量结果来看，公司规模越大、盈利能力越强、杠杆率越低，则创新程度更高。研发投入、资本支出都与创新产出息息相关。机构持股比例也会对企业创新产出产生正向影响，这与 Aghion 等（2013）的研究结论相一致。

普通最小二乘法回归结果表明，反收购条款与公司的创新产出数量和质量显著正相关，而且这一结果在我们更换样本、更换反收购条款度量方式、回归模型等因素后仍然稳健。总体而言，基准回归的结果支持上文的"长期价值创造"假说，即反收购条款会保护管理层远离来自资本市场短期投资者的压力与被收购的威胁，允许管理层将精力集中于长期技术创新上，从而促进企业创新，并提高公司生产力。

◇ **建立因果关系**

尽管上述结果与"长期价值创造"假说相符，但我们还无法将其归为因果关系。实际上，实证设计中可能存在遗漏变量，比如管理层能力变量，使上述回归结果产生偏误。高素质管理层比起低素质管理层更倾向于增设大量反收购条款，与此同时，高素质管理层也更倾向于投资长期性创新活动从而提高公司的创新产出。这样一来，反收购条款数量便与创新产出形成了正相关关系，但这并非由于反收购条款数量本身导致了创新产出的增加。另外也可能存在反向因果关系，即通过对未来创新的期望水平预测公司现有的反收购条款数量。虽然引入公司固定效应可以在一定程度上缓解这个问题，但如果遗漏变量随时间而变化，则依然存在潜在的内生性问题，即企业是否设置反收购条款与企业自身特质高度相关。为了验证因果关系，我们在文章中采用基于少数服从多数原则（50% 通过率）与年度股东大会中减少反收购条款提案通过率的断点回归方法进行了进一步的回归分析。

断点回归方法基于 50% 阈值附近通过或否决反收购条款相关提案投票的"局部"外生变化，即公司无法精准操控股东大会投票结果，比如企业无法在投票前精准控制最终投票结果为 50.1% 通过，或是 49.9% 不通过。因此，对于那些以微弱优势通过、或以微弱劣势未通过该条款的公司，其最终表决结果在相当程度上是随机而不受企业控制的，满足外生性要求，从而有助于识别反收购条款与企业创新之间的因果关系。另一个可能的问题是股东提案对董事会来说只是建议性质，并不存在硬性约束力。即便如此，一旦减少反收购条款提案通过表决，也比无法通过表决对公司管理层施加的压力更大，对我们的识别策略影响不大。通过对投票的分布与密度进行诊断性测试，也证明投票确实无法被股东或管理层人为精准操控，可将其看作随机试验，符合断点回归的假设。

在正式进行断点回归前，我们可以先通过散点图直观判断断点处是否存在明显的不连续性。图 4-1 中，左列图代表的是专利数量的变化，右列图代表的是专利引用次数的变化，x 轴代表了投票通过率，50% 分位线左侧为表决未通过公司，右侧为表决通过公司。散点表示每个区间内创新产出的平均值，实线则表示根据散点拟合出的二次方程，在实线旁的灰色部分表示 95% 的置信区间。

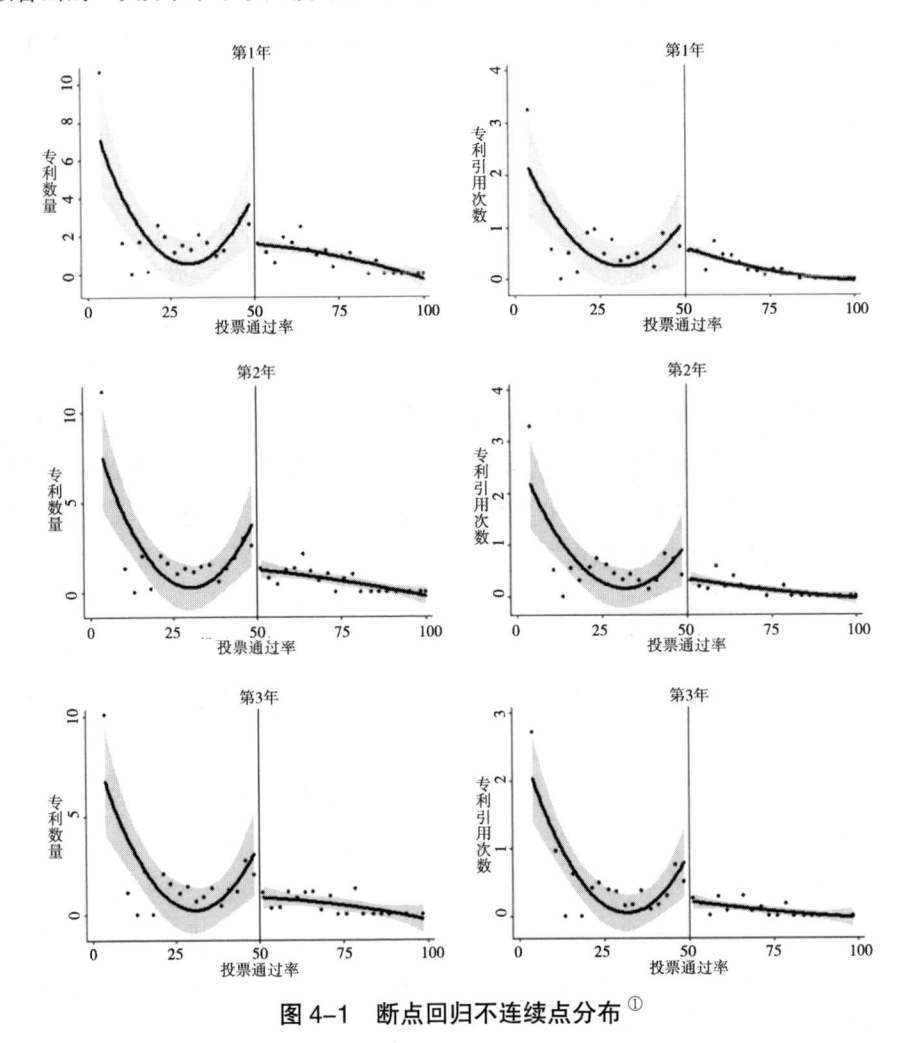

图 4-1　断点回归不连续点分布[①]

---

① Chemmanur, J T and X Tian. Do Antitakeover Provisions Spur Corporate Innovation? A Regression Discontinuity Analysis [J]. *Journal of Financial and Quantitative Analysis,* 2018, 53(3): 1 163–1 194.

如图 4-1 所示，无论是在投票表决后的第 1 年、第 2 年还是第 3 年，专利数量与专利引用次数都在断点附近具有明显的不连续性。在断点附近的极小范围内，一旦投通过减少反收购条款议案的票数超过 50%，企业专利数量和专利引用次数都有显著的下降。这个结果表明反收购条款与企业创新有正向的因果关系。

基于上述外生性条件，我们以"减少反收购条款提案"为主要变量，加入了企业及行业层面控制变量，同时控制行业固定效应以及年份固定效应后进行断点回归，实证结果如表 4-2 所示。

表 4-2 通过投票表决与创新（RD）[1]

分表 A：专利数量

变量	第 1 年专利数量	第 2 年专利数量	第 3 年专利数量
减少反收购条款提案	−0.627***	−0.680**	−0.585*
	（0.194）	（0.301）	（0.328）
样本量	233	210	187

分表 B：专利引用次数

变量	第 1 年专利引用次数	第 2 年专利引用次数	第 3 年专利引用次数
减少反收购条款提案	−0.048	−0.164**	−0.164*
	（0.080）	（0.083）	（0.083）
样本量	233	210	187

注：计量结果括号内为稳健性标准误，***、**、* 分别表示 1%、5% 和 10% 的显著性水平。

通过上表可以发现，在利用断点回归法解决内生性问题后，通过的减少反收购条款提案数量与创新产出呈负相关关系，说明减少反收购条款显著导致了专利数量的下降，以及未来 3 年内专利质量的下降，可以确认二者存在因果关系。

◇ **稳健性检验**

为进一步保证结果的稳健性，我们对断点回归的结果进行了三个稳健性检验。

---

[1] Chemmanur, J T and X Tian. Do Antitakeover Provisions Spur Corporate Innovation? A Regression Discontinuity Analysis [J]. *Journal of Financial and Quantitative Analysis,* 2018, 53(3): 1 163–1 194.

首先，将局部样本中阈值附近带宽的范围从 10% 缩窄至 5%。如前文所述，带宽的选择反映了准确度与偏误的权衡，范围越宽会包含越多观测值从而提高估计的准确度，但同时也可能引入更多噪声从而带来偏误，破坏断点的局部性条件。替换局部样本区间后的断点回归结果如表 4-3 所示。

表 4-3　通过投票表决与创新（RD，替换局部样本区间）[1]

分表 A：专利数量（阈值附近 5%）

变量	第 1 年专利数量	第 2 年专利数量	第 3 年专利数量
减少反收购条款提案	−1.041**	−0.733*	−0.677
	（0.374）	（0.339）	（0.436）
样本量	145	132	122

分表 B：专利引用次数（阈值附近 5%）

变量	第 1 年专利引用次数	第 2 年专利引用次数	第 3 年专利引用次数
减少反收购条款提案	−0.330**	−0.350*	−0.180
	（0.142）	（0.169）	（0.138）
样本量	145	132	122

注：计量结果括号内为稳健性标准误，**、* 分别表示 5% 和 10% 的显著性水平。

如上表所示，在带宽为 5% 的局部样本区间中，基础断点回归中的结论依然成立，且大部分统计结果显著。当我们尝试将带宽进一步缩窄至 2% 与 1% 时，尽管回归结果符号依然为负，但不再显著。这很可能是因为在过窄的带宽中，可观测样本量过少导致测试效力大幅降低。

接着我们调整了断点回归的模型，改用全局多项式拟合。结果再次证明反收购条款与创新产出存在正向因果关系，如表 4-4 所示。

---

[1] Chemmanur, J T and X Tian. Do Antitakeover Provisions Spur Corporate Innovation? A Regression Discontinuity Analysis [J]. *Journal of Financial and Quantitative Analysis,* 2018, 53(3): 1 163-1 194.

表 4-4 通过投票表决与创新（RD, 全局多项式拟合）[①]

分表 A：专利数量

变量	第 1 年专利数量	第 2 年专利数量	第 3 年专利数量
减少反收购条款提案	−0.719	−0.784*	−0.909**
	（0.541）	（0.411）	（0.425）
样本量	755	669	572

分表 B：专利引用次数

变量	第 1 年专利引用次数	第 2 年专利引用次数	第 3 年专利引用次数
减少反收购条款提案	−0.065	−0.160	−0.309***
	（0.186）	（0.154）	（0.093）
样本量	755	669	572

注：计量结果括号内为稳健性标准误，***、**、* 分别表示1%、5%和10%的显著性水平。

最后，我们对断点回归结果进行安慰剂检验，即人为设定一个区别于真实阈值（50%）的假设阈值，检验结论是否仍然成立。如果表 4-2 的结论是无效的，那么说明即便改变阈值，结果也不会发生任何变化。表 4-5 为将通过率阈值设为 30% 的断点回归结果。

计量方法介绍
ECONOMETRICS

安慰剂检验

安慰剂检验（Placebo Test）最早来源于医学研究。如同字面意思，安慰剂是指没有真实疗效只能起"安慰"作用的药物。在医学中，为了评估药物的真实疗效，除了让实验组的患者接受药物治疗外，还让安慰剂组的患者接受"安慰剂"的治疗并观察。如果患者病情改善是因为"安慰剂心理作用"，那么在安慰剂组也能观察到患者的病情得到改善。如果在安慰剂组发现患者病情并未得到改善而实验组的病情都得到了改善，那么可以认为待测试药物是有真实疗效的。在经济分析和政策评价中，也往往采用安慰剂检验以区分政策的真实作用和政策外因素的作用。例如，

[①] Chemmanur, J T and X Tian. Do Antitakeover Provisions Spur Corporate Innovation? A Regression Discontinuity Analysis [J]. *Journal of Financial and Quantitative Analysis,* 2018, 53(3): 1 163–1 194.

如果我们认为某个外生政策冲击会引起实验组和对照组的区别，那么在没有外生冲击的样本里我们应该看不到实验组和对照组的显著区别。安慰剂检验常用于政策评价的稳健性检验中。

表 4-5　通过投票表决与创新（RD, 安慰剂检验）[1]

分表 A：专利数量

变量	第 1 年专利数量	第 2 年专利数量	第 3 年专利数量
减少反收购条款提案	0.412	0.291*	−0.269
	（0.491）	（0.476）	（0.561）
样本量	169	159	135

分表 B：专利引用次数（假设阈值：30%）

变量	第 1 年专利引用次数	第 2 年专利引用次数	第 3 年专利引用次数
减少反收购条款提案	−0.313	−0.297	−0.190
	（0.240）	（0.190）	（0.152）
样本量	169	159	135

注：计量结果括号内为稳健性标准误，* 表示 10% 的显著性水平。

如上表所示，当人为将通过率阈值从真实阈值 50% 改为 30% 后，主要变量系数的符号不再一致且结果不显著，我们将阈值替换成 70% 或其他值也得到了类似结果，由此排除了基础断点回归结果的偶然性。

综合上述稳健性检验，我们可以确立反收购条款与企业创新产出之间存在着正向因果关系，与"长期价值创造"假说相一致。

反收购条款的作用机制

通过上文的分析，我们发现反收购条款对创新有积极影响。那么不同的公司信息环境或产品市场竞争环境会使这种影响发生变化吗？我们通过截面分析对此问题进行了进一步的研究。

---

[1] Chemmanur, J T and X Tian. Do Antitakeover Provisions Spur Corporate Innovation? A Regression Discontinuity Analysis [J]. *Journal of Financial and Quantitative Analysis,* 2018, 53(3): 1 163–1 194.

◇ 信息不对称

首先,我们从信息不对称的角度出发试图对反收购条款的影响进行分析。前人如Stein(1988)等关于"长期价值创造"假说的模型都是基于"公司内部与外部投资者存在信息不对称"的关键假设。由于信息不对称,外部投资者无法准确评估管理层投资长期创新活动的价值,从而低估股票价值使得公司创新投资减少。因此,根据"长期价值创造"假说,公司内部与外部人员信息鸿沟越大,则反收购条款保护管理层免受资本市场短期业绩压力的价值也越大。在这种设定下我们预期反收购条款对创新的积极影响在不对称度较高的公司中更为明显。

沿用以往文献方法,我们以1年内分析师盈利预测的标准差均值作为公司信息不对称度的度量指标。分析师盈利预测标准差越大的公司应该相应地存在更高程度的信息不对称。我们以标准差的中位数为界,将公司划分为信息不对称度高与信息不对称度低两组子样本,分别进行上文中的基础断点回归分析,结果如表4-6所示。

表4-6 通过投票表决与创新(RD,信息不对称子样本分析)[①]

变量	信息不对称度高	信息不对称度低
第1年专利数量	−1.579***	0.324
第2年专利数量	−1.868***	0.434
第3年专利数量	−1.310**	0.342
第1年专利引用次数	−0.411	0.324*
第2年专利引用次数	−0.390***	0.102
第3年专利引用次数	−0.271	0.096

注:***、**、*分别表示1%、5%和10%的显著性水平。

从表4-6中不难发现,信息不对称度高的公司"减少反收购条款提案"变量的系数符号都为负,且结果大部分显著,而信息不对称度低的公司则基本没有受到影响。结果表明反收购条款对企业创新产出的正向影响在信息不对称度较高的公司中更为明显。为了检验稳健性,我们使用分析师覆盖与分析师盈利预测绝对误差等不同指标替换分析师盈利预测标准差来度量信息不对称度,结论依然成立。

综上所述,我们的发现与Stein(1988),Chemmanur和Jiao(2012)的信息不

[①] Chemmanur, J T and X Tian. Do Antitakeover Provisions Spur Corporate Innovation? A Regression Discontinuity Analysis [J]. *Journal of Financial and Quantitative Analysis*, 2018, 53(3): 1 163–1 194.

对称理论相一致，并支持"长期价值创造"假说，即在信息不对称度较高的公司中，反收购条款对公司创新的正向影响更为显著。

◇ **产品市场竞争**

激烈的产品市场竞争增加了公司在行业中保持竞争优势与制造短期盈利以满足股票市场投资者的双重压力（Aghion, et al., 2013）。如果反收购条款真的能为管理层提供保护，使其免受市场压力且专注于创新活动，则我们预期反收购条款对企业创新的正向影响在产品竞争更激烈的市场中会更加显著，因为在压力更大的情况下，这种保护对公司更有必要，价值也越大。

参考以往文献，我们以赫芬达尔指数（HHI）[1]作为产品市场竞争程度的度量指标，即每个公司的产品的市场份额平方的加总，指标数值越低则竞争越激烈。我们以HHI的中位数为界，将公司划分为产品市场竞争激烈与产品市场竞争不激烈两组子样本，分别进行基础断点回归，结果如表4-7所示。

表4-7 通过投票表决与创新（RD，产品市场竞争子样本分析）[2]

变量	产品市场竞争激烈	产品市场竞争不激烈
第1年专利数量	−1.008**	−0.147
第2年专利数量	−1.224**	0.099
第3年专利数量	−0.878*	0.042
第1年专利引用次数	−0.333**	−0.068
第2年专利引用次数	−0.295*	−0.026
第3年专利引用次数	−0.030	−0.010

注：**、*分别表示5%和10%的显著性水平。

从表4-7可以发现，产品市场竞争激烈的公司"减少反收购条款提案"变量系数符号都为负，且结果大部分显著，而产品市场竞争不激烈的公司的结果都不显著。结果表明反收购条款对企业创新产出的正向影响在产品市场竞争程度较高的公

---

[1] 赫芬达尔指数全称为赫芬达尔–赫希曼指数（Herfindal–Hirschman Index, HHI），是一种测量产业集中度的综合指数，指一个行业中每个公司占行业总收入或总资产百分比的平方和，用来计量市场份额的变化，即市场中厂商规模的离散度。

[2] Chemmanur, J T and X Tian. Do Antitakeover Provisions Spur Corporate Innovation? A Regression Discontinuity Analysis [J]. *Journal of Financial and Quantitative Analysis,* 2018, 53(3): 1 163–1 194.

司中更为明显，与我们的预期相一致，即当面临更激烈的产品市场竞争时，反收购条款对创新的保护作用更有价值。

◇ **公司价值**

创新增强了公司的长期竞争优势，但公司进行创新活动的终极目的还是为了提升公司价值。前文讨论中引入的反收购条款是一种策略，使得公司可以免受来自资本市场的短期压力，从而增强创新能力。接下来我们探究公司反收购条款数量对企业创新的保护最终是否会对公司价值产生影响。

大量文献表明，由于"管理层防御"假说，反收购条款会大幅降低公司价值。Gompers等（2003）发现拥有更多反收购条款的公司长期股票回报率更低。然而，Core等（2006）认为反收购条款不一定会对公司的实际业绩造成影响。Cremers和Ferrell（2014）用新的数据发现，1978年至2006年期间反收购条款数量与公司价值存在稳健的负向关系。也有学者持相反观点，Chemmanur等（2011）认为具有高素质管理团队的公司倾向于采用更多的反收购条款，这样的公司业绩远超其他公司。Johnson等（2015）发现，反收购条款有助于将IPO公司与其商业伙伴[①]进行绑定，从而提高公司IPO的估值及其后续经营业绩。与国外的研究结果类似，陈玉罡和石芳（2014）以2007年至2011年间A股民营上市公司为样本，发现反收购条款对目标公司价值具有显著的负向影响，主要表现为对管理层的保护。一个可能的解释是反收购条款对某类公司的价值会产生损害，而对另一些公司的价值的影响可能是中性甚至积极的。我在"反收购条款会增强企业创新吗？基于断点回归方法的分析"这篇文章中在上述研究的基础上进一步对反收购条款对公司价值的影响进行了区分。

我们以托宾Q值作为公司价值的度量指标，其他主要变量沿用上文的度量方式，利用普通最小二乘法对反收购条款、企业创新与公司价值之间的关系进行了回归分析，回归模型如式（4-2）所示。

$$托宾Q值_{i,t+n} = \alpha + \beta_1 \times 反收购条款_{i,t} + \beta_2 \times 反收购条款_{i,t} \times 专利数量对数_{i,t}$$
$$+ \beta_3 专利数量对数_{i,t} + \gamma 控制变量_{i,t} + 固定效应 + \varepsilon_{i,t} \quad (4-2)$$

其中，α为截距项，β_1、β_2、β_3、γ为系数，ε为随机扰动项，下标i代表企业，下

[①] 如顾客、供应商或战略合作伙伴等。

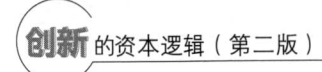

标 t 代表年份，下标 $n=1,2,3$，分别代表专利申请后第 1 年、第 2 年、第 3 年。回归结果如表 4-8 所示。

表 4-8　反收购条款与公司价值（OLS）[1]

分表 A：专利数量与托宾 Q 值

变量	第 1 年托宾 Q 值			第 2 年托宾 Q 值	第 3 年托宾 Q 值
	（1）	（2）	（3）	（4）	（5）
反收购条款	−0.017**	−0.024**	−0.013*	−0.009	−0.010
	（0.007）	（0.007）	（0.007）	（0.007）	（0.007）
反收购条款 × 专利数量对数		0.005***	0.004***	0.004***	0.003***
		（0.001）	（0.001）	（0.001）	（0.001）
控制变量	是	是	是	是	是
固定效应	是	是	是	是	是
样本量	19 064	19 064	19 064	16 737	14 529

分表 B：专利质量与托宾 Q 值

变量	第 1 年托宾 Q 值		第 2 年托宾 Q 值	第 3 年托宾 Q 值
	（1）	（2）	（3）	（4）
反收购条款	−0.021***	−0.009	−0.003	−0.006
	（0.007）	（0.007）	（0.007）	（0.012）
反收购条款 × 专利引用次数对数	0.283	0.563***	0.580***	0.475***
	（0.198）	（0.265）	（0.244）	（0.202）
控制变量	是	是	是	是
固定效应	是	是	是	是
样本量	19 064	19 064	16 737	14 529

注：计量结果括号内为稳健性标准误，***、**、* 分别表示 1%、5% 和 10% 的显著性水平。

如上表所示，在未加入专利数量对数与反收购条款交叉项的基准回归中，反收购条款对于公司价值会产生显著的负面影响，这说明大量的反收购条款总体上会

---

[1] Chemmanur, J T and X Tian. Do Antitakeover Provisions Spur Corporate Innovation? A Regression Discontinuity Analysis [J]. *Journal of Financial and Quantitative Analysis,* 2018, 53(3): 1 163–1 194.

降低公司价值，符合文献中的"管理层防御"假说。但加入交叉项并控制了公司固定效应后，这种负面影响得到了缓和，说明反收购条款通过保护管理层免受短期压力将精力集中于创新活动等作用有利于公司长远发展，对公司价值产生了正向贡献，这与"长期价值创造"假说的预期相一致。所以，反收购条款与公司价值间存在正相关关系，但这一关系的前提是公司投资大量的创新项目，并拥有较强的创新能力。相反，如果一家公司采用了很多反收购条款，但并没有较强的创新能力，那么这些反收购条款就会对公司价值产生负向作用。

当然，这个回归结果由于受到大量创新产出为零的观测值所驱动，可能存在问题。为了克服这个问题，我们筛选出那些至少有一个专利产出的公司作为子样本重新进行回归分析，得到了更加显著的结果。综上所述，对于有创新能力的公司而言，采用更多的反收购条款是最优选择，而对于没有创新能力的公司而言，采用更多的反收购条款则会损害公司价值。

"收购"创新

如前述指出的，尽管研究中发现反收购条款可以保护管理层免受来自资本市场短期业绩压力从而降低敌意收购的威胁，使管理层能够将精力集中于创新活动，为公司的长期发展带来价值，但收购活动对于创新的影响并不全是负面的。公司除了通过内部研发投入进行自主创新，也可以通过收购创新型公司从外部获得创新性。

迷你案例
MINI CASE

谷歌收购摩托罗拉

北京时间 2011 年 8 月 15 日，谷歌宣布已与摩托罗拉移动公司签署收购协议。根据双方的协议，谷歌以每股 40 美元的价格收购摩托罗拉移动，总价约为 125 亿美元，谷歌将全部以现金形式支付。此前，谷歌分别在 2007 年以 31 亿美元价格收购 Doubleclick 以及在 2006 年以 16.5 亿美元收购 YouTube。[1] 此次收购摩托罗拉比谷歌自 2004 年上市以来完成的 185 笔收购案金额的总和还多。究其原因，谷歌看

---

[1] Economist T. FRAND or foe?[J]. *Economist*, February 18, 2012.

中的是摩托罗拉移动所拥有的1.7万个已有专利和6 800个申请中专利。

对于此次收购的动因,谷歌CEO拉里·佩奇表示,谷歌希望进一步增强开源的安卓操作系统,而摩托罗拉完全专注于安卓系统,收购摩托罗拉后将有助于强化整个安卓生态系统。另一方面,摩托罗拉拥有庞大的移动专利技术。谷歌收购摩托罗拉移动之后,双方专利的组合将提高公司竞争力,并将有助于应对来自微软、苹果及其他公司的威胁。对于陷入低谷的老牌手机厂商摩托罗拉来说,押注于安卓系统也是重振市场的必然之路。谷歌在平台、地图、应用等方面拥有雄厚的积累,也将为摩托罗拉手机的研发、生产甚至渠道产生促进作用。①

像谷歌这样跨行业的公司常常依靠收购来增强创新产出,理论上有两种作用渠道。一是选择机制,即创新效率低的公司直接选择创新效率高的公司进行收购。Aghion和Tirole(1994)提出,自身创新能力差的公司通过收购专业性强或拥有现成专利的公司来获取创新性,比直接投资自主创新更高效。二是协同效应,两家资产有互补性的公司合并后,整体的创新能力得以提升。Rhodes和Robinson(2008)认为,当收购方与目标公司在生产和科技方面兼容性更强时,收购利益会更大化。

为检验上述假说,我与美国印第安纳大学副教授Merih Sevilir和宾夕法尼亚大学沃顿商学院博士生刘通合作的工作论文"收购创新",以1990年至2006年期间所有美国企业为样本,考察了企业收购行为对收购方创新产出的影响。

文章中专利数量与专利引用次数数据来自NBER专利利用数据库,并购交易、风险投资及战略联盟相关数据来自SDC数据库。我们还选取了可能影响企业创新产出的一系列公司与行业层面的特征变量作为控制变量,其中公司财务数据来自Compustat数据库,机构投资者持股数据来自Thomson Financial 13F Institutional Holdings数据库,股票回报数据来自CRSP数据库。

首先,我们考察收购活动数量与收购方后续创新产出之间的关系,在加入其他影响企业创新的控制变量,并对公司固定效应以及年份固定效应进行控制后进行普通最小二乘法回归,结果如表4-9所示。

---

① 独家解析:谷歌为什么选择摩托罗拉? [EB/OL]. (2011-08-16) [2020-10-10]. http://tech.163.com/11/0816/00/7BHOVHTJ000915BE.html.

表 4-9　收购活动数量与收购方创新（OLS）[1]

分表 A：专利数量

变量	第 1 年专利数量	第 2 年专利数量	第 3 年专利数量
收购数量对数	0.068***	0.097***	0.078***
	(0.022)	(0.027)	(0.028)
控制变量	是	是	是
固定效应	是	是	是
样本量	105 314	97 286	88 775

分表 B：专利引用次数

变量	第 1 年专利引用次数	第 2 年专利引用次数	第 3 年专利引用次数
收购数量对数	0.036*	0.075***	0.033
	(0.020)	(0.025)	(0.026)
控制变量	是	是	是
因变量	第 1 年专利引用次数	第 2 年专利引用次数	第 3 年专利引用次数
固定效应	是	是	是
样本量	105 314	97 286	88 775

注：计量结果括号内为稳健性标准误，***、* 分别表示 1%、10% 的显著性水平。

表 4-9 结果表明，收购数量与收购方完成收购后的专利产出数量有很强的正向相关性。收购后 1 年内，收购数量每增长 10%，专利数量增加 1%。与此相比，企业投入研发资金 1 年内，研发密度每增加 10%，专利数量增加 0.9%，这说明收购行为对专利产出的影响水平与企业内部研发投入对专利产出的影响水平不相上下。收购数量与收购方的新专利质量也存在正向相关性，且这一结论在我们更换样本、收购数量度量方式、回归模型等因素后仍然稳健。

为了解决可能存在的遗漏变量等内生性问题，我们沿用 Savor 和 Lu（2009）的方法，将发布收购公告的公司按收购成功与否分为两组，比较它们未来的创新产出。由于收购交易是否成功与收购方的创新能力并不存在必然联系，我们可以据此来确立收购活动与成功完成收购交易企业创新产出之间的因果关系，结果如表 4-10 所示：

---

[1] Liu, T, M Sevilir and X Tian. Acquiring Innovation. Working paper, University of Pennsylvania, 2016.

表 4-10　收购失败 vs. 成功对企业创新的影响（OLS）[①]

分表 A：专利数量

变量	第 1 年专利数量	第 2 年专利数量	第 3 年专利数量
收购失败	−0.172**	−0.188**	−0.166*
	(0.088)	(0.091)	(0.094)
控制变量	是	是	是
固定效应	是	是	是
样本量	19 786	18 339	16 927

分表 B：专利引用次数

变量	第 1 年专利引用次数	第 2 年专利引用次数	第 3 年专利引用次数
收购失败	−0.209**	−0.131***	−0.118
	(0.101)	(0.045)	(0.044)
控制变量	是	是	是
固定效应	是	是	是
样本量	19 786	18 339	16 927

注：计量结果括号内为稳健性标准误，***、**、*分别表示1%、5%和10%的显著性水平。

从表 4-10 可以看出，无论是专利数量还是专利质量，收购失败变量的系数都显著为负，结合表 4-9 的结果说明失败的收购方比成功的收购方拥有更少的专利产出以及更低的专利质量，证明了企业的收购数量与其随后的创新产出之间存在因果关系。

我们进一步将收购成功公司划分为几个子样本，考察收购目标的创新性对收购方后续创新产出的影响。以收购目标是否已有专利的哑变量为主要变量，对收购方创新产出进行普通最小二乘回归分析，结果如表 4-11 所示。

[①] Liu, T, M Sevilir and Xuan Tian. Acquiring Innovation. Working paper, University of Pennsylvania, 2016.

表4-11 收购目标创新性对收购方创新的影响（OLS）[①]

分表A：专利数量

变量	第1年专利数量	第2年专利数量	第3年专利数量
收购目标是否已有专利	0.176***	0.155***	0.147***
	(0.035)	(0.036)	(0.037)
控制变量	是	是	是
公司固定效应	是	是	是
年份固定效应	是	是	是
样本量	35 595	32 666	29 824

分表B：专利引用次数

变量	第1年专利引用次数	第2年专利引用次数	第3年专利引用次数
收购目标是否已有专利	0.041**	0.049***	0.044***
	(0.017)	(0.017)	(0.017)
控制变量	是	是	是
固定效应	是	是	是
样本量	35 595	32 666	29 824

注：计量结果括号内为稳健性标准误，***、**分别表示1%、5%的显著性水平。

如表4-11所示，无论是专利数量还是专利质量，收购已有专利的目标公司对收购方的后续创新产出都存在正向影响。这可能是因为拥有现成专利的目标公司在被收购时拥有未注册专利创新产品的概率更大，对于收购方来说收购这样的目标公司是其未来增加创新专利产出的重要途径。

我们还研究了收购行为对企业价值的影响，发现无论短期还是长期内，收购创新型企业都能为收购方创造价值：短期来看，在发布收购公告3日内，收购方平均能获得1%的超额收益，而如果收购目标在被收购前3年内至少有一个以上专利，则收购方的超额收益比平均水平高出0.6个百分点；长期来看，以并购完成后的5年为窗口期，收购自带专利公司的收购方的股价表现也优于收购不带专利公司的

[①] Liu, T, M Sevilir and Xuan Tian. Acquiring Innovation. Working paper, University of Pennsylvania, 2016.

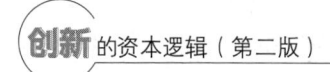

收购方。

国内学者对与并购与企业创新能力之间的关系也有研究。于开乐和王铁民（2008）以南汽集团对罗孚公司的并购为例，讨论了基于并购的开放式创新对企业自主创新的影响，发现在并购目标知识积累大于并购方或双方知识积累形成互补时，并购方有能力整合资源形成协同效应从而对创新产生积极影响。在细分行业中，温成玉和刘志新（2011）对 2001 年至 2008 年我国高新技术上市公司的 96 起技术并购事件进行了实证研究，发现只有技术并购对并购方的创新绩效影响为正，而非技术并购对并购方的创新绩效没有显著影响。张学勇等（2017）则实证考察了 1998 年至 2015 年中国上市公司作为并购方的 7 086 件股权并购事件，发现并购目标公司的创新能力才是决定并购方股票回报的关键，当并购方也具有创新能力时，会产生协同效应从而提升并购方股票的长期表现。事实上，越来越多中国企业开始意识到技术创新对公司发展的价值，选择通过并购创新型企业提升自身创新能力，增强市场竞争能力。

迷你案例
MINI CASE

海尔收购通用家电

2016 年 6 月，青岛海尔股份有限公司和通用电气宣布，双方已签署青岛海尔整合通用电气家电公司的交易的交割文件，这标志着通用电气家电正式成为青岛海尔的一员。早在 2008 年，通用电气就宣布计划出售或分拆其家用电器板块，意图剥离其增长缓慢和不稳定的业务。在此后很长一段时间，众多潜在买家都有意拿下通用的家电业务，然而最终胜利者是来自中国的家电巨头海尔。海尔为什么要收购通用家电呢？[①]

这笔收购交易对海尔的好处是多方面的。通用家电是欧美家喻户晓的家电品牌，收购完成后，海尔可获得通用家电的品牌和渠道优势，迅速推进全球化布局。更重要的是，通用家电拥有成熟的研发体系，在多国建有研发中心。收购成功后，海尔和通用家电可共享全球研发资源，实现研发、生产、销售一体化整合，促进产业链整合，提升企业整体创新能力，实现"中国制造"向"中国智造"的高端转型。

[①] 青岛海尔整合通用电气家电交易完成交割 [EB/OL]. (2016-06-07) [2020-10-10]. http://finance.china.com.cn/roll/20160607/3758160.shtml.

本章小结

本章分析了收购与反收购条款对企业创新及公司价值的影响及其作用机制。本章要点总结如下：

1. 采用了更多反收购条款的企业创新能力更强，且反收购条款与企业创新能力两者间有正向因果关系；

2. 反收购条款与公司价值间存在正相关关系，但这一关系的前提是公司投资大量的创新项目，并拥有较强的创新能力；

3. 企业可以自主创新，也可以通过收购创新型企业实现创新水平的提升；

4. 从企业外部获得创新性与企业内部的研发投入对增强企业创新产出来说同等重要。

参 / 考 / 文 / 献

[1] 陈玉罡, 石芳. 反收购条款、并购概率与公司价值 [J]. 会计研究, 2014(2): 34-40.

[2] 独家解析：谷歌为什么选择摩托罗拉？[EB/OL]. (2011-08-16) [2020-10-10]. http://tech.163.com/11/0816/00/7BHOVHTJ000915BE.html.

[3] 万科公告新一届董事会成员候选名单：王石退位、郁亮接棒 [EB/OL]. (2017-06-21) [2020-10-10]. http://china.cnr.cn/xwwgf/20170621/t20170621_523812359.shtml.

[4] 于开乐, 王铁民. 基于并购的开放式创新对企业自主创新的影响——南汽并购罗孚经验及一般启示 [J]. 管理世界, 2008(4): 150-159.

[5] 张学勇, 柳依依, 罗丹等. 创新能力对上市公司并购业绩的影响 [J]. 金融研究, 2017(3): 159-175.

[6] 青岛海尔整合通用电气家电交易完成交割 [EB/OL]. (2016-06-07) [2020-10-10]. http://finance.china.com.cn/roll/20160607/3758160.shtml.

[7] 前海人寿发公告：未来不再增持格力股票并逐步退出 [EB/OL]. (2016-12-09) [2020-10-10]. http://www.chinanews.com/cj/2016-12-09/8089377.shtml.

[8] 温成玉, 刘志新. 技术并购对高技术上市公司创新绩效的影响 [J]. 科研管理, 2011, 32(5): 1-7.

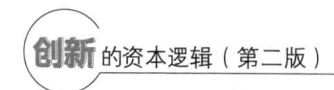

[9] 温济聪. 逾 620 家上市公司增设反收购条款 [EB/OL]. (2017-06-15) [2020-10-10]. http://paper.ce.cn/jjrb/html/2017-06/15/content_336127.htm.

[10] 收购与反收购：好戏还靠好唱本. (2017-08-30) [2020-10-10]. http://www.sohu.com/a/168480360_667897

[11] Aghion, P J V Reenen and L Zingales. Innovation and Institutional Ownership [J]. *American Economic Review*, 2013, 103(1): 277–304.

[12] Aghion, P and J Tirole. The Management of Innovation [J]. *Quarterly Journal of Economics*, 1994, 109(4): 1 185–1 209.

[13] Atanassov, J. Do Hostile Takeovers Stifle Innovation? Evidence from Antitakeover Legislation and Corporate Patenting [J]. *Journal of Finance*, 2013, 68(3): 1 097–1 131.

[14] Chemmanur, J T, I Paeglis and K Simonyan. Management Quality and Antitakeover Provisions [J]. *Journal of Law & Economics*, 2011, 54(3): 651–692.

[15] Chemmanur, J T and Y Jiao. Dual Class IPOs: A Theoretical Analysis [J]. *Journal of Banking & Finance*, 2012, 36(1): 305–319.

[16] Chemmanur, J T and X Tian. Do Antitakeover Provisions Spur Corporate Innovation? A Regression Discontinuity Analysis [J]. *Journal of Financial and Quantitative Analysis,* 2018, 53(3): 1 163–1 194.

[17] Core, J E, W R Guay and T O Rusticus. Does Weak Governance Cause Weak Stock Returns? An Examination of Firm Operating Performance and Investors' Expectations [J]. *Journal of Finance*, 2006, 61(2): 655–687.

[18] Cremers, M and A Ferrell. Thirty Years of Shareholder Rights and Firm Value [J]. *Journal of Finance*, 2014, 69(3): 1 167–1 196.

[19] Economist T. FRAND or foe?[J]. Economist, February 18, 2012.

[20] Economist T. FRAND or foe?[J]. *Economist*, February 18, 2012.

[21] Gompers, P, J Ishii and A Metrick. Corporate Governance and Equity Prices. *Quarterly Journal of Economics*, 2003, 118(1): 107–156.

[22] Grossman, S J and O D Hart. One Share-one Vote and the Market for Corporate Control [J]. *Journal of Financial Economics*, 1988, 20(12): 175–202.

[23] Holmstrom, B. Agency Costs and Innovation [J]. *Journal of Economic Behavior & Organization*, 1989, 12(3): 305–327.

[24] Johnson, W O, J M Karpoff and S Yi. The Bonding Hypothesis of Takeover

Defenses: Evidence From IPO firms [J]. *Journal of Financial Economics*, 2015, 117(2): 307−332.

[25] Karpoff, J M and M D Wittry. Institutional and Legal Context in Natural Experiments: The Case of State Antitakeover Laws [J]. *Journal of Finance*, 2017, 73(2): 657−74.

[26] Liu, T, M Sevilir and X Tian. Acquiring Innovation. Working paper, University of Pennsylvania, 2016.

[27] Manso, G. Motivating Innovation [J]. *Journal of Finance*, 2011, 66(5): 1 823−1 860.

[28] Oliver Hart. (2020−01−01)[2020−10−10]. https://scholar.harvard.edu/hart/home.

[29] Oliver Hart. (2020−01−01)[2020−10−10]. https://www.nobelprize.org/nobel_prizes/economic−sciences/laureates/2016/hart−facts.html.

[30] Porter M E. Capital Disadvantage: America's Failing Capital Investment System [J]. *Harvard Business Review*, 1992, 70(5): 65−82.

[31] Rhodes−Kropf, M and D T Robinson. The Market for Mergers and the Boundaries of the Firm[J]. *Journal of Finance*, 2008, 63(3): 1 169−1 211.

[32] Sapra, H, A Subramanian and K Subramanian. Corporate Governance and Innovation: Theory and Evidence [J]. *Journal of Financial & Quantitative Analysis*, 2015, 49(4): 82−106.

[33] Savor, P G and Q Lu. Do Stock Mergers Create Value for Acquirers? [J]. *Journal of Finance*, 2009, 64(3): 1 061−1 097.

[34] Stein, J C. Takeover Threats and Managerial Myopia [J]. *Journal of Political Economy*, 1988, 96(1): 61−80.

第5章

发挥人的作用：激励还是保护？

> 工会的存在一直饱受争议。一方面，工会能够维护职工的利益，另一方面，工会抬高最低工资会增加公司的经营成本。而在创新型企业中，由于行业发展迅速，员工的工作性质随之不断改变，工会可能会妨碍企业对人才的利用。并且工会对员工的保障会降低员工的工作积极性，从而影响企业的创新效率。本章重点分析工会和人力资本对企业创新的影响。

■ 饱受争议的工会

在欧美国家，工会一直是饱受争议的社会组织。一方面，工会能够维护职工的利益，有效保护弱势群体的权益；另一方面，工会提高了最低工资水平，从而增加公司的经营成本，导致更多人失业，同时也造成了社会的不稳定。而具体到本书的关注重点——企业创新，工会的存在对其会带来什么样的影响？本章的第一部分将对这个问题做重点分析。

先说一个例子，对于世界各地的港口而言，码头自动化技术的大幅应用正在逐步成为趋势。这项技术不仅能够削减成本，而且能够提升港口的生产能力和可靠性。据行业专家估计，自动化技术可以进一步减少船舶的靠港时间，提高30%的产生率。而作为全球进出口大国的美国，其码头自动化技术的应用程度却落后于世界平均水平。2016年，在美国洛杉矶和长滩总共13个海港码头中，仅有2个实现了自动化。这是因为，迫于沿岸工会组织的压力，美国政府不愿大力推广这种节省人力的技术。有关研究显示，采用自动化技术来装卸货物将会削减港口对沿岸劳动力的一半需求。

2002年美国西海岸港口的工人和雇主爆发了劳资冲突，导致29个民用港口停工11天，每天损失近10亿美元，事后对港口积压货物的清理工作耗时6个月才完成。从此以后，港口每一项推广自动化技术的举措都遭到工会的强烈反对。国际沿岸及仓储工会的洛杉矶主席表示，工会一直致力于达到"最低劳动定员标准"，以此来"保证码头工人们的未来"。然而海事咨询公司的咨询师则表示，在美国，"你可能无法像其他国家那样立即实现对成本的节约，因此，引入自动化技术的决定给投资者带来的压力更大"。

正如上述案例所示，在美国，工会的存在虽然保障了工人的基本权益，但也会导致工会对新技术的应用投反对票，进而阻止企业创新和技术进步，类似的案例还发生在铁路工会上（见本节迷你案例"火车技术更新与铁路工人罢工"）。工会不仅直接影响了企业创新，还会导致员工因过度保护而懒惰，使更多员工倾向于"吃大锅饭"；当员工间薪酬差距较大时，工会还会迫使企业缩小薪酬差距，降低研发者薪酬从而使研发人员的付出与回报不成正比，这将导致更多发明者选择离职，间接影响企业创新。在美国的创新中心硅谷，美国的各个工会组织建立工会的尝试都无疾而终，那里的氛围也一直是反对工会的。因为对那些真正有创新能力的发明者而言，他们不会选择依靠工会来为自己争取更好的工作条件和收入，他们依靠自己的创新能力证明其在市场中的价值（见本节迷你案例"硅谷对工会的态度"）。

那么从定量的角度看，工会到底是否会阻碍创新？如果会的话，将在多大程度上影响创新？这是本节希望解答的问题。

迷你案例
MINI CASE

火车技术更新与铁路工人罢工

1991年4月16日午夜，钟声刚刚响过第12下，全美国的货运车站均停止了发车，繁忙的美国铁路线瞬间陷入空前沉寂。美国铁路行业11个工会所代表的23.5万铁路货运工人向资方发起了挑战，这也是美国历史上自1982年以来第一次全国性的铁路工人大罢工。而此次罢工争论的焦点是：一列货运火车究竟该有多少工人操作才能正常行驶？自20世纪初起，美国货运火车乘务组便由司机、司炉工、司闸员、技工和列车员5人组成，但是随着技术的进步，烧煤的蒸汽机被以柴油为燃料的内燃机所取代，同时铁路沿线也逐步配置了电子安全装置，原来一列货运火车需要5位工人的情况转变为了2至3人便足够驾驶一列货运火车。为了降低成本，增加利润，促进火车技术更新，资方决定裁员。但是面对资方的决策，铁路工会极力反对，坚决主张维护传统的乘务组人员编制。美国铁路运输对美国经济发展起着至关重要的作用，此次罢工不仅导致铁路运输受阻，还影响了其他如汽车等行业，原因在于汽车行业为了减少库存，都是组装时才将所需零部件运到工厂。据专家估算，铁路罢工只要持续两个星期，美国各行业将不得不解雇50万到100万名工人。

工会与企业创新：保护 or 冲突

◇ 劳工保护主义假说

激励创新对于大多数公司和组织而言都是一件富有挑战的事。与日常性工作（例如营销、批量生产）不同，创新通常需要经历一个较长的过程，具有异质性、不确定性以及较高的失败风险。因此，为雇员提供保护、防止其无故被解职是激励创新的必要条件。Acharya等（2014）研究了美国的"不当解雇条款"（Wrongful Discharge Laws）以及其对企业创新的影响。他们的研究显示，不当解雇条款的出台（尤其是那种保护雇员避免无故被解职的法律条款的出台），能够提高雇员的努力程度，进而提高企业的创新水平。从保护劳工权益的角度而言，工会能给劳工带来最大程度的保护。因此，在这种"劳工保护主义"假设下，工会能够为雇员提供最大程度的保护，从而能够有效激励企业创新。

"劳工保护主义"假说似乎与Manso（2011）的理论研究结论相一致，即能够容忍失败风险的合约能够激励企业创新，这是因为工会能够保护雇员的工作机会，从而能够使雇员免受短期失败风险的影响。然而，该假设忽略了这个事实，即Manso（2011）的理论模型强调最优激励创新的合约需要既能在短期容忍失败又能在长期给予激励对象丰厚的回报。工会本身并不能够提供长期的回报激励，例如股权期权、分享报酬等。

◇ **利益冲突假说**

工会可能会导致雇员之间产生利益冲突，从而抑制企业的创新。至少有三个理由可以说明工会对创新具有抑制作用。首先，创新需要在无形资产（例如研发）上进行大规模的投资，而一旦投资项目正式启动，之前的研发投入就成了沉没成本，这时工会的工人就有动机提出涨工资的要求，否则他们将不再继续进行研发项目。这种事后"敲竹杠"的行为会带来项目失败的风险，这会导致管理决策层在事前减少对研发的投入，造成研发投资不足，最终抑制创新。其次，工会可能会助长"大锅饭"的行为，员工由于偷懒而受的惩罚因工会的存在而减轻了。工会降低了员工被解雇的可能性，降低了员工偷懒的成本，从而可能导致员工生产效率的下降。最后，工会改变了工资的分布，导致工人之间工资差距减小（Frandsen, 2012）。然而有创新能力的员工在劳动力市场是十分稀缺的，工资收入的趋同可能会挤出这些具有创新能力的工人，这样则会导致工会企业中创新成果的减少。这三种机制虽然有所差别，但它们根本上都是源自工会带来的利益冲突，并最终抑制企业的创新产出，因此我们统一称之为"利益冲突"假说。

迷你案例 MINI CASE

硅谷对工会的态度

在美国创新中心硅谷，总是笼罩着一种反对工会的氛围。1985年，英特尔的创始人戈登·摩尔曾说过，"我们的行业变化迅猛，各种工作的性质也在不断变化。我认为（工会的缺位）对我们的行业十分有利。"与此相类似，美国国家半导体公司的首席执行官、半导体行业的领头人物查尔斯·斯波克曾在一部书中写道："工会的演进方式使之成为创新的顽固障碍。为了最好地利用人才及其技能，我们不断地变换员工的工作。在半导体技术日新月异的时代，如果有工会组织的掣肘，我们定然会寸步难行。"20世纪80年代中期，美国各工会试图在硅谷建立组织的努力最后都以失败告终。据说，在硅谷唯一能拿到集体谈判合同的职工是清洁工。因为对清洁工而言，个体的谈判力非常微弱，所以他们只能通过集体谈判的方式来争取更高的工资待遇。然而那些富有创新能力的发明者则不会选择加入工会，因为他们不必依靠工会来争取更好的工作条件和收入，他们依靠自己的创新能力证明其在市场中的价值。

◇ **实证研究发现**

我和南佛罗里达大学教授 Daniel Bradley 以及福特汉姆大学助理教授 Incheol Kim，2017 年在 *Management Science* 发表的论文"工会会影响创新吗？"便对以上两个可能的假设进行了验证。

在文章中，我们从 NBER 提供的专利引用数据库中得到专利数据，分别使用企业申请且最终被授予的专利数量和企业专利在之后受到的引用次数来度量企业创新产出的数量和质量。我们从美国国家劳工关系委员会（National Labor Relations Board, NLRB）收集到工会决议的结果，通过这些数据，我们可以比较那些通过决议设立工会的企业和没有通过决议的无工会企业的创新产出。

研究的主要挑战是如何验证工会与企业创新的因果关系。普通最小二乘回归（将企业创新作为被解释变量，工会的相关指标作为解释变量）难以有效地解决识别问题。这可能是因为工会选举结果可能与企业的一些不可观测变量相关，而这些变量也会影响企业的创新产出（遗漏变量问题）；也可能是因为那些创新潜力较低的企业更可能通过成立工会的决议（逆向因果问题）。这两种问题都将使验证工会与企业创新的因果关系变得十分困难。为了验证因果关系，我们采取了断点回归的方法，利用不同企业在工会成立决议中因票数上刚好通过与刚好不通过带来的外生差异，找到工会对企业创新的影响。这种方法比较两组企业的创新成果的差异，一组因工会成立决议票数刚好通过而成立工会，另一组因工会成立决议票数刚好不通过而没有成立工会。具体而言，我们统计每个企业工会成立决议的票数，根据工会决议通过的标准（50%），选取一个小的区间，区分票数刚好超过 50% 和票数刚好不足 50% 的公司。断点回归方法是一种非常有说服力的识别措施，因为这两组企业仅仅因为票数上的极小差别而产生不同的结果，而这种差别很有可能是一个独立、随机的事件，并不与公司的其他不能观测的变量有直接联系。

在正式检验之前，我们需要首先验证断点回归的两个核心假设。第一个假设是：需要保证参与者（即投票人和雇主）不能够准确地操纵选票结果，使其刚好大于或小于分界点。如果这个核心假设能够成立，那么在断点附近区域工会是否被确认成立可以被认为是一个随机的自然实验。为了验证这个假设，我们比较了样本中选票分布的描述性统计，发现 50% 附近选票数量并没有显著的差异。同时，我们参照 McCrary（2008）的论文，对分布是否连续做了统计检验，结果也发现 50% 前后选票数量并无显著差异。第二个假设是：分界点附近样本与创新相关的其他变量没有不连续的现象。换句话说，刚好投票通过成立工会的企业与刚好投票不通过没能成立工会的企业，在投票前需要在各方面比较相近，不能有系统性的差异。为此我们对投票结果落在 48%～52% 范围内的企业进行比较，即比较刚好通过工会成立决议和刚好没通过工会成立决议的两组。表 5-1 反映了上述决议通过的企业与决议没通过企业之间各个可观测变量的差异，可以看出两组企业在各个变量上都没有显著差异。总体而言，我们的检验结果显示，在 50% 附近的工会表决结果并没有受到来自投票者或雇主的操纵，此外，断点处其他变量也并没有显著的不连续性。

表 5-1　工会企业和非工会企业可观测变量的差异[①]

变量	工会成立决议通过	工会成立决议不通过	差异	P 值
专利数量对数	0.167	0.186	0.019	0.950
专利引用次数对数	0.418	0.218	−0.201	0.374
总资产对数	6.136	5.689	−0.447	0.56
账面市值比对数	0.525	0.567	0.042	0.685
总资产收益率	0.053	0.018	−0.035	0.167
固定资产占比	0.49	0.378	−0.112	0.120
资本支出占比	0.079	0.058	−0.022	0.105
资产负债率	0.363	0.305	−0.058	0.395
公司年龄对数	2.022	2.625	0.603	0.163
行业竞争度	0.235	0.219	−0.017	0.833

接下来，我们将对变量进行检验。因为创新活动通常需要较长的周期，我们检验在工会决议后 1 年、2 年和 3 年时企业专利产出的变化。首先我们可以通过图 5-1 直观地判断断点处的变化。左侧的图反映专利数量的变化，右侧的图反映专利引用次数的变化（两者都进行了对数转化）。x 轴反映的是工会成立决议的投票结果。我们将所有投票结果分散到 40 个等距的区间中（每个区间宽度为 2.5%）。在所有散点中，没有通过工会决议的企业在 50% 分位线左边，而通过工会决议的企业在 50% 分位线的右边。散点表示每个区间内创新产出的平均值。实线表示根据散点拟合出的二次方程，实线旁的灰色部分则表示 95% 的置信区间。

---

① Bradley, D, I Kim and X Tian. Do Unions Affect Innovation? [J]. *Management Science,* 2017, 63 (7): 2251-2271.

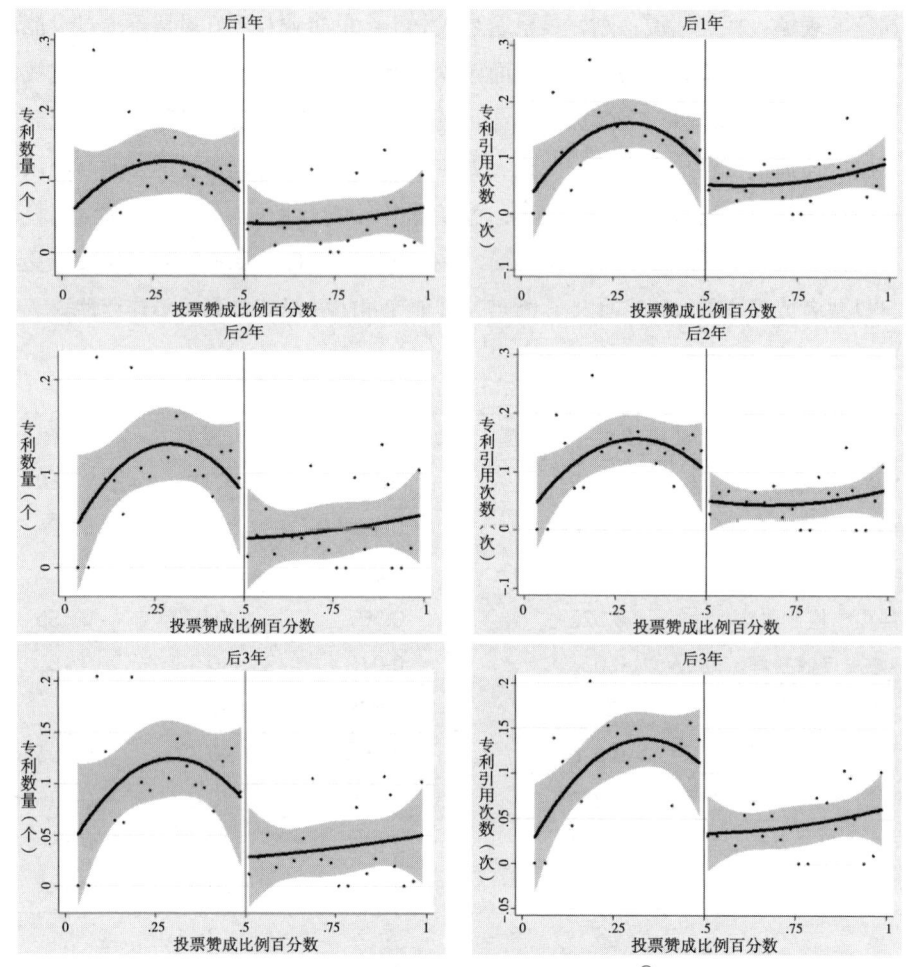

图 5-1　断点回归不连续点分布图[①]

图 5-1 显示，无论是在工会成立决议后的 1 年、2 年或 3 年，专利数量和专利引用次数都在临界值附近存在明显的不连续性。在断点附近的极小范围内，一旦选票结果超过 50%，专利数量和专利引用次数都显著下降。这个结果表明工会可能会对企业的创新带来负向的影响。

然后，我们通过全局多项式模型（Global Polynomial Model）进行断点回归分析。简单来说，这里的全局多项式模型是通过对断点（50%）前后的分布图进行多项式拟合，并在回归中控制拟合后的多项式，从而验证断点本身对被解释变量存在影

---

① Bradley, D, I Kim and X Tian. Do Unions Affect Innovation? [J]. *Management Science,* 2017, 63 (7): 2251–2271.

响。表 5-2 为回归的结果，我们展示了三阶多项式回归的结果，我们的结论对于其他阶数的多项式回归同样稳健存在。在分表 A 中，我们控制了年度和行业固定效应。"成立工会成功"变量前的回归系数在所有滞后年份都显著为负，这表明工会对于创新产出有显著的负向影响。经济意义上，对于 3 年滞后期内的创新产出来说，结果显示工会选举决议的通过将导致 3 年滞后期内的专利总量下降 9.8%，而专利质量下降 11.8%。在分表 B 中，我们也控制了地区固定效应，防止地区差异因素扰乱我们的结果。同样，可以看出这里的结果无论在统计意义上还是经济意义上都十分显著。

表 5-2 断点回归（全局多项式）[1]

分表 A：年度和行业固定效应

变量	专利数量对数 $_{t+N}$			专利引用次数对数 $_{t+N}$		
	$N=1$	$N=2$	$N=3$	$N=1$	$N=2$	$N=3$
成立工会成功	−0.066	−0.082***	−0.098***	−0.070**	−0.098***	−0.118***
	(−2.27)	(−2.99)	(−3.66)	(−2.09)	(−2.78)	(−3.68)
多项式阶数	3	3	3	3	3	3
固定效应	是	是	是	是	是	是
观测样本量	8 809	8 809	8 809	8 809	8 809	8 809

分表 B：年度、行业和地区固定效应

变量	专利数量对数 $_{t+N}$			专利引用次数对数 $_{t+N}$		
	$N=1$	$N=2$	$N=3$	$N=1$	$N=2$	$N=3$
成功成立工会	−0.066**	−0.083***	−0.098***	−0.070**	−0.099***	−0.119***
	(−2.27)	(−3.00)	(−3.63)	(−2.08)	(−2.83)	(−3.69)
多项式阶数	3	3	3	3	3	3
固定效应	是	是	是	是	是	是
观测样本量	8 809	8 809	8 809	8 809	8 809	8 809

注：计量结果括号内为稳健性标准误，***、** 分别表示 1%、5% 的显著性水平。

---

[1] Bradley, D, I Kim and X Tian. Do Unions Affect Innovation? [J]. *Management Science,* 2017, 63 (7): 2251–2271.

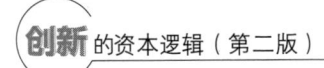

◇ **稳健性检验**

虽然使用全局多项式法得到的结果显示，工会的存在对企业创新有负向的影响，Bakke 和 Whited（2012）的研究指出考虑到断点回归检验非常局部、微弱的外部有效性[1]，一个局部线性的估计是非常必要的。Fan 和 Gijbels（1992）以及 Hahn、Todd 和 van der Klaauw（2001）的研究指出局部线性估计拥有出色的特性。因此，我们参考 Imbens 和 Kalyanaraman（2012）的研究，在 50% 断点附近采用非参数的局部线性估计（Nonparametric Local Linear Estimation）。表 5-3 展示了回归结果，我们使用了矩形内核（Rectangular Kernel）模型和三角形内核（Triangular Kernel）模型。由表 5-3 可以看出，"成立工会"变量系数的估计结果在所有列上都在 1% 的水平上显著，其结果与全局多项式模型得到的结果一致，系数的经济意义也一致。综上，本部分的结论显示，工会的存在对企业创新有负向的影响，这与前文所述的"利益冲突"假设相符。

表 5-3 断点回归（非参数局部线性回归）[2]

分表 A：矩形内核

变量	专利数量对数 $_{t+N}$			专利引用次数对数 $_{t+N}$		
	$N=1$	$N=2$	$N=3$	$N=1$	$N=2$	$N=3$
成立工会	−0.057***	−0.079***	−0.087***	−0.056**	−0.117***	−0.125***
	(−3.05)	(−3.36)	(−3.86)	(−2.28)	(−3.32)	(−4.14)

分表 B：三角形内核

变量	专利数量对数 $_{t+N}$			专利引用次数对数 $_{t+N}$		
	$N=1$	$N=2$	$N=3$	$N=1$	$N=2$	$N=3$
成立工会	−0.062***	−0.085***	−0.089***	−0.066***	−0.116***	−0.121***
	(−3.37)	(−3.91)	(−4.32)	(−2.82)	(−3.37)	(−4.16)

注：计量结果括号内为稳健性标准误，***、** 分别表示 1%、5% 的显著性水平。

---

[1] 外部有效性（external validity），指特定的研究结果是否具有推广性。断点回归结果在断点处局部有效，并不能推广到距离断点过远的样本中。

[2] Bradley, D, I Kim and X Tian. Do Unions Affect Innovation? [J]. *Management Science,* 2017, 63 (7): 2251–2271.

经济学家小传
MINI BIOGRAPHY

托妮·怀特德（Toni Whited）

美国著名金融学家。她两次获得 Brattle 奖，其在 *Journal of Financial Economics* 上发表的文章获得公司金融领域顶级奖项詹森奖。怀特德目前担任密歇根大学罗斯商学院的戴尔·L. 戴克马（Dale L. Dykema）工商管理教授。1984 年，怀特德在俄勒冈大学获得经济学和法语学士学位，1990 年在普林斯顿大学获得经济学博士学位。她师从美国著名宏观经济学家、美联储前主席本·S. 伯南克（Ben S. Bernanke）。怀特德教学领域非常广泛，涵盖本科、工商管理硕士和博士水平的金融、宏观经济学和计量经济学等多个方面。她在顶级经济和金融期刊上发表了 30 多篇文章。她的研究涵盖金融摩擦（financial frictions）对企业投资的影响、测量误差的计量经济学解决方案、公司现金政策、动态模型的结构估计以及企业多元化等主题。除了在密歇根大学罗斯商学院任教外，她还曾在美国罗彻斯特大学、威斯康星大学、美国艾奥瓦大学、波士顿学院等大学任教。怀特德有极高的学术水平，曾担任 *Journal of Macroeconomics*、*Financial Management*、*Review of Financial Studies*、*Journal of Financial Economics* 等著名学术期刊副主编，目前担任 *Journal of Financial Economics* 期刊共同主编。

工会的作用机制

在上文中我们已经介绍"利益冲突"假说得到了实证分析结果的支持，这里我们将进一步探讨其背后可能的作用机制。研发费用的削减可能是一个重要的传导机制。工会工人在得知企业为已有创新研发投入巨额成本后，很可能会要求更高的工资，否则威胁不参与进一步的研发工作，造成企业研发投入的损失。而企业在事前可能已经认识到这个问题，从而会削减在研发上的投入。为此，我们参考 Imbens 和 Kalyanaraman（2012）的研究，对研发费用占比进行非参数估计，表 5-4 是估计的结果，这里主要汇报三角形内核的估计结果。如表所示，在各个滞后期中，成立工会都会对企业的研发费用占比带来显著的负向影响。所以工会成立确实能给研发投入带来负向的影响，而这可能是导致创新产出下降的一个重要机制。

表 5-4　研发者生产率[①]

变量	专利数量对数 $_{t+N}$		
	$N=1$	$N=2$	$N=3$
成立工会	−0.006***	−0.004*	−0.006***
	(−2.90)	(−1.65)	(−3.79)

注：计量结果括号内为稳健性标准误，***、* 分别表示 1%、10% 的显著性水平。

第二个可能导致创新水平下降的机制是：在工会成立后，员工会因为有稳定的工作保障，更倾向于偷懒而不是认真投入创新研发。创新是一个不断探索的过程，充满不确定性，需要投入较多精力。而工会为员工提供的过度保护，将导致员工在工作中偷懒。需要注意的是，这种偷懒的动机不仅仅在研发者中存在，在一般员工中也存在，而这也会间接影响研发者的工作效率和工作热情。我们以工会选举作为事件，使用双重差分模型，验证工会选举前后研发者创新产出的变化。我们将通过决议成立工会的公司作为实验组，将没有通过决议成立工会的公司作为控制组，使用最邻近原则进行倾向得分匹配。根据哈佛商业数据库数据，我们定义了两类的研发者：第一类是留存者（stayers），即那些在工会决议前后 3 年内都在本公司且至少有一个专利的研发者，这些研发者一直在本公司任职；第二类是新雇佣者（new hires），即那些在工会决议后 3 年内至少有一个本公司的专利，并且在工会决议前 3 年内至少有一个其他公司专利的发明者，这些研发者在工会成立附近的年份从其他公司来到本公司。表 5-5 是我们分别对留存者和新雇佣者进行双重差分的结果。可以看出，无论是留存老员工还是新雇佣者，在成立工会后其创新产出都有显著的下降。这说明工会组织确实会降低研发者的创新效率，这可能是工会影响企业创新的另一个重要的传导机制。

[①] Bradley, D, I Kim and X Tian. Do Unions Affect Innovation? [J]. *Management Science,* 2017, 63 (7): 2251–2271.

表 5-5　研发者生产率[①]

分表 A：留存者

变量	实验组差分 （事后－事前）	控制组差分 （事后－事前）	双重差分 （实验组－控制组）	P 值
专利数量	0.119	0.442	−0.323***	0.001
专例引用次数/专利数量	−5.799	−2.306	−3.493***	<0.001

分表 B：新雇佣者

变量	实验组差分 （事后－事前）	控制组差分 （事后－事前）	双重差分 （实验组－控制组）	P 值
专利数量	0.698	3.516	−2.818***	0.008
专利引用次数/专利数量	−8.769	2.382	−11.151**	0.022

注：***、** 分别表示 1%、5% 的显著性水平。

还存在第三种可能的作用机制：工会的成立会导致原来一些优秀研发者离职。Frandsen（2012）的研究显示，工会的成立显著地降低了工人之间的工资差距。这种工资差距的降低对某些工人可能是好事，但是对那些本身能力突出，并且能够在劳动力市场中获得较高报酬的员工而言可能是坏事。这些本身素质优秀的员工可能因此去寻找更好的职业发展机会，而这将导致企业创新产出的下降。为了验证这个机制，我们同样采取双重差分的方法，针对离职者检验其在工会成立前后创新产出的变化。这里的离职者是指那些在工会成立前 3 年内至少有一个本公司的专利，而在工会成立后 3 年内至少有一个其他公司专利的研发者，这些研发者在公司成立工会附近的年份离开了公司。表 5-6 是双重差分的结果，可以看出双重差分项显著为正，这表明离职者在离开公司后有更高的创新水平。这说明工会成立确实会导致一些优秀的研发者离职，这也间接导致了企业创新水平的下降。

[①] Bradley, D, I Kim and X Tian. Do Unions Affect Innovation? [J]. *Management Science,* 2017, 63 (7): 2251−2271.

表 5-6　研发者离职[①]

变量	实验组差分（事后−事前）	控制组差分（事后−事前）	双重差分（实验组−控制组）	P 值
专利数量	0.103	−1.342	1.445**	0.012
专利引用次数	−14.134	−26.066	11.932**	0.025

注：** 表示 5% 的显著性水平。

人力资本与创新：人和平台谁更重要？

根据前文的论述，工会的存在对企业创新有负向的影响，这与创新活动的特征和工会的组织形式有关。随着行业的迅速发展，员工的工作性质不断改变，工会可能会阻碍企业对人才的有效利用。这是因为工会对员工过度的保护可能会降低员工的工作积极性，从而影响企业的创新效率。然而，前文的研究结论并不意味着人力资本对创新不重要，相反员工作为企业重要的人力资本对企业创新有非常重要的作用。本节将着重探讨企业的人力资本对企业创新的影响。

Cohen 等（2013）的研究显示，企业进行研发和生产专利的能力具有一定的持续性和可预测性。那么到底是什么导致了企业在创新产出上的持续性？这一定与某些根植在企业内的不随时间改变的因素有关。自 Coase（1937）的研究以来，学术界对于构成企业的独特要素一直争论不断。在 Hart-Moore 的框架下，非人力资产（例如实物资产、组织架构、企业文化和对资源的获取能力）都是企业有机构成的重要元素。然而，Zingales（2000）指出，"人力资本正在成为当今世界上最重要的资产"（human capital is emerging as the most crucial asset）。纵观已有文献，关于企业的组织资本（organizational capital）和人力资本（human capital）对于企业创新可持续能力的相对重要性仍缺乏足够的探讨。我和康奈尔大学助理教授 Yifei Mao 和宾夕法尼亚大学的博士生 Tong Liu 的工作论文"人力资本的作用：来自专利派生的证据"尝试对这个问题给出解答。

[①] Bradley, D, I Kim and X Tian. Do Unions Affect Innovation? [J]. *Management Science*, 2017, 63 (7): 2251–2271.

第5章 发挥人的作用：激励还是保护？

经济学家小传
MINI BIOGRAPHY

罗纳德·H. 科斯（Ronald H. Coase）

英国著名经济学家，1991年因创造性地以"交易费用"来解释企业存在的原因以及企业扩展的边界问题而荣获诺贝尔经济学奖。科斯也是新制度经济学的鼻祖、美国芝加哥大学教授、芝加哥经济学派代表人物之一。科斯的代表作是两篇著名的论文：1937年发表的"企业的性质"，该文讨论了企业存在的原因及其扩展规模的界限问题，并首次在文中从"交易成本"（transaction costs）方面对企业存在原因、扩展界限进行了解释；另一篇著名论文是1960年发表的"社会成本问题"，该文对交易成本为零时合约行为的特征、政府干预、外部性、产权界定进行了重要阐述。芝加哥大学经济学家乔治·J. 斯蒂格勒（George J. Stigler，1982年诺贝尔经济学奖得主）将科斯的这一思想概括为"在完全竞争条件下，私人成本等于社会成本"，并命名为"科斯定理"。除了在美国芝加哥大学教授经济学外，科斯还曾在弗吉尼亚大学、利物浦大学、伦敦经济学院任教。1979年，他被授予"美国经济学会杰出会员"称号。他的产权理论至今仍是经济学领域的重要理论。

研究这个问题的最大挑战在于如何区分组织资本和人力资本对创新的影响。通过追踪研发个人的专利派生，我们可以找到一个独特的环境来解决这个实证问题。首先，创新通常需要来自研发者的专业知识和技能（而并非来自最高管理层）。因此，研究者在推动创新生产中发挥了非常重要的作用。通过专注于研发者，我们捕捉到企业人力资本的关键要素。其次，我们可以追踪研发个体申请的专利以及相应的专利权人（专利权人指专利在法律意义上的所有者，通常是研发者所在的企业）。通过这些信息，我们了解研发者任职的企业，从而判断研发者是否从一家企业跳槽到了另一家企业。这两个独特之处让我们可以有效区分组织资本和研发者人力资本对创新的贡献。直观来说，如果一个研发个体的创新产出没有随任职企业的变化而改变，那么研发者本身很可能是其创新产出的主要驱动力。然而，如果研发者的创新产出随着其到另一家公司任职而改变，那么在很大程度上，我们可以将其创新成果归功于他所在的公司而非研发者本人。

我们使用两种方法区分研发者和企业在创新上的贡献。首先，我们以更换工作的研发者的面板数据进行估计，并且在回归中对研发者、公司和年度的固定效应进行控制。我们称这种方法为跳槽者虚拟变量法（Mover Dummy Variable，以下简称MDV法），该方法在其他文献中也曾被使用过（例如，Bertrand and Schoar,

2003; Graham, Li and Qiu, 2012）。因为 MDV 法仅限于那些更换工作单位的研发者，他们在所有研发者样本中仅占 16%，所以我们还使用了第二种方法。第二种方法包括了所有的变更任职企业的研发者和未变更任职企业的研发者（即所属公司没有发生改变的研发者），且要求样本中未跳槽研发者所在公司雇佣至少一名曾跳槽的研发者。该方法为 Abowd、Kramarz 和 Margolis（1999）所开创（简称 AKM 法），并在随后被 Abowd、Creecy 和 Kramarz（2002）改进。AKM 法扩展了样本包含的研发者，使我们 98.4% 的研发者样本被包括其中。这两种方法都使我们可以定量地计算出在多大程度上专利派生分别被研发者固定效应和公司固定效应所解释。

在文章中，我们探讨了两个维度的创新产出。第一个维度是创新表现，我们通过创新产出的数量和质量进行衡量。第二个维度是创新风格，我们通过创新的探索性得分（exploratory score）和开发性得分（exploitive score）进行衡量。我们发现在解释创新表现上，研发者固定效应比公司固定效应起到更大的作用，研发者固定效应的解释力度是企业固定效应解释力度的 6 倍。而在解释创新风格上，两者的作用相当。

本文的数据主要来自哈佛商学院的专利和发明者数据库[①]，该数据库提供了研发者（生产专利的研发个体）和专利权人（专利权归属的实体，可以是政府、企业、组织或者个人）的具体信息。我们通过观察同一个研发者的专利是否拥有不同发明权人，来判断研发者是否更换供职企业。

表 5-7 展示了我们使用 AKM 模型对样本进行回归分析的结果[②]。这里省略了所有的回归系数，而专注观察不随时间变化的研发者固定效应以及公司固定效应对创新的影响。参照 Graham、Li 和 Qiu（2012），以及 Ewens 和 Rhodes-Kropf（2015）的研究，我们使用被解释变量和研发者固定效应的协方差与被解释变量的方差之比 $\left[\dfrac{\text{Cov}(Y, \text{Inventor Fe})}{\text{Var}(Y)}\right]$ 来衡量研发者固定效应对创新产出总方差的贡献度。这个标准化的协方差项反映了在总方差中每个变量的贡献度，可以有效衡量研发者固定

[①] 可以在 http://dvn.iq.harvard.edu/dvn/dv/patent 网站下载。关于哈佛商学院专利和发明者数据库的更多信息可以从 See 等（2014）以及 Singh 和 Fleming（2010）的研究中查找。

[②] 关于 AKM 模型的更多信息以及具体模型设定可以参见 Liu T, Y Mao and X Tian. The Role of Human Capital: Evidence from Patent Generation. Unpublished working paper, 2017.

效应对被解释变量变化的贡献度。运用同样的方法，我们计算了公司固定效应的贡献度。

表 5-7 研发者和公司固定效应对创新的影响 [1]

变量	专利数量对数	专利引用次数对数	探索性得分	开发性得分
研发者和公司固定效应的相对贡献程度（对 R^2 的解释比例）				
研发者固定效应贡献	0.284 （53.08%）	0.266 （62.15%）	0.333 （55.50%）	0.318 （49.84%）
公司固定效应贡献	0.045 （8.41%）	0.031 （7.24%）	0.231 （38.50%）	0.240 （37.62%）
研发者固定效应/公司固定效应	6.311	8.581	1.442	1.325
加入研发者和公司固定效应后的调整后 R^2				
控制变量加入年度固定效应（1）	0.354	0.213	0.117	0.156
（1）加入公司固定效应	0.373	0.237	0.337	0.387
（1）加入研发者固定效应	0.438	0.308	0.379	0.431
（1）加入两个固定效应	0.442	0.313	0.393	0.45
跳槽者数量	32 420	32 420	21 133	21 133
未跳槽者数量	168 663	168 663	161 894	161 894
公司数	4 294	4 294	3 249	3 249
固定效应	是	是	是	是
观测量	1 231 352	1 231 352	547 923	547 923

对表 5-7 第一列"专利数量对数"，研发者固定效应对总方差的贡献达到 53.08%，而公司固定效应对总方差的贡献为 8.41%（余下的贡献来自其他控制变量）。我们通过计算研发者固定效应贡献与公司固定效应贡献的比率，衡量两者的相对重要性。在第一列中，这个比率约为 6.3。对第二列"专利引用次数对数"，

---

[1] 关于 AKM 模型的更多信息以及具体模型设定可以参见 Liu T, Y Mao and X Tian. The Role of Human Capital: Evidence from Patent Generation. Unpublished working paper, 2017.

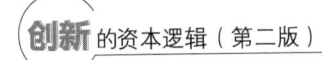

62.15% 的总方差来自研发者固定效应，而 7.24% 的总方差来自公司固定效应。两者的相对贡献比率约为 8.6。总体而言，研发者固定效应与公司固定效应在对专利数量和专利引用次数解释的程度上存在显著的差异，这显示，创新表现在很大程度上是由研发者固定效应所驱动的。这些结果表明，相较于公司自身特征而言，研发者本身的能力或其不随时间改变的个人特征，对于企业创新产出更为重要。

在第三列和第四列中，我们使用创新的"探索性得分"和"开发性得分"来衡量创新的风格。如表所示，研发者固定效应与公司固定效应相对贡献比例分别约为 1.4 和 1.3，这表明研发者固定效应与公司固定效应在对创新风格的解释程度上十分接近。该结果显示企业的组织资本在解释创新风格上有更大的作用。虽然研发者看起来能够将他们的创新能力带到新公司，但他们创新的风格更有可能受到新环境的影响。

此外，我们还在表 5-7 中展示了四个不同模型的调整后的 R^2 值：第一个模型包括所有的控制变量和年度固定效应；第二个模型包括所有的控制变量、年度固定效应和公司固定效应；第三个模型包括所有的控制变量、年度固定效应和研发者固定效应；最后一个模型包括所有控制变量和所有的固定效应。可以看出，在不加入任何固定效应时，研发者与公司固定效应对不同被解释变量的解释效力不同：专利数作为被解释变量时，解释效力为 35.4%；专利引用次数对应的模型，解释效力为 21.3%；探索性得分对应的模型，解释效力为 11.7%；开发性得分对应的模型，解释效力为 15.6%。控制研发者（或公司）固定效应会增加调整后的 R^2 值。例如，对于被解释变量为专利数量对数的模型，控制公司固定效应将会使调整后的 R^2 值提高 1.9 个百分点；而控制研发者固定效应会使调整后的 R^2 值提高 8.4 个百分点。可见控制研发者（或公司）固定效应后调整后 R^2 值的相对增长幅度与我们结果中研发者和公司固定效应的相对重要程度是一致的。从量的角度看，控制研发者固定效应后，R^2 的增长量与控制公司固定效应后 R^2 的增长量的比率为 4.4，该数值与我们上文的估计一致。所以，总体而言，我们证明了发明者固定效应在解释创新产出表现时更重要，即人力资本至关重要。

股权激励与创新：中国的经验

通过前面的分析，我们可以发现对创新来说，人力资本具有至关重要的作用。那么如何有效激励员工投入高风险、长周期的创新活动，则是一个重要的、值得探讨的课题。与一般工作的性质不同，创新工作具有风险高、周期长的特性，因此激励创新工作相比激励一般性质的工作面临更大的挑战。Manso（2011）的理论研究显示，激励创新最有效的合约，需要既能够在短期容忍创新失败，又能够在长期给予激励对象丰厚的回报。他在研究中指出，这种最优的激励计划可以通过股票期权的形式，结合延长有效期和为激励对象提供保护机制等多种方式来实现。

对于我国而言，中国证券监督管理委员会（以下简称证监会）于2005年12月31日颁布了《上市公司股权激励管理办法（试行）》。从那时起，股权激励计划作为一种在上市公司中新型的长期激励方式开始出现。股权激励计划指上市公司以本公司股票为标的，对其董事、高级管理人员及其他员工进行的长期性激励（以股票期权和限制性股票为主）。

迷你案例
MINI CASE

股权激励影响企业创新吗？

股权激励可以说是当下企业留住人才的重要策略。相比于薪酬激励，股权激励通常具有相对较长的有效期，可以给员工带来价值认同感、归属感，同时股权激励意味着未来潜在的财务回报，可以给员工带来安全感。目前腾讯、阿里、360、小米等著名企业均已经实施了股权激励。以腾讯公司为例，腾讯公司2007年年报宣布实施股权激励计划。2008年腾讯发布公告称，董事会决议向184位员工授出101.605万股新股作为奖励股份。按照2008年8月29日腾讯股票收报于67港元，通过折算可得腾讯公司奖励股份市值约6807.535万港元，平均每人被奖励股份市值约37万港元。随后2009年、2013年、2016年腾讯均扩大了股权激励计划。2019年12月2日，腾讯控股公告称，于2019年12月2日授出合共5.27万份购股权以认购股份，行使价为每股335.84港元。2019年7月8日，腾讯奖励了3418万股给23271人，总市值约120亿港元，人均奖励约50万港元。2020年7月10日，腾讯在港交所公告了最新的股权激励计划，拟授予不少于2.97万人2664万的股份。以腾讯最新收盘价计算，人均获奖励股份市值49万港元左右。

资料来源：又是别人家的公司！腾讯再推142亿股权激励，人均50万 [EB/OL]. (2020-07-11) [2020-10-10]. https://finance.sina.com.cn/roll/2020-07-11/doc-iirczymm1809131.shtml.

股权激励计划能够对创新带来正向的激励作用，主要有三点理论依据。第一，激励创新最有效的合约需要：既能在短期容忍创新失败，又能在长期给予激励对象丰厚的回报。而股权激励计划（尤其是股票期权）能将这两者有效结合起来。对于股权激励计划（尤其是股票期权）而言，当激励对象的创新项目取得成功，并导致股价在未来大幅上涨时，激励对象可以利用股权激励获得股价上升带来的收益；当激励对象的创新项目失败并导致股价下跌时，激励对象也可以放弃行权而免受因股价下降带来的损失。第二，相较于其他的激励形式，股权激励通常具有较长的有效期，这能有效激励公司战略层以及核心技术人员进行创新。第三，股权激励计划将激励对象的薪酬与股价波动相联系，这可以促使激励对象有更大的动机去尝试有风险的研发项目，从而有利于推动企业创新。

不过从另一方面看，股权激励计划也可能对创新带来负面的影响。首先，因为管理层或公司核心技术人员的主要个人收入来自公司提供的报酬，不够分散，所以将他们的薪酬与企业股价波动相联系，有可能导致他们惧怕冒险，从而减少在创新性较高的工作上的投入。而资本市场的短期压力，也会加剧管理层的短视行为，从而不利于创新。其次，学者们对中国的股权激励实施效果存在争议。有学者指出我国的股权激励计划存在较大的福利效应，难以真正激励高管。更有学者发现在控制盈余管理效应后，公司的业绩表现与股权激励并没有显著关联（吕长江等，2009；林大庞和苏冬蔚，2011）。

综上，股权激励对企业创新的影响可能有正反两方面，那么如何判断影响就成为一个实证问题。我和我在清华大学的博士生孟清扬于2017年完成的工作论文"股权激励计划能促进企业创新吗？"对这个问题进行了解答。研究股权激励对企业创新影响的一个重要难题在于如何解决内生性问题。这里的内生性问题主要在于选择性偏误（selection bias），即选择发行股权激励计划的企业与没有选择发行股权激励计划的企业可能存在很大的不同。这很有可能，选择股权激励计划的企业是更具创新性的企业，那么如果直接比较这两家企业创新水平的差异则有可能导致解释结论的偏差。为了尽可能降低这种选择性偏误带来的影响，我们首先采取倾向得分匹配的方法，确定相匹配的实验组和控制组，然后利用双重差分的方法，检验股权激励带来的两组企业创新产出的变化，以及两者的差异。

具体而言，对于倾向得分匹配，我们对每一个发行股权激励的企业，针对它在发行股权激励前1年的各项数据匹配度，在相同年度、相同行业以及相同所有制企业中找到得分最接近的非股权激励的企业作为控制组。根据我们的样本，我们得到了660个成功配对的企业（实验组企业数为330，控制组企业数为330）。表5-8

显示了配对得到的实验组与控制组企业在股权激励前各个控制变量的平衡性检验，可以发现实验组与控制组企业的各个控制变量的差异都不显著。这说明我们匹配得到的样本是两组各方面都比较相近的企业，它们的区别仅在于实验组企业实施了股权激励计划，而控制组企业没有。表5-9反映了使用匹配后的样本进行双重差分检验的结果。

表 5-8　股权激励企业与配对企业平衡性检验[①]

变量	实验组	控制组	差异	T值	P值
总资产对数	21.423	21.302	0.121	1.415	0.158
长期资产占总资产比例	0.309	0.313	−0.004	−0.268	0.789
总资产收益率	0.064	0.059	0.005	1.604	0.109
资产负债率	0.321	0.322	−0.001	−0.074	0.941
管理层年龄	1.184	1.114	0.070	0.976	0.329
管理层持股比例	0.239	0.257	−0.018	−0.901	0.368
托宾Q值	2.426	2.317	0.109	0.847	0.397
专利增长率	0.490	0.480	0.010	0.257	0.797

表5-9中的"实验组差异"和"控制组差异"分别表示实验组企业和控制组企业在实验组实施股权激励计划前后4年内创新产出（对数化）之差，"双重差分"反映的是上述两者之差，即反映股权激励计划对企业创新带来的影响。表中的"发明型专利""实用新型专利"以及"专利总数"分别反映的是我们的三种不同的创新衡量方法。在中国，专利共分为三种类型：发明型专利、实用新型专利和外观设计专利。发明型专利主要针对新产品的研发及其制造方法、使用方法的创新，科技含量及创新性最高；而实用新型专利则主要涉及技术的改进以及产品构造等，创新技术含量低于发明专利；外观设计专利主要针对产品的形状、图样等设计方面，科技创新含量较低。如表5-9所示，在发明型专利、实用新型专利以及专利总数上，双重差分模型的双重差分项都十分显著。这表明股权激励计划确实能对企业的创新产出带来正向的影响。

[①] 田轩，孟清扬. 股权激励计划能促进企业创新吗？工作论文，2017.

表 5-9　配对企业双重差分检验：股权激励计划对企业创新的影响[1]

	实验组差异	控制组差异	双重差分	观测值
发明型专利	0.89***	0.48***	0.42***	660
	(17.46)	(9.44)	(5.79)	
实用新型专利	0.78***	0.46***	0.32***	660
	(15.11)	(8.97)	(4.38)	
专利总数	0.96***	0.55***	0.41***	660
	(17.58)	(10.12)	(5.32)	

注：计量结果括号内为稳健性标准误，*** 表示 1% 的显著性水平。

图 5-2 反映股权激励实施前后实验组和控制组专利数量均值的变化图。从图中可以看出股权激励实施前，实验组与控制组专利总数变化趋势近乎相同，而在股权激励实施后，实验组相较于控制组的专利数量有了大幅增长，与上述研究结果一致。

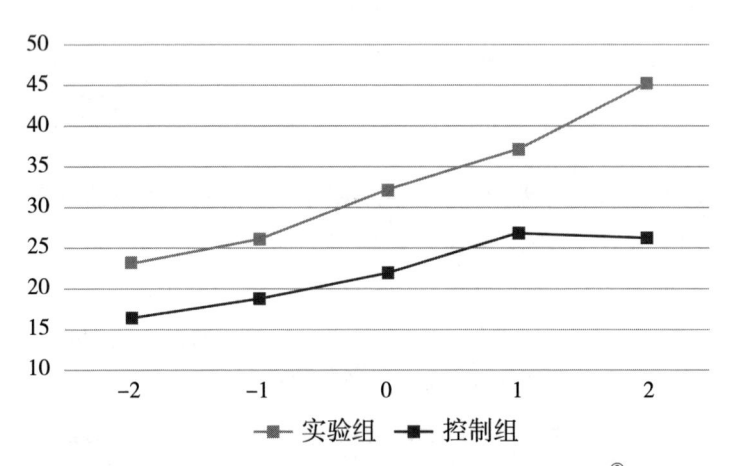

图 5-2　股权激励实施前后专利数量均值变化[2]

为了进一步验证因果关系，我们检验了由外生政策冲击导致的股权激励实施情况差异。2008 年中国证监会针对市场上的股权激励计划提出三份"备忘录"[3]，对

---

[1] 田轩，孟清扬. 股权激励计划能促进企业创新吗？工作论文，2017.
[2] 田轩，孟清扬. 股权激励计划能促进企业创新吗？工作论文，2017.
[3] 三份"备忘录"指中国证监会于 2008 年先后出台的《股权激励有关事项备忘录 1 号》《股权激励有关事项备忘录 2 号》和《股权激励有关事项备忘录 3 号》。

股权激励计划的实施和授予细节进行了更多的限制。随着这三份"备忘录"的出台，许多已经发布股权激励计划的公司，因为这项外生的政策，选择停止股权激励计划。对此，我们利用这项外生的政策，选取那些因为政策原因而使股权激励方案失效的企业作为控制组，选取在相同时间成功发布股权激励计划的企业作为实验组，对两者进行倾向得分匹配，然后对匹配后的样本进行双重差分。这样做的好处是可以进一步解决估计中的选择性偏误问题，因为控制组中的企业也属于选择发行股权激励的企业，与实验组一致。表5-10是分析结果，受样本数的限制我们选择3:1的匹配比例，即三个实验组企业对应一个控制组企业，最终得到60个样本。如表所示，双重差分结果十分显著，说明股权激励确实能够对企业创新带来正向影响。

表5-10 配对企业双重差分检验：控制组股权激励方案因政策原因失效[①]

变量	实验组差异	控制组差异	双重差分	观测值
发明型专利	1.13***	0.65***	0.48*	56
	(7.92)	(3.76)	(1.80)	
实用新型专利	1.19***	0.45**	0.74**	56
	(7.37)	(2.94)	(2.51)	
专利总数	1.35***	0.55***	0.79**	56
	(7.74)	(3.08)	(2.48)	

注：计量结果括号内为稳健性标准误，***、**、*分别表示1%、5%和10%的显著性水平。

接下来，我们对股权激励计划对企业创新的影响进行分样本的检验，发现总体上限制性股票和股票期权都能够有效激励创新，不过当股价接近授予价（行权价）时，限制性股票创新激励效应不显著，而股票期权仍能有效地激励创新。这是因为股票期权拥有不对称的收益曲线，在股价下跌时激励对象可以通过放弃行权而免受损失，而在股价上涨时，激励对象也可以利用股票期权获得股价上涨带来的收益。而限制性股票拥有对称的收益曲线，由于定价的安排，其授予价在大多数情况下低于股票市价，这使得限制性股票在绝大多数情况下并不会出现亏损，然而在股价下跌尤其跌至授予价（行权价）以下时，限制性股票会导致激励对象蒙受损失，对激励对象带来惩罚，这可能导致激励对象不敢进行高风险的创新工作。这个结论与Manso（2011）的研究结果一致，即激励创新最有效的合约需要既能够在短期保护激励对象免受创新失败带来的损失，又能够在长期使其能够获得创新成功带来的

[①] 田轩，孟清扬.股权激励计划能促进企业创新吗？工作论文，2017.

丰厚收益。

除此之外，我们还发现股权激励计划对企业创新的正向影响在国有企业中更加显著，而在民营企业中相对并不显著。这是因为，在我国，国有企业员工的薪酬受到政府的管制（陈冬华等，2005），国企股权激励计划的诸多细节也需要受到政府的认可。所以国有企业股权激励计划的灵活性相对较弱，从而不利于国有企业的股权激励计划真正发生效果。此外，有些国有企业存在一定的内部人控制问题，这将导致一些国企的股权激励计划存在自谋福利、自定薪酬的特征（肖星和陈婵，2013；辛宇和吕长江，2012），也将不利于股权激励计划发挥激励创新的效果。本部分的研究结论与李春涛和宋敏（2010）的文章相一致，即国有产权会降低企业激励的有效性。

本章小结

本章分析了劳工保护和人力资本对创新的影响，并以中国为背景，探究股权激励计划对发挥人力资本优势、促进企业创新的作用。本章要点总结如下：

1. 工会的成立对企业创新有负向的影响。主要传导机制包括：企业研发投入的下降、现有员工和新加入员工创新效率的降低以及优秀员工的离职；

2. 相较于组织资本，研发者个人的人力资本对其创新产出有更加重要的影响；然而在解释其创新风格时，研发者个人的解释力度却并没有那么大；

3. 在中国，股权激励计划对企业创新有正向的影响，股权激励计划能够有效调动管理层与核心技术员工的积极性，从而有效激励创新。

参 / 考 / 文 / 献

[1] 陈冬华，陈信元，万华林. 国有企业中的薪酬管制与在职消费 [J]. 经济研究，2005, 2: 92-101.

[2] 李春涛，宋敏. 中国制造业企业的创新活动：所有制和 CEO 激励的作用 [J]. 经济研究，2010, 5: 55-67.

[3] 林大庞，苏冬蔚. 股权激励与公司业绩——基于盈余管理视角的新研究 [J]. 金融研究，2011, 9: 162-177.

[4] 吕长江，郑慧莲，严明珠等. 上市公司股权激励制度设计：是激励还是福利？

[J]. 管理世界, 2009, 9: 133-147.

［5］田轩, 孟清扬. 股权激励计划能促进企业创新吗？工作论文, 2017.

［6］肖星, 陈婵. 激励水平、约束机制与上市公司股权激励计划[J]. 南开管理评论, 2013, 1: 24-32.

［7］辛宇, 吕长江. 激励, 福利还是奖励: 薪酬管制背景下国有企业股权激励的定位困境——基于泸州老窖的案例分析[J]. 会计研究, 2012, 6: 67-75.

［8］Abowd, J M, F Kramarz and D N Margolis. High Wage Workers and High Wage Firms[J]. *Econometrica,* 1999, 67 (2), 251-333.

［9］Abowd J M. Computing Person and Firm Effects Using Linked Longitudinal Employer-Employee Data[J]. Longitudinal Employer Household Dynamics Technical Papers, 2002.

［10］Acharya, V V, R P Baghai and K V Subramanian. Wrongful Discharge Laws and Innovation[J]. *Review of Financial Studies,* 2013, 27 (1): 301-346.

［11］Aghion, P, N Bloom, R Griffith, P Howitt and R W Blundell. Competition and Innovation: An Inverted U Relationship[J]. *Quarterly Journal of Economics,* 2005, 120 (2): 701-728.

［12］Armstrong, C S and R Vashishtha. Executive Stock Options, Differential Risk-taking Incentives, and Firm Value[J]. *Journal of Financial Economics,* 2012, 104 (1): 70-88.

［13］Bakke, T-E and M Toni. Whited. Threshold events and identification: A Study of Cash Shortfalls[J]. *Journal of Finance,* 2012, 67 (3): 1083-1111.

［14］Bertrand, M and A Schoa. Managing with Style: The Effect of Managers on Firm Policies[J]. *Quarterly Journal of Economics,* 2003, 118 (4), 1169-1208.

［15］Bradley, D, I Kim and X Tian. Do Unions Affect Innovation? [J]. *Management Science,* 2017, 63 (7): 2251-2271.

［16］Chemmanur, J C, E Loutskina and X Tian. Corporate Venture Capital, Value Creation, and Innovation[J]. *Review of Financial Studies,* 2014, 27 (8): 2434-2473.

［17］Coase, R H. The Nature of the Firm[J]. *Economica,* 1937, 4 (16), 386-405.

［18］Cohen, L, K Diether and C Malloy. Misvaluing Innovation[J]. *Review of Financial Studies,* 2013, 26 (3), 635-666.

［19］Coles, J L, N D Daniel and L Naveen. Managerial Incentives and Risk-taking[J].

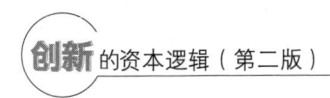

Journal of Financial Economics, 2006, 79 (2): 431-468.

[20] Cuñat, V, M Gine and M Guadalupe. The Vote is Cast: The Effect of Corporate Governance on Shareholder Value[J]. *Journal of Finance,* 2012, 67 (5): 1943-1977.

[21] Ewens, M and M Rhodes-Kropf. Is a VC Partnership Greater Than the Sum of Its Partners? [J]. *Journal of Finance,* 2015, 70 (3), 1081-1113.

[22] Fan, J and I Gijbels. Variable Bandwidth and Local Linear Regression Smoothers[J]. *Annals of Statistics,* 1992, 20: 2008-2036.

[23] Fang, V W, X Tian and S Tice. Does Stock Liquidity Enhance or Impede Firm Innovation? [J]. *Journal of Finance,* 2014, 69 (5): 2085-2125.

[24] Frandsen, B R. Why Unions Still Matter: The Effects of Unionization on the Distribution of Employee Earnings. Manuscript. Cambridge, MA: MIT, 2012.

[25]Graham, J R, S Li and J Qiu. Managerial Attributes and Executive Compensation[J]. *Review of Financial Studies,* 2012, 25: 144-186.

[26] Grout, P A. Investment and Wages in the Absence of Binding Contracts: A Nash Bargaining Approach[J]. *Econometrica: Journal of the Econometric Society,* 1984: 449-460.

[27]Hahn, J, P Todd and W van der Klaauw. Regression Discontinuity[J]. *Econometrica,* 2001, 69: 201-209.

[28] He, J J and X Tian. The Dark Side of Analyst Coverage: The case of innovation[J]. *Journal of Financial Economics,* 2013, 109 (3): 856-878.

[29] Holmstrom, B. Agency Costs and Innovation[J]. *Journal of Economic Behavior & Organization,* 1989, 12 (3): 305-327.

[30] Imbens, G and K Kalyanaraman. Optimal Bandwidth Choice for the Regression Discontinuity Estimator[J]. *Review of Economic Studies,* 2012, 79 (3): 933-959.

[31] Liu T, Y Mao and X Tian. The Role of Human Capital: Evidence from Patent Generation. Unpublished working paper, 2017.

[32] Malcomson, J M. Contracts, Hold-up, and Labor Markets [J]. *Journal of Economic Literature,* 1997, 35 (4): 1916-1957.

[33] Manso, G. Motivating Innovation[J]. *Journal of Finance,* 2011, 66 (5): 1823-1860.

[34] McCrary, J. Manipulation of the Running Variable in the Regression Discontinuity

Design: A Density Test[J]. *Journal of Econometrics,* 2008, 142 (2): 698−714.

[35] Nanda, R and M Rhodes−Kropf. Investment Cycles and Startup Innovation[J]. *Journal of Financial Economics,* 2013, 110 (2): 403−418.

[36] Seru, A. Firm Boundaries Matter: Evidence from Conglomerates and R&D Activity[J]. *Journal of Financial Economics,* 2014, 111 (2): 381−405.

[37] Zingales, L. In Search of New Foundations[J]. *Journal of Finance,* 2000, 55: 1623−1653.

第6章

把创新沿着企业供应链进行到底

供应链是供应商及其下游客户连成的一个整体的功能网链结构。供应链上的企业通过协作，谋求整体最佳化。供应链的形成、存在、重构都基于一定的市场需求，例如，下游客户的需求将促使供应商为满足客户需求进行创新。本章重点分析沿供应链的知识外溢和反馈对上游供应商创新的影响。

企业供应链与公司金融

戴尔、苹果、宝洁、ZARA 等国际知名品牌有什么共同点？它们为什么都能获得成功？这些企业成功的重要原因之一是它们都有出色的供应链管理，能做到"零库存，高周转"。供应链是一个网络结构，它将产品生产、流通过程中涉及的原材料供应商、产品生产商、产成品分销商、零售商、消费者等成员有效地连接在一起。企业组织供应链采购，将自己的需求精准地传递给上游企业。上游供应商根据需求信息不断完善自己的产品、估计需求量并制订生产和运输计划。这种模式有效地减少了企业的成本，使各方共赢，也促成了这些企业的成功。Jack Welch 曾说："如果你在供应链运作上不具备竞争优势，就干脆不要竞争。"英国管理学者 Martin Christopher 更进一步强调供应链的重要性，他指出"21 世纪的竞争不是企业和企业之间的竞争，而是供应链和供应链之间的竞争。"

> 迷你案例
> MINI CASE

苹果成功的奥秘

iPhone 手机畅销全球,即使它价格不菲、更新不断,也有很多苹果粉丝愿意购买。而一部 iPhone 手机包含约 500 个元器件,由上游 200 余家供应商提供,其供应链管理十分复杂,相关供应链管理环节如图 6-1 所示。苹果公司对供应商的要求也非常高,根据保密协议,一位不愿透露姓名的苹果元器件供应商主管说:"苹果的要求太高了,而且苹果不讲情面,能做你就做,不能做他们就换人。"中国台湾地区工业技术研究院主任苏孟宗曾经在一家为苹果供应 iPhone、iPad 和 Macbook 相机模块的公司工作过。他表示"苹果不会与供应商联合投资一项新技术,"苹果只会强迫供应商"必须如此"。即使要求如此苛刻,很多供应商仍愿意在技术创新上加大投入,从而满足苹果公司的要求,苹果与供应商之间建立的这种"爱恨交加"的关系使得苹果供应商能够"鲤鱼跃龙门"。一旦成为苹果公司供应商,iPhone 的巨大销量会使供应商的利润远超其技术创新的成本。同时,一位中国供应商这样说,"如果它们是苹果的供应商,那么它们就会被视为业界一流的厂商。""我们只是机器上的一颗小小的螺丝,但关于苹果的事情我们从不含糊。"科通集团副总裁朱继志认为,苹果对产品、供应链的把控达到了极致的状态。但"极致"二字,恰恰是其他企业都明白却完全模仿不了的原因。这就是苹果成功的奥秘!

图 6-1 供应链管理环节

我国越来越重视供应链在生产过程中的作用，不断出台政策引领市场建立智慧供应链体系。2016年11月，商务部等十部门印发《国内贸易流通"十三五"发展规划》，提出"消费促进、流通现代化、智慧供应链"三大行动；2017年8月，商务部和财政部发布《关于开展供应链体系建设工作的通知》，在全国17个重点城市开展供应链体系建设；2017年10月13日，国务院办公厅印发《关于积极推进供应链创新与应用的指导意见》（以下简称《意见》）。《意见》提出，"到2020年，基本形成覆盖我国重点产业的智慧供应链体系，培育100家左右的全球供应链领先企业，中国成为全球供应链创新与应用的重要中心。"在党的十九大报告中，也提到了"在中高端消费、创新引领、绿色低碳、共享经济、现代供应链、人力资本服务等领域培育新增长点、形成新动能"。现代供应链既是形成新动能的新增长点，又是提升整体经济效率的关键因素之一。

国内很多行业在成熟后利润空间趋紧，企业发展后期靠的是供应链的竞争，重视供应链建设和管理的企业往往能在行业内继续保持优势，甚至进一步扩大优势。例如，联想本身是以PC（个人电脑）起家，是中国PC行业的佼佼者。其在2005年收购了IBM的PC业务之后，又聘请了原戴尔公司的高级副总裁威廉·J.阿梅里奥出任集团总裁兼CEO。戴尔公司在2004年至2005年连续两年蝉联"供应链25强"，而威廉正是著名的供应链专家。此后，联想的PC业务继续保持超越市场的增长，目前已经是全球PC行业的巨头。又如，华为在供应链管理方面也有着超前的战略眼光。早在1997年，华为就开始同IBM、Hay Group等全球一流的咨询公司合作，在集成产品开发（IPD）、集成供应链（ISC）、人力资源管理、财务管理等方面进行深刻的变革，建立了基于IT管理的体系，提升了自身的竞争力，为现在的千亿企业打下了基础。

随着人们对供应链的逐渐重视，越来越多的学者开始研究企业供应链对企业各种决策的影响。其中一部分学者研究了企业融资和投资决策如何影响供应链关系，如反收购措施、合并及收购、交叉所有权和财务困境。另一些学者研究了供应商与客户的关系如何影响企业的融资决策，例如资本结构以及债务成本。Kale等（2011）研究了CEO的风险激励是如何影响客户和供应商参与特定关系投资的动机。虽然大多数现有研究都强调了供应商和客户在企业财务供应链上互动的重要性，但这些研究主要集中于供应商与客户的关系如何影响财务决策，很大程度上忽略了供应商与客户关系所产生的一个重要影响：它们对公司投资决策的真正影响，比如企业创新——一种特殊类型的企业投资。之前的文献已经阐明创新对企业保持长期竞争优势和可持续发展至关重要。本章中，我们将集中探讨供应链对企业技术创新的影响。

供应商和客户的地理距离会影响创新？

我和美国南卡罗来纳大学副教授 Yongqiang Chu、印第安纳大学的助理教授 Wenyu Wang 发表在 *Management Science* 的文章"供应链上的企业创新"中，重点研究了供应商和客户之间的地理距离接近度（supplier-customer proximity）对供应商创新的影响。[①]

◇ "反馈渠道"假说

在一篇具有开创性意义的论文中，Manso（2011）构建了一个委托代理模型，研究指出，来自客户的及时反馈会增强供应商的创新能力。在我们研究的问题中，客户的及时反馈使他们的供应商有可能更迅速地调整中间阶段的研发，这对供应商创新的成功至关重要。尽管现代社会经历了工业革命、信息革命，交通工具和通信工具得以快速发展，但缩短客户和供应商之间的距离仍然很重要，因为有些信息很难写在纸上或存储在电子产品上发送给他人，这些信息被称为软信息。客户的反馈往往涉及软信息的生产和传输，从客户那里获得及时的反馈需要供应商经常与客户进行面对面的交流。客户和供应商之间的距离越短，得到的反馈越及时有效。我们把这种机制称作"反馈渠道"假说。

近几十年来，客户反馈的贡献变得越发关键，因为越来越多的公司让它们的客户参与创新过程。在小米社区官方论坛上，用户可以自由发表对小米产品的看法，包括不满，小米公司会认真回复用户的反馈，并将用户反馈中提出的问题在下一代产品中加以改进。让用户参与创新，推动产品不断完善，小米公司也通过这一过程凝聚了一批铁杆粉丝，打造了粉丝经济。

[①] Chu Y, Tian X and Wang W. Corporate Innovation Along the Supply Chain[J]. *Management Science*, 2019, 67.

迷你案例
MINI CASE

小米：坚持与用户交朋友

据央视财经报道，2020 年，在全球新冠肺炎疫情蔓延与贸易摩擦升级等多重因素下，小米超越苹果，成为第三季度全球智能手机市场继三星电子、华为之后的第三大厂商。十大头部厂商智能手机出货量占全球市场份额约 60.6%。同时，小米也是该梯队中唯一逆势大涨的手机厂商，市值超 6500 亿美元。

小米科技创始人、董事长雷军曾不止一次提到，小米的愿景是和用户交朋友。从用户反馈中获取产品创新灵感的开放性创新模式，可以说贯穿了小米产品与业务的方方面面。以 MIUI 操作系统为例，MIUI 是小米公司旗下基于 Android 系统深度优化、定制、开发的第三方手机操作系统。一般的智能手机都强调产品的设计唯美、功能至上，而小米公司则更加倡导"让用户参与"，这是用户参与的开放创新的一个重要体现。在这一点上，小米公司可谓将用户参与发挥到了极致，形成了极具特色的小米公司粉丝文化，而众多"米粉"们成为小米手机客户的代言人，他们不断地为产品的创新和改进提供意见。

全民客服体系是小米公司粉丝文化中最重要的升级版沟通机制。小米公司通过互联网上的论坛、微博等社交工具直接接触用户，并推出了"全民客服"计划，即每个员工都会通过米聊、微博得知"米粉"的需求和意见，与"米粉"互动。小米公司没有专门的用户调研中心，而是让每个员工都可以在微博和论坛上直接接触用户，第一时间得到用户的反馈，直接解决问题。"泡论坛、泡微博"是包括雷军、黎万强在内的决策和管理层必须做的事情。就这样客户知识不仅仅成为小米创新的重要信息来源，稳定的客户信息流动还可以使小米有效地把握创新的方向，与用户密切接触有利于定位市场需求，产生关键的创新思想。

2020 年 6 月 28 日，MIUI 官方微博发布消息："MIUI12 稳定版，正式开启全量推送！"此前，小米科技创始人、董事长雷军曾多次在公开场合表示："创新决定我们能飞得多高，而品质决定我们能走得多远。"而被他称为"惊艳"的 MIUI12，也正是"创新+品质"的结果——挑战 iOS，在系统动画、美学设计、安全隐私以及贴心功能等诸多方面进行了全面革新和升级。

2020 年 7 月 14 日，在接收《消费日报网》采访过程中，小米互联网一部副总经理乔忠良、小米资深设计师拿着自己的手机向记者揭示了小米创新的动力："你看，这是一位朋友给我发的产品方案。从 2018 年 9 月一直到现在，他每天早上都会把对 MIUI 某项功能提出的改进内容发给我，这让我很期待他的消息。其实像这样的反馈我们每天都能收到很多，也能为我们提供大量的设计灵感，让我们更加了解用户，知道他们的使用场景和使用心理。"

◇ "需求渠道"假说

对于供应商与客户之间的地理距离影响供应商的创新能力，第二种可能的作用机制与客户的需求相关。根据 d'Aspremont 和 Jacquemin（1988）、Kamien 等（1992）、Leahy 和 Neary（1997）等构建的有关创新的理论模型，技术创新提高了企业的生产效率，减少了生产过程中的边际成本。从而，供应商创新的动力与它要为客户提供的产品或服务的数量密切相关。如果客户需要的产品或服务很多，则会倒逼供应商进行技术创新以提高生产效率。而供应商和客户之间的距离越短，则运输成本越低，也能增加客户的需求，从而促进供应商进行技术创新。因此，这些理论预测，在顾客的需求增加的情况下，与客户在地理位置上越接近越可能激发供应商的创新能力。我们把这种作用机制称为"需求渠道"假说。

实际上，在互联网背景下，作为中国著名品牌，海尔早已开始进行供应链模式的创新。一方面，海尔采取以聚合消费者需求为导向的 C2B 模式，以销定产，根据销售情况确定生产线，进行高效的供应链组织，做到零库存。另一方面，海尔进一步完善物流体系、减少运输成本。目前，海尔在全球已建成 25 个工业园，122 个制造中心，108 个营销中心，14 万个销售网络。就自有渠道而言，海尔在全国拥有 8 000 多家县级专卖店以及 27 000 余家乡镇网络。

◇ "集聚渠道"假说

第三个可能的机制与集聚效应有关。当供应商和客户彼此接近时，他们可能会分享生产过程中重要的因素，比如中间投入、人才和自然资源。大量研究表明，集聚效应对工业组织具有重要的意义，在某些情况下可以使整个经济进入平衡增长路径。随着供应商和客户之间地理距离的减少，集聚效应不断增强，供应商的创新能力也相应得到增强。我们把这个作用机制称为"集聚渠道"假说。

硅谷这个世界著名的高新技术产业园区一直被人们所津津乐道，它的成功离不开人才和文化的集聚效应。世界一流大学如斯坦福大学、加州大学伯克利分校、圣克拉拉大学等著名高校为其源源不断地输送人才；美国政府在硅谷实行特殊的移民政策，使大量高学历、高科技人才和富有创新精神的企业家聚集于此。他们将技术转化为现实，产生出巨大的经济效益和社会效益。此外，创新人才的集聚也促进了硅谷崇尚冒险、鼓励创新、宽容失败的文化。这种文化能够极大地激发人们的创新、创业精神，这为硅谷的长远发展注入了强大的活力。在硅谷，成功者受到尊重，失败者也并不受歧视，许多公司甚至喜欢招聘那些曾经失败过的执行总裁。

◇ "社交纽带渠道"假说

Dasgupta 等（2015）在一项研究中指出，在供应商和客户之间建立紧密的社会联系，能减少信息不对称以及"敲竹杠"问题，从而促进供应商进行技术创新。"敲竹杠"问题往往发生在上下游企业之间，因为在合同制订时有许多情况无法被预先考虑到，因此一旦这些情况发生，话语权弱的一方必然要被"敲竹杠"。这会导致弱势一方积极性下降，从而引起投资不足。比如上游企业想扩大产能，需要下游企业吸纳新增的产品，但之前的合约没有规定新增部分的价格，下游企业可以通过压低收购价来扩大自身的利润，这会压缩上游企业的利润空间，使其没有动力扩大产能。但是如果两家企业老总有很好的私交，基于道德约束，下游企业的老总就不会过分压低收购价，从而缓解了"敲竹杠"问题。供应商与客户在地理距离上靠近，两者之间更方便或更有可能建立起紧密的社交纽带，从而提高供应商的创新能力。这个机制被称为"社交纽带渠道"假说。

举例来说，在2011年，华远地产董事长任志强认识到在房地产产业链采购中要以信任为纽带。于是，他组织召开了优秀合作伙伴大会，邀请了产业链上下游的合作企业，共同商议"长远合作，共担风险"的房地产战略合作机制。同时，推行"阳光智慧采购平台"，将采购过程阳光化透明化，减少采购过程中的信息不对称，以保障产品的质量，促进企业健康发展。

◇ 实证研究发现

基于这些假设，我们研究了供应商和客户之间地理距离的接近程度对于供应商创新的影响，并对上述四个可能的假说进行了验证。度量创新的数据主要来自NBER提供的专利引用数据库。为了度量上市公司的创新产出状况，我们从创新产出数量、质量和效率三个维度进行了度量。第一个维度是企业申请且最终被授予的专利数量，文章主要用专利申请年作为专利度量年份。为了衡量创新的质量，我们通过计算专利在随后的几年被引用的次数来构建第二个指标。除了上述两项创新指标，我们还构建了一个创新效率指标，它衡量了每单位投入的创新产出。其中，创新投入用过去5年的积累研发资金来衡量。

供应商和客户的数据主要来自Compustat数据库，我们选取了1976年到2006年之间的数据。一个实际的困难是，虽然这些信息可以在Compustat数据库中找到，但供应商的主要客户只展示其缩写名。为了解决这个问题，我们借鉴其他文献的方法，匹配Compustat数据库中公司报告的客户名称。首先，我们将所有政府、地区或军队客户排除。然后，我们运行一个文本匹配程序，查找与报告的客户名称相匹配的公司名称。为了确保匹配的准确性，我们又进行了手动识别。供应商和客户之间的地理距离则通过其总部所在经纬度计算得到。同时，我们做了一些检验发现，大多数创新活动都集中在公司总部。因此利用供应商公司总部与客户公司之间的距离，能够合理测量客户对供应商提供反馈的便利程度。

地理上的距离和经济效益往往是相互影响、共同决定的，这个内生性问题的存在使确定供应商和客户之间的地理距离与供应商技术创新之间的因果关系成为一个难点。具体来说，供应商或客户的位置选择和创新活动可能同时由一些不可观察的因素所决定，导致了普通最小二乘回归结果有偏。对此，我们选用双重差分法作为基准识别策略。我们选取了一个外部冲击：客户总部的搬迁事件。搬迁之所以可以作为外部冲击，是因为我们观察到Compustat数据库中美国供应商和客户有一个关键特征：通常样本中的客户比它们的供应商在企业规模上要大得多——平均大100倍。因此可以说，总部搬迁的决定是由那些大公司客户做出的，不太可能受规模较小的供应商的影响。

我们可以找到254个客户搬迁事件，包括193个跨城市搬迁事件和61个城市内部搬迁事件。为了观测明显的距离变化，我们重点关注那些跨城市的搬迁事件。共有1 018个供应商—客户对，其中包含869个供应商企业和120个客户企业。搬迁事件的数量几乎随时间均匀分布，没有明显表现出与商业周期或其他经济情况具有相关性。

根据上面的叙述，构建回归模型如式（6-1）所示。

$$\text{企业创新产出}_{i,j,t} = \alpha + \beta \times \text{距离}_{i,j,t} + \gamma \times \text{控制变量}_{i,j,t} + \text{固定效应} + \varepsilon_{i,j,t} \quad (6-1)$$

其中，α 为截距项，β、γ 为系数，ε 为随机扰动项，下标 i 代表供应商企业，下标 j 代表客户企业，下标 t 代表年份。

我们分别选用供应商创新的数量、质量和效率作为被解释变量，同时构建了一个虚拟变量"距离"，该变量在发生客户总部搬迁事件时为 1，否则为 0，并且在回归中控制了研发支出、公司总资产、销售增长、盈利能力等变量，固定了年度固定效应和供应商—客户对固定效应。基础回归的结果如表 6-1 所示。

表 6-1　主回归结果

变量	专利数量	专利引用次数	创新效率
距离	−0.072**	−0.131***	−0.055
	（0.030）	（0.040）	（0.050）
控制变量	是	是	是
固定效应	是	是	是
样本量	6 052	3 038	2 911

注：计量结果括号内为稳健性标准误，***、** 分别表示 1%、5% 的显著性水平。

从回归结果可以发现，虚拟变量"距离"前的系数显著为负，说明供应商和主要客户的靠近对供应商的创新能力有促进作用，而且这种促进作用是相当大的：当距离的标准差增加一个单位，第 2 年专利数量将减少 7%。第二列和第三列系数仍显著为负，这意味着距离会在未来两年对专利数量产生持续的影响。这个结论在对供应商专利引用次数和创新效率的回归中也成立。

总的来说，结果显示了供应商与其主要客户之间的距离对供应商的创新产出有显著影响。供应商技术创新的数量、质量和效率，在其与它们的主要客户的地理距离更近之后，会有显著提高。而且这种影响在客户搬迁后的 3 年内持续存在，说明客户的靠近对供应商创新产出的影响是长期的。

客户的作用

通过上文的分析，我们发现供应商公司和客户公司之间的地理距离与供应商的创新能力呈负向关系。那么这背后具体的作用机制是什么呢？我们对此问题进行了进一步的研究。在这部分，我们分别验证了前文提到的四个假说："反馈渠道"假说、"需求渠道"假说、"集聚渠道"假说、"社交纽带渠道"假说。

◇ **"反馈渠道"假说**

来自客户的反馈数据是不可观测的，所以我们不能直接测量反馈并研究其效果。鉴于此，我们将研究客户质量与客户反馈的相关性，试图找到一些支持"反馈渠道"假说的证据。

如果客户的反馈是距离影响创新背后的驱动因素，我们应该能在不同的客户反馈情况下观察到因变量显著的异质性。特别是，当客户本身更具创新性，或者客户和供应商采用紧密相关的技术时，我们预计供应商和客户之间的地理距离与供应商创新能力的负向关系会更显著。

第一个猜想——客户本身更具创新性能够加强"反馈渠道"效应——是直观的。举一个简单的例子便可说明：尽管一般零售商和汽车生产商都是轮胎生产商的大客户，汽车生产商提供的反馈在提高轮胎生产商的创新水平方面比普通零售商更有价值。这是因为汽车生产商比一般的零售商更有创新精神，并且由于其自身生产和提高汽车性能的经验，它们更知道轮胎在哪方面进行改进可以更好地提高汽车的整体性能。

第二个猜想——客户和供应商采用紧密相关的技术能加强"反馈渠道"效应——是由 Jaffe（1986）提出的。他研究证明了在技术领域接近的公司之间，知识的溢出效应更强。在我们的研究中，这意味着如果供应商和客户使用的技术类似，那么距离越短，客户的及时反馈越多，即从客户到供应商的知识溢出效应越多，对供应商创新能力的影响就越大。

为了验证第一个猜想，我们在基准回归中增加了两个交叉项：距离与客户研发支出的交叉项、距离与客户专利数量对数的交叉项。我们使用客户的研发支出和拥有的专利数量来衡量他们的创新能力。为了验证第二个猜想，我们借鉴 Bloom 等（2013）的研究，构建了一个衡量技术相关性的指标"技术代理变量"。然后我们在基准回归模型中加入距离和技术代理变量的交叉项。

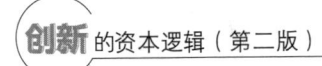

表6-2 "反馈渠道"假说回归结果

分表A：消费者研发支出和专利数量

变量	专利数量	专利引用次数	创新效率
距离	−0.010 (0.067)	−0.070 (0.076)	0.051 (0.101)
距离 × 客户专利数量对数	−0.011* (0.006)	−0.012 (0.013)	−0.020** (0.010)
距离 × 客户研发支出	0.043 (0.179)	0.023	−0.610 (0.371)
控制变量	是	是	是
固定效应	是	是	是
样本量	6 254	3 237	2 971

分表B：技术代理变量

变量	专利数量	专利引用次数	创新效率
距离	−0.027 (0.178)	−0.029 (0.385)	−0.038 (0.404)
距离 × 技术代理变量	−1.343*** (0.552)	−1.153** (0.465)	−2.170*** (0.608)
控制变量	是	是	是
固定效应	是	是	是
样本量	5 946	3 083	2 864

分表C：引用专利和非引用专利

变量	引用专利数	非引用专利数	两者差异
距离	−0.087*** (0.023)	0.015 (0.044)	−0.102*** (0.026)
控制变量	是	是	
固定效应	是	是	
样本量	6 254	3 237	

注：计量结果括号内为稳健性标准误，***、**、*分别表示1%、5%和10%的显著性水平。

根据表6-2的实证结果我们发现，对所有因变量交叉项的系数都是负数，而且在统计上显著。这些结果表明当客户花更多的钱在研发上或生产更多的创新产品时，当供应商和客户在技术领域更接近时，供应商公司和客户公司之间的地理距离对供应商创新的影响就会更强。

分表 C 的最后一个检验与专利被引用的数量有关。直觉上，客户对供应商的反馈很有可能与客户拥有的专利相关。当客户引导供应商进行技术创新，并将供应商创造出的新的中间产品投入自身生产时，这一点尤其明显。例如，当波音公司的供应商听从波音公司的反馈意见，进行研发创新时，它们必须遵守波音公司的标准，其中大部分标准已经被申请成为专利。因此，随着更多的客户反馈被纳入供应商的创新过程中，供应商会更频繁地引用客户的专利。

为了验证这一猜测，对于每个供应商—客户对，我们将供应商的专利分为两类：引用专利（即供应商的专利引用其客户的专利），非引用专利（即供应商的专利没有引用其客户的专利）。正如我们上面讨论的，第一种类型的专利受客户反馈的影响很大，而第二种类型的专利对反馈不太敏感。我们使用两种类型的专利数量作为被解释变量，重新进行了基准回归分析。结果显示在表 6-2 的分表 C 部分。与"反馈渠道"假说一致，在引用专利数为因变量的模型中，我们发现影响显著为负；而因变量为非引用专利数的模型中，得到的系数并不显著。两组专利引用的差异在经济意义上是巨大的。

总的来说，上述检验提供了与"反馈渠道"假说一致的证据。尽管我们无法从这些检验中得出一个严谨的结论，但它们支持"反馈渠道"假说作为一种合理的潜在作用渠道。通过这种方式，地理上的临近影响了供应商创新。

◇ "需求渠道"假说

创新和战略竞争模型指出，公司的创新动机与公司生产数量成比例。更具体来说，一个供应商对特定客户进行创新的动机可能与对客户的销售额成比例。供应商和客户距离临近可以减少运输成本，在一定程度上可以增加客户的需求，从而促进供应商进行技术创新，我们称之为"需求渠道"假说。为了验证"需求渠道"假说，我们构建一个变量来度量客户份额。对于一个供应商来说，更大的客户份额代表该客户对其更重要。我们在基准模型中加入了"客户份额"（customer share）项以及它与"距离"变量的交叉项。如果"需求渠道"在解释距离对供应商创新的负面影响上发挥了重要作用，那么交叉项的系数将显著。

结果如表 6-3 所示。我们发现，"距离"变量的系数在所有列中均为负，但结果并不显著。然而，交互项的系数在所有列中都显著为负。这些发现表明，当客户需求占供应商销售份额很大时，该客户对供应商非常重要，供应商和该客户地理距离上的接近，对供应商技术创新的促进作用也就更强烈。因此，"需求渠道"效应确实对供应商的技术创新产生了重要影响。

表 6-3 "需求渠道"假说回归结果

变量	专利数量	专利引用次数	创新效率
距离	−0.073	−0.048	−0.127
	（0.148）	（0.378）	（0.373）
距离 × 客户份额	−0.153***	−0.330***	−0.242*
	（0.059）	（0.100）	（0.128）
客户份额	0.536	0.554	0.792
	（0.554）	（0.620）	（0.805）
控制变量	是	是	是
固定效应	是	是	是
样本量	6 254	3 237	2 971

注：计量结果括号内为稳健性标准误，***、*分别表示1%、10%的显著性水平。

◇ **"集聚渠道"假说**

之前的一些文献研究了地理接近对生产力和创新的影响（Adams 和 Jaffe，1996；Lychagin 等，2016；Keller，2002）。供应商和客户彼此靠近，可以在生产过程中分享重要的生产要素，比如中间投入、人才资源、自然资源，从而提高供应商的创新水平。下面，我们检验研究这种提高作用是否由"集聚渠道"效应驱动。

由于我们无法观察供应商和客户共享的中间输入、人才资源、自然资源等，所以很难直接衡量集聚程度。然而，要使"集聚渠道"发挥作用，供应商和客户之间的距离不能太远。原因很简单，当两家公司相隔较远时，比如在美国不同的州，是无法从共享的投入或劳动力中获得收益的。因此，如果"集聚渠道"是一个可能的作用机制，在这些情况下，供应商和客户的临近对供应商创新的促进作用就几乎没有。反之，如果在这些观测样本中，距离仍然对供应商创新产出起着重要作用，那么"集聚渠道"可能并不是有效的作用机制。

我们将客户总部搬迁到供应商所在州的事件从样本中剔除。新的样本基本不受集聚效应的影响。表 6-4 是新样本的回归结果。从表 6-4 我们可以看出，"距离"

变量的系数在所有列中都是负的,且在统计意义上显著。因此,我们排除了"集聚渠道"是研究结果背后机制的可能。

表 6-4 "聚集渠道"假说回归结果

变量	专利数量	专利引用次数	创新效率
距离	−0.059**	−0.126***	−0.015**
	(0.029)	(0.043)	(0.005)
控制变量	是	是	是
固定效应	是	是	是
样本量	5 984	3 108	2 853

注:计量结果括号内为稳健性标准误,***、** 分别表示1%、5%的显著性水平。

◇ "社交纽带渠道"假说

Dasgupta 等(2015)在一项研究中指出,在供应商和客户之间建立紧密的社交纽带,可以减少"敲竹杠"问题。我们研究的变量"距离"可能与 Dasgupta 等(2015)研究中使用的"社交纽带"相关,因为供应商和客户之间的距离缩短,会促进供应商和客户之间的交流,减少信息不对称,加深两者的关系。

表 6-5 "社交纽带渠道"假说回归结果

变量	专利数量	专利引用次数	创新效率
距离	−0.034**	−0.069**	−0.075*
	(0.016)	(0.033)	(0.042)
距离 × 社会关系	−0.011	−0.013	−0.004
	(0.012)	(0.015)	(0.015)
社会关系	0.023	0.003	0.090
	(0.096)	(0.121)	(0.109)
控制变量	是	是	是
固定效应	是	是	是
样本量	3 064	1 138	1 104

注:计量结果括号内为稳健性标准误,**、* 分别表示5%和10%的显著性水平。

我们在基准模型中控制了 Dasgupta 等(2015)使用的"社交纽带"变量,从表6-5

的结果我们可以发现，在对社交纽带进行控制后，结果仍然与基准回归结果相似。因此在本研究中，"社交纽带渠道"不是距离临近促进供应商技术创新的渠道。

杭州东部软件园：中国的经验证据

在中国，供应链这个话题随着近年来国务院、商务部、财政部等部门不断推出的重磅政策和指导意见持续升温，被越来越多人所关注。

在供应链环境下，上下游企业建立创新联盟、合作创新往往能达到"1+1"大于"2"的效果。目前在我国，供应链上下游企业之间进行合作创新的案例不胜枚举。宝钢集团和一汽大众协同创新就是一个很好的例子。

宝钢集团作为供应商，在一汽大众车型开发阶段，其工作人员就"先期介入"，帮助一汽大众进行新产品设计和产品更新，为一汽缩短了新产品的开发周期，降低了新产品的开发风险，增加了新产品的开发种类。同时，也加快了宝钢自身新产品的开发周期，提高了供货比例。在此协同创新模式下，宝钢和一汽从原来只是产业链上下游的销售关系，扩展成为相互支持促进的战略伙伴关系，共同打造和完善有竞争力的供应链。

又如，浙江省诸暨市"大唐袜艺小镇"，打造了完整的袜业产业链，产业纵向分工和横向分工极其明确。虽然小镇占地仅 2.96 平方公里，生产的袜子总量却占全国 70% 以上，达到全球的三分之一，素有"国际袜都"之誉。由于产业链完整、生产要素高度集中，袜业产业链中的资源配置成本大幅降低；而且由于上下游企业之间频繁紧密的反馈互动，以及产业聚集带来的人才、设备、物流的集聚效应，整个供应链中企业的技术创新得以促进，从而推动了产业的快速发展。

迷你案例
MINI CASE

产业集聚促进企业创新

坐落于杭州文三路电子信息街龙头的杭州东部软件园，成立于 2001 年，是杭州市中心唯一一家集高等院校、科研院所和高科技企业为一体的产业园。除了地理的集聚，东部软件园每年都会举办信息化论坛、科技论坛、技术讲座、信息交流会和高新企业发展研讨会，发挥着东部软件园的创新平台作用，使企业之间能够互动融合，技术和信息达到共享和创新。通过产业园孵化器建设，无线传感网产业、集成电路设计产业、电子商务产业等高科技企业发展迅猛。其中著名的阿里巴巴也是在这个产业园中逐渐发展壮大的，而其他著名企业如中兴、思科、CSK、神州数码、联想、国芯科技等也都集聚在东部产业园，享受着科技、智力、人才和信息集聚互动带来的好处。产业集群凭借知识溢出效应，使企业在地理上的集聚和创新产出之间形成良性互动，最终助力企业创新，使经济迅速发展。

总而言之，在中国，供应链的发展还刚刚起步，未来会有更多的政策加大支持力度，也会促进供应链不断创新，这其中，还有许多问题值得继续深入的研究。

本章小结

本章分析了供应商和客户地理位置上的接近对供应商技术创新的影响及其传导机制。本章要点总结如下：

1. 供应商和客户的地理距离越接近，越有助于供应商技术创新；

2. 供应商和客户地理位置越接近，来自客户的反馈越及时，供应商创新能力越能够得以提高；

3. 当客户本身更具创新性，或者客户和供应商采用紧密相关的技术时，供应商和客户之间的地理距离与供应商创新能力的负向关系会更明显。

参 / 考 / 文 / 献

[1] Adams, J D and A B Jaffe. Bounding the Effects of R&D: An Investigation Using Matched Establishment-firm Data[R]. Technical Report, National Bureau of Economic Research, 2012.

[2] Ahern, K and J Harford. The Importance of Industry Links in Merger Waves [J]. *Journal of Finance*, 2014, 69(2): 527-576.

[3] Acharya, V V, R P Baghai and K V Subramanian. Labor Laws and Innovation [J]. *Journal of Law and Economics*, 2013, 56 (4): 997-1 037.

[4] Acharya, V V, R P Baghai and K V Subramanian. Wrongful Discharge Laws and Innovation [J]. *Review of Financial Studies*, 2014, 27(1): 301-346.

[5] Acharya, V V and K V Subramanian. Bankruptcy Codes and Innovation [J]. *Review

of *Financial Studies*, 2009, 22 (12): 4 949–4 988.

[6] Azoulay, P, J S G Zivin and G Manso. Incentives and Creativity: Evidence from the Academic Life Sciences [J]. *RAND Journal of Economics*, 2011, 42(3): 527–554.

[7] Alam, Z S, M A Chen, C S Ciccotello and H E Ryan. Does the Location of Directors Matter? Information Acquisition and Board Decisions [J]. *Journal of Financial and Quantitative Analysis*, 2014, 49 (1): 131–164.

[8] Brav, A, J Wei, M Song and X Tian. How does Hedge Fund Activism Reshape Corporate Innovation? [J]. *Journal of Financial Economics*, 2018, 130(2): 237–264.

[9] Bradley, D, I Kim and X Tian. Do Unions Affect Innovation? [J]. *Management Science*, 2017, 63(7): 2 251–2 271.

[10] Bena, J and K Li. Corporate Innovations and Mergers and Acquisitions [J]. *Journal of Finance*, 2014, 69(5): 1 923 1 960.

[11] Barrot, J N and J Sauvagnat. Input Specificity and the Propagation of Idiosyncratic Shocks in Production Networks [J]. *Quarterly Journal of Economics*, 2016, 131(3): 1 543–1 592.

[12] Baranchuk, N, R Kieschnick and R Moussawi. Motivating Innovation in Newly Public Firms [J]. *Journal of Financial Economics*, 2014, 111 (3): 578–588.

[13] Bloom, N, M Schankerman and J V Reenen. Identifying Technology Spillovers and Product Market Rivalry [J]. *Econometrica*, 2013, 81(4): 1 347–1 393.

[14] Banerjee, S, S Dasgupta and Y Kim. Buyer–supplier Relationships and the Stakeholder Theory of Capital Structure [J]. *Journal of Finance*, 2008, 63(5): 2 507–2 552.

[15] Cornaggia, J, Y Mao, X Tian and B Wolfe. Does Banking Competition Affect Innovation? [J]. *Journal of Financial Economics*, 2015, 115(1): 189–209.

[16] Catalini, C, C Fons-Rosen and P Gaule. Did Cheaper Flights Change the Geography of Scientific Collaboration? Working paper, 2016.

[17] Chesbrough, H W. *Open Innovation: The New Imperative for Creating and Profiting from Technology* [M]. Harvard Business Press, 2006.

[18] Cen, L, S Dasgupta, Elkamhi R and Pungaliya R S. Reputation and Loan Contract Terms: The Role of Principal Customers [J]. *Review of Finance*, 2015a, 20 (2): 501–533.

[19] Cen, L, S Dasgupta and R Sen. Discipline or Disruption? Stakeholder Relationships and the Effect of Takeover Threat [J]. *Management Science*, 2015b, 62 (10): 2 820–2 841.

[20] Chemmanur, T J and X Tian. Do Antitakeover Provisions Spur Corporate Innovation? [J]. *Journal of Financial and Quantitative Analysis*, 2018, 53(3): 1163–1194..

[21] Chemmanur, T J, E Loutskina and X Tian. Corporate Venture Capital, Value Creation, and Innovation [J]. *Review of Financial Studies*, 2014, 27 (8): 2 434–2 473.

[22] Chang, X, K Fu, A Low and W Zhang. Non-executive Employee Stock Options and Corporate Innovation [J]. *Journal of Financial Economics*, 2015, 115 (1): 168–188.

[23] Chu, Y. Optimal Capital Structure, Bargaining, and the Supplier Market Structure [J]. *Journal of Financial Economics*, 2012, 106 (2): 411–426.

[24] Chu Y, Tian X and Wang W. Corporate Innovation Along the Supply Chain[J]. *Management Science*, 2019, 67.

[25] D'Aspremont, C and A Jacquemin. Cooperative and Noncooperative R&D in Duopoly with Spillovers[J]. *American Economic Review*, 1988, 78(5): 1 133–1 137.

[26] Dasgupta, S, K Zhang and C Zhu. Innovation, Social Connections, and the Boundary of the Firm. Working paper, Lancaster University, 2015.

[27] Ederer, F and G Manso. Is Pay for Performance Detrimental to Innovation? [J]. *Management Science*, 2013, 59(7): 1 496–1 513.

[28] Eaton, J and S Kortum. Trade in Ideas Patenting and Productivity in the OECD [J]. *Journal of International Economics*, 1996, 40(3): 251–278.

[29] Fee, C E and S Thomas. Sources of Gains in Horizontal Mergers: Evidence from Customer, Supplier, and Rival Firms[J]. *Journal of Financial Economics*, 2004, 74(3): 423–460.

[30] Fee, C E, C J Hadlock and S Thomas. Corporate Equity Ownership and the Governance of Product Market Relationships [J]. *Journal of Finance*, 2006, 61(3): 1 217–1 251.

[31] Ferreira, D, G Manso and A C Silva. Incentives to Innovate and the Decision to go Public or Private [J]. *Review of Financial Studies*, 2014, 27(1): 256–300.

[32] Fang, V W, X Tian and S Tice. Does Stock Liquidity Enhance or Impede Firm

Innovation? [J]. *Journal of Finance*, 2014, 69 (5): 2 085–2 125.

[33] Giroud, X. Proximity and Investment: Evidence from Plant-level Data [J]. *Quarterly Journal of Economics,* 2013, 128(2): 861–915.

[34] Hall, B H, A B Jaffe and M. Trajtenberg NBER Patent Citation Data File: Lessons, Insights and Methodological Tools[R]. Technical Report, National Bureau of Economic Research, 2001.

[35] He, J J and X Tian. The Dark Side of Analyst Coverage: The Case of Innovation [J]. *Journal of Financial Economics*, 2013, 109(3): 856–878.

[36] Hertzel, M G, Z Li, M S Officer and K J Rodgers. Inter-firm Linkages and the Wealth Effects of Financial Distress along the Supply Chain [J]. *Journal of Financial Economics*, 2008, 87(2): 374–387.

[37] Hsu, P-H, X Tian and Y Xu. Financial Development and Innovation: Cross-country Evidence [J]. *Journal of Financial Economics*, 2014, 112 (1): 116–135.

[38] Hirshleifer, D, P-H Hsu and D Li. Innovative Efficiency and Stock Returns [J]. *Journal of Financial Economics*, 2013, 107(3): 632–654.

[39] Jaffe, A .Technological Opportunity and Spillovers of R&D: Evidence from Firms' Patents, Profits, and Market Value [J]. *American Economic Review*, 1986, 76(5): 984–1001.

[40] Knyazeva, A, D Knyazeva and R W Masulis.The Supply of Corporate Directors and Board Independence [J]. *Review of Financial Studies*, 2013, 26(6): 1 561–1 605.

[41] Kamien, M I, E Muller and I Zang. Research Joint Ventures and R&D Cartels [J]. *American Economic Review*, 1992: 1 293–1 306.

[42] Kale, J and H Shahrur. Corporate Capital Structure and the Characteristics of Suppliers and Customers [J]. *Journal of Financial Economics*, 2007, 83(2): 321–365.

[43] Kale, J, S Kedia and R Williams. The Effect of CEO Risk-taking Incentives on Relationship-specific Investments by Customers and Suppliers. Working paper, Northeastern University, 2011.

[44] Keller, W. Geographic Localization of International Technology Diffusion [J]. *American Economic Review*, 2002, 92 (1): 120–142.

[45] Leahy, D and J P Neary. Public Policy Towards R&D in Oligopolistic Industries [J]. *American Economic Review*, 1997: 642–662.

［46］Lychagin, S, J Pinkse, M E Slade and J V Reenen. Spillovers in Space: Does Geography Matter? [J]. *Journal of Industrial Economics*, 2016, 64 (2): 295–335.

［47］Malloy, C J. The Geography of Equity Analysis [J]. *Journal of Finance*, 2005, 60(2): 719–755.

［48］Manso, G. Motivating Innovation [J]. *Journal of Finance*, 2011, 66(5): 1 823–1 869.

［49］Orlando, M J. Measuring Spillovers from Industrial R&D: On the Importance of Geographic and Technological Proximity [J]. *RAND Journal of Economics*, 2004: 777–786.

［50］Prahalad, C K and V Ramaswamy. *The Future of Competition: Co-creating Unique Value with Customers* [M]. Harvard Business Press, 2013.

［51］Pirinsky, C and Q Wang. Does Corporate Headquarters Location Matter for Stock Returns? [J]. *Journal of Finance*, 2006, 61(4): 1 991–2 015.

［52］Petersen, M A and R G Rajan. Does Distance still Matter? The Information Revolution in Small Business Lending [J]. *Journal of Finance*, 2002, 57(6): 2 533–2 570.

［53］Porter, M. Capital Disadvantage: America's Failing Capital Investment System [J]. *Harvard Business Review*, 1992, 19(4): 65–82.

［54］Roberts, M R and T M Whited. Endogeneity in Empirical Corporate Finance [J]. *Handbook of the Economics of Finance*, 2013, 2: 493–572.

［55］Seru, A. Firm Boundaries Matter: Evidence from Conglomerates and R&D Activity [J]. *Journal of Financial Economics*, 2014, 111(2): 381–405.

［56］Shahrur, H. Industry Structure and Horizontal Takeovers: Analysis of Wealth Effects on Rivals, Suppliers, and Corporate Customers [J]. *Journal of Financial Economics*, 2005, 76(1): 61–98.

［57］Tian, X. The Causes and Consequences of Venture Capital Stage Financing [J]. *Journal of Financial Economics*, 2011, 101(1): 132–159.

［58］Tian, X and T Y Wang. Tolerance for Failure and Corporate Innovation [J]. *Review of Financial Studies*, 2014, 27 (1): 211–255.

［59］Von Hippel, E. Democratizing Innovation: The Evolving Phenomenon of User Innovation [J]. *Journal f ur Betriebswirtschaft*, 2005, 55(1): 63–78.

第 7 章

金融分析师的罪与罚

> 金融分析师作为金融市场信息中介的代表，既能促进市场信息效率的提升，又具有外部公司治理功能，对长期高风险的创新投资具有促进作用。但是，金融分析师的盈余预测目标与荐股意见也给公司带来了市场压力。过度的市场压力会导致公司管理层的短视行为，阻碍企业创新。本章重点分析以金融分析师为代表的金融市场信息中介对企业创新的影响及其传导机制。

金融市场的信息中介——分析师

资本市场的设立初衷是优化市场资源配置、服务实体经济，但金融部门影响实体经济是多方面要素共同作用的结果。虽然西方发达国家经验表明，资本市场确实可以起到优化资源配置的作用，从而促进企业创新和经济增长，但同时资本市场引起的企业的短期压力过高，也会带来许多诸如短视与投机行为等负外部性[1]。资本市场的这些负外部性都会对企业的经营决策产生影响，比如可能会阻碍企业创新，从而最终对经济增长产生负面影响，这是因为根据美国著名经济学家、诺贝尔经济学奖得主 Solow 教授的研究，创新是经济增长的源动力（Solow，1957）。

---

[1] 负外部性，也称外部成本或外部不经济，指一个人的行为或企业的行为影响了其他人或企业，使之支付了额外的成本费用，但后者又无法获得相应补偿的现象。

经济学家小传
MINI BIOGRAPHY

罗伯特·索洛（Robert Solow）

美国著名经济学家，1987年因其在经济增长及福利增加方面的研究而荣获诺贝尔经济学奖，而早在1961年他便被美国经济学会授予奖励青年经济学家的约翰·贝茨·克拉克奖（John Bates Clark Medal）。由于索罗的开创性工作，新古典派经济增长模型被称之为索罗经济增长模型，该模型至今仍是经济增长理论中不可或缺的内容。在模型中，索罗认为经济总体的增长主要源于劳动、资本和技术进步，并且假设边际生产率递减的一次齐次总生产函数满足稻田条件（Inada Conditions）、储蓄率一定、技术进步为外生等条件[①]。在此基础上得出了政府政策对于经济增长的作用是无效的结论。继罗伯特·索洛的开创性工作之后，许多在此基础上扩充的模型被不断提出。例如实际经济周期理论（Real Business Cycle Theory）就是在索洛模型基础上考虑最优消费问题的一个崭新的新古典派经济学基础理论。但是，这些模型基本上把技术进步视为某种外生的冲击，与20世纪80年代中后期产生的注重技术进步内生化的新经济增长模型（或内生经济增长模型）形成鲜明对照。

罗伯特·索洛一直在麻省理工学院任教，其间还曾出任剑桥大学马歇尔讲座讲师、牛津大学伊斯曼讲座教授。除学术任职外，在肯尼迪总统任内，索罗曾担任白宫首席经济顾问，在约翰逊总统任内出任收入总统经济顾问委员会主席。

我们通常说的资本市场，是指期限在1年以上的各类资金借贷以及证券流转的场所，是包括政府、企业及个人在内的市场参与者进行长期投融资的场所。而资本市场中充当服务者角色的机构，通常包括银行、证券公司、风险投资公司等等。这些金融机构在提供服务的同时，也会对资本市场上的资金需求方，尤其是企业的生产经营带来重大影响。本章中，我们将集中探讨资本市场信息中介——金融分析师对企业技术创新的影响。

◇ 金融分析师的信息中介功能

信息不对称问题是资本市场上资金供需双方所面临的一个现实问题。在公开发行股份募资的上市公司中，这一问题尤为突出。公司的管理者与外部股东、大股东与小股东之间都会存在信息不对称问题。因此，信息中介是资本市场中不可或缺

[①] 若函数 $u = F(x, y, z)$ 满足恒等式 $F(tx, ty, tz) = t^k F(x, y, z)(t>0)$，则称 $F(x, y, z)$ 为 k 次齐次函数。有关索罗模型介绍可参考戴维·罗默所著《高级宏观经济学》第1章，1999年，商务印书馆。

的组成部分。这些信息中介包括金融分析师、媒体以及审计师等，其中金融分析师最基本的功能，便是作为信息中介，通过对上市公司的走访调研等来获取上市公司的关键信息，结合自身的专业知识，对信息进行处理后以研究报告等形式传达给市场上的投资者，并对上市公司的业绩做出预测或发布荐股意见，帮助投资者更好地获取上市公司的相关信息并做出投资决策，从而促进资本市场的定价效率。

尽管金融分析师在信息的获取上更为专业，但他们能否发挥好信息中介的功能却仍存疑问。金融分析师可能会为获取佣金而取悦管理层，他们的独立性（客观公正地判断分析）往往受到利益冲突的影响，也使得分析师在资本市场上能否发挥应有的功能难以得到定论。尤其在我国资本市场尚未完善的情况下，分析师的专业素养本身有待提高，各种利益和矛盾冲击下，分析师作为信息中介的客观性也难以得到保证。即便在发达国家的资本市场中，金融分析师追踪股票时也可能会出于对个人职业、声誉等的考虑，简单盲目地追随其他分析师的看法或者发布更偏乐观的预测和评级，从而给公司管理者带来过度的短期压力。

金融分析师行业在我国起步相对较晚，自 2004 年兴起后快速发展，在促进资本市场的健康发展、提高定价效率、合理配置资源方面发挥了重要作用。但是，分析师良莠不齐，有些分析师甚至不惜违背职业信条，为谋一己私利获取内幕消息，在利益冲突面前，他们选择性地跟踪或策略性地发布盈余预测和推荐股票，严重损害了资本市场的健康发展。《上海证券报》甚至直接以"扭曲的研究，不勾兑不是好分析师"[1]作为标题对分析师进行抨击。文章指出，"挖掘信息本身无可厚非，因为消除市场信息不对称本是分析师的职责之一，但在基金等机构短期化考核的生态之中，挖掘信息很容易变成挖掘内幕。""就算不为利益所动，如果不勾兑产业资本，可能连基本的信息都很难搞得清楚，面临被边缘化的尴尬。"

分析师们既要取悦上市公司管理层以便获取信息，又要给机构投资者做好服务获取佣金，除了上述利益冲突外，由于一篇上市公司研究报告可能影响市场，导致公司股价出现巨幅波动，分析师本身也面临着外界巨大的利益诱惑。例如东方证券的分析师联合上市公司安硕信息，发送上万封邮件"忽悠"机构投资者，使得安硕信息股价从 28.30 元暴涨到超过 474 元[2]，成为当时两市第一高价股。

---

[1] 证券分析业调查：扭曲的研究，不勾兑不是好分析师 [EB/OL]. (2014-07-08) [2020-10-10]. http://finance.sina.com.cn/stock/quanshang/ybyj/20140708/022019633168.shtml.

[2] 证券分析业调查：扭曲的研究，不勾兑不是好分析师 [EB/OL]. (2014-07-08) [2020-10-10]. 安硕信息和东方证券用上万封邮件造妖股 [EB/OL].（2016-12-24）[2020-10-10]. http://news.hexun.com/2016-12-24/187482120.html.

◇ 金融分析师的治理功能

除信息中介角色外，分析师作为投资者的代理，在对上市公司进行信息搜集和传递的同时，也在公司治理中扮演着重要的外部监督者角色。例如，Yu（2008）通过实证研究发现，分析师可以通过增加管理层进行盈余管理的机会成本，降低上市公司的盈余管理程度、发挥分析师自身的外部监督者功能。除此之外，Dyck 等（2010）通过对美国 1996 年到 2004 年的大公司欺诈案例的研究发现，对公司欺诈行为的发现主要依赖于非传统的（如投资者、证监会等）公司治理的一些监督者，比如媒体、分析师等，同时发现分析师在揭发摩托罗拉等公司的财务欺诈案中起到了重要的作用。这些研究都表明，金融分析师在企业外部公司治理中起到了十分重要的作用。

◇ 金融分析师与企业创新

创新是经济发展的重要驱动因素之一，在我国当前经济结构转型的背景下，创新的作用更显得尤为关键。为鼓励创新，我国提出了"创新驱动发展战略"，以及"大众创业、万众创新"口号。美国著名经济学家、2016 年诺贝尔经济学奖得主霍姆斯特朗教授指出：以上市公司为代表的优秀企业是国家技术创新活动的基础组成单位。而创新活动与企业常规的生产经营活动不同，其通常具有长期性、高风险和不确定性等特点（Holmstrom，1989）。加之受委托代理问题的影响，企业管理者通常会花很多精力在可以为公司带来更快、更确定收益的日常工作上，上市公司普遍面临创新不足的问题。因此，研究如何有效激励企业创新也尤为重要。

经济学家小传
MINI BIOGRAPHY

本格特·霍姆斯特朗（Bengt Holmstrom）

芬兰经济学家，现任麻省理工学院教授，拥有瑞典斯德哥尔摩经济学院和芬兰汉肯经济学院的名誉博士学位。霍姆斯特朗被授予 2012 年法国央行 – 图卢兹经济学院颁发的货币经济学和金融学高等奖，2013 年获得斯蒂芬 – 罗斯金融经济学奖，2013 年获得芝加哥商品交易所 – 美国国家数学科学研究所颁发的量化应用创新奖，2016 年获得诺贝尔经济学奖。1979 年，霍姆斯特朗在 *Bell Journal of Economics*（后改名为 *RAND Journal of Economics*）上发表的经典论文"道德风险与可观察性"，奠定了他在信息经济学领域的权威地位。此后，霍姆斯特朗与米尔格罗姆（Holmstrom and Milgrom，1987，1991，1994）在企业最优激励机制研究方面做出了重要贡献，是企业理论的领军人物之一。此外，他与梯若尔合作构建产业组织理论的大厦，贡献突出。

◇ "信息中介"假说

由于信息不对称会导致创新型企业的股价被市场低估，可能招来"门口的野蛮人"，管理者可能因此削减创新投资。解决这个问题的一个可能方案便是依靠金融分析师。金融市场里的分析师不但收集上市公司的公开信息，还积极打探公司内幕，为机构投资者和散户提供投资建议。同时分析师的跟踪，会使公司信息更透明，信息的传播速度更快，从而使企业的融资成本降低，所以分析师们特别是那些有影响力的明星分析师，也会成为上市公司的"座上宾"。作为上市公司和投资者之间的信息中介，如果分析师能很好地发挥自身职能，则可以有效地降低上市公司与外部投资者之间的信息不对称程度。尤其，若分析师可以准确地将上市公司的创新活动信息传达给市场参与者（尤其是公司的投资者），帮助他们很好地理解上市公司的这些长期投资的价值，那么公司的管理者可能不再会面临股价被严重低估的压力，从而缓解管理者短视问题，最终促进企业创新。因此，在这种"信息中介"假说下，分析师可以通过降低上市公司与外界投资者之间的信息不对称程度，缓解公司管理者的短视问题，促进企业创新。

◇ "市场压力"假说

但同时，分析师的财务预测和信息披露行为也可能会给上市公司的管理者带来过多的压力，从而导致管理者将更多精力放在企业的短期业绩之上。美国加州大学伯克利分校 Manso 教授在其 2011 年发表在 Journal of Finance 上的论文中指出，对短期内失败的容忍是有效激励企业创新活动的必要条件，但是分析师对创新型公司却远远做不到包容其短期的失败，因为分析师的本职工作便是预测公司的短期业绩，并依据业绩预测向投资者做出股票推荐评级。Brennan、Jegadeesh 和 Swaminathan（1993）；Hong、Lim 和 Stein（2000）等的研究均发现，每当公司短期业绩下滑时，分析师会向下修正他们的企业业绩预测，并相应做出对上市公司不利的股票推荐评级，从而引发市场上的负面反应，最终给上市公司的管理者带来外部压力。除此之外，正如 Jensen 和 Fuller（2002）的研究所述，企业的管理者通常会对分析师的预测做出过度的反应,以这些外界的业绩预测作为自身短期应该率先达成的目标,防止业绩达不到预期而导致公司股价下滑。在一项针对美国 401 家公司的首席财务官(CFO)的调查中,Graham、Harvey 和 Rajgopal(2005)发现,绝大多数的 CFO 都声称出于对自身财富、职业生涯以及外部声誉等方面的考量,会选择牺牲企业的长期投资所带来的更高价值增值来迎合分析师的短期业绩预期。而企业的创新活动则由于风险高、周期长且不确定性高而且不会在短期带来财务回报等原因,"不幸"成为这些 CFO 优先考虑削减的长期投资之一。美国戴尔公司的负责人曾表示,"因为每天必须盯着股价,戴尔没法做长期战略"。因此,与上述"信息中介"假说相反,分析师也有可能对上市公司的高管带来过高的短期压力,从而加重其短视行为而抑制企业的创新活动,我们称之为"市场压力"假说。

迷你案例
MINI CASE

松下经营目标:分析师预期

2011 财年,松下创下有史以来的最大亏损。2012 年 11 月 2 日,松下发布了预亏警告,将公司全年营收预下调 7%。在此消息影响下,松下股价下跌了将近 1/5。标准普尔把松下债务评级下调至接近垃圾的等级。面对当时的形势,松下首席财务官河井英明表示:"公司当前面临的形势比我们先前的预期要糟糕,我们下半财年的前景非常严峻"。从 2010 年开始,日本老牌电子企业纷纷陷入窘境。河井英明表示,松下在截至 2013 年 3 月的财年里,将再裁员 1 万人以便削减成本,恢复盈利。在松下旗下 88 个业务部门中,约 1/5 处于亏损状态。松下的目标是达到汤森路透调查分析师的预期,即在截至 2014 年 3 月的财年至少实现 2 000 亿日元(约 25.2 亿美元)的运营利润。公司计划从 2013 年年初开始,陆续出售一些非核心业务,并关闭一些业务部门。在 2014 年 3 月底之前出售价值 1100 亿日元的资产,这些资产主要是在日本的土地和房产。如果需要增加现金流,松下在 2014 财年还将出售更多资产。

◇ **实证研究发现**

我和美国佐治亚大学 Jie He 教授 2013 年发表在 *Journal of Financial Economics* 的文章"分析师跟踪的负面影响:基于创新的视角",对以上两个可能的假说进行了验证。

在文章中，度量创新的数据主要来自 NBER 提供的专利引用数据库，我们仍以企业专利数量和专利引用次数作为测量企业创新的主要变量。同时，由于专利研发通常需要较长时间，文章在回归时将当年的公司特征因素对公司 3 年后的创新产出变量进行回归。在我们的研究样本中，每家公司平均每年被授予 9.8 个专利，每个专利被其他公司引用的次数平均为 3.9 次。

分析师相关的数据则主要来自 I/B/E/S 数据库。对公司每年的分析师追踪数量，我们采取 12 个月平均每月的分析师业绩预测数来衡量，因为追踪公司的分析师每个财年至少会发布一次业绩预测评级，而绝大多数分析师每月至多发布一次业绩预测评级。在我们的研究样本中，平均每家公司有 7 个分析师在进行追踪。

然后，我们利用普通最小二乘法对分析师追踪数量与上市公司创新数量和质量进行回归分析，在回归中加入了上市公司的规模、盈利能力、成立时间、估值水平等控制变量，同时对公司固定效应以及年份固定效应进行了控制。基础回归的结果如表 7-1 所示。

表 7-1 分析师追踪与企业创新（OLS）[1]

分表 A：专利数量

变量	专利数量对数 $_{t+3}$	专利数量对数 $_{t+3}$	专利数量对数 $_{t+3}$
分析师追踪数量	0.371***	−0.026*	−0.052***
	(0.025)	(0.015)	(0.017)
控制变量	否	否	是
年份固定效应	是	是	是
公司固定效应	否	是	是
样本量	25 860	25 860	25 860

分表 B：专利引用次数

变量	专利引用次数对数 $_{t+3}$	专利引用次数对数 $_{t+3}$	专利引用次数对数 $_{t+3}$
分析师追踪数量	0.124***	−0.070*	−0.077***
	(0.011)	(0.018)	(0.019)
控制变量	否	否	是

[1] He, J J and X Tian. The Dark Side of Analyst Coverage: The Case of Innovation[J]. *Journal of Financial Economics,* 2013, 109: 856-878.

(续表)

变量	专利引用次数对数$_{t+3}$	专利引用次数对数$_{t+3}$	专利引用次数对数$_{t+3}$
年份固定效应	是	是	是
公司固定效应	否	是	是
样本量	25 860	25 860	25 860

注：计量结果括号内为稳健性标准误，***、*分别表示1%、10%的显著性水平。

从回归结果可以发现，在只控制年份固定效应时，分析师追踪与上市公司的创新产出数量和质量均呈正相关关系。而控制了公司固定效应后，即便我们逐步加入控制变量，分析师追踪与上市公司的创新产出数量和质量都保持着显著的负相关性，且在引入其他对公司创新有影响的控制变量后，回归结果的负向显著性有所增加。这说明遗漏变量，特别是不随时间变化的企业层面遗漏变量，会使分析师追踪与公司创新产出之间的回归系数产生向上的偏误，例如企业所在城市是否为中心城市，可能是遗漏变量之一。中心城市交通发达，可能更便于分析师的实地到访和追踪；同时，中心城市通常是大量研究机构和高校的所在地，这使企业与这些研究机构交流更加便捷，从而有助于提高企业创新水平。这个遗漏变量导致了回归系数向上的偏误。

普通最小二乘法回归结果表明，分析师追踪与公司的创新产出数量和质量显著负相关，而且这一结果在我们更换样本、分析师追踪度量方式、公司创新的度量方式、回归模型等因素后仍然稳健。总体而言，基准回归的结果支持上文的"市场压力"假说，即分析师会给公司带来过度压力，从而对创新产生负面影响。

◇ **因果关系分析**

当然，我们还不能直接将上文的结果解释为因果关系，因为可能存在遗漏变量同时与分析师追踪和企业创新相关，从而使上文的回归结果有偏误。为解决这一潜在的内生性问题，我们在文章中采用了基于券商倒闭和并购这一准自然实验的双重差分法和工具变量的方法进行了进一步回归分析。

券商研究部门的关闭和并购事件会影响追踪部分上市公司的分析师人数，但并不会直接对上市公司的创新活动产生影响。券商倒闭这一做法最早为Kelly和Ljungqvist（2011, 2012）所采用，基于的原理是券商通常会由于交易、做市以及投行等业务的负面冲击而关闭自身的研究部门。也就是说，这些研究部门的关闭是出于券商自身的商业策略考量，而不会受到分析师追踪的企业本身特征的影响。因此，这一事件为我们研究分析师追踪对上市公司创新的影响提供了一个良好的准自然实验，即研究部门的关闭，只可能通过影响追踪上市公司的分析师数量来影响公司的创新活动。而券商的并购则最早为 Hong 和 Kacperczyk（2010）所采用，在他们的研究中也正是用此作为追踪分析师数量下降的一个外生冲击。因为当券商发生并购后，在两者之间的资源整合过程中，一些分行业重叠、冗余的分析师难免会被解雇。Hong 和 Kacperczyk（2010）研究发现，如果上市公司被并购交易双方的分析师同时追踪，那么在并购交易后，追踪上市公司的分析师数量将至少减少一个，通常减少的是被收购券商原有的追踪分析师。因此，券商之间的并购也会导致上市公司的追踪分析师数量发生外生变化。券商之间的并购交易只会通过影响追踪上市公司的分析师数量，来影响公司的创新活动，也满足外生性的要求。

计量方法介绍
ECONOMETRICS

双重差分法

双重差分法（Difference in Differences，DID，简称"双差法"）是一种用于计量经济学和社会科学定量研究的统计方法。双重差分法模拟实验研究设计，研究自然实验中实验组与对照组的实验效果差别。双重差分法通过比较实验组随时间变化的实验结果与对照组随时间变化的结果来分析实验效果，需要实验组和对照组具有两个或两个以上不同时间段的数据，"实验"前和后至少各一次。双重差分法意图消除选择实验组引发的外界因素和选择偏差。与实验效果的时间序列估计不同，双重差分法使用面板数据来衡量实验组与对照组随时间变化的结果之间的差异。双重差分法的关键假设是平行趋势假设，平行趋势假设要求实验组与控制组在"实验"前有平行或相似的发展趋势，但并不要求两组的发展水平一致。

基于上述外生冲击事件，利用双重差分法得到的实证结果如表 7-2 所示。

表 7-2　分析师追踪与创新（DID，全样本差值估计）[①]

变量	实验组均值对比 （冲击后 - 冲击前）	对照组均值对比 （冲击后 - 冲击前）	差值均值对比 （冲击后 - 冲击前）
专利数量	0.236 （0.042）	0.054 （0.033）	0.182*** （0.053）
专利引用次数	-0.357 （0.021）	-0.651 （0.023）	0.294*** （0.035）

注：计量结果括号内为稳健性标准误，***表示1%的显著性水平。

通过表 7-2 可以发现，在利用双重差分法解决内生性问题后，追踪分析师对上市公司创新产出数量和质量的负向影响效果仍然显著存在，此时我们可以认为分析师会导致公司创新产出数量和质量下降，确认二者存在因果关系。同时，通过表 7-3 也可以发现企业初始的追踪分析师越少，分析师对企业创新的负向影响越大。在企业有大于 25 个初始追踪分析师的情况下，负向影响统计意义上不显著。这个发现很直观：因为如果企业初始有很多追踪分析师的话，减少一个追踪分析师对其影响会很小；但是，如果企业初始追踪分析师数量很少，减少一个追踪分析师会对其产生比较大的影响。

表 7-3　追踪分析师与创新（DID，不同初始追踪情况的差值估计）[②]

变量	专利数量 （1）	专利引用次数 （2）
追踪分析师数量 ≤ 10	0.253** （0.106）	0.432*** （0.063）
10 < 追踪分析师数量 ≤ 25	0.159** （0.068）	0.269*** （0.047）
追踪分析师数量 > 25	0.112 （0.117）	0.106 （0.093）

注：计量结果括号内为稳健性标准误，***、**分别表示1%、5%的显著性水平。

[①] He, J J and X Tian. The Dark Side of Analyst Coverage: The Case of Innovation[J]. *Journal of Financial Economics,* 2013, 109: 856-878.

[②] He, J J and X Tian. The Dark Side of Analyst Coverage: The Case of Innovation[J]. *Journal of Financial Economics,* 2013, 109: 856-878.

◇ 稳健性检验

为进一步保证结果的稳健性，我们还采用了工具变量回归的方法进一步进行了实证研究。一个理想的工具变量应该与上市公司的追踪分析师数量相关，但并不直接与公司的创新活动相关。本文参考Yu（2008），采用"追踪分析师数量期望"作为工具变量，这一变量主要反映券商规模的变化。如Yu（2008）所言，券商规模的变化通常只取决于其自身的盈利水平，而与其追踪的上市公司的创新活动不直接相关。在业界的操作中也确实如此，比如据《华尔街日报》报道，2012年8月巴克莱从瑞士信贷集团招聘分析师，以扩大其追踪中国台湾地区非科技类公司的研究团队人数。而这一扩充决定主要出于增加自身利润的考量。巴克莱声明称，券商研究团队的扩张"由其佣金、咨询和外汇衍生品交易业务的持续盈利增长所驱动"。

因此，券商规模的变化引起的上市公司分析师追踪数量的变化是相对外生的。也就是说券商规模影响企业创新，只通过其对追踪分析师数量的影响来实现，因此这个工具变量也可以帮助我们解决研究可能存在的内生性问题。

基于此工具变量的两阶段最小二乘法回归结果如表7–4所示。

表7–4　追踪分析师与创新（2SLS）[1]

变量	第一阶段回归	第二阶段回归	
	追踪分析师数量对数	专利数量对数$_{t+3}$	专利引用次数对数$_{t+3}$
追踪分析师数量期望	0.909***		
	（0.012）		
追踪分析师数量		–0.115***	–0.137***
		（0.029）	（0.034）
控制变量	是	是	是
固定效应	是	是	是
样本量	13 443	13 443	13 443

注：计量结果括号内为稳健性标准误，*** 表示1%的显著性水平。

从回归结果可以发现，参考Yu（2008）研究构造的"追踪分析师数量期望"这一工具变量，确实与上市公司的追踪人数显著正相关。利用此工具变量解决内生

---

[1] He, J J and X Tian. The Dark Side of Analyst Coverage: The Case of Innovation[J]. *Journal of Financial Economics,* 2013, 109: 856-878.

性问题后，我们发现自变量存在显著为负的回归系数，表明追踪分析师人数的增加，的确会导致上市公司的创新产出数量和质量的显著下降。

分析师具体作用机制

通过上文的分析，我们发现在美国的资本市场中，虽然分析师本无心造成伤害，但却不可避免地对上市公司的创新带来了负面的影响。那么分析师到底是怎样"不小心"伤害了上市公司呢？我们对此问题进行了进一步的研究。

◇ 机构投资者

首先，我们从不同类型的机构投资者的功能会有所差异的角度出发，试图对分析师的影响进行分析。Kelly 和 Ljungqvist（2012）研究发现，追踪分析师人数的下降会导致投资者与上市公司之间的信息不对称程度上升，进而导致机构投资者持股比例上升、散户持股比例下降。因为机构投资者可以更容易地获取上市公司的私有信息，而散户投资者则对分析师的研究报告等信息披露更为依赖，所以当分析师减少时，便会挤出部分散户投资者对上市公司股份的需求。我们认为这种挤出效应在不同类型的投资者中也会有不同体现。我们预期当追踪公司的分析师数量减少时，"专注型"机构投资者（这里指长期的、买卖交易不频繁的机构投资者）的持股比例会有所上升，因为此类投资者通常只会集中投资少数几家公司，可以频繁、主动地分析上市公司的基本面，获得更多私有信息，对分析师依赖度较低。相反，"投机型"机构投资者（这里指那些中短期的、交易频繁的机构投资者）对追踪分析师数量减少的反应会与散户投资者类似。由于这部分机构投资者通常只关注短期盈利，因此不会花很多精力去搜集上市公司的基本面等信息，他们通常会持有一个十分分散的投资组合。正因为上述不同的存在，Aghion、Van Reenen 和 Zingales（2013）通过理论模型研究认为，"专注型"机构投资者相较于"投机型"机构投资者更能促进上市公司的创新。因此，追踪分析师人数的变化导致的不同类型的机构投资者的变化，会是分析师追踪影响公司创新的一条可能传导渠道。

接下来，我们利用双重差分法研究追踪分析师数量对不同类型机构投资者持股比例的影响，结果如表 7-5 所示。

表 7-5　追踪分析师与机构投资者[1]

	"专注型"机构投资者持股比例	"投机型"机构投资者持股比例
双重差分结果	0.013***	−0.009**
	（0.003）	（0.004）

注：计量结果括号内为稳健性标准误，***、** 分别表示 1%、5% 的显著性水平。

通过上文分析不难发现，追踪分析师数量的减少确实会导致"忠诚的"机构投资者持股比例上升，而"不忠诚的"机构投资者的持股比例会有所下降。

因此，综上所述，追踪分析师数量越多，公司越受到市场追捧，吸引的短期投资者和投机者也越多。这类投资者热衷于概念炒作，利用市场买卖价差获利。而企业惧怕股价下跌被市场抛弃，面对市场压力，为追求业绩的突出表现，选择削减长期投资，如研发支出，并不断染指市场热炒的流行项目。"邯郸学步"之后，有些企业甚至发现主营业务已无迹可寻，最终丧失了长期增长的内在潜力。长期的价值投资者则不同，他们积极地搜寻公司信息，参与公司治理，看重企业的长期增长，以踏踏实实办事业的心态投资，关注那些甘于寂寞、苦练内功的上市公司。"惠而好我，携手同归"，待一切归于沉寂，投资者因"爱"与公司获得双赢。

◇ 被并购压力

上文提到的 Yu（2008）的研究还发现，追踪分析师数量较少的上市公司会有更多的盈余管理活动，从而会降低其财务报表的质量和可信度。较差的财务报表质量会加剧公司内部和外部投资者之间的信息不对称程度（Bhattacharya, Desai and Venkataraman, 2010; Kravet and Shevlin, 2010），从而增加潜在的并购者的逆向选择成本。Amel-Zadeh 和 Zhang（2010）研究发现，财务报表质量较差的公司成为被并购对象的可能性更低。因此，追踪分析师数量的增加会增加公司被并购的风险。而同时，Stein（1988）的研究指出，因为股东对公司的长期无形资产投资价值通常难以有效评估，外部活跃的收购市场会诱使管理者投资更多可以很快实现回报的短期项目，从而导致长期的创新投资的减少。因此并购压力也可能是分析师对公司创新产生负面影响的一种传导机制。

---

[1] He, J J and X Tian. The Dark Side of Analyst Coverage: The Case of Innovation[J]. *Journal of Financial Economics,* 2013, 109: 856-878.

我们参考 Cremers、Nair 和 John（2009）的做法，通过 Logit 回归分析得到上市公司被并购的概率水平，然后利用双重差分法研究了追踪分析师的外生冲击对公司并购压力的影响，结果如表 7-6 所示。

表 7-6　追踪分析师影响创新的作用机制[①]

	被并购风险敞口
双重差分结果	−0.001**
	（0.000）

注：计量结果括号内为稳健性标准误，** 表示 5% 的显著性水平。

通过上述分析可以发现，追踪分析师数量的减少确实可以显著减少上市公司的被并购压力。因此可知，追踪分析师数量减少意味着外部投资者对公司信息了解更少，信息不对称程度更高，公司管理层更有机会做盈余管理。反之，追踪分析师数量越多，投资者掌握的信息越多，公司更可能暴露于被兼并收购的危险之中。当企业被兼并收购的可能性增加时，公司管理层不得不采取防御战略，牺牲企业创新，进行常规的短期投资来提高公司业绩表现。

除了上述两种作用机制外，追踪分析师数量越多，股价中反映的公司信息越充分，对散户而言，投资风险越低，因此股票流动性越高。流动性升高，会吸引更多的短期投资者，企业被兼并收购的可能性增加，公司管理层采取防御战略，牺牲企业创新来提高公司的短期业绩表现，这也是我另一个研究中的发现（具体分析请见本书第 3 章）。

东风汽车的弊病：中国的经验证据

我们 2013 年的研究发现在美国这样股权分散、流动性高的成熟资本市场上，分析师会给上市公司带来更多的短期压力，从而对企业创新产生负面影响。然而中国的资本市场尚处于不断完善发展的转型阶段，与欧美资本市场有较大的区别。如余明桂等（2017）所言，当前中国的上市公司股权结构相对集中，且拥有实际控制权的大股东手中的股权流动性较差；我国目前资本市场的规模和层次虽然得到了快

[①] He, J J and X Tian. The Dark Side of Analyst Coverage: The Case of Innovation[J]. *Journal of Financial Economics,* 2013, 109: 856-878.

速的扩充，但是资本市场中的法律制度等尚不健全，上市公司面临的信息不对称问题极为严重；同时，上市公司的治理结构尚不完备。在此背景下，分析师对我国上市公司是会带来更多短期压力加剧公司管理者短视问题，还是可以发挥自身信息中介的功能从而缓解管理者短视问题，仍不确定。

在研究中国市场中分析师对企业创新影响的学者中，一部分学者通过"研发投入"来衡量企业创新。徐欣等（2010）基于2004年至2006年期间的上市公司样本，研究了分析师对企业创新的关注情况造成的经济后果。其研究显示，分析师的关注能通过"信息中介"机制减轻企业创新活动的信息不对称问题，加强资本市场对企业创新活动的认同，从而促进企业创新。然而，谢震等（2014）基于2009年至2012年中国A股市场中创业板公司数据进行研究，发现公司研发投入与分析师关注程度负相关，说明"市场压力"的作用要强于"信息中介"的作用。其进一步研究发现，控股股东参与公司经营并理解研发项目的价值，可以减少"市场压力"的影响。研究结果还显示，随着经理层持股比例的提高，分析师关注与研发投入之间的负相关性显著减弱，说明经理层持股能够缓解"市场压力"机制对创业公司研发投入的负面影响。陈守明等（2017）基于2009年至2012年上海证券交易所A股制造业上市公司的样本，研究了分析师对企业业绩的预测对企业创新投入的影响。其研究结果表明，企业上一年绩效没有达到分析师预测时，分析师业绩预测的压力对企业下一年的创新投入有显著的负向影响，研究结果还表明董事会规模在分析师预测压力和企业创新投入之间有正向调节作用。

迷你案例
MINI CASE

分析师报告直指东风汽车弊病

2012年年底，兴业证券分析师发布了一篇直指东风汽车弊病的研究报告"主动投资者都睡着了吗？"，该报告公开号召投资者罢免公司轻卡业务管理层。研究报告指出，东风汽车投资太少、管理效率太低，轻卡业务连续亏损，严重吞噬其他主营业务利润。数据显示，2011年东风汽车轻卡业务亏损4.5亿元，2012年第1至3季度亏损3.3亿元。该研究报告还表示，规模相当的竞争对手的轻卡业务都能赚钱，若不是管理问题，请管理层给出一个更好的解释。面对东风汽车糟糕的业绩，研究报告中提出了罢免相关管理层的建议，从而引起轰动。报告向有资格提交议案的投资者提出两个建议：一是让东风汽车"卖掉所持的近1亿元的交易性金融资产

（基金），回购公司股票"；二是"提交议案罢免负责轻卡业务的管理层。"事实上，东风汽车的管理层已经开始调整。公开信息显示，2012年11月29日东风汽车发布了更换公司总经理的公告。东风汽车管理层对这份报告的回应十分虚心："公司已经注意到研究报告，从报告内容来看，数据还是很客观的。"东风汽车董秘办有关人士接受记者采访表示，公司正在研究对策，但不会结束亏本的轻卡业务，而会降本增效提高公司运营效率。

另一部分学者则在研究中通过企业申请的专利数量对企业创新进行衡量，余明桂等（2017）基于2003年至2014年的中国上市公司样本，研究了在中国这个新兴资本市场中，分析师对上市公司创新活动的影响。研究发现，不同于美国发达资本市场中的分析师的影响，在我国分析师往往会促进上市公司的创新活动，而且分析师的声誉越高，这一促进效果越明显。进一步研究发现，分析师可以缓解企业面临的融资约束，从而促进企业的创新活动。除此之外，陈钦源等（2017）的研究也得出了类似的结论。其研究发现在我国资本市场中，分析师追踪可以显著地提升上市公司的创新产出，这一促进效果的作用机制主要为缓解创新过程中上市公司面临的信息不对称以及代理问题。

基于中国的实际情况的分析师与企业创新之间关系的研究较少，研究结果对分析师的"信息中介"假说与"市场压力"假说均支持。一方面，分析师可以减少企业创新研发投入的信息不对称从而促进企业创新；另一方面，分析师的关注可能会使企业管理者将企业资源更多投入于追求短期业绩，而妨碍企业的长期研发投入。而与美国市场不同的是，中国市场由于上市公司股权结构相对集中，大股东对短期创新失败的容忍度较高，这降低了管理者被解聘的风险，同时管理者相较于美国市场中的职业经理人，较少有声誉或职业危机上的担忧，因此管理者可以更专注于企业的长期发展，所以分析师的"信息中介"假说比"市场压力"假说更具有解释力。

负责任的信息搜集：分析师现场调研

如前文中指出的，尽管研究发现分析师给企业管理层带来了压力，导致管理层的短视行为，从而阻碍了企业创新，但是，我们还不能急于得出结论，对于分析师的作用我们需要全面客观地进行评价。分析师作为信息发现者和传播者的角色也十分重要。分析师作为专业的投资者代表，积极地收集、整理和分析信息，到公司实地调研，发布盈余预测和荐股意见，他们可能通过其他方式来促进企业创新。

分析师作为现代资本市场的重要组成部分，主要功能是作为信息中介搜集并传达上市公司的相关信息，进而促进资本市场的定价效率。然而分析师能否发挥好信息中介的功能，很大程度上取决于私人信息的获取。Brown 等（2015）对365位分析师进行了调研分析，发现与上市公司高管进行私下交流获取信息会显著影响分析师对公司的业绩预测和推荐评级。尽管信息获取途径十分重要，但国内外市场普遍缺乏对分析师信息调研行为的公开披露，因此对分析师如何获取信息并凭此做出业绩推断和股票推荐评级，仍是研究的一个"黑匣子"。

鉴于分析师信息调研行为的重要性，有学者利用各种间接数据对分析师调研行为进行度量，开展了一系列研究。Soltes（2014）基于一个中等规模的纳斯达克公司的管理层私下会议记录的数据，间接度量分析师与高管的可能接触和信息获取，发现与公司高管会面越频繁，分析师的业绩预测越准确。Green 等（2014）则基于投资者会议的数据，发现召开投资者会议的分析师的推荐评级更有价值，且预测的准确度更高。除此之外，上市公司举办的投资者交流会、电话会议等都曾成为研究中对分析师信息获取行为的间接度量工具。但这些间接方式一方面无法准确度量分析师的信息调研行为，另一方面投资者交流会等活动所有分析师均可参与，不具有排他性，在会上分析师与高管的交流也十分有限。All-Europe Research Survey（2012）显示，分析师最主要的信息调研方式是对上市公司进行现场走访。通过走访调研，分析师可以与公司的高管进行正式或非正式的接触，在这个过程中，分析师可以就自己的疑惑向公司管理者寻求解答。分析师还可以从高管的语音语调、面部表情等领会到外界无法获知的私人信息。其次，在现场调研过程中，分析师还可与公司的一线员工有所交流，通过参观公司的厂房、物资等，更为直观地了解公司的生产经营、创新研发等活动。

我们针对美国市场的分析师研究发现，分析师对上市公司创新活动的抑制作用更强。那么分析师负责任的信息搜集行为是否也会如此呢？

如上文所示，首先，分析师通过现场走访调研可以与管理者进行直接交流，观察公司的厂房、物资以及生产经营和创新研发活动。这无疑将有助于分析师更好地理解上市公司正在进行的创新研发活动，并有效地将这些信息传递给投资者，使投资者认识到公司创新研发的价值。其次，分析师作为投资者的代表，对上市公司现场走访调研，可以更好地发挥上市公司外部监督者的职能，比如发现高管为个人利益而做出损害股东权益的决策,从而缓解公司管理者和股东之间的委托代理问题。这会促进公司管理者从事更多对上市公司长期价值有利的活动,比如研发投入。也就是说,分析师的现场调研这一信息搜集行为对上市公司创新活动可能更多地起到促进作用。

为验证上述假说,我和我的学生赵文庆和赵海龙博士基于 2010 年至 2015 年的深交所上市公司样本进行了研究。我国的创新专利分为发明专利、实用新型专利和外观设计专利三种。为了更加准确地刻画公司的技术创新水平,我们选取发明专利和实用新型专利的申请数量度量公司创新产出的数量,即"专利数量"项;而用发明专利申请数量来度量其创新产出的质量,即"专利质量"项。

其次,得益于深交所强制披露的分析师调研信息,本文从公司年度内被分析师(团队)调研次数的维度度量分析师实地调研这一信息搜集行为。

加入其他影响公司创新的控制变量,并对行业固定效应以及年份固定效应进行控制后,普通最小二乘法回归结果如表 7-7 所示。

表 7-7 分析师现场调研与创新(OLS)[①]

变量	专利数量 (1)	专利数量 (2)	专利质量 (3)	专利质量 (4)
调研次数	0.227***	0.123***	0.199***	0.117***
	(0.023)	(0.007)	(0.020)	(0.007)
控制变量	否	是	否	是
固定效应	是	是	是	是
样本量	5 460	4 070	5 460	4 070

注:计量结果括号内为稳健性标准误,*** 表示 1% 的显著性水平。

从上表不难发现,分析师现场调研与公司的创新产出数量和质量显著正相关。

同样,我们还不能放心地将上述结果解释为因果关系,因为分析师更可能到创新活动比较多的上市公司进行走访调研,所以可能存在因果倒置的问题。为了解决此内生性问题,我们采用上市公司所在地是否开通高铁作为工具变量,进一步进行了两阶段工具变量回归分析。高铁开通会降低分析师前往上市公司调研的时间成本,因此若上市公司所在城市开通高铁,则该上市公司被分析师调研的频率会更

---

① 田轩,赵文庆,赵海龙.分析师现场调研与企业创新,工作论文,2017.

高；同时由于各个城市是否以及何时开通高铁独立于公司的决策，特别是创新投资的决策，因此也满足外生性要求，工具变量回归结果如表7-8所示。

表7-8 分析师现场调研与创新（Ⅳ）[①]

变量	第一阶段回归	第二阶段回归	
	分析师调研次数	专利数量	专利质量
是否开通高铁	0.153*** （0.023）		
调研次数		0.792*** （0.105）	0.877*** （0.114）
控制变量	是	是	是
固定效应	是	是	是
样本量	4 070	4 070	4 070

注：计量结果括号内为稳健性标准误，*** 表示1%的显著性水平。

从表7-8不难发现，第二阶段的回归系数是显著为正的，表明分析师现场调研确实可以显著提升上市公司的创新产出数量和质量。

接下来，我们从公司个股特质信息含量和公司治理两个角度对分析师现场调研影响创新的渠道展开了研究。研究发现分析师现场调研可以提高上市公司股价中的个股特质信息含量，从而使得外部投资者更有效地捕捉上市公司创新研发的价值；同时分析师现场调研可以更好地发挥分析师对上市公司的外部监督功能，缓解上市公司面临的委托代理问题，从而促进公司创新。

❑ 本章小结

本章分析了以金融分析师为代表的金融市场信息中介对企业创新的影响及其传导机制。本章要点总结如下：

1. 就企业创新而言，金融对实体经济是具有真实影响的；
2. 金融分析师作为金融市场信息中介的代表，兼具信息中介与公司治理功能；
3. 金融分析师的追踪行为带来的过度市场压力阻碍了企业创新，机构投资者

[①] 田轩，赵文庆，赵海龙，分析师现场调研与企业创新，工作论文，2017.

与收购威胁是两个潜在作用机制;

4. 金融分析师现场调研提高了市场的信息效率,改进了公司治理,进而促进了企业创新;

5. 金融市场的健康发展对促进企业创新具有重要作用。

参 / 考 / 文 / 献

[1] 陈钦源,马黎珺,伊志宏.分析师跟踪与企业创新绩效——中国的逻辑[J].南开管理评论,2017(3): 15-27.

[2] 陈守明,邵婉玲.分析师盈利预测压力对公司创新投入的影响——公司治理结构的调节作用[J].上海管理科学,2017(3): 74-81.

[3] 田轩,赵文庆,赵海龙.分析师现场调研与企业创新.工作论文,2017.

[4] 吴晓求.股权分置改革的若干理论问题——兼论全流通条件下中国资本市场的若干新变化[J].财贸经济,2006(2): 24-31.

[5] 谢震,艾春荣.分析师关注与公司研发投入:基于中国创业板公司的分析[J].财经研究,2014(2): 108-119.

[6] 徐欣,唐清泉.财务分析师跟踪与企业R&D活动——来自中国证券市场的研究[J].金融研究,2010(12): 173-189.

[7] 余明桂,钟慧洁,范蕊.分析师关注与企业创新——来自中国资本市场的经验证据[J].经济管理,2017(3).

[7] 证券分析业调查:扭曲的研究,不勾兑不是好分析师[EB/OL]. (2014-07-08)[2020-10-10].安硕信息和东方证券用上万封邮件造妖股[EB/OL].(2016-12-24)[2020-10-10]. http://news.hexun.com/2016-12-24/187482120.html.

[8] Aghion, P, JV Reenen and L Zingales. Innovation and Institutional Ownership [J]. *American Economic Review*, 2013, 103: 277-304.

[9] Amel-Zadeh, A and Y Zhang. The Economic Consequences of Financial Reporting Quality for the Market for Corporate Control: Evidence from Financial Restatements. Unpublished working paper, 2010.

[10] Beaver, W H. Perspectives on Recent Capital Market Research [J]. *Accounting Review,* 2002, 77(2): 453-474.

[11] Bhattacharya, N, H Desai, K Venkataraman. Earnings Quality and Information

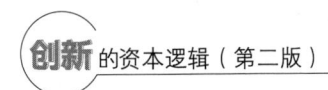

Asymmetry: Evidence from Trading Costs [J]. Unpublished working paper, 2010.

［12］Brown, L D, et al. Inside the "Black Box" of Sell-Side Financial Analysts [J]. *Journal of Accounting Research*, 2015, 53.1: 1–47.

［13］Brennan, M, N Jegadeesh and B Swaminathan. Investment Analysis and the Adjustment of Stock Prices to Common Information [J]. *Review of Financial Studies*, 1993, 6: 799–824

［14］Cheng, Q, et al. Seeing is Believing: Analysts' Corporate Site Visits [J]. *Review of Accounting Studies*, 2016, 21(4): 1 245–1 286.

［15］Cremers, M, V Nair and K John. Takeovers and the Cross-section Returns [J]. *Review of Financial Studies*, 2009, 22: 1 409–1 445.

［16］Dyck, A, A Morse and L Zingales. Who Blows the Whistle on Corporate Fraud? [J]. *Journal of Finance*, 2010, 65(6): 2 213–2 253.

［17］Graham, J, C Harvey and S Rajgopal. The Economic Implications of Corporate Financial Reporting [J]. *Journal of Accounting and Economics*, 2005, 40: 3–73.

［18］Green, T C, et al. Access to Management and the Informativeness of Analyst Research [J]. *Journal of Financial Economics*, 2014, 114(2): 239–255.

［19］He, J J and X Tian. The Dark Side of Analyst Coverage: The Case of Innovation[J]. *Journal of Financial Economics*, 2013, 109: 856–878.

［20］Holmstrom, B. Agency Costs and Innovation [J]. *Journal of Economic Behavior and Organization*, 1989, 12: 305–327.

［21］Hong, H and M Kacperczyk. Competition and Bias [J]. *Quarterly Journal of Economics*, 2010, 125: 1 683–1 725.

［22］Hong, H and J Kubik. Analyzing the Analysts: Career Concerns and Biased Earnings forecasts [J]. *Journal of Finance*, 2003, 58: 313–351.

［23］Hong, H, T Lim and J Stein. Bad News Travels Slowly: Size, Analyst Coverage, and the Profitability of Momentum Strategies [J]. *Journal of Finance*, 2000, 55: 265–295.

［24］Jensenm M C and W H Meckling. Theory of the Firm: Managerial Behavior, Agency Costs and Ownership Structure [J]. *Journal of Financial Economics*, 1976, 3: 305–360.

［25］Jensen, M and J Fuller. Just Say No to Wall Street [J]. *Journal of Applied Corporate*

Finance, 2002, 14: 41–46.

[26] Kelly, B and A Ljungqvist. Testing a symmetric-information Asset Pricing Mmodels [J]. *Review of Financial Studies*, 2012, 25: 1 366–1 413.

[27] Kelly, B and A Ljungqvist. The Value of Research. Unpublished working paper, 2011.

[28] Koch, A S, C E Lefanowicz and J R Robinson. Regulation FD: A Review and Synthesis of the Academic Literature [J]. *Accounting Horizons*, 2013, 27(3): 619–646.

[29] Kravet, T and T Shevlin. Accounting Restatements and Information risk [J]. *Review of Accounting Studies*, 2010, 15: 264–294.

[30] Manso, G. Motivating Innovation [J]. *Journal of Finance*, 2011(66): 1 823–1 860.

[31] Mayew, W J, N Y Sharp and M Venkatachalam. Using Earnings Conference Calls to Identify Analysts with Superior Private Information [J]. *Review of Accounting Studies*, 2013, 18(2): 386–413.

[32] Mayew, W J and M Venkatachalam. The Power of Voice: Managerial Affective States and Future Firm Performance [J]. *Journal of Finance*, 2012, 67(1): 1–43.

[33] Solow, R. Technological Change and the Aggregate Production Function [J]. *Review of Economics and Statistics*, 1957, 39: 312–320.

[34] Soltes, E. Private Interaction Between Firm Management and Sell-Side Analysts [J]. *Journal of Accounting Research*, 2014, 52 (1): 245–272.

[35] Welch, I. Herding among Security Analysts [J]. *Journal of Financial Economics*, 2004, 58(3): 369–396.

[36] Yu, F. Analyst Coverage and Earnings Management [J]. *Journal of Financial Economics*, 2008, 88: 245–271.

Part 中篇

中观市场篇

FINANCE AND INNOVATION
(SECOND EDITION)

创新的资本逻辑
（第二版）

第 8 章

企业风险投资：一种新的创投组织形式

> 我国金融市场中存在的风险投资机构背景各异，不同种类的风险投资机构在投资目标、投资策略等方面也存在差异，因此会对其所投资的初创企业创新产生不同的影响。企业设立风险投资机构的目的通常是为了完成企业战略使命，不仅是为了获取利润更是为了获取创新信息。同时，企业风险投资的风险容忍度更高，投资周期更长，会对不易获得传统风险投资的初创企业进行投资，促进初创企业的创新活动。本章重点分析企业风险投资与传统意义上的风险投资对初创企业创新的影响效果之间的差异。

CVC，一种新的创投组织形式

创新是一国经济增长的内在动力与竞争优势。近些年来，培育企业创新的最优组织形式成为学者与政策制定者共同关注的问题。哈佛大学著名经济学家 Josh Lerner 指出，尽管大型企业研究部门的创新产出占美国研发总产出的三分之二，但由于大企业研发人员的薪酬与产出几乎不挂钩，这样的机制缺乏激励作用。另外，传统风险投资基金往往专注于几个少数行业，其募资方式（从有限合伙人处募集资金）决定了追求短期高额回报的特点，因而不利于培育创新产出。Lerner 教授因此提出激励创新的最优方式应当是一种混合模式，比如企业风险投资，将企业研发部门与传统风险投资基金的特点相结合，从而高效地进行创新活动。

经济学家小传
MINI BIOGRAPHY

乔希·勒纳（Josh Lerner）

哈佛商学院著名教授，国际金融学三大顶级期刊之一 *Journal of Financial Economics* 的副主编。他曾获得瑞典政府颁发的 2010 年全球创业研究奖，是私募股权百名最具影响力人物之一、机构投资世界十大最有影响力的学者之一，也被誉为"创业金融与创新领域之父"。

勒纳的学术著作非常有影响力，他主要关注风险投资和私募股权机构的组织形式与作用的研究，在此领域硕果累累。勒纳教授先后出版了 11 部专著，汇集了他大部分的研究精髓。其中《梦断硅谷》（*Boulevard of Broken Dreams*）由普林斯顿大学出版社于 2009 年出版，在此书中他对政府引导创业者和风险投资的作用给出了开创性的论述，并且针对未来的政策实施方向给出指引和建议。勒纳教授的另一本著作《风险投资、私募股权与创业融资》（*Venture Capital, Private Equity, and the Financing of Entrepreneurship*）是风险投资领域的百科全书，详细解释了私募股权行业的全景。勒纳教授与 Paul A. Gompers 教授合著的《风险投资周期》（*The Venture Capital Cycle*）被译成中文、韩文、日文等多种文字，书中对风险投资整个运行周期进行了详细解读。

勒纳教授同时关注创业、科技创新和知识产权保护方面的研究，在美国国家经济研究局筹建并运营了两个研究部门，分别致力于创业精神和创新政策与经济方面的研究，并且担任其出版物 *Innovation Policy and the Economy* 的主编。勒纳教授曾多次访问中国并进行学术交流。

企业风险投资指直接投资于外部创业公司的企业基金，不包括企业内部投资或通过第三方的投资，其投资目标服务于企业的战略发展规划。

美国的企业风险投资起源于 20 世纪 60 年代，近十年来发展迅速。在早期阶段，企业风险投资仅占整个风险投资行业的 7%；到了 2011 年，根据美国风险投资协会的统计，企业风险投资占比增长到 15.8%；2016 年，根据 CB insights 的数据，全球企业风险投资事件高达 1 352 起，占全部风险投资案例的 19%（见图 8-1）。对企业而言，设立风险投资部门是企业进行外部研发与获取新技术的最有效途径。研究也发现，企业设立风险投资部门后，其创新产出与市场价值都会迅速增长。然而，关于企业风险投资对所投公司创新水平影响的学术研究一直相对缺乏，我和波士顿学院教授 Thomas J. Chemmanur 以及弗吉尼亚大学副教授 Elena Loutskina 2014

年发表在 The Review of Financial Studies 的文章"企业风险投资、价值创造与创新"通过对比分析企业风险投资与传统风险投资在培育所投创业公司创新产出方面的不同，在一定程度上填补了对这一问题的学术研究的空白。

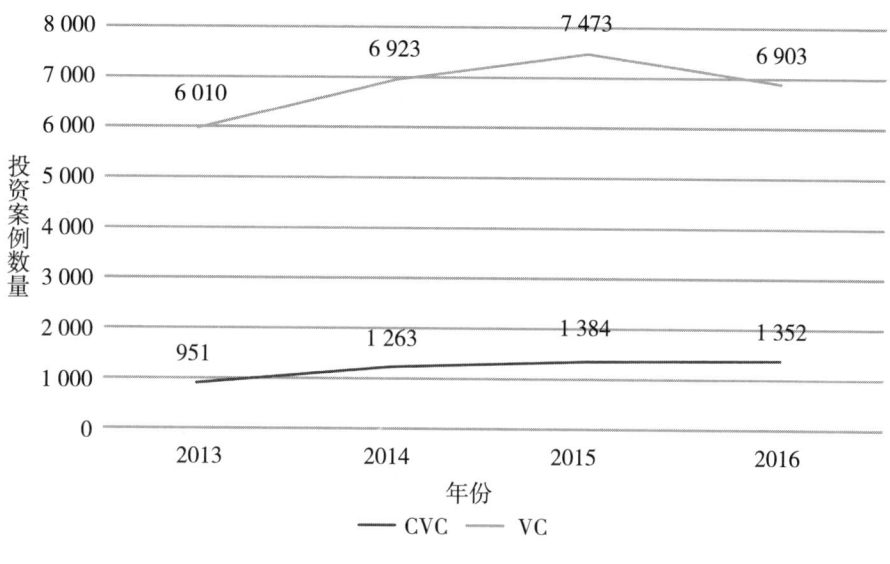

图 8-1　全球 VC 与 CVC 数量

企业风险投资与传统风险投资

◇ 企业风险投资与传统风险投资的区别

企业风险投资与传统风险投资（IVC）的投资领域基本一致，但却因其组织形式的特殊性而与传统风险投资有所区别。

首先，企业风险投资隶属于非金融企业下属的投资部门，资金来自母公司，并以母公司名义从事风险投资活动，其存续期无限。而传统风险投资基金往往以有限合伙制形式成立，存续期为 10 年。因此，企业风险投资的投资期限更长、资金来源更充足。这也意味着企业风险投资对于有隐藏潜力、短期盈利效果不明显的创业项目持有更加开放的态度。

其次，企业风险投资与传统风险投资采用不同的薪酬激励机制。传统风险投资基金采用有限合伙制，基金管理团队可从有限合伙人处收取 2% 的管理费，同时在投资退出后，所获收益的 20% 往往会分配给管理团队作为奖励。因此传统风险投资团队的薪酬与投资业绩高度相关。而根据美国咨询公司 FW Cook 对 2 000 个企业风险投资机构的调研，68% 的企业风险投资基金经理的薪酬都不以其自身业绩为基础，而是按照传统的"固定薪资 + 年终奖"的模式，与母公司当年业绩挂钩。这项调研同时发现：几乎没有一只企业风险投资基金会向传统风险投资基金那样，要求员工跟投；同时也不允许企业风险投资基金管理团队自愿跟投。对于被投资的创业公司的创新产出，这些机制其实是一把双刃剑。一方面，由于企业风险投资基金缺乏高力度的薪酬奖励机制，基金管理团队的失败容忍度更高，从而有利于创业公司的创新产出；另一方面，基金管理团队的薪酬与母公司业绩相关，导致企业风险投资往往会牺牲所投公司的利益，来最大化母公司的利益，从而降低创业公司的创新水平。

再者，不同于传统风险投资基金以财富最大化为首要目标，企业风险投资的第一要务是为母公司带来新的技术或增长点，从战略层面提高母公司的竞争优势，并兼顾财务回报。因此，企业风险投资往往追求所投资创业公司与母公司的互利共赢。创业公司可以充分利用母公司的制造工厂、分销渠道、核心技术、品牌效应等来服务自身产品。同样，母公司将从所投创业公司处获得新的技术与市场信息，从而完善已有商业模式。母公司与创业公司之间的技术纽带与行业联系使得企业风险投资对某些特定的商业模式与技术拥有更权威的经验，从而能够更好地培育所投创业公司的技术创新[1]。除此之外，企业风险投资的存在使母公司与创业公司能够共享与创新项目相关的软信息，在这一点上传统风险投资基金则很难做到[2]。

◇ 两种风险资本影响创新的相关假说

相比传统风险投资基金，企业风险投资由于其独特的组织形式，对创新活动的风险承受能力更强，因此在培育创业公司创新上更有优势。具体来说，正如前文所述，企业风险投资基金投资的时限更长，不以追求投资财务回报为第一目标，投资人薪资不与初创公司业绩挂钩，使得这种类型的投资对于创业公司的实验持有更

---

[1] Chesbrough 在 2002 年的研究中发现，相对于传统风险投资，企业风险投资对特定行业和相关技术有更深刻和专业的理解，同时它们拥有更强大的资金支持，能够成为更好的长期投资者。

[2] Seru 2014 年针对权力集中与权力分散的两种组织的研究，也得出了类似的结论。

加开放的态度，对失败的容忍度也更高（前文已经提到，这种失败容忍对培育公司的创新产出至关重要）。除此之外，企业风险投资基金最大的"后台"——母公司，会为所投创业公司提供相关性极强的技术支持与行业经验，从而提高这些创业公司的研发能力，培育出更多的创新产品。Ivanov 和 Xie（2010）发现，当被投资公司的战略目标与母公司战略目标一致时，企业风险投资可以更好地为被投资公司提供服务和支持。总之，在培育创业公司创新水平方面，以上因素使得企业风险投资基金更胜一筹。

然而，也有不少学者指出，企业风险投资的组织形式会对所投创业公司的创新产生负面影响。首先，由于企业风险投资的优先目标是为母公司战略服务，基金管理人的薪资也以母公司经营业绩为基础，因此投资人往往会利用母公司的行业经验与技术优势去帮助母公司开拓新产品和自行深入研发，而不是支持所投创业公司进行创新研发。Gompers 和 Lerner 2000 年的研究也提到，创业公司有时候并不能从企业风险投资处获得支持，因为它们的核心技术或创新点可能会被泄露给母公司，来帮助母公司获得利益。这一点在实践中也得到了验证，当谷歌风投支持的 Uber 公司与谷歌的业务存在竞争关系时，Uber 不愿依靠谷歌，希望寻求独立发展，导致二者互相争夺市场、研发人员，甚至最后因为核心技术的所有权闹上了法庭。而对于以财务回报为目标的传统风险投资基金，其资金来源于有限合伙人，不受任何"母公司"资源分配的限制。此外，传统风险投资基金会尽最大可能为创业公司提供增值服务，比如改善管理团队使其更加专业化（Hellmann and Puri，2002），在所投资创业公司间建立战略联盟等（Lindsey，2008）。最重要的，传统风险投资基金投资往往集中于某几个特定的行业（Gompers, et al. 2009），因此具备相关专业知识来理解和支持创业公司的创新过程。因此，在这个意义上，相较于企业风险投资基金，传统风险投资基金更能够帮助创业公司在创新之路上走得更远。

迷你案例
MINI CASE

谷歌风投与 Uber 相爱相杀

谷歌风投（Google Ventures），也称 GV，成立于 2009 年 4 月，从谷歌公司每年获得资金但独立于谷歌运营。截至 2020 年 11 月，GV 管理资金规模已达 50 亿美元。谷歌风投的创始人 Bill Maris 曾在采访中这样说道："谷歌需要通过 GV 参与到创业的生态系统中，成为这个生态圈的一部分将会为谷歌带来新的活力。"从案例数量来看，计算机软件和互联网成为最受谷歌风投青睐的行业，其中对计算机软件的投资占总投资数量的一半。

2013年，面对美国叫车软件Uber开出的2.58亿美元的C轮融资，谷歌风投给出了当时史上最大的一笔投资，可谓是"天作之合"。在此之后，随着Uber估值的提高，谷歌不仅获得了财务回报，而且Uber的出行业务与谷歌的地图业务高度契合，成为谷歌战略布局中必不可少的一部分；Uber则开始用谷歌地图作为导航并在谷歌地图的手机软件中接入Uber叫车功能。2014年，谷歌风投继续参与了Uber 12亿美元的D轮融资。

随着Uber体量的增长，Uber产生的出行相关数据对精准挖掘人们的生活需求非常有利，Uber的创始人Kalanick计划建立商业帝国的野心也逐渐凸显。此后，Uber分别收购了Decarte（一家以地图及搜索为主营业务的创业公司）和微软地图，又先后挖来了谷歌地图业务主管Brian McClendon和地图产品管理总监Manik Gupta，开始自行发展地图业务。从此，谷歌和Uber的关系由投资、合作变成了市场上强有力的竞争对手。在地图、打车出行、社区生活服务这些业务上，二者均在不断开拓市场，利益冲突越来越明显，并且随着自动驾驶技术的竞争而进入白热化阶段。在自动驾驶技术上，谷歌起步得较早，Uber自2015年才起步，但却舍得花本钱，Uber于2016年8月斥资6.8亿美元收购了卡车自动驾驶公司Otto。Otto由当年1月从谷歌自动驾驶项目离职的Anthony Levandowski建立。Levandowski进入Uber后，立即被委以重任，成为其自动驾驶项目的主要负责人。2017年3月，谷歌正式起诉Uber通过Anthony Levandowski盗取谷歌的激光雷达技术（自动驾驶领域技术）。虽然Uber对于这项指控表示否认，却无法解释自身的激光雷达技术为何与谷歌旗下的Waymo高度相似。2017年5月30日，Uber宣布解雇明星工程师Anthony Levandowski。2017年6月，Kalanick给全体Uber员工发了一封邮件，表示他将暂离CEO的岗位，而迫使他做出这一决定的正是Uber的投资人。

企业风险投资与企业创新

◇ 企业风险投资基金的识别

由于风险投资数据库中没有专门区分基金的CVC与IVC性质，我们首先从

VentureXpert 数据库中获取了 1 864 只接受企业投资的基金，并通过谷歌、道·琼斯等提供的商业信息，为每一只基金找到其对应的母公司。在去除母公司为金融公司、多个公司、外资公司的基金后，最终识别出 926 只企业风险投资基金，其中 562 只基金对应的母公司为已上市公司。通过与其他数据库的匹配（Compustat 数据库、D&B 数据库），我们得到了每一家母公司的行业与规模等基本信息。这对于我们判断一只企业风险投资基金的母公司与其所投创业公司之间是否存在技术纽带至关重要。

在实证研究中，我们设计了三个变量来衡量一家上市公司受企业风险投资支持的力度。具体来说，"是否为 CVC"是一个哑变量，受企业风险投资支持的上市公司取值为 1，受传统风险投资支持的上市公司取值为 0；"CVC 个数"代表在一个风险投资辛迪加中，参与其中的企业风险投资个数；"CVC 占比"表示在一个风险投资辛迪加中，企业风险投资出资百分比。

◇ **主要研究对象**

为了区分企业风险投资基金与传统风险投资基金在培育创业公司创新方面的不同，我们将研究以下公司的创新活动：这些公司的上市时间为 1980 年至 2004 年，它们或者曾获得企业风险投资的支持，或者曾获得传统风险投资的支持。[1] 通过匹配 VentureXpert 与 Global New Issues 数据库[2]，我们最终得到 2 129 家由风险投资支持的上市公司，其中 462 家曾获得企业风险投资的支持。

◇ **创新水平的衡量**

我们的创新数据来源于 NBER 的专利引用数据库。对于一家具体的上市公司，我们从两个方面衡量其创新产出，即公司的专利数量与质量。具体来说，我们以上市公司每年申请并最终被授权的专利数量来度量创新产出数量，以上市公司专利引用次数与专利数量之比来衡量创新产出的质量。

从表 8-1 可以看出，在我们的全部研究样本中，平均每家公司每年可被授予 2.48 个专利。当我们将样本拆分后，发现由企业风险投资支持的上市公司平均每年

---

[1] 选择上市公司作为研究对象，是因为我们无法获取非上市公司的全部信息，而这些信息在我们的研究中是重要的控制变量。

[2] Global New Issues 数据库与 VentureXpert 数据库一样，是 SDC 平台下的一个子库，包含全世界公司 IPO 的有关信息。

被授予的专利数量高达 4.02 个，远高于由传统风险投资支持的上市公司（每年被授予 1.64 个）。同样，企业风险投资支持的上市公司平均每年每个专利被引用次数为 3.2 次，而传统风险投资支持的上市公司仅有 1.78 次。

表 8-1 上市公司专利数量与质量概览[①]

变量	平均值	标准差	样本数
专利数量（全样本）	2.48	14.45	9 425
专利数量（CVC 支持的上市公司）	4.02	18.49	3 314
专利数量（IVC 支持的上市公司）	1.64	11.61	6 111
专利引用次数 / 专利数量（全样本）	2.28	9.30	9 425
专利引用次数 / 专利数量（CVC 支持的上市公司）	3.20	10.97	3 314
专利引用次数 / 专利数量（IVC 支持的上市公司）	1.78	8.21	6 111

◇ **基础回归分析**

我们主要研究的问题是企业风险投资与传统风险投资对上市公司创新产出的不同影响。按照已有文献的做法（Lerner, et al., 2011），我们将上市公司创新产出分为上市前 3 年内的创新产出与上市后 5 年内的创新产出。

我们首先利用普通最小二乘法分析了企业风险投资与传统风险投资对上市公司 IPO 前 3 年创新产出的影响，在回归中加入了上市公司的规模、盈利能力等控制变量，同时对公司固定效应以及年份固定效应进行了控制。基础回归的结果如表 8-2 所示。

表 8-2 CVC 和 IVC 支持公司 IPO 前 3 年的创新表现[②]

分表 A：专利数量

变量	专利数量对数		
	（1）	（2）	（3）
是否为 CVC	0.269***		
	（3.02）		

[①] Chemmanur, T, E Loutskina and X Tian. Corporate Venture Capital, Value Creation, and Innovation [J]. *Review of Financial Studies*, 2014, 27: 2 434–2 473.

[②] Chemmanur, T, E Loutskina and X Tian. Corporate Venture Capital, Value Creation, and Innovation [J]. *Review of Financial Studies*, 2014, 27: 2 434–2 473.

（续表）

变量	专利数量对数		
	（1）	（2）	（3）
CVC 个数		0.159***	
		（2.91）	
CVC 占比			0.618**
			（2.17）
控制变量	是	是	是
固定效应	是	是	是
样本量	1 834	1 834	1 834

分表 B：专利引用次数

变量	专利引用次数对数		
	（1）	（2）	（3）
是否为 CVC	0.176**		
	（2.21）		
CVC 个数		0.066*	
		（1.75）	
CVC 占比			0.471**
			（2.09）
控制变量	是	是	是
固定效应	是	是	是
样本量	1 834	1 834	1 834

注：计量结果括号内为稳健性标准误，***、**、*分别表示1%、5%、10%的显著性水平。

从回归结果我们可以发现，在控制了相关变量与固定效应后，能够获得 CVC 支持的公司 IPO 前 3 年的创新产出数量和质量水平更高，说明企业风险投资对所投公司上市前的创新活动有促进作用。从数值上来看，相比传统风险投资，企业风险投资支持的公司在上市前的专利数量高出 26.9%；在风险投资辛迪加中，企业风险投资的数量每增加一个，对应的公司专利产出增加 15.9%；相比传统风险投资，企业风险投资的支持使得所投公司在上市前专利引用次数高出 17.6%。

接下来，我们利用普通最小二乘法分析了企业风险投资与传统风险投资对上市公司上市后 5 年的创新产出影响，在回归中加入上市公司的规模、盈利能力等控

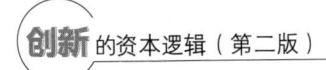

制变量，同时对公司固定效应以及年份固定效应进行了控制。基础回归的结果如表 8-3 所示。

表 8-3　CVC 和 IVC 支持的公司 IPO 后 5 年的创新表现[①]

分表 A：专利数量

变量	专利数量对数		
	（1）	（2）	（3）
是否为 CVC	0.449***		
	（4.01）		
CVC 个数		0.219***	
		（3.66）	
CVC 占比			0.812**
			（2.19）
控制变量	是	是	是
固定效应	是	是	是
样本量	1 834	1 834	1 834

分表 B：引用次数

变量	专利引用次数对数		
	（1）	（2）	（3）
是否为 CVC	0.132*		
	（1.91）		
CVC 个数		0.057*	
		（1.64）	
CVC 占比			0.434**
			（2.10）
控制变量	是	是	是
固定效应	是	是	是
样本量	1 834	1 834	1 834

注：计量结果括号内为稳健性标准误，***、**、* 分别表示 1%、5%、10% 的显著性水平。

---

① Chemmanur, T, E Loutskina and X Tian. Corporate Venture Capital, Value Creation, and Innovation [J]. *Review of Financial Studies*, 2014, 27: 2 434–2 473.

从上表可以看出，与上市公司 IPO 前的创新水平类似，企业风险投资对所投公司上市后的创新活动同样有促进作用。从数值上来看，相比传统风险投资，企业风险投资支持的公司在上市后的专利数量高出 44.9%；在风险投资辛迪加中，企业风险投资的个数每增加一个，对应的公司专利产出增加 21.9%；相比传统风险投资，企业风险投资的支持使得所投公司在上市后平均专利引用次数高出 13.2%。我们发现，企业风险投资对所投公司创新的正面影响，在公司上市后表现得更加明显。

◇ **自选择问题**

当然，我们还不能直接将上文的结果解释为企业风险投资比传统风险投资更能促进所投公司的创新活动与产出。因为上述结果还存在另一种可能性：企业风险投资与传统风险投资所投的公司类型不同，企业风险投资可能更倾向于识别并选择本身创新能力较强的公司进行投资。

在表 8-4 的分表 A 中，我们对企业风险投资和传统风险投资支持的公司进行了分组对比。我们发现，企业风险投资支持的公司规模更大、盈利偏小、研发支出更高、固定资产更少。同时，这类公司的行业集中度更高，增长潜力也更大（托宾 Q 值更高）。由于这两类公司的特征存在较大的差异（分表 A（3）列显示两者各差异均显著），我们粗略地将全部样本放在一起，运用普通最小二乘法得出企业风险投资促进创新的结论显得难以令人信服。

为了解决这一问题，我们希望能够选择各方面特征都十分接近，唯一的不同是分别被企业风险投资和传统风险投资所支持的两家公司，然后去比较二者的创新水平的不同。

表 8-4 CVC 与 IVC 支持的公司倾向得分匹配 [①]

分表 A：CVC 与 IVC 支持的公司分组对比

变量	CVC 支持 (1)	匹配前 IVC 支持 (2)	差异 (3)	匹配后 IVC 支持 (4)	差异 (5)
总资产对数	4.161	3.938	0.222*** (3.80)	4.132	0.029 (0.41)

[①] Chemmanur, T, E Loutskina and X Tian. Corporate Venture Capital, Value Creation, and Innovation [J]. *Review of Financial Studies*, 2014, 27: 2 434–2 473.

（续表）

变量	CVC 支持（1）	匹配前 IVC 支持（2）	匹配前 差异（3）	匹配后 IVC 支持（4）	匹配后 差异（5）
资产收益率	−0.154	0.018	−0.172***	−0.084	−0.070***
			（11.62）		（3.61）
研发支出	0.135	0.092	0.042***	0.111	0.023
			（5.87）		（1.51）
固定资产	0.166	0.228	−0.062***	0.168	−0.002
			（5.34）		（0.16）
行业集中度	0.145	0.251	−0.106***	0.145	0.000
			（6.24）		（0.02）
托宾 Q 值	6.328	3.892	2.436***	5.517	0.811
			（6.43）		（1.40）

分表 B：Probit 回归

变量	匹配前（1）	匹配后（2）
总资产对数	0.280***	−0.043
	（5.41）	（0.85）
资产收益率	−1.235***	−0.394**
	（6.64）	（2.14）
研发支出	0.267	0.0758
	（0.73）	（0.22）
固定资产	0.237	0.032
	（0.68）	（0.08）
行业集中度	−0.681	0.744
	（1.41）	（1.51）
托宾 Q 值	0.011**	0.011
	（2.09）	（1.24）
其他控制变量	是	是
固定效应	是	是
样本量	1 700	1 644

注：计量结果括号内为稳健性标准误，***、** 分别表示1%、5%的显著性水平。

因此，我们采用倾向得分匹配的方法。首先，我们对样本中的所有上市公司（包括企业风险投资支持的和传统风险投资支持的）进行 Probit 回归，其中因变量为所获风险投资的类型，若为 CVC 该变量取 1，若为 IVC 该变量取 0，自变量为可能影响公司创新水平的相关因素（规模、盈利、研发支出等）。在分表 B 的（1）列可以看到，总资产、资产收益率、托宾 Q 值等变量与公司是否获得企业风险投资显著相关。其次，利用 Probit 回归的结果，我们对总样本 1 700 家公司中的每一家由企业风险投资支持的公司，找到一家或几家由传统风险投资支持的公司与之匹配（匹配的原则是这几家公司在 Probit 模型中获得 CVC 投资的概率最接近）。最后，我们将匹配后的样本重新进行分组对比，可以看出在新的样本中，CVC 和 IVC 支持的公司在规模、盈利、研发支出等可能影响创新的重要变量上的差异不再明显（分表 A 的（4）列和（5）列）。

现在，我们把利用倾向得分匹配后的样本的创新水平再次进行分组对比，对比结果如表 8-5 所示。

表 8-5　倾向得分匹配后 CVC 与 IVC 支持的公司创新对比 [①]

变量	上市前的创新			上市后的创新		
	CVC 支持	IVC 支持	差异	CVC 支持	IVC 支持	差异
专利数量对数	1.215	0.897	0.318**	1.929	1.328	0.601***
专利引用次数对数	1.007	0.772	0.235**	1.087	0.899	0.188**

注：***、** 分别表示 1%、5% 的显著性水平。

从上表可以看出，使用倾向得分匹配法后，相比传统风险投资支持的公司，企业风险投资支持的公司在上市前 3 年的专利数量高 31.8%，上市后的专利数量高 60.1%。同样，对于创新的质量，相比传统风险投资支持的公司，企业风险投资支持的公司在上市前 3 年的专利引用次数高 23.5%，上市后的专利引用次数高 18.8%。

总之，利用倾向得分匹配的方法，在排除了自选择因素后，企业风险投资对所投公司创新的促进作用依然存在。

[①] Chemmanur, T, E Loutskina and X Tian. Corporate Venture Capital, Value Creation, and Innovation [J]. *Review of Financial Studies*, 2014, 27: 2 434–2 473.

◇ 加入非上市公司

尽管我们已经排除了企业风险投资影响创新产出的自选择问题，上述研究依然存在一定局限性。由于我们使用的是上市公司专利产出的数据，自然会带来一个疑问：相较于传统风险投资，企业风险投资是不是更加偏好扶持创新能力较强的公司进行公开上市？

为了解决这一困惑，我们将研究对象从上市公司扩展为 VentureXpert 数据库中全部被风险投资（包括 CVC 与 IVC）支持的公司，并从 USPTO 数据库中获取这些公司的专利产出信息。我们发现，企业风险投资支持的创业公司平均每年专利产出 1.76 个，显著高于传统风险投资支持的创业公司专利产出（平均每年 1.13 个）。

类似地，我们以创业公司第一次获得风险投资（CVC 或 IVC）支持的年份为时间点，采用双重差分法研究风险投资类型对公司创新的影响，以排除自选择问题的干扰。在控制了年份、行业等固定效应后，实证结果如表 8-6 所示。不难发现，若创业公司获得企业风险投资的支持，相比获得传统风险投资支持的公司，在之后的第 2 年、第 3 年、第 4 年、第 5 年，公司的专利产出均会有显著的提高，并且提高的幅度越来越大。有趣的是，在公司获得第一笔投资的后 1 年，无论投资类型是 CVC 还是 IVC，公司的专利产出几乎没有明显差别，这背后的原因也是符合逻辑的：创新研发的周期至少需要两年。

表 8-6　CVC 影响公司创新的双重差分法结果 [1]

CVC 支持 1 年后	CVC 支持 2 年后	CVC 支持 3 年后	CVC 支持 4 年后	CVC 支持 5 年后
0.003	0.021*	0.036***	0.048***	0.075***
（0.21）	（1.82）	（2.81）	（3.21）	（4.55）

注：计量结果括号内为稳健性标准误，***、* 分别表示 1%、10% 的显著性水平。

为了更加直观地分辨出企业风险投资与传统风险投资对创新的不同影响，我们将实证结果用图 8-2 表示。图中以创业公司获得第一笔投资的年份为基准点，展示了前后共 11 年间公司专利产出的变化。我们可以看到，在得到风险投资之前的 5 年中，公司的专利产出水平几乎无差别，在得到第一笔投资后，所有公司的专利产出数量和引用次数均有逐年提高的现象。相比传统风险投资，企业风险投资支持

---

[1] Chemmanur, T, E Loutskina and X Tian. Corporate Venture Capital, Value Creation, and Innovation [J]. *Review of Financial Studies*, 2014, 27: 2 434–2 473.

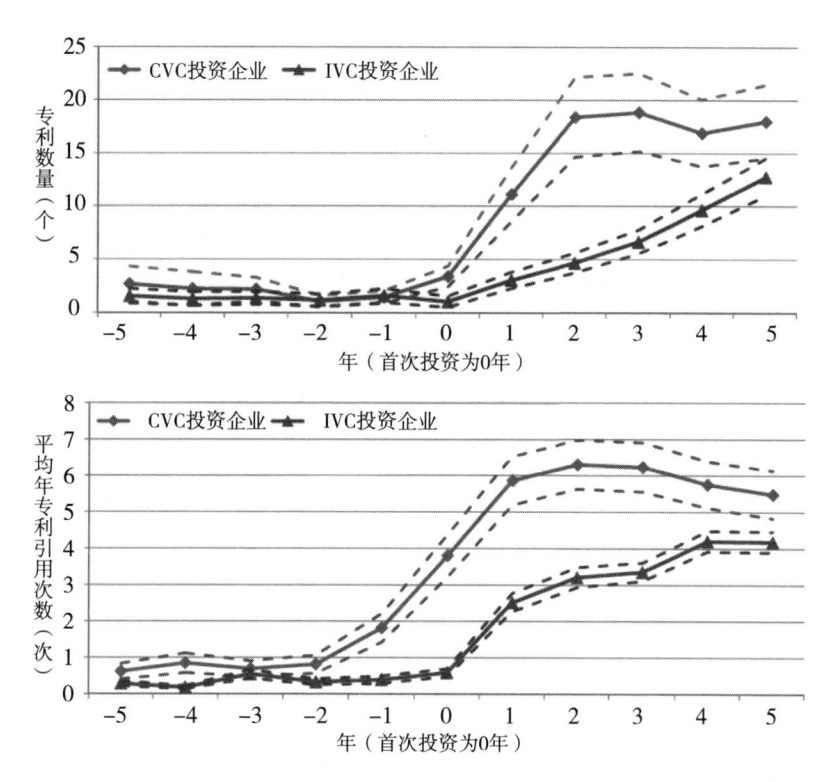

的公司专利的数量和质量增长幅度更大。

图 8-2　CVC 与 IVC 支持企业在获得首次投资前后的创新水平[①]

◇ 投资阶段对比

尽管我们将研究的样本从上市公司扩展到全部公司，依然无法彻底排除自选择的问题，即"是不是企业风险投资更倾向于投资成熟的创业公司，而这些成熟的公司本身创新水平就比较高？"基于此，在这一部分，我们将对企业风险投资与传统风险投资所支持的公司所处阶段进行深入探讨。

我们从 VentureXpert 数据库中获取创业公司每一轮的融资信息，采用 Probit 模型，研究创业公司所处的阶段是否与其获得风险投资的类型有关（即企业风险投资与传统风险投资）。我们在模型的因变量中加入了公司年龄、融资轮数、行业风险

[①] Chemmanur, T, E Loutskina and X Tian. Corporate Venture Capital, Value Creation, and Innovation [J]. *Review of Financial Studies*, 2014, 27: 2 434–2 473.

以及已有投资者的相关因素,模型的自变量"是否获得 CVC 支持"是一个哑变量,若创业公司在某轮融资中获得企业风险投资的支持,该变量取 1,否则取 0,回归结果如表 8-7 所示。可以看出,首先,从公司自身性质来看,企业风险投资支持的创业公司年龄更小,所处发展阶段更早期,企业风险投资更倾向于投资资金需求较大的创业公司;其次,从公司所处行业的角度来看,企业风险投资青睐于研发支出较大、风险较高的行业。

因此,相较于传统风险投资,企业风险投资支持的公司更年轻、未来不确定性更高,可以排除"企业风险投资选择创新水平更高、更成熟的公司进行投资"这一假设。

表 8-7 企业风险投资与创业公司发展阶段 [1]

因变量	是否获得 CVC 支持
公司性质	
公司年龄	−0.016***
	(4.97)
融资轮数	−0.034***
	(3.52)
前一轮融资金额	−0.011***
	(2.59)
行业性质	
研发支出	0.034***
	(3.83)
行业风险	0.053***
	(2.99)
已有投资者的声誉	是
控制变量	是
样本量	26 359

注:计量结果括号内为稳健性标准误,*** 表示 1% 的显著性水平。

总之,在尽可能剔除企业风险投资"选择最具创新性的公司上市、选择投资更成熟的公司"这些因素后,我们发现企业风险投资影响所投公司创新水平的处置

---

[1] Chemmanur, T, E Loutskina and X Tian. Corporate Venture Capital, Value Creation, and Innovation [J]. *Review of Financial Studies*, 2014, 27: 2 434–2 473.

效应依然存在，换句话说，企业风险投资具备特殊的能力来帮助创业公司更好地开展创新活动。

CVC 的具体作用机制

通过上文的分析，我们发现企业风险投资比传统风险投资在培育所投公司创新方面更胜一筹。这其中的内在原因值得我们进行更深层次的探索。

结合现有的文献，我们提出以下两个猜想：一是企业风险投资帮助所投公司与母公司，甚至其他被投资的公司在技术上建立纽带和战略协同，这些技术纽带和战略协同能够帮助公司更好地开展创新活动（Robinson，2008；Fulghieri and Sevilir，2009）；二是企业风险投资的失败容忍度更高，从而更能激励所投公司从事长期的有风险的创新研发。

◇ "技术纽带"猜想

Fulghieri 和 Sevilir（2009）中曾指出，为了加快创新生产，保持竞争优势，公司在特定情况下会由自身生产转为从外部获取创新。类似地，Robinson（2008）发现，相比内部进行漫长而艰难的研发，公司更喜欢通过建立战略联盟，从其他盟友处获得相关技术，在"巨人的肩膀"上进行深层次的特有创新。这样的案例在现实生活中有很多，比如已于 2017 年 11 月在纽约上市的中国互联网公司搜狗，自 2013 年获得腾讯投资后，便将其搜索业务与腾讯旗下的"搜搜"合并，获取腾讯在搜索领域的相关业务与技术，以完善自身的产品。可见，初创公司依靠企业风险投资的母公司能够提高自身创新效率。从企业风险投资的角度来讲，由于受到母公司业务的熏陶，投资团队对某一行业的经验非常丰富，对相关技术的理解也比一般的投资人更深刻，因此也就能够更加专业地指导所投公司开展这一领域的创新活动。

为了从实证的角度探索技术纽带对公司创新水平的影响，我们将基准回归中的"是否为 CVC"变量拆分成两个哑变量，分别是"CVC 投资且建立技术纽带"（若公司获得企业风险投资的支持，且与其中至少一家母公司处于同一行业，该变量取值为 1，否则为 0）和"CVC 投资但未建立技术纽带"（公司获得企业风险投资的支持，且没有与其中任何一家母公司处于同一行业，该变量取值为 1，否则为 0）。在保持其余控制变量不变的情况下，我们用普通最小二乘法再次对全体样本进行回归分析，结果如表 8-8 所示。

表 8-8　CVC 支持创新的机制：技术纽带[①]

变量	上市前专利数量 （1）	上市后专利数量 （2）
CVC 投资且建立技术纽带（β_1）	0.444***	0.622***
	（3.34）	（3.83）
CVC 投资但未建立技术纽带（β_2）	0.147	0.310**
	（1.50）	（2.48）
控制变量	是	是
固定效应	是	是
样本量	1834	1834

注：计量结果括号内为稳健性标准误，***、** 分别表示 1%、5% 的显著性水平。

从上表可以看到，系数 β_1 显著大于 β_2。因此，与母公司建立技术纽带，能够帮助所投公司在上市前（上市后）的专利数量增加 44.4%（62.2%）。尽管被企业风险投资支持但未与母公司建立技术纽带的公司，其上市前的创新表现并没有显著地优于被传统风险投资支持的公司，但其上市后的专利产出数量却比 IVC 支持公司高 31%。

可见，技术纽带能够促进被投公司的创新水平的提升，并且是企业风险投资激励所投公司创新的一个可能途径。

◇ "失败容忍" 猜想

除了技术纽带，另外一个可能的机制是，企业风险投资的管理团队深知创新活动的漫长、艰难与不确定性（Holmstrom，1989），正所谓 "失败是成功之母"，他们相信给予被投公司更多的耐心和等待，会对其创新产品的研发有正面的强化作用。Manso（2011）指出，创新研发过程需要开展足够多的实验，因此失败的可能性也就更高，投资者对失败较高的容忍度能够为研发人员提供更多的时间与机会，从而实现最终的突破。[②]

正如前文所讲，企业风险投资的属性使得其失败容忍度更高。这主要体现在

[①] Chemmanur, T, E Loutskina and X Tian. Corporate Venture Capital, Value Creation, and Innovation [J]. *Review of Financial Studies*, 2014, 27: 2 434–2 473.

[②] Ederer 和 Manso 在 2013 年通过实验证明了对初期阶段失败的容忍、对长远阶段成功的奖励，是激励创新的最优薪酬机制。

三个方面：企业风险投资较长的基金周期能够保证创业公司有足够的时间进行漫长的创新研发；投资团队薪酬对创业公司的业绩和创新成果并不敏感；企业风险投资不以投资的财务回报为第一目标。

为了从数据层面说明企业风险投资的失败容忍度确实高于传统风险投资，我们延续之前的方法，以风险投资基金对失败公司的平均投资时间来衡量其对失败的容忍度。我们计算出 VentureXpert 中所有风险投资基金的失败容忍度，并进行分组对比。结果如表 8-9 所示。可以看出，企业风险投资的平均失败容忍度是 2.623 年，传统风险投资的平均失败容忍度是 2.458 年，二者相差两个月（0.165×12=2），并且这个差异显著存在。

表 8-9　CVC 与 IVC 的失败容忍度分组对比 [1]

失败容忍度	CVC（年）	IVC（年）	差异
平均值	2.623	2.458	0.165***
中位数	2.291	2.214	0.077***

注：计量结果括号内为稳健性标准误，*** 表示 1% 的显著性水平。

接下来，我们利用双差法研究了失败容忍度对创业公司创新水平的影响，结果如表 8-10 所示。

表 8-10　失败容忍度与公司创新 [2]

变量	上市前专利数量	上市后专利数量
双重差分结果	0.238*** （4.51）	0.514*** （7.24）

注：计量结果括号内为稳健性标准误，*** 表示 1% 的显著性水平。

从上表不难发现，风险投资基金失败容忍度的增加确实会导致被投资公司在上市前与上市后的创新产出均有显著的提升。从而验证了我们的第二个猜想：由于企业风险投资的失败容忍度更高，所以被投资公司的创新表现更好。

---

[1] Chemmanur, T, E Loutskina and X Tian. Corporate Venture Capital, Value Creation, and Innovation [J]. *Review of Financial Studies*, 2014, 27: 2 434–2 473.

[2] Chemmanur, T, E Loutskina and X Tian. Corporate Venture Capital, Value Creation, and Innovation [J]. *Review of Financial Studies*, 2014, 27: 2 434–2 473.

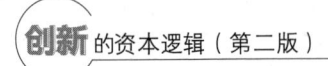

企业风险投资的中国经验证据

◇ 企业风险投资的起源与发展

中国的风险投资市场整体起步较晚。1999年7月,上海第一百货商店股份有限公司对视美乐公司投资250万元,是中国上市公司从事风险投资活动的第一个案例。根据私募通数据库的统计,中国的企业风险投资自2007年开始比较活跃,自2007年之后与传统风险投资的增长保持一致,如图8-3所示。2015年后,受资本寒冬的影响,传统风险投资的投资事件有所减少,而企业风险投资的投资事件仍然缓慢增长,2016年达到756起。

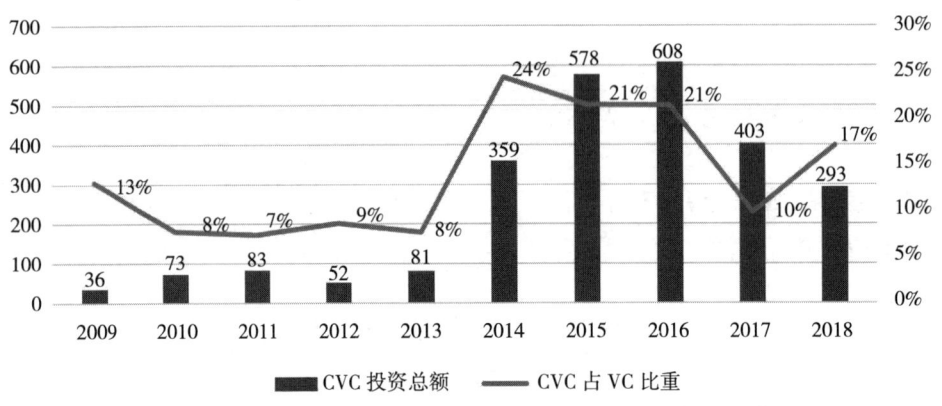

图8-3 中国CVC投资总额(亿元)及占VC的比重[1]

图片来源:《2019年企业风险投资发展报告》;数据来源:私募通。

根据清科研究《2020年中国公司创业投资(CVC)发展研究报告》[2],截至2019年,中国十大企业风险投资如表8-11所示。其中腾讯旗下CVC在数量和投资金额上皆处于领先地位。

---

[1] 图片来源:《2016年企业风险投资发展报告》; 数据来源:私募通数据库。
[2] TOP10公司创投(CVC)成绩单:5%投资事件收编50%优质公司[EB/OL]. (2017-02-05)[2020-10-10]. https://mp.weixin.qq.com/s?__biz=MjM5MjQ2NzA2Mg==&mid=2649491266&idx=1&sn=d4657c506720649878a0add5a000b8d4&chksm=bebd765b89caff4df89da09589cd02d197692c20f587694df4fd3269bb32147fcba5e3b8318b&mpshare=1&scene=1&srcid=0205bGtq0A3jCARstPND0Sjm#rd.

表 8-11 中国股权投资市场 CVC 榜单 [①]

分表 A：中国股权投资市场 CVC 投资金额 TOP10

2010–2019 累计		2019	
产业背景	投资金额（亿元人民币）	产业背景	投资金额（亿元人民币）
腾讯	2 072.77	腾讯	353.29
阿里巴巴	1 744.26	阿里巴巴	259.00
复星集团	493.56	百度	52.31
京东	399.98	蚂蚁金服	48.42
百度	366.10	丰田汽车	37.13
软银集团	283.16	SK	36.34
奇虎 360	275.67	京东	30.87
蚂蚁金服	244.98	浙江能源	30.25
苏宁集团	189.51	云南能投集团	30.25
融创中国	181.41	复星集团	26.80
总计	6 251.40	总计	904.67
占总体比例	70.7%		79.4%

分表 B：中国股权投资市场 CVC 投资案例数 TOP10

2010–2019 累计		2019	
产业背景	投资案例数（笔）	产业背景	投资案例数（笔）
腾讯	590	腾讯	80
联想集团	455	联想集团	56
复星集团	385	泰达科技	40
阿里巴巴	275	BAI	32
BAI	197	复星集团	28
温氏	193	蚂蚁金服	28
京东	182	小米	27
奇虎 360	151	阿里巴巴	26
小米	149	京东	22
百度	137	温氏	22

2020 年 7 月 17 日，全球知名的新经济产业第三方数据挖掘和分析机构艾媒咨询（iiMedia Research）发布了《2020 年中国新经济独角兽 200 强榜单》。上榜企业所

[①] 资料来源：私募通。

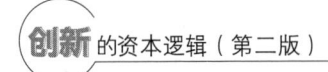

属行业覆盖金融科技、人工智能、电子商务、汽车交通、物流服务等多个领域。其中共有11家企业估值在200亿美元以上，蚂蚁金服高居第一，估值超过1500亿美元。紧随其后的字节跳动、阿里云，估值分别突破1000亿美元、700亿美元。从地区分布来看，北京、广东、上海的企业数量位居前三，分别达到66家、38家、37家。

值得一提的是，除了蚂蚁金服和阿里云，阿里旗下的菜鸟网络也跻身前五。前五名独占其三，总估值超过2700亿美元（约合人民币1.88万亿元），可见CVC孵化独角兽企业的能力之强。

迷你案例 MINI CASE

找钢网布局产业链

找钢网是目前中国最大的钢铁全产业链B2B平台，成立于2012年年初，也是我国双创企业进行私募股权投资的典型代表。找钢网作为一家成功的创业创新企业，由于自身的成功模式，吸引着其他行业的公司争相效仿。同时，找钢网凭借自身的行业经验优势，能够快速甄别潜力项目，对这些企业进行专业指导，从而在产业链上更加"游刃有余"。2015年，找钢网成立了自己的企业风险投资部门——胖猫创投。

胖猫创投主要关注与找钢网产业链具有协同作用的战略级投资项目。找钢网凭借自身的优势资源，使所投创业团队在取得资金的同时还能获得经验分享，利用互联网思维和工具实现创业公司转型升级，从而成为行业改革者。胖猫创投投资的行业多为B2B行业，其中"找"字辈B2B平台"备受青睐"，比如"找油网""找五金""找玻璃""找砖车""找焦网"。此外，云计算、SaaS和工业4.0也是胖猫创投的主投方向。

2015年7月，"找油网"获得胖猫创投520万人民币的天使轮投资，事后"找油网"创始人吕健总结，"选择找钢网作为投资人是创业后做的最正确的决定之一"。2017年8月，"找油网"已经完成3 180万美元的B轮融资。

◇ 研究现状

当前中国学者对企业风险投资的研究还比较少。孙健和白全民（2010）的研究发现，中国的企业风险投资与美国的三大特点基本一致，同样能够促进所投公司创新产出。万坤扬（2015）利用中国上市公司从事企业风险投资的数据，深入研究了这一类风险资本对科技创新和价值创造的影响机制。他发现在不同的企业风险投资项目治理结构下，投资者对创业公司创新影响的机制并不相同。具体来说，当母公司为控股型上市公司时，所投创业公司组合多元化与创业公司创新水平呈现倒 U 形关系；当母公司为非控股型上市公司时，所投创业公司组合多元化与创业公司创新水平呈现 U 形关系。因此，上市公司应结合自身特点，保持所投项目一定程度上的多元化，以促进被投公司的创新产出。

我和我的研究团队在 2017 年 12 月发布了我国第一份全面的关于中国 CVC 行业发展现状的调研报告：《2017 中国 CVC 行业发展报告》。在这份报告中，我们系统地梳理了全球和中国 CVC 投资发展的历史与现状。通过将近一年对 20 多家 CVC 的实地调研，我们选取了 6 家具有典型意义的 CVC 做出案例分析。这份报告的发布，填补了我国在 CVC 业界研究上的空白。2018 年 1 月和 2019 年 1 月，我们发布了第二版和第三版报告，持续记录我国 CVC 行业的飞速发展。

中国学者对企业风险投资及其与科技创新关系的研究目前仍远落后于美国学术界，这主要有以下几方面的原因：第一，中国的企业风险投资起步较晚，运行机制还不成熟；第二，中国的专利数据库中缺乏对引用次数的统计，导致在创新层面的研究更多使用研发支出作为关键变量，这一变量对创新的衡量效果稍逊于专利数量与引用次数。未来，针对中国特殊的资本市场、法律法规展开中国企业风险投资促进科技创新机制的研究尤为重要。

❏ 本章小结

本章分析了企业风险投资这种特殊形式的风险投资基金的特点与发展现状，并且对比研究了企业风险投资与传统风险投资对所投企业创新活动的不同影响。本章要点总结如下：

1. 企业风险投资拥有周期长、兼顾母公司战略规划、薪酬机制对所投公司业绩不敏感等特点；

2. 企业风险投资支持的公司往往与母公司以及其他被投资公司建立战略联盟；

3. 企业风险投资的失败容忍度更高；

4. 企业风险投资支持的公司在上市前后的创新表现都优于传统风险投资支持的公司；

5. 中国的企业风险投资起步晚，但发展很快，未来潜力较大。

参 / 考 / 文 / 献

[1] 万坤扬. 公司创业投资对技术创新和价值创造的影响机制研究：基于上市公司的实证分析 [D]. 浙江大学博士学位论文, 2015.

[2] 田轩等. 2017 年中国 CVC 行业发展报告, 2017.

[3] Chesbrough, H W. Making Sense of Corporate Venture Capital [J]. *Harvard Business Review*, 2002, 3: 4–11.

[4] Chemmanur, T, E Loutskina, and X Tian. Corporate venture capital, value creation, and innovation [J]. *Review of Financial Studies*, 2014, 27: 2 434–2 473.

[5] Dushnitsky, G and Z B Shapira. Entrepreneurial Finance Meets Corporate Reality: Comparing Investment, Practices and Performing of Corporate and Independent Venture Capitalists [J]. *Strategic Management Journal*, 2010, 31: 990–1 017.

[6] Dushnitsky, G and M J Lenox. When do Incumbents Learn From Entrepreneurial Ventures? [J]. *Research Policy*, 2005, 34: 615–39.

[7] Dushnitsky, G and M J Lenox. When does Corporate Venture Capital Investment Create Firm Value? [J]. *Journal of Business Venturing*, 2006, 21: 753–772.

[8] Ederer, F and G Manso. Is Pay-for-performance Detrimental to Innovation? [J]. *Management Science*, 2013, 59: 1 496–513.

[9] Fulghieri, P and M Sevilir. Organization and Financing of Innovation, and the Choice Between Corporate and Independent Venture Capital [J]. *Journal of Financial and Quantitative Analysis*, 2009, 44: 1 291–1321.

[10] Gompers, P A, A Kovner and J Lerner. Specialization and Success: Evidence from Venture Capital [J]. *Journal of Economics & Management Strategy*, 2009, 18: 817–845.

[11] Gompers, P A and J Lerner. *The Determinants of Corporate Venture Capital Success: Organizational Structure, Incentives, and Complementarities—Concentrated Corporate Ownership* [M]. University of Chicago Press, 2000: 17–54.

[12] Hellmann, T and M Puri. Venture Capital and the Professionalization of Start-up Firms: Empirical Evidence [J]. *Journal of Finance*, 2002, 57: 169–197.

[13] Holmstrom, B. Agency Costs and Innovation [J]. *Journal of Economic Behavior and Organization*, 1989, 12: 305-327.

[14] Ivanov, V I and F Xie. Do Corporate Venture Capitalists Add Value to Start-up Firms? Evidence from IPOs and Acquisitions of VC-backed companies [J]. *Financial Management*, 2010, 39(1): 129-152.

[15] Lerner, J. *The Architecture of Innovation: The Economics of Creative Organizations* [M]. Cambridge: Harvard Business Review Press, 2012.

[16] Lerner, J, Morten Sorensen, and Per Stromberg. Private Equity and Long-run Investment: The Case of Innovation [J]. *Journal of Finance*, 2011, 66: 445-477.

[17] Lindsey, L. Blurring Firm Boundaries: The Role of Venture Capital in Strategic Alliances [J]. *Journal of Finance*, 2008, 63:1 137-1 168.

[18] MacMillan, I, et al. *Corporate Venture Capital (CVC) Seeking Innovation, and Strategic Growth: Recent Patterns in CVC Mission, Structure and Investment* [M]. National Institute of Standards and Technology, U.S. Department of Commerce, 2008.

[19] Robinson, D T. Strategic Alliances and the Boundaries of the Firm [J]. *Review of Financial Studies*, 2008, 21: 649-681.

第 9 章

来自机构投资者的干预

> 一方面，机构投资者的逐利本性会给公司管理层造成股价或偿债压力，引起"管理层短视"行为而阻碍公司创新；另一方面，机构投资者在与管理层博弈中拥有更强话语权，能够消减代理人问题，重塑公司创新策略。例如，对冲基金的积极主义者会主动要求改变公司的经营策略和公司治理；银行会对违约公司进行干涉甚至接管；做空者发现价值被高估的公司并通过卖空其股票获利的意图，会产生价格压力使公司管理层更加关注公司价值塑造而非自身利益。本章以对冲基金、银行及做空者为例，分析资本市场中机构投资者的干预对企业创新的影响。

机构投资者介入

企业在资本市场中进行融资，则必然存在对手方，通过资本市场向企业进行投资，当对手方为机构时，则其为机构投资者。主要的机构投资者有共同基金、对冲基金、商业银行、投资银行、保险公司、养老基金等。机构投资者可以大致分为股权投资者和债权投资者两种。需要注意的是，此处对机构投资者的分类，是针对具体项目而言。同一机构投资者可能在项目 A 中作为股权投资者以股权方式出资，又在项目 B 中作为债权投资者以贷款形式出资。

一般而言，机构投资者资金规模更大、更专业，回报及风险要求更苛刻。鉴于以上特点，机构投资者会对企业的股票价格或偿债能力等更为关注，并在与企业的博弈中拥有更强的话语权，继而对企业的经营、投资、财务等诸多方面施加影响。

常见的股权机构投资者有共同基金、对冲基金、保险公司、养老基金等。股权机构投资者对公司常见的影响方式有以下几种途径：首先，通过在二级市场上买卖股票，用脚投票，影响股票价格。更进一步，机构投资者可以采取做空策略，通过发布公司负面信息、持有空仓等方法，打击公司股票价格。此外，股权机构投资者可以采取股东积极主义，主动参与公司治理，改变公司基本面，提升公司长期价值。股权机构投资者甚至可以通过在二级市场大量购入公司股票，采用股东积极主义的极端策略，改变公司上市状态，私有化公众公司。

常见的债权机构投资者有商业银行、投资银行财团、共同基金、养老基金等。常见的债权资产有银行贷款、公司债券等。相对于拥有公司所有权的股权机构投资者而言，债权机构投资者一般不拥有公司的经营、投资的决策权，对公司的介入能力较小。一般而言，债权机构投资者有两种介入方式。首先，在缔结债权契约时，债权机构投资者可以在契约中事先制订一系列规范措施，约束公司在债务存续期间的经营、投资、融资行为。此外，当公司出现债务违约时，债权机构投资者可以接管公司，以保证债务得以偿付。极端情况下，债权机构投资者甚至可以对公司进行破产清算。

长久以来，无论是债权机构投资者还是股权机构投资者，对公司经营的干预都广受争议。其中最具代表性的观点是：机构投资者带来的股价压力或是偿债压力，会造成"管理层短视"问题，从而损害公司的长期价值创造。持此观点的代表人物为 Laurence Fink——全球最大机构投资者贝莱德（BlackRock）集团主席及 CEO。

与此对立的观点则认为，机构投资者能够有效缓解现代公司由于所有权与经营权分离而造成的管理层"代理人问题"。由于缺乏来自分散的公司所有者的有效监督，管理层可能会出于自身利益的考虑而进行损害公司利益的投资与经营决策。而来自机构投资者的强势介入，则能够起到约束管理层的作用，进而有助于公司的价值创造。

双方争执的焦点在于机构投资者对公司长期价值创造的影响。解决这一问题的关键之一，在于如何衡量"管理层短视"，以及机构投资者的介入对于"管理层短视"境况的改善。综合科技进步与创新对公司长期价值创造和经济增长的重要作用（Romer, 1986）以及指标的可得性与可用性，传统文献中通常采用公司研发支出作为"管理层短视"程度的衡量标准之一。若公司研发支出较高，可以认为管理层更重视公司长期的价值增长。相反，若公司研发支出过低，可以认为管理层过于

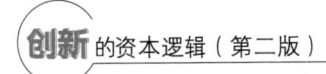

关注当下，"短视"情况严重。

经济学家小传
MINI BIOGRAPHY

保罗·罗默（Paul Romer）

美国著名经济学家，纽约大学斯特恩商学院教授。他的名字和"内生增长理论"是紧紧联系在一起的。传统索洛模型指出技术进步是经济增长的关键，但技术在模型中被视为外生变量，索洛模型并不能解释技术是怎样被决定的。罗默对这一问题进行了深入思考，并发表了若干经典论文。1986 年，罗默在著名的 *Journal of Political Economy* 发表的开创性论文中，提出了知识外溢模型，在模型中他把知识作为要素投入到生产中，导致了规模报酬递增，从而导致了经济的持续增长。1990 年，罗默在同一期刊上发表了"内生技术变迁"一文，在文章中罗默进一步讨论了这个问题。罗默和一系列学者对经济增长的动力给出了内生化的解释，人们通常把这些理论称作"内生增长理论"。

罗默拥有芝加哥大学数学学士和经济学博士学位。在加入纽约大学之前，他曾在罗切斯特大学、芝加哥大学、加州大学伯克利分校、斯坦福大学商学院任教。在斯坦福大学期间，他曾短暂地离开学术界并创立在线教育公司 Aplia，在这个网站上学生提交的作业答案已超过 10 亿份。从 2016 年开始，罗默担任世界银行首席经济学家兼高级副总裁。

然而，以研发支出衡量"管理层短视"存在很大的缺陷。首先，研发支出只描述了企业对长期价值投入中可见且可量化的一种特定类型。除财务报表披露的研发支出外，还存在许多可能更重要的长期投入要素，如企业风险投资、人力资本配置、内部激励、创新关注度等。此外，研发支出对于会计准则极为敏感，如资本化研发支出还是费用化研发支出会极大地影响最终被披露的规模。最后，在通用的企业财务数据库（如 Compustat）中，研发支出数据缺失严重且准确度有限，为研究引入了明显的测量偏差。

针对这一挑战，我们采用企业的专利产出作为"管理层短视"的衡量标准。首先，专利是现代企业最为关键的长期无形资产，专利产出不仅包含了企业对长期价值创造显性的投入，也包含了至关重要的隐性投入，以及这些投入的使用效率。此外，通过对专利数量、质量、原创程度、通用程度、股价反应的分析，企业长期价值创造的实际成果得以衡量。若只依赖企业披露的长期资产投资，难以区分引起投资变动的是"管理层短视"还是企业投资策略的调整。

由于机构投资者众多,本章选取对冲基金积极主义者、银行介入、卖空者三种类型的机构投资者干预,分别研究它们对企业专利产出的影响,探讨机构投资者干预对企业长期价值创造的影响。

对冲基金积极主义者

股东积极主义是一种通过行使股东权而向公司管理层施压的投资策略。积极股东希望通过影响公司的决策,实现自己的诉求。对冲基金积极主义者是股东积极主义的一个具体表现,指对冲基金公开交易公司股份,并且影响公司治理政策的投资策略。

迷你案例
MINI CASE

新浪董事会遭对冲基金"逼宫"

Aristeia Capital 是一家总部位于康涅狄格州的对冲基金,也是新浪的第五大股东。2017 年 9 月 18 日,Aristeia Capital 向新浪董事会建议增选 Thomas J. Manning 和 Brett H. Krause 两名独立董事。Aristeia 认为,新浪市值较账面价值存在 41% 的折价,很大程度是因为公司的治理不善造成的,在多年谈判无果后,决定提名两名董事会候选人。Aristeia 还提出了多项提议,包括新浪将自身出售,或者出售微博的股份。此外,它还提出反向合并提议,让微博收购新浪。针对 Aristeia 的逼宫,新浪回应称,它将继续与这家对冲基金进行谈判,但表示,仅持有新浪 3.5% 股份的 Aristeia Capital 在追求一项"短期且自私的议程"和一个"无知的战略"。新浪补充称,不会允许 Aristeia 提名的两位候选人进入董事会。[①] 2017 年 11 月 3 日,新浪股东大会就 Aristeia Capital 提名的独立董事人选进行表决,两名独立董事候选人未获得足够票数。

已有文献对对冲基金在影响目标公司短期绩效方面的研究发现,对冲基金积

---

① 新浪遭激进投资者逼宫,要求其出售微博股份或回购股票[EB/OL]. (2017-09-20) [2020-10-10]. http://www.hqrw.com.cn/2017/0920/69171.shtml.

极主义者能够使股票短期超额收益达到7%。但在长期时间窗口内，对冲基金积极主义者对目标公司的绩效影响并没有得出清晰的结论。企业创新作为一项最重要的长期投资活动，会受到对冲基金积极主义者什么样的影响，是我们关注的关键问题。

◇ **两种假说**

"价值损害"假说。企业创新活动由于其特有的高度不确定性和不可预见性，其失败风险颇高（Holmstrom, 1989）。由于创新的不可预见性，管理层可能会采取对企业长期发展不利的投资策略——只关注企业短期利益，以缓解对冲基金积极主义者对管理层施加的业绩压力。在此种假说下，对冲基金积极主义者将减少企业的创新活动。

"价值创造"假说。根据委托代理理论，管理层对创新活动的投资可能出现投资不足和过度投资两种情况。有两个主要原因导致管理层倾向于过度投资。第一，特定的投资活动能够巩固管理层地位（Scharfstein and Stein, 2002）。第二，管理层能够从中获取声誉，从而助力自身职业生涯（Gompers, 1996），如大规模投资超前技术，以赢得市场的关注及青睐。与此相反，由于可以购买其他公司的股票而分散风险，股东可能希望公司提高自身研发投入，从而形成管理层投资不足。

在这两种假说下，对冲基金的积极介入对企业创新活动的影响无法得到定论。

◇ **实证研究发现**

我和美国杜克大学教授Alon Brav、哥伦比亚大学教授Wei Jiang、耶鲁大学助理教授Song Ma于2018年发表在 Journal of Financial Economics 的文章"对冲基金积极主义者如何重塑企业创新？"中，对以上两个可能的假说进行了验证。

在文章中，企业创新采用企业的专利情况度量，数据主要来自NBER和USPTO所提供的专利引用数据库，包含了公司从1991年到2010年的专利授予和专利引用数据。此外，发明人员流动相关数据来自哈佛大学商学院专利与发明人数据库，包含了1991年至2010年专利发明人与专利权人的从属关系。专利交易相关数据来自UPSTO专利交易记录数据库。

为了更好地度量上市公司的创新产出状况，我们从创新产出数量和质量两个维度进行了度量。第一个维度我们仍采用公司申请且最终被授予的专利数量，用专利申请年作为专利年份。质量维度我们选取了四种指标：第一种，该专利受到其他专利的引用次数，用以度量专利的影响力；第二种，该专利引用的其他专利所处技术类别的种类数，用以度量专利的原创性；第三种，引用该专利的其他专利所处技术类别的种类数，用以度量专利的通用性；第四种，专利授权带来的公司市值变动。由于一个专利的研发周期通常较长，我们在回归时将当年的公司特征因素对应公司3年后的创新变量进行分析。

对冲基金积极主义者相关的数据则主要基于Brav等（2008）的工作，涵盖从1994年到2007年的时间范围。按照美国法律规定，当投资者持有某公司的可公开交易的证券超过5%，并意图影响公司决策时，需要向美国证券交易委员会（SEC）递交13D文件。在Brav等（2008）的研究中，对冲基金每递交一次13D文件，被归类为一次对冲基金积极主义者事件。我们进一步根据新闻提供的信息，补充了持有市值10亿美元以上的大中型企业2%到5%份额的对冲基金积极主义者事件。

为了更好地解决遗漏变量等内生性问题，我们首先利用双重差分法，以对冲基金积极主义者事件为冲击，研究实验组与对照组在冲击之后的创新成果差别。发生对冲基金积极主义者介入的上市公司作为实验组。对实验组内每一家上市公司，我们根据年份、行业、市值规模、市净率、资产回报率找到另一家公司作为对照。此外，我们在回归中加入了上市公司的规模、成立时间等控制变量，同时对公司固定效应以及年份固定效应进行了控制。回归的结果如表9-1所示。

表9-1 对冲基金积极主义者与企业创新（DID，全样本差值估计）[1]

变量	研发支出（1）	专利数量（2）	专利引用次数（3）	专利原创性（4）	专利通用性（5）	创新价值（6）
双重差分结果	−11.007***	0.151***	0.155***	0.027***	0.009	12.260*
	(−3.086)	(3.711)	(3.071)	(2.816)	(1.109)	(1.784)
控制变量	是	是	是	是	是	是
固定效应	是	是	是	是	是	是
样本量	9 817	9 817	9 817	3 218	2 763	3 218

注：计量结果括号内为T值，***、*分别表示1%、10%的显著性水平。

---

[1] Brav, A, W Jiang, S Ma and X Tian. How does Hedge Fund Activism Reshape Corporate Innovation? [J]. *Journal of Financial Economics,* 2018, 130(2): 237–264.

通过上表可以发现，对冲基金积极主义者介入虽然会减少上市公司的研发支出，但也会显著提升创新产出数量和质量。这说明，对冲基金积极主义者介入后，上市公司的创新效率得以大幅提升，更专注于影响力高、原创程度高的创新项目。然而创新成果的通用性并未得到提高，说明对冲基金积极主义者并不会使公司更关注基础的、底层的和通用性强的研发项目。此外，专利也使公司价值得以提升，说明对冲基金积极主义者使公司进行的创新项目更有助于公司长期价值的塑造。

通过上文的分析，我们发现在美国的资本市场中，对冲基金显著提升了上市公司的创新效率。然而通常认为，对冲基金并不具备上市公司所在技术领域所需的专业知识，且在要求主动介入时，往往不会以提升公司创新水平为目标。那么对冲基金积极主义者到底是怎样影响上市公司创新的呢？我们对此问题进行了进一步的研究。

◇ **作用机制——聚焦核心业务领域**

首先，我们从对冲基金介入前后，上市公司创新聚焦程度的变化，分析对冲基金积极主义者的影响。

关于上市创新策略，我们选取三项指标来衡量。第一项为多样性，衡量企业创新活动在不同技术范围内的集中程度（Custódio, Ferreira and Matos，2013）。第二项为探索性，衡量企业的创新活动更多是基于企业自有知识，还是基于新知识（Manso，2013）。第三项为相关性，衡量不同技术类别之间的相关程度，以及某一专利与企业其余专利技术上的相关程度（Akcigit 等，2016）。

Akcigit 等（2016）研究发现，当专利与上市公司技术特长及核心业务更加相关时，专利对企业价值的提升作用更显著。与此同时，Brav, Jiang 和 Kim（2015a）研究发现，对冲基金积极主义者倾向于敦促上市公司"瘦身"、削减无效益及边缘业务、分拆业务板块、实施反对多样化战略。因此，我们期待原本创新更为分散的上市公司，能够在对冲基金积极主义者作用下重新聚焦，进而提升创新效率，增加企业价值。

接下来，我们引入哑变量，度量上市公司当年专利在技术上的分散程度。研究专利分散程度高于或低于平均水平时，对冲基金积极主义者对上市公司创新的影响是否不同。结果如表9-2所示。

表9-2 对冲基金积极主义者影响创新的作用机制——聚焦核心业务领域（1）[①]

变量	专利数量		专利引用次数	
	高分散度	低分散度	高分散度	低分散度
双重差分结果	0.232***	0.062	0.218**	0.092
	(4.817)	(1.201)	(3.559)	(1.628)

注：计量结果括号内为T值，***、**别表示1%、5%的显著性水平。

从上表可以发现，无论从专利数量还是从专利质量方面，对冲基金积极主义者对创新较为分散的上市公司的正面影响均比较大。这一发现与我们的猜想一致：若对冲基金积极主义者确实能够帮助企业聚焦创新活动，则原本创新活动较为分散的企业会得到更大提升。

接下来，我们进一步将企业创新成果分为核心业务领域创新成果、非核心业务领域创新成果两大类，分别进行双重差分法回归，从而研究对冲基金积极主义者介入后，上市公司创新成果的增加是否主要集中于自身的关键技术领域。

表9-3 对冲基金积极主义者影响创新的作用机制——聚焦核心业务领域（2）[②]

变量	核心领域				非核心领域			
	数量	引用次数	探索性	相关性	数量	引用次数	探索性	相关性
双重差分结果	0.194***	0.182***	0.040***	−0.045	−0.028	0.027	−0.028	0.016
	(4.469)	(3.444)	(2.671)	(2.671)	(−0.525)	(0.503)	(−0.401)	(0.257)

注：计量结果括号内为T值，***表示1%的显著性水平。

从表9-3可以看出，从专利数量、专利影响力、专利相对于公司原本技术的探索程度分析，对冲基金积极主义者的影响都集中于与公司业务及技术紧密相关的核心业务领域。而无论在核心业务领域还是在非核心业务领域，对冲基金积极主义者都对创新的相关性，即专利与公司原有技术储备的相关程度影响不大。

因此我们可以得到结论，对冲基金积极主义者会使公司把内部资源集中在关键领域，从而导致创新效率的提高。

[①] Brav, A, W Jiang, S Ma and X Tian. How does Hedge Fund Activism Reshape Corporate Innovation? [J]. *Journal of Financial Economics,* 2018, 130(2): 237–264.

[②] Brav, A, W Jiang, S Ma and X Tian. How does Hedge Fund Activism Reshape Corporate Innovation? [J]. *Journal of Financial Economics,* 2018, 130(2): 237–264.

◇ **作用机制——专利配置**

我们还发现对冲基金积极主义者会对专利进行再次配置——出售非关键领域的专利成果,使这些专利成果流动到主营业务与该专利更加匹配的公司中,专利资产进一步被优化配置。具体表现是流通后的专利会得到更多引用,专利所在行业的专利利用效率会得到提高,从而提高创新效率。

如果对冲基金介入,会通过重新划定企业创新边界,尤其是选择性的专利出售,来提升企业创新效率,那么在对冲基金介入后,与企业核心领域不相关专利的出售就会明显增加。我们从两方面验证这一猜想。第一,我们将企业专利出售及购买比例作为因变量,探究对冲基金介入对企业专利交易的影响。第二,我们探究专利与企业核心领域距离与其被出售概率之间的关系,其中距离的度量方式同Akcigit(2013)。得到的结果如表9-4所示。

表9-4 对冲基金积极主义者影响创新的作用机制——专利配置[①]

分表A:专利交易(DID)

变量	专利出售比例	专利购买比例
双重差分结果	0.691**	0.084
	(2.428)	(0.633)

分表B:专利出售决定因素

变量	被出售概率
专利与企业核心领域距离	−0.260***
(对冲基金介入前)	(−4.444)
专利与企业核心领域距离	0.283***
(对冲基金介入后)	(4.723)

注:计量结果括号内为T值,***、** 分别表示1%、5%的显著性水平。

从上表可以发现,在对冲基金介入后,企业专利的出售比例明显上升,然而专利的购买比例没有显著变化。此外,与企业核心领域关系不密切的专利被出售的概率,较对冲基金介入前明显增加。这一发现与我们的猜想一致。

[①] Brav, A, W Jiang, S Ma and X Tian. How does Hedge Fund Activism Reshape Corporate Innovation? [J]. *Journal of Financial Economics,* 2018, 130(2): 237-264.

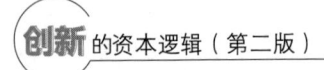

◇ 作用机制——人力资本配置

通过对研发人员的重新部署和安排，对冲基金积极主义者使公司研发人员的效率更高。同时，研发人员的流动也会使人力资本在整个行业重新优化配置，从而提高创新效率。

根据Bernstein（2015）的研究，我们使用哈佛大学商学院专利与发明人数据库数据，并将研发人员分为三类：离职者、新雇员、留任者。我们分两步探究对冲基金积极主义者如何重新配置人力资本。第一步，我们采用双重差分法验证对冲基金积极主义者是否会增加研发人员的流动性。从表9-5中可以看出，对冲基金积极主义者介入之后，企业研发人员的流动性明显增加，表现为研发人员离职数量以及新雇佣研发人员数量的增加。

表9-5 对冲基金积极主义者影响创新的作用机制——人力资本配置（1）[①]

变量	核心领域			
	离职者	离职者	新雇员	新雇员
双重差分结果	0.067*	0.062*	0.081***	0.086***
	（1.831）	（1.664）	（2.925）	（3.184）
公司固定效应	否	是	否	是

注：计量结果括号内为T值，***、*分别表示1%、10%的显著性水平。

接下来，我们跟踪了对冲基金介入后三类研发人员的生产力变化，如表9-6所示。可以看出，在对冲基金积极主义者介入后，无论是专利数量还是专利引用次数，实验组的留任研发人员的生产力较对照组的留任研发人员均得到了显著的提升。类似地，实验组的离职研发人员的生产力较对照组的离职研发人员也得到了显著的提升。这说明，对冲基金积极介入后，使离职者在离职之后，能够找到更适合的新雇主，提升创新生产力。与此同时，对冲基金积极主义者介入后，新雇佣研发人员使企业专利产出数量得以增加，但专利产出质量上的提升并不显著。

[①] Brav, A, W Jiang, S Ma and X Tian. How does Hedge Fund Activism Reshape Corporate Innovation? [J]. *Journal of Financial Economics,* 2018, 130(2): 237-264.

表 9-6 对冲基金积极主义者影响创新的作用机制——人力资本配置（2）[①]

变量	专利数量			专利引用次数		
	留任者	新雇员	离职者	留任者	新雇员	离职者
双重差分结果	1.088***	0.763**	1.21*	1.958***	0.510	3.239*
	(8.096)	(2.418)	(1.867)	(7.380)	(1.381)	(1.881)

注：计量结果括号内为 T 值，***、**、* 分别表示 1%、5%、10% 的显著性水平。

银行介入

银行是金融市场中最为重要，也是受到监管最为严格的机构之一。因此，无论是投资者、监管者，还是股东，都希望能够回答银行介入如何影响企业的长期价值创造这一问题。但作为债权人，银行一般不会介入企业日常经营，因此很难精确评估银行对企业长期价值创造及创新的因果效应。然而，一旦企业涉及债务违约，企业控制权将从股东手中转移至债权人手中。Ozelge 和 Saunders（2012）指出，当企业违反债务条约时，债权人将会对企业施加巨大的影响力，以保护自己的债权资产，如减少企业资本支出、新债发行、并购、分红，强化企业财务及流动性监控，甚至更换管理层。因此，在债务重组期间，银行能够直接影响企业的经营决策（Sufi，2007），包括企业创新。

迷你案例
MINI CASE

乐视疯狂盛宴的终点

2017 年 6 月 26 日，招商银行上海川北支行依法申请资产保全乐视抵押物，乐视被上海市高级人民法院裁定冻结、查封、扣押诸多财产。这只是乐视债务危机酝酿演化的结果之一。以视频网站为核心业务的乐视，自 2010 年上市，7 年时间里，累计融资 300.77 亿元。海量资金投向乐视超级汽车——被誉为最具颠覆性意义的互联网电动汽车，也被视为未来汽车的趋势。2017 年 5 月 21 日，贾跃亭申请辞去乐视网总经理职务，专任董事长一职，乐视网总经理职务改由梁军担任。2017 年 7 月 6 日，贾跃亭提出将辞去乐视网董事长一职，同时辞去董事会提名委员会委员、

[①] Gu, Y, C X Mao and X Tian. Bank Interventions and Firm Innovation: Evidence from Debt Covenant Violations [J]. *Journal of Laws & Economics,* 2017, 60(4):637–G71.

审计委员会委员、战略委员会主任委员、薪酬与考核委员会委员的相关职务，辞职后将不再在乐视网担任任何职务。

◇ 两种假说

当企业出现债务违约，银行接管控制权后将会优先保证偿付企业自身的债务及利息。因此，银行有可能强迫企业将长期的、风险较高的创新项目，置换为短期的、现金流更加稳定的项目。这种调整可能会导致企业创新活动减少，但在另一方面，也可能消除企业管理层"代理人问题"，提升企业价值。

进一步分析得到银行的介入可能产生两种不同的潜在结果。

一方面，银行介入会导致企业创新活动的减少，可能损害企业价值。首先，由于公司收入的偿付结构，当创新成功时，债权人不会享受公司的超额收益，却需要承担创新失败时的风险。Stiglitz（1985）就曾指出，由于未来收益的不确定性与波动性，创新型公司并不适合进行债务融资。其次，由于创新活动存在巨大的信息不对称性，因此公司不容易就创新项目获得外部投资者的信任。而银行由于与公司存在长期合作关系，信息不对称程度较小，因而最容易成为公司创新活动的投资方。在这种情况下，银行可以利用其优势地位要求更高回报率。Hellwig（1991）和 Rajan（1992）指出，过于强势的银行可能以收取信息租金的形式扼杀企业的创新活动。

另一方面，根据 Jensen（1986）的研究，银行的介入可能会减轻管理层的"代理人问题"，从而提升企业价值。由于管理层与股东利益并不完全一致，管理层可能会为了巩固个人地位、提升个人知名度、攫取经济利益、过度自信等原因，投资低效率的创新项目。在这种情况下，如果银行的介入能够削减管理层的不当投资，那么企业的长期价值将会得到巩固。

经济学家小传
MINI BIOGRAPHY

迈克尔·詹森（Michael Jensen）

美国著名经济学家，哈佛大学商学院教授。詹森教授拥有芝加哥大学金融学 MBA 和经济学、金融学、会计学博士学位。在罗切斯特大学任教后，他于 1985 年加入哈佛商学院并任教至今。詹森教授在资本市场理论和公司金融理论方面都做出了奠基性的贡献。以他的名字命名的"詹森指数"已经成为评价基金超额收益的标准指数，而他和威廉·麦克林于 1976 年发表在 The Journal of Financial Economics 上的文章"企业理论：经理行为、代理成本与所有权结构"已经成为资本结构理论和现代企业理论最经典的文章之一。他还是金融学三大顶级期刊之一——The Journal of Financial Economics 的联合创始人。詹森教授拥有诸多头衔，他曾担任美国金融学会主席，也曾被 Fortune Magazine 评为"年度 25 个最有吸引力的企业家"之一。

◇ 实证研究发现

我和西新英格兰大学助理教授 Yuqi Gu 以及天普大学副教授 Connie X. Mao 发表在 Journal of Laws & Economics 的文章"银行干预与企业创新：基于债务违约的证据"便对以上两个可能的假说进行了验证。

在文章中，债务违约的数据援用 Nini、Smith 和 Sufi（2012）研究中所构建的数据库。Nini、Smith 和 Sufi（2012）基于 10-K 或 10-Q 文件[①]，搜集了从 1996 年到 2008 年 10 537 家美国非金融企业的债务违约记录。企业财务数据来自 Compustat 数据库，机构投资者持股比例来自 Thomson's CDA/Spectrum。在整合债务违约、财务数据、机构投资者持股比例三类数据后，我们最终得到了 8 931 家企业的数据，其中 2 400 家企业曾发生过至少一次债务违约，占比 26.9%。专利数据同上一节，来自 NBER 及哈佛大学商学院专利与发明人数据库。

我们首先利用普通最小二乘法回归分析了银行介入与上市公司创新之间的关系，在回归中加入上市公司的规模、固定资产、资本支出、产品市场竞争程度、机构投资者持股比例、托宾 Q 值等指标。除此之外，我们根据 Nini、Smith 和 Sufi（2012）的方法，引入债务规模、利润率、净资产、流动比率、利息开支等变量，控制公司本身负债情况。我们同时控制了公司固定效应以及年份固定效应，基础回归的结果如表 9-7 所示。

[①] 美国证券交易委员会要求上市公司提供阶段性的财务报表，10-K：年度报表；10-Q：季度报表。

表 9-7 银行介入与创新（OLS）[1]

分表 A：均值对比

变量	违约公司均值	未违约公司均值	差别	P 值
专利数量	1.75	3.53	−1.78***	0.00
专利引用次数	否	否	是	是
研发支出/总资产	否	是	是	是

分表 B：OLS 回归结果

变量	专利数量 $_{t+1}$	专利引用次数 $_{t+1}$	专利数量 $_{t+1}$	专利引用次数 $_{t+1}$
银行介入	−0.014*	−0.021	−0.015**	−0.017
	(0.058)	(0.104)	(0.047)	(0.213)
控制变量	否	否	是	是
固定效应	是	是	是	是
样本量	61 866	61 866	53 758	53 758

注：计量结果括号内为稳健性标准误，***、**、*分别表示1%、5%、10%的显著性水平。

从回归结果我们可以发现，银行介入与企业创新产出的数量呈负相关关系，但对以专利引用次数衡量的专利质量影响并不显著。我们对此进行了进一步的探究，通过分析银行介入对企业创新影响在时域上的动态变化，一定程度上验证了这一影响的因果性，具体做法如下：给定年份，发现企业当年的创新产出受1年或2年后银行介入的影响并不显著。然而当年的银行介入以及1年和2年前的银行介入，对企业创新产出有显著的负面影响。OLS回归的结果如表9-8所示。

表 9-8 银行介入与创新（动态）[2]

变量	专利数量	专利引用次数
2年后的银行介入	0.009	−0.016
	(0.308)	(0.335)
1年后的银行介入	−0.007	−0.015
	(0.448)	(0.420)

---

[1] Gu, Y, C X Mao and X Tian. Bank Interventions and Firm Innovation: Evidence from Debt Covenant Violations [J]. *Journal of Laws & Economics*, 2017, 60(4):637–G71.

[2] Gu, Y, C X Mao and X Tian. Bank Interventions and Firm Innovation: Evidence from Debt Covenant Violations [J]. *Journal of Laws & Economics*, 2017, 60(4):637–G71.

（续表）

变量	专利数量	专利引用次数
当年的银行介入	−0.020*	−0.022
	（0.061）	（0.239）
1 或 2 年前的银行介入	−0.024***	−0.002
	（0.018）	（0.893）

注：计量结果括号内为稳健性标准误，***、* 分别表示 1%、10% 的显著性水平。

然而简单的 OLS 分析，可能存在严重的内生性问题——存在隐藏变量可能同时影响企业创新和由于债务违约而导致的银行介入。同时还可能存在反向因果的问题——创新潜力较差的公司，可能基本面也不甚理想，从而导致债务违约和银行介入。因此，我们不能通过上述 OLS 过程，得出银行介入与创新产出存在因果关系的结论。

◇ 因果关系分析

为解决上述潜在的内生性问题，验证银行介入对企业创新存在因果关系，我们采用了断点回归方法。使用断点回归方法的依据是，当企业已经处于债务违约阈值附近时，其最终是否真正发生违约，很大程度上近似于外生的、独立的随机事件，与企业自身的特质无关。因此，我们可以通过将样本限定于那些财务指标处于违约附近的企业，包括最终发生以及未发生违约的企业。通过对比样本中最终未发生违约与最终发生违约的企业在创新上的区别，得出银行介入对企业创新的影响是否是因果效应。

我们重新构建了样本数据集以满足断点回归的要求。我们选取从 1996 年至 2008 年披露财务约束指标的银行贷款。进一步，根据 Chava 和 Roberts（2008）的方法，在债务条约中，流动比率和净资产是最重要的财务约束指标。因此我们选取流动比率及净资产率来衡量企业与债务违约的距离。整合及清理后的数据库最终包含 1 642 家企业，其中 26% 的企业至少发生过一次债务违约。

断点回归方法要求企业不能精确操控自身在断点附近的位置。这意味着，在违约点附近企业的流动比率和净资产率等财务指标的概率密度分布应是连续的。对此，我们根据 McCrary（2008）的研究做了验证。验证发现在违约点附近企业的流动比率和净资产率等财务指标的概率密度分布是连续的，符合断点回归方法假设。

根据已有文献，我们在断点回归中引入多项式项，来度量企业距离债务财务约束阈值的距离，实证结果如表9-9所示。

表9-9　银行介入与企业创新（RDD）[1]

变量	专利数量$_{t+1}$ （1）	专利引用次数$_{t+1}$ （2）	专利数量$_{t+1}$ （3）	专利引用次数$_{t+1}$ （4）
银行介入	−0.054*	−0.039	−0.057**	−0.040
	（0.022）	（0.321）	（0.030）	（0.348）
控制变量	否	否	是	是
固定效应	是	是	是	是
样本量	7 288	7 288	6 280	6 280

注：计量结果括号内为稳健性标准误，**、* 分别表示5%、10%的显著性水平。

通过表9-9可以发现，在利用断点回归方法解决内生性问题后，银行介入对上市公司创新产出数量的负面影响依然显著存在，而对创新产出质量的影响仍然不显著。此时我们可以说银行介入会导致公司创新产出数量下降，但对创新质量无影响，可以确认因果关系存在。我们还选取处于财务约束阈值附近的样本作为子集进行稳健性检验，得到了一致的结果。

根据假设，管理层"代理人问题"越严重的企业，在银行介入后，企业创新将受到的影响越大。我们发现，银行介入导致企业创新产出数量下降这一现象，只存在于管理层"代理人问题"严重的企业，如无信用评级、与贷款主导银行无前序合作、小规模贷款银行财团，对上述三种情形的异质性实证检验如表9-10所示。

表9-10　银行介入与创新（异质性）[2]

变量	专利数量$_{t+1}$	专利数量$_{t+1}$	专利数量$_{t+1}$
有评级	−0.040		
	（0.354）		
无评级	−0.061**		
	（0.024）		

---

[1] Gu, Y, C X Mao and X Tian. Bank Interventions and Firm Innovation: Evidence from Debt Covenant Violations [J]. *Journal of Laws & Economics,* 2017, 60(4):637-G71.

[2] Gu, Y, C X Mao and X Tian. Bank Interventions and Firm Innovation: Evidence from Debt Covenant Violations [J]. *Journal of Laws & Economics,* 2017, 60(4):637-G71.

（续表）

变量	专利数量$_{t+1}$	专利数量$_{t+1}$	专利数量$_{t+1}$
有合作		−0.048	
		(0.117)	
无合作		−0.064**	
		(0.022)	
大规模			−0.025
			(0.470)
小规模			−0.072***
			(0.007)

注：计量结果括号内为稳健性标准误，***、** 分别表示1%、5%的显著性水平。

从表9-10可以看出，在无信用评级、与贷款主导银行无前序合作、小规模贷款银行财团等情况下，银行介入对企业创新产出数量的影响都更大，与理论预期一致。

◇ **经济意义及作用机制**

银行介入引起的企业创新产出变动，体现在企业价值上究竟是怎样的呢？

在前文中，我们提出两种假说："价值创造"和"价值损害"。"价值创造"假说对应于银行作为强势外部方，介入公司管理、约束"代理人问题"，从而增加企业价值。"价值损害"假说对应于银行作为债权人，在接管企业后以损害股东的方式巩固自身利益。

我们的研究发现，减少的专利集中于非企业核心领域的创新项目。与此同时，同企业核心领域紧密相关的创新项目并未受到显著影响。总体而言，银行的介入使企业的创新更加聚焦于核心业务领域。考虑到非核心业务领域的创新活动可能存在管理层"代理人问题"，从而损害企业价值，我们预期创新活动的聚焦，将会提升企业价值，实证结果证实了我们的这一猜想。

此外，我们发现人力资本的重新配置可能是银行减少非核心业务领域创新活动继而提升企业价值的重要机制。核心业务相关领域内，在银行介入后离开企业的研发人员，相较于银行介入后的留任者或新招聘的研发人员，创造的专利更少。说明发生债务违约的企业在银行介入后，会替换掉产出低的研发人员。此外，银行介入后，选择继续留在公司的研发人员，相对于未违约企业的留任者，其创新成果中与核心业务领域相关的比例更高。

做空者的"威胁"

关于做空者对企业的影响，学术界、业界、政策制定者们争论了几十年。批评者们认为做空者会对证券价格带来负面影响、放大市场波动、损害投资者对实体经济的信心。支持者们认为做空者能够提升市场效率、促进价格发现，并能通过其信息中介的作用，约束企业的不当行为，例如 2016 年浑水公司对于辉山乳业的沽空事件。

迷你案例 MINI CASE

浑水沽空辉山乳业

浑水调研公司（Muddy Waters Research）成立于 2010 年，是一家总部在美国的匿名调查机构，主要针对上市的中国公司发布质疑调查报告。"浑水"取自中文成语"浑水摸鱼"，意喻公司的目的是抓住"浑水摸鱼"的中国概念股公司。2016 年，浑水公司发布报告，指控辉山乳业存在财务造假、杠杆过高、资金挪用等问题，辉山乳业紧急停牌，董事长大量增持公司股票以缓解下跌压力。2017 年 3 月 24 日，公司股价暴跌，较前日收盘价跌 85%，也创造了港交所史上最大的跌幅。浑水公司调查后认为，辉山乳业虚报其牧草供应来源，夸大毛利润；通过招股书数据以及行业专家意见，浑水公司认为辉山乳业夸大资本开支，为现金存量不匹配提供借口；浑水公司还指控辉山乳业董事长涉嫌转移资产。面对浑水公司的指控，辉山乳业也先后发布了两份公告回应，否认相关的指控。之后，深交所将辉山乳业调出港股通股票名单。此后，公司的重要高管失去联系，并出现数笔银行贷款还款延迟的现象。这家半个世纪前成立的乳制品企业，在经历资本空头的高压后，面临高度的债务压力，债务重组之路充满艰辛。

然而，由于内生性问题的影响，辨认做空者对实体经济的因果效应非常困难。一方面，可能是做空者的出现导致了一些企业出现某些特征；另一方面，也可能是一些企业的这些特征吸引了做空者。

幸运的是，美国证券交易委员会为我们提供了一个绝佳的类自然实验。2004

年之前，美国股票市场禁止在股价下跌时卖空股票（提价交易规定，Uptick Rule）。2004 年 7 月，美国证券交易委员会颁布了一项针对卖空者的新规定。美国证券交易委员会随机选取了一批公司，宣布取消这部分公司的提价交易规定。与此同时，其余公司保持原规定不变。由于提价交易规定极大地增加了做空者的成本，因此我们可以认为提价交易规定的取消，降低了做空公司股票的门槛，从而对公司形成更高的做空压力。由于证券交易委员会随机选取公司，公司面临的做空压力变化与公司原本特质不相关。因而借助此次类自然实验，我们得以研究做空压力的因果效应。

我与美国佐治亚大学副教授 Jie He 的一篇工作论文基于此背景，从做空者与企业长期价值塑造这一问题切入，试图进一步完善人们对做空利弊的认识。

直观而言，做空者陡然增加上市公司股票承担的价格压力，进而加强管理层对短期目标的追求，会使"管理层短视"问题更为严重。如 Graham, Harvey 和 Rajgopal（2005）针对 401 家美国上市公司 CFO 调研得到的结论，78% 的管理层会为短期目标牺牲长期价值。我们称此为"短期股价压力假说"。但也存在另一种可能，做空者能够有效约束管理层，从而削弱"代理人问题"带来的长期价值损失。当管理层出于个人利益的考虑而造成公司价值损失时，做空者的信息披露，以及随后对公司股票价格的攻击，可能会造成普遍的市场负面反应，继而对管理层造成压力，甚至强迫管理层更换。管理层面临做空者的威胁，不得不收敛中饱私囊的行为，更加专注于企业长期价值的创造。我们称此为"约束假说"。

为验证上述假说，我们使用公司专利作为企业长期价值创造的指标，采用双重差分法，对比 2004 年被美国证券交易委员会解除提价交易规定的公司与未解除提价交易规定的公司，在 2004 年后专利质量上的区别。引入一系列控制变量、行业固定效应、年份固定效应后，双重差分法结果如表 9-11 所示。

表 9-11　做空者压力与创新（OLS）[1]

变量	专利引用次数（1）	市值（2）	原创性（3）	通用性（4）
双重差分结果	0.051***	0.034***	0.012*	−0.004
	（0.016）	（0.013）	（0.006）	（0.005）
控制变量	否	是	否	是

---

[1] He, J and X Tian. Do Short Sellers Exacerbate or Mitigate Managerial Myopia? Evidence from Patenting Activities. Working paper, 2016.

（续表）

变量	专利引用次数（1）	市值（2）	原创性（3）	通用性（4）
固定效应	是	是	是	是
样本量	6 912	6 912	6 912	6 912

注：计量结果括号内为稳健性标准误，***、*分别表示1%、10%的显著性水平。

从上表不难发现，做空者压力会提升上市公司创新的质量、价值和原创性。但我们并没有找到证据支持做空者压力对上市公司创新的数量有显著影响。因此，我们可以得出结论，做空者压力能够有效约束"代理人问题"，缓解关于公司长期价值创造项目的投资不足。

为了进一步验证上述发现，我们采用了两种安慰剂实验。在第一个实验中，我们重新随机挑选实验组与对照组，再次进行上述实验，发现现象消失。这说明上述结果确实由美国证券交易委员会做空规定变动所造成，而非偶然现象。在第二个实验中，我们重新规定"外生冲击"的年份，使用与原实验相同的实验组与对照组，发现现象消失。这说明原结果并非由实验组与对照组的原有区别造成的。

那么，做空者具体有哪些渠道来约束管理层，从而改变公司创新质量呢？我们通过进一步研究发现，做空者常用的一种策略是发动法律诉讼或发布公告，攻击伪造专利或专利价值不足的公司，与此同时做空公司股票从中获利。

迷你案例
MINI CASE

2015年2月，Hayman Capital的决策人Kyle Bass先生，发起了针对硬化症治疗药Ampyra的5个专利中2个的攻击。这些专利囊括了Acorda制药公司91%的利润来源。在2015年4月，Bass先生也攻击了其他公司的专利，包括Shire PLC公司和Jazz公司。他的主要指控是："一小部分制药公司滥用专利系统来支持一些无效的专利，这些专利没有有意义的创新，却极大维持了这些制药公司的垄断地位"。结果，这些被攻击公司的股价在诉讼后急剧下跌。同时，Hayman Capital也做空了其中一部分公司的股票并从中获利。

中国经验

综合以上研究，我们发现在美国这样股权分散的成熟资本市场中，机构投资者能够有效约束管理层过度投资，优化企业资源配置，从而对企业创新产生正面影响。然而中国的资本市场尚处于发展和转型阶段，与成熟的资本市场相比有较大的不同。但随着时间的推移，我国机构投资者的持股规模不断扩大，参与公司的管理和治理决策的积极性也在逐渐加强。众多实证工作表明，在中国资本市场，机构投资者的参与对企业的创新多具有正面影响。

付雷鸣等（2012）以创业板上市公司为研究对象，探讨 VC 机构投资者与非 VC 机构投资者对企业创新投入影响的不同。结果发现 VC 机构投资者能够显著提高企业的创新投入水平，且与非 VC 机构投资者相比，在促进企业提高创新投入方面的效率更高。李雅婧、刘玮晔（2016）以深圳市创业板前 284 家公司 2009 年至 2012 年的数据为样本，研究机构投资者对企业研发强度和研发效率的影响，同样发现机构投资者持股对企业创新有显著的正向影响。

除创业板之外，许多实证工作同样支撑机构投资者在中国市场对于企业创新的正面作用。如冯根福和温军（2008）发现以证券投资基金为主的机构投资者对企业技术创新有显著的正效应，机构持股比例越高，企业的技术创新能力越强。汪忠等（2006），范海峰等（2009），王卉和魏剑（2011）则指出，相对散户投资者而言，机构投资者对公司股票持有期限更长，从而更有动机对公司的长期研发活动进行投资。与此同时，在与管理层的博弈中，机构投资者相对散户更具优势。首先，机构投资者持股比例更高，因而主动参与公司治理与监督的单位成本更低，对治理决策相关事宜的话语权更大。其次，机构投资者更加专业，同时与资本市场观点更为接近，能够为管理层提出更具借鉴意义的意见。机构投资者利用以上优势，可以有效约束管理层，减少管理层的一些短视行为，提升企业的长期价值创造能力。

❑ 本章小结

本章分析了以对冲基金、银行、做空者为代表的机构投资者对企业创新的影响及其传导机制。本章要点总结如下：

1. 以对冲基金积极主义者、银行介入、做空者为代表的机构投资者干预能够有效缓解公司管理层的"代理人问题"；

2.非核心业务领域的创新活动经常与管理层"代理人问题"相关，可能损害公司价值；

3.机构投资者通过削减非核心业务领域创新活动，重新配置专利、人力资本等，提高企业的创新效率；

4.机构投资者对促进企业创新、创造长期价值具有重要作用。

参 / 考 / 文 / 献

[1] Akcigit, U, M A Celik and J Greenwood. Buy, Keep, or Sell: Economic Growth and the Market for Ideas [J]. *Econometrica*, 2016, 84: 943-984.

[2] Bernstein, S. Does Going Public Affect Innovation? [J]. *Journal of Finance*, 2015, 70: 1 365-1 403.

[3] Brav, A, W Jiang, S Ma and X Tian. How does Hedge Fund Activism Reshape Corporate Innovation? [J]. *Journal of Financial Economics*, 2018, 130(2): 237-264.

[4] Brav, A, W Jiang and Hyunseob Kim. Recent Advances in Research on Hedge Fund Activism: Value Creation and Identification [J]. *Annual Review of Financial Economics*, 2015: 579-595.

[5] Brav, A, W Jiang, F Partnoy and R Thomas. Hedge Fund Activism, Corporate Governance, and Firm Performance [J]. *Journal of Finance*, 2008, 63: 1 729-1 775.

[6] Brav, A, W Jiang and H Kim. The Real Effects of Hedge Fund Activism: Productivity, Asset Allocation, and Labor Outcomes [J]. *Review of Financial Studies*, 2015, 28: 2 723-2 769.

[7] Chava, S and M R Roberts. How does Financing Impact Investment? The Role of Debt Covenants [J]. *Journal of Finance*, 2008, 63: 2 085-2 121.

[8] Custodio, C, M A Ferreira and P P Matos. Do General Managerial Skills Spur Innovation? Working paper, 2013.

[9] Graham, J R and C R Harvey and S Rajgopal. The Economic Implications of Corporate Financial Reporting [J]. *Journal of Accounting and Economics*, 2005, 40: 3-73.

[10] Gu, Y, C X Mao and X Tian. Bank Interventions and Firm Innovation: Evidence

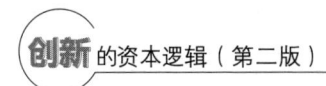

from Debt Covenant Violations [J]. *Journal of Laws & Economics,* 2017, 60(4):637-G71.

[11] Hellwig, M. Banking, Financial Intermediation and Corporate Finance [J]. *European Financial Integration*, 1991, 35: 63.

[12] He, J and X Tian. Do Short Sellers Exacerbate or Mitigate Managerial Myopia? Evidence from Patenting Activities. Working paper, 2016.

[13] Jensen, M C. Agency Costs of Free Cash Flow, Corporate Finance, and Takeovers [J]. *American Economic Review*, 1986, 76: 323-329.

[14] Keusch, T. Shareholder Power and Managerial Incentives. Working paper, 2016.

[15] Manso, G. Motivating Innovation [J]. *Journal of Finance*, 2011, 66: 1 823-1 860.

[16] McCrary, J. Manipulation of the Running Variable in the Regression Discontinuity Design: A Density Test [J]. *Journal of Econometrics*, 2008, 142: 698-714.

[17] Nini, G, D C Smith and A Sufi. Creditor Control Rights, Corporate Governance, and Firm Value [J]. *Review of Financial Studies*, 2012, 25: 1 713-1 761.

[18] Ozelge, S and A Saunders. The Role of Lending Banks in Forced CEO Turnovers [J]. *Journal of Money, Credit and Banking*, 2012, 44: 631-659.

[19] Rajan, R G. Insiders and Outsiders: The Choice Between Informed and Arm's-length Debt [J]. *Journal of Finance*, 1992, 47: 1 367-1 400.

[20] Romer, P M. Increasing Returns and Long-run Growth [J]. *Journal of Political Economy*, 1986, 94: 1 002-1 037.

[21] Stiglitz, J E. Credit Markets and the Control of Capital [J]. *Journal of Money, Credit and Banking*, 2985, 17: 133-152.

[22] Sufi, A. Information Asymmetry and Financing Arrangements: Evidence from Syndicated Loans [J]. *Journal of Finance*, 2007, 62: 629-668.

第 10 章

银行竞争谁受益：大企业？小企业？

企业创新是一项高风险的长期投资活动。长期以来，银行信贷的定期还本付息要求被认为与企业创新的回报不确定性难以匹配，依赖银行信贷资金不能支持企业创新。倘若传统观点正确，占据我国金融资产绝大部分的银行就会对创新发展产生严重的阻碍作用。银行竞争会影响实体经济，而银行竞争给不同企业带来的影响各有不同。本章重点分析银行竞争对企业创新的影响以及影响创新的关键要素。

■ 银行业发展与企业创新

创新是引领发展的第一动力，是建设现代化经济体系的战略支撑。美国著名经济学家波特教授指出：创新活动是企业建立竞争优势的重要战略，同时也是经济增长的重要驱动因素。历史上重大的科技革命背后都有金融资本的支持，以美国华尔街为代表的强大金融资本，使美国在产业革命之中迅速崛起，正如《商业周刊》（Businessweek）首席经济学家 Michael Mandel 所说："如果技术是美国新经济的引擎，那么金融就是燃料。"纵观中国市场，依靠资本优势，阿里巴巴、百度、腾讯三大互联网巨头不断收购小型创业公司开拓疆土，创造了"巨无霸"式的科技新贵。科技与金融的结合不仅缔造了硅谷科技巨头与天才投资家，也创造了推动经济和人类社会发展的重要力量。

我国正处于加速建设创新型国家的阶段，研究企业创新的影响因素有助于更好地激发企业自主创新，以技术带动质量和效益的提高。但是，创新活动通常具有周期长、风险大和不确定性程度高等特点，导致创新活动存在严重的信息不对称问题。相比其他投资项目，企业的创新项目更难从资本市场获得资金支持，因而，融资约束成为很多企业创新活动的"拦路虎"，特别是对那些还未上市的私营企业。

资本市场发展水平是影响企业创新水平的重要因素，美国宾夕法尼亚大学 Jeremy Greenwood 教授和美国纽约大学 Boyan Jovanovic 教授在 1990 年发表在 *Journal of Political Economy* 上的文章中指出，在发展良好的资本市场中，金融中介能够以更低的成本获取信息，通过对所投资项目进行筛选、监督，使资金流向利润最大的项目中；另一方面资本市场可以分散投资者风险，促进其投资于高收益的生产技术进而提升经济增长率。

银行作为重要的金融中介，尤其在中国以间接融资为主导的金融体系中，为科技创新型企业提供全面、优质的信贷等金融服务，肩负推动科技发展的巨大责任。在美国，以硅谷银行为典型代表，银行为科技企业提供股权投资、知识产权质押贷款、认股权证等金融服务。同时银行联合五百余家创业投资机构建立投贷联盟，由投资收益弥补信贷风险，实现科技企业信贷风险与收益的匹配。在德国，自 1975 年，政府与 29 家银行共同发起成立德国风险投资公司，银行成为企业的重要股东或合伙人。而日本通过建立健全的中央及地方担保体系，极大降低了中小科技企业的信贷成本和融资门槛。其中地方设立的信用保证协会为中小科技企业贷款提供背书，中央设立的中小企业信用保险公库为贷款进行再担保，有效解决了中小科技企业融资约束问题。因此，银行业发展对于企业创新有重要的影响。

经济学家小传
MINI BIOGRAPHY

迈克尔·尤金·波特（Michael Eugene Porter）

美国著名经济学家，以其对经济学、商业策略和社会事业理论的研究而闻名。他是哈佛商学院的威廉·劳伦斯主教大学教授（Bishop William Lawrence University Professor），这是哈佛大学的最高荣誉称号。

波特教授著有 18 本书，曾六度获得颁给年度《哈佛商业评论》（*Harvard Business Review*）最佳文章的麦肯锡奖。波特教授是商业和经济学领域被引用最多的作者。在《国家竞争优势》（*The Competitive Advantage of Nations*）中，他基于对十个国家的研究，认为国家财富和优势的关键是企业和工人的生产力，以及支持生产力的国家和地区环境。他提出了"钻石"框架，认为四个因素决定了国家的优势所在：要素条件，需求条件，相关或配套产业，公司的战略、结构和竞争。另外，信息、激励和基础设施也是提高生产力的关键。

波特教授对解决美国和其他国家医疗的紧迫问题倾注了极大热情。他在与 Elizabeth Teisberg 合著的《重新定义医疗：创造以结果为基础的价值竞争》（*Redefining Health Care: Creating Value-Based Competition on Results*）一书中指出，美国的主要医疗问题是医疗竞争专注于争夺病人和医师，而不是为病人提供良好的医疗服务，书中主张开发新的战略框架，改变医疗保健系统提供的价值，并对提供者、医疗计划、雇主和政府等其他参与者产生影响。这本书在 2007 年作为年度图书获得了美国卫生保健管理学院颁发的詹姆斯·A. 汉密尔顿奖（James A. Hamilton Award）。

银行竞争的作用

作为资本市场中重要的中介机构，银行的信贷供给在很大程度上缓解了企业融资约束问题，进而对企业的创新活动产生影响，这种影响是多方面的。一方面，银行信贷的定期还本付息要求，与企业创新的回报的不确定性难以匹配，企业在面临短期债务偿还的压力下，会减少对不确定回报的创新活动的投资；另一方面，银行能够获取企业创新项目的信息，由此可以降低由于信息不对称而带来的外部融资成本。同时银行信贷供给可以避免企业股权融资时强制披露资金去向，从而避免将企业重要的研发计划提前泄露给竞争对手，因而银行信贷有利于企业保护商业机密，促进企业创新。

◇ 研究缘起

银行业的管制放松及竞争加剧会提升区域内企业的信贷可得性，降低贷款利率，使信贷供给的均衡数量上升，在很大程度上缓解了企业的融资约束问题。美国国会在 1994 年出台《放松银行跨州经营监管法案》（Interstate Banking and Branching Efficiency Act），允许银行跨州开设分支机构，使银行竞争加剧。这项举措有效增加了当地人均收入增长率以及人均产出水平，缩小了美国各州的商业周期，提高了企业来自银行的信贷可得性，同时通过降低贷款利率，提升了信贷供给水平。但是研究发现，小规模企业借款数量并未受到银行竞争的影响。

我和美国宾州州立大学副教授 Jess Cornaggia、美国康奈尔大学助理教授 Yifei Mao 以及美国纽约州立大学布法罗分校助理教授 Brian Wolfe 于 2015 年发表在 *Journal of Financial Economics* 的文章"银行竞争影响企业创新吗？"，同样利用美国放松银行跨州经营监管法案事件，对银行竞争影响企业创新的机制进行了进一步的研究。我们预期在各州放松银行跨州经营管制之后，企业会将从银行获得的信用贷款投入创新活动中，企业创新水平将会提升。但是，通过实证检验我们得到了出乎意料的结果：银行竞争加剧导致了地区内企业创新水平的整体下降。

为了更清晰地探究结论背后的机制，我们将企业分为上市公司和私营企业，分别观察银行竞争对这两类企业的影响。我们发现，地区整体创新水平下降主要由上市公司驱动。银行竞争对私营企业和上市公司带来的影响不尽相同。具体来说，银行竞争会促进私营企业的创新水平，然而会减弱上市公司的创新水平。私营企业通常规模较小，内部融资能力有限，对外部融资较为依赖，因此对信贷供给变化敏感度更高（Petersen and Rajan，2002）。上市公司通常规模较大，业绩更为稳定，可以通过股票市场获得融资，丰富的融资渠道使其对信贷融资的敏感度更低。因而，银行竞争会导致更低成本的信贷，从而让更多的私营企业为其创新活动融资，提升私营企业的创新产出。然而对上市公司而言，其创新的主要来源并不是自主研发，而是收购具有创新能力的中小企业。当中小企业可以以更低的成本获得贷款时，为享受公司控制权的私人收益（Bolton and Von Thadden，1998），它们不会选择被大企业收购，因此大企业可收购的具有高创新能力的标的企业数量大大减少，上市公司的创新水平也随之下降。作为各州创新力量的主力军，上市公司创新能力的下降会导致各州整体创新水平的下降。接下来，我们会详细地对这项研究的实证部分进行介绍。

迷你案例
MINI CASE

上市公司依靠收购获得技术专利

IT 巨头谷歌拥有许多专利，仅 2014 年就在美国专利与商标局取得了 2 556 项专利的注册。但谷歌的专利不仅仅来自企业内部的创新，其也经常通过收购的方式取得专利。2011 年，谷歌通过公司历史上最大笔的收购案（125 亿美元收购摩托罗拉），获得了 24 000 项已经获批或正在申请的专利，同年谷歌还从 IBM 公司购买了 1000 多项专利。2014 年，谷歌斥资 32 亿美元收购的智能家居公司 Nest Labs 创立仅 4 年就已经在全球拥有 281 个专利及正在申请的专利。因为连续战胜围棋高手李世石、柯洁等人而闻名退迩的人工智能程序 AlphaGo 的开发者 DeepMind 公司，也早在 2014 年因其在 AI 应用和机器学习技术方面的优异表现被谷歌收购。2016 年 DeepMind 宣布通过机器学习的方法改进了谷歌数据中心的冷却系统，降低了冷却系统耗电量的 40%，也将 IT 部门能耗占全部能耗的比率降低了 15%，此举为谷歌减少了一大笔开支。谷歌通过对其他公司的收购获取技术和创新信息，为实现公司的战略目标添砖加瓦。

◇ 实证研究设计

在本章中，度量企业创新的数据主要来自 NEBR 专利引用数据库。基于数据库提供的信息，我们用企业专利数量和专利引用次数从两个维度分别衡量企业创新的数量和质量。同时，考虑到一项专利从初始投入到最终研发成功需要较长的周期，本章将用当年公司特征因素对公司 3 年后的累计创新产出进行回归。在本文的研究样本中，每家上市公司平均每年被授予 4.97 个专利，每个专利被其他公司引用次数平均为 11.62 次。每家私营企业平均每年被授予 0.73 个专利，每个专利被其他企业引用的次数为 9.62 次。

在衡量地区银行竞争剧烈程度的变量构建方面，我们参考 Rice 和 Strahan（2010）的方法，构建各州的"银行跨州经营监管指数"变量。美国《放松银行跨州经营监管法案》于 1994 年出台，直到 1997 年"银行跨州设立分支"才开始全面生效，在时间上各州对法案的落实是不一样的，法案允许各州自行设定银行跨州经营的门槛，以阻挡州外银行在本州开设分支机构或并购州内银行，各州通常依据四个条款设立对于银行跨州经营的要求：目标机构最低成立年限；重新制订银行跨州建立分支机构的要求；收购单独分支机构的条件；限制本州银行开户总数。

各州每增设以上任何一项条款，"银行跨州经营监管指数"变量增加"1"。因此，"银行跨州经营监管指数"变量取值范围为 0~4。当该变量取值为 0 时，该州对银行跨州经营限制最少；当该变量取值为 4 时，该州对银行跨州经营限制最多。因此，"银行跨州经营监管指数"越小，说明其他州银行在本州开设分支机构的限制越少，导致本州银行竞争程度越剧烈。在本文的研究样本中，每年各州的"银行跨州经营监管指数"平均值为 3.5。

接下来，我们利用普通最小二乘法对银行竞争与公司创新之间的关系进行了回归分析。回归方程的因变量为"州创新产出总和"，自变量除了"银行跨州经营监管指数",我们还按照 Mogan、Rime 和 Strahan（2004）的方法加入了州层面 8 个行业的劳动力结构、劳动力集中度、总产出，以及 1970 年和 1980 年发生过的两次放松银行监管事件等控制变量。同时对州层面的固定效应、年度固定效应进行了控制。控制州的固定效应解决了可能存在不可观测的遗漏变量问题，这些变量既影响本州银行跨州经营监管，又与企业创新相关。例如，如果一个经济发展水平高同时又具有良好发展机会的州，更可能放松银行监管，那么经济发展水平以及发展机会就是既影响"银行跨州经营监管指数"，又影响企业创新产出的遗漏变量，这会使银行跨州经营监管与企业创新的回归系数出现向下的偏误。因此，控制州的固定效应可以剔除各州之间相对保持不变的差异对结果的影响。回归方程如式（10-1）所示，基础的回归结果如表 10-1 所示。

$$\text{州创新产出总和}_{i,t+1}\text{至}_{t+3} = \alpha + \beta \times \text{银行跨州经营监管指数}_{j,t} + \gamma \times \text{控制变量}_{i,t} + \text{固定效应} + \varepsilon_{i,t} \quad (10\text{-}1)$$

其中，α 为截距项，β、γ 为系数，ε 为随机扰动项，下标 i 代表州，下标 t 代表年份。

表 10-1　银行竞争与企业创新（OLS）[1]

变量	专利数量			专利引用次数		
	总样本（1）	上市公司（2）	私营企业（3）	总样本（4）	上市公司（5）	私营企业（6）
银行跨州经营监管指数	0.077*** (0.016)	0.102*** (0.021)	0.030 (0.018)	0.058*** (0.019)	0.066** (0.028)	0.041 (0.024)
控制变量	是	是	是	是	是	是
固定效应	是	是	是	是	是	是
样本量	1 426	1 426	1 426	1 426	1 426	1 426

注：计量结果括号内为稳健性标准误，***、** 分别表示 1%、5% 的显著性水平。

从回归结果我们可以发现，在控制了州和年份固定效应之后，样本中"银行跨州经营监管指数"与"州创新产出总和"显著正相关。这说明当银行竞争加剧（银行跨州经营监管指数较低）时，企业接下来 3 年的累计创新产出会显著降低。根据

---

[1] Cornaggia Jess, Yifei Mao, Xuan Tian and Brian Wolfe. Does Banking Competition Affect Innovation? [J]. *Journal of Financial Economics*, 2015, 115: 189-209.

表 10-1 中第（1）列"银行跨州经营监管指数"变量的回归系数，完全放松银行跨州经营监管的州，相较于严格监管的州，在发布银行跨州经营监管条款之后 3 年的累计专利数量低 30.8%（= 4 × 0.077），专利个数下降 920 个（各州发布银行跨州经营监管条款之后 3 年的平均专利数是 2 988 个，2 988 × 30.8% = 920）。

虽然表 10-1 的结果说明放松银行跨州经营管制会对总部位于该州的企业的创新活动产生负向影响，但是这种负向的影响对上市公司和私营企业可能是不同的，因为私营企业对当地信贷供给更加敏感。因此，我们将上市公司和私营企业进行分样本回归，结果如表 10-1 中的第（2）、第（3）列所示，在上市公司的分样本中，"银行跨州经营监管指数"变量系数显著为正，而在私营企业的分样本中系数并不显著，这说明银行竞争导致创新水平下降主要由上市公司所驱动，这个检验没有揭示银行竞争对私营企业创新活动的影响。

以上我们对银行竞争对企业创新的数量这一维度的影响进行了分析，下面我们将聚焦于另一个维度——企业创新的质量。回归结果如表 10-1 中第（4）、第（5）、第（6）列所示。我们发现在总样本中，"银行跨州经营监管指数"变量系数显著为正。这说明该州银行竞争的加剧导致总部位于该州的企业创新质量在放松管制之后 3 年显著下降。完全放松监管的州相较于严格监管的州，在发布银行跨州经营监管条款之后 3 年的整体专利引用次数低 23.3%（= 4 × 0.058），州层面专利引用次数下降 9 068 次（各州发布银行跨州经营监管条款之后 3 年，专利的平均引用次数是 39 085 次，39 085 × 23.3%=9 068）。

接下来，我们对上市公司和私营企业分别进行回归分析。我们依旧观察到在上市公司的分样本中，"银行跨州经营监管指数"变量系数显著为正，而在私营企业的分样本中系数并不显著，这与之前得到的银行竞争对企业创新数量的结果一致，说明银行竞争对创新质量的负向影响主要由上市公司所驱动。

总体而言，基准回归的结果显示，放松银行跨州经营监管法案使各州内银行竞争加剧，这个影响是外生的，导致地区企业在之后 3 年的创新产出整体显著下降，这种负向影响主要由上市公司驱动。

◇ 内生性检验

虽然美国各州在不同的时间实施《放松银行跨州经营监管法案》，从而给州内银行竞争造成一个外生冲击，但是 Kroszner 和 Strahan（1999）认为，存在州层面的影响因素导致不同州落实法案的时间存在差异，因此可能存在反向因果。为排除这一潜在的内生性问题,我们采用芝加哥大学教授 Bertrand 和哈佛大学教授 Mullainathan 在 2003 年提出的方法,研究各州在落实放松银行跨州经营监管事件的时间前后创新产出呈现的动态变化形态。如果反向因果确实存在,那么我们应该观察到在放松监管之前企业创新有显著的变化。

经济学家小传
MINI BIOGRAPHY

森德希尔·穆莱纳桑(Sendhil Mullainathan)

知名印度裔美国经济学家,任教于哈佛大学,主要研究发展经济学、行为经济学和公司金融。他是麦克阿瑟基金"天才奖"的获得者。穆莱纳桑教授是"创意 42"的联合创始人,这个非营利组织利用行为科学为解决社会问题提供帮助。作为国家经济研究局的一名研究员,穆莱纳桑教授发表了许多将行为科学和经济学联系起来的论文。2002 年,他与乔纳森·格鲁伯合写的论文"香烟税会让吸烟者更快乐吗?"发现,当香烟税提高对购买香烟造成阻碍时,吸烟者的心理状态会有所改善,高香烟税可以提高幸福感。

2013 年,穆莱纳桑教授在《科学》(Science)期刊上发表了文章"贫困阻碍了认知能力"。在文中,他将农民在农产品收获前生活惨淡时期做的智力测试与农产品销售后的富足时期做的测试进行了对比。值得注意的是,同一位农民在收获前贫穷状态中的认知表现要低于收获后富足状态中的表现。通过这个对照研究,穆莱纳桑得出结论:与贫穷有关的压力阻碍了其他行为。同年,穆莱纳桑教授与普林斯顿大学心理学教授埃尔德·沙菲尔合著完成《稀缺》(Scarcity)。书中研究了资源稀缺状况下人的思维方式,结论是缺乏金钱的人和缺乏时间的人的思维方式有共同之处,即会过于关注缺乏的资源,引起认知能力和判断力的下降。这本著作是心理学与行为经济学合作的典范。

首先,为检验事件发生之前企业创新产出的趋势,我们将样本限制在 21 年的观测期内,即各州放松管制的前 10 年到后 10 年。我们将"银行跨州经营监管指数"变量分解为四个哑变量,分别与四段时间对应,即事件前 1 年、前 2 年,以及事件后 1 年、后 2 年。哑变量"放松监管前 1 年"定义为:如果时间为事件发生的前 1 年,那么该变量取值为该州放松监管导致的"银行跨州经营监管指数"变化值,若为其他年份则该值取值为 0。"放松监管前 2 年"定义为:如果时间为事件发生的前 2 年(从观测期到前 2 年),那么取值为该州放松监管导致的"银行跨州经营监

管指数"变化值,若为其他年份则该值取值为 0。同理,我们可以获得"放松监管后 1 年""放松监管后 2 年"两个哑变量。我们将构造的四个新变量加入 OLS 回归方程中,具体的回归方程如式(10-2)所示,回归结果如表 10-2 所示。

$$\text{州创新产出总和}_{i,t} = \alpha + \beta_1 \times \text{放松监管前 2 年}_{i,t} + \beta_2 \times \text{放松监管前 1 年}_{i,t}$$
$$+ \beta_3 \times \text{放松监管后 1 年}_{i,t} + \beta_4 \times \text{放松监管后 2 年}_{i,t} + \gamma$$
$$\times \text{控制变量}_{i,t} + \text{固定效应} + \varepsilon_{i,t} \quad (10\text{-}2)$$

其中,α 为截距项,β_1、β_2、β_3、β_4、γ 为系数,ε 为随机扰动项,下标 i 代表州,下标 t 代表年份。

表 10-2 内生性检验(OLS)[①]

变量	专利数量			专利引用次数		
	总样本 (1)	上市公司 (2)	私营企业 (3)	总样本 (4)	上市公司 (5)	私营企业 (6)
放松监管前 2 年	0.033 (0.058)	0.060 (0.037)	0.006 (0.052)	0.014 (0.035)	0.026 (0.073)	0.066 (0.047)
放松监管前 1 年	−0.103 (0.095)	−0.031 (0.032)	−0.111 (0.089)	−0.067 (0.057)	−0.094 (0.131)	−0.019 (0.073)
放松监管后 1 年	−0.086* (0.050)	−0.081** (0.030)	−0.063 (0.049)	−0.028 (0.049)	−0.056 (0.124)	0.001 (0.036)
放松监管后 2 年	−0.130* (0.070)	−0.091*** (0.029)	−0.100 (0.065)	−0.075** (0.031)	−0.169* (0.083)	−0.045 (0.040)
控制变量	是	是	是	是	是	是
固定效应	是	是	是	是	是	是
样本量	910	910	910	910	910	910

注:计量结果括号内为稳健性标准误,***、**、* 分别表示 1%、5%、10% 的显著性水平。

通过表 10-2 我们可以发现,全样本中"放松监管前 2 年""放松监管前 1 年"两个变量系数均不显著,说明各州创新活动在放松银行管制之前没有显著变化。然而"放松监管后 2 年""放松监管后 1 年"两个变量的系数均显著为负,与之前的

[①] Jess, C, Y Mao, X Tian and B Wolfe. Does Banking Competition Affect Innovation? [J]. *Journal of Financial Economics*, 2015, 115: 189–209.

基准检验结果相同。在上市公司的分样本中，我们得到相似的结果，"放松监管前2年""放松监管前1年"的系数均不显著；然而"放松监管后2年""放松监管后1年"两个变量的系数均显著为负；在私营企业的分样本中，所有变量的系数均不显著，说明私营企业的创新活动不会影响各州放松管制的事件。在表10-2第（4）至（6）列，我们将因变量换为专利引用次数，得到了比专利数量稍弱的结果。结果同样显示仅在放松管制之后，专利的引用次数发生显著的改变。因此，我们可以得出结论，无论是在全样本还是在分样本中，在放松管制之前企业创新趋势均不存在显著变化，我们可以排除存在反向因果的可能。

目前为止，我们仍不能将银行竞争对企业创新的影响解释为因果关系，因为基准回归中可能存在遗漏变量，例如，存在与州层面放松管制事件同时发生的不可观测因素或冲击对结果产生影响。为了解决遗漏变量的问题，我们进行安慰剂检验，即当人为随机设定放松监管事件发生的时间时，观察结果是否会消失。首先，我们获得各州放松监管的时间分布，然后随机将各州与放松监管的时间进行匹配，这种方法保证放松监管的时间分布不变，因此如果存在与放松监管事件同时发生的不可观测冲击，仍然能够被保留在样本中，对企业创新活动产生影响。如果不存在这种不可观测的冲击，那么我们不正确地将各州与放松监管事件发生的时间相匹配时，基准回归的结果应该被削弱。

表10-3展示了安慰剂检验的实证结果。

表10-3 安慰剂检验[1]

变量	专利数量			专利引用次数		
	总样本（1）	上市公司（2）	私营公司（3）	总样本（4）	上市公司（5）	私营公司（6）
银行跨州经营监管指数	0.002（0.038）	−0.028（0.070）	0.020（0.027）	−0.007（0.041）	−0.091（0.095）	0.019（0.033）
控制变量	是	是	是	是	是	是
固定效应	是	是	是	是	是	是
样本量	1 426	1 426	1 426	1 426	1 426	1 426

注：计量结果括号内为稳健性标准误。

---

[1] Jess, C, Y Mao, X Tian and B Wolfe. Does Banking Competition Affect Innovation? [J]. *Journal of Financial Economics*, 2015, 115: 189–209.

由表10-3的结果我们可以发现，在所有列中"银行跨州经营监管指数"变量系数均不显著，说明确实是放松监管这一外生事件影响了企业的创新活动，因此可以排除遗漏变量造成的内生性问题。

综上所述，我们对反向因果以及遗漏变量进行了丰富的检验，排除了潜在的内生性干扰。我们发现由于放松监管导致的银行竞争加剧，会对各州层面的企业创新活动产生负向影响，并且是因果影响，而这种影响主要由上市公司驱动。

银行竞争对企业创新的作用机制

通过前文的分析，我们发现美国州层面银行竞争加剧会导致上市公司创新产出降低，但并没有揭示银行竞争对私营企业创新活动产生的影响。在这一节中，我们将进一步探究银行竞争对企业创新可能的作用机制，解释银行竞争对两类企业影响不同的原因。具体来说，我们将从外部融资依赖性、银企关系以及上市公司对私营企业的收购三方面来研究银行竞争对企业创新的作用机制。

◇ 外部融资依赖性

各州放松银行跨州经营监管会降低信贷成本，在一定程度上缓解企业的融资约束。因此，我们预期处于外部融资依赖程度较高行业的企业能够更加受惠于州内的银行竞争加剧，放松银行监管之后企业的创新产出显著增加。我们使用Duchin、Ozbas和Sensoy（2010）的方法构造衡量外部融资依赖的指标"外部融资依赖性"，外部融资依赖性越高，该变量取值越小，极小值为0；外部融资依赖性越低，该变量取值越大，极大值为1。接下来，将新构造的变量"外部融资依赖性"以及"银行跨州经营监管指数"与"外部融资依赖性"的交互项加入回归方程中，"银行跨州经营监管指数"变量系数代表银行竞争对外部融资依赖性高的企业创新产出的影响。我们预期外部融资依赖性高的企业会更加受惠于州内银行竞争加剧带来的低成本信贷供给，因而创新产出会显著提升，那么"银行跨州经营监管指数"系数应该显著为负。回归方程及回归结果如式（10-3）所示。

$$\text{企业创新产出}_{i,t+1 \text{至} t+3} = \alpha + \beta_1 \times \text{银行跨州经营监管指数}_{k,t} + \beta_2 \times \text{外部融资依赖性}_{i,t}$$
$$+ \beta_3 \times \text{外部融资依赖性}_{i,t} \times \text{银行跨州经营监管指数}_{k,t} + \gamma$$
$$\times \text{控制变量}_{i,k,t} + \text{固定效应} + \varepsilon_i \qquad (10\text{-}3)$$

其中，α 为截距项，β_1、β_2、β_3、γ 为系数，ε 为随机扰动项，下标 i 代表企业，下标 k 代表州，下标 t 代表年份。

表 10-4　外部融资依赖性（OLS）[①]

变量	私营公司 专利数量 (1)	私营公司 专利引用次数 (2)	上市企业 专利数量 (3)	上市企业 专利引用次数 (4)
银行跨州经营监管指数	−0.019*** (0.003)	−0.016** (0.007)	−0.021 (0.029)	−0.060 (0.047)
外部融资依赖性	−0.228*** (0.013)	−0.315*** (0.028)	−0.460* (0.232)	−0.605* (0.307)
银行跨州经营监管指数 × 外部融资依赖性	0.046*** (0.004)	0.049*** (0.007)	0.136** (0.062)	0.194** (0.094)
控制变量	是	是	是	是
固定效应	是	是	是	是
样本量	223 655	223 655	76 015	76 015

注：计量结果括号内为稳健性标准误，***、**、* 分别表示 1%、5%、10% 的显著性水平。

由表 10-4 可知，私营企业样本中"银行跨州经营监管指数"系数显著为负，这说明银行竞争会促进更加依赖外部融资的私营企业的创新。而上市公司样本中，"银行跨州经营监管指数"系数均不显著，这说明银行竞争对更加依赖外部融资的上市公司创新活动无显著的影响。可以进一步证明，放松银行管制对上市公司创新的负向作用主要通过影响那些外部融资依赖性低的上市公司实现，而对外部融资依赖性高的上市公司无显著负向影响。

因此，我们的研究发现银行竞争可以缓解外部融资依赖性高的私营企业的融资约束问题，使这些企业可以为创新项目融到更低成本的信用贷款，进而促进这些企业的创新产出。所以，企业依靠外部融资是银行竞争影响创新活动的一种机制。

[①] Jess, C, Y Mao, X Tian and B Wolfe. Does Banking Competition Affect Innovation? [J]. *Journal of Financial Economics*, 2015, 115: 189–209.

◇ 银企关系

下面,我们将探究另外一种可能的作用机制。随着本州银行竞争加剧,企业过去的银企关系也会随之发生改变,从而影响企业创新。具体来说,我们预期如果在放松监管之前企业与本州银行存在信贷关系,那么证明企业能够从附近的银行筹资以满足自己的融资需要。然而如果在放松监管之前企业向州外银行借款,说明州内的银行无法满足这类企业的融资需求。因此,在放松银行跨州经营管制后,州内银行竞争加剧,从而提高了信贷供给的均衡值,拓展了州内企业的融资渠道(Kevin,1971),使那些之前依赖州外银行融资的企业更容易从州内得到信贷,创新产出随之增加。

通过收集各企业在过去年份从州内银行、州外银行获得的贷款金额,我们构建了新的变量"历史银行贷款数额"。过去企业从银行贷款的数额越低,该变量取值越高,极值为1;反之取值为0。接下来,将新构造的变量"历史银行贷款数额",以及"银行跨州经营监管指数"与"历史银行贷款数额"的交互项加入回归方程中。同时,我们将"历史银行贷款数额"划分为依赖州内银行贷款数额(即"州内银行")与依赖州外银行贷款数额(即"州外银行")两个子集,分别进行回归分析。我们预期,对于之前依赖州外银行资金支持的企业,"银行跨州经营监管指数"变量系数为负,即银行竞争对这类企业的创新活动会有显著的促进作用。同时,相比于上市公司,私营企业更加依赖银行借款,因此在私营企业样本中这样的机制也会更加明显。回归方程如式(10-4)所示,回归所示结果如表10-5所示。

$$
\text{企业创新产出}_{i,t+1 \text{至} t+3} = \alpha + \beta_1 \times \text{银行跨州经营监管指数}_{k,t} + \beta_2 \\
\times \text{历史银行贷款数额}_{i,t} + \beta_3 \times \text{银行跨州经营监管指数}_{k,t} \\
\times \text{历史银行贷款数额}_{i,t} + \gamma \times \text{控制变量}_{i,k,t} + \text{固定效应} + \varepsilon_{i,t}
$$

(10-4)

其中,α 为截距项,β_1、β_2、β_3、γ 为系数,ε 为随机扰动项,下标 i 代表企业,下标 k 代表州,下标 t 代表年份。

表 10-5　银企关系（OLS）①

分表 A：私营企业

变量	州内银行 专利数量 (1)	州内银行 专利引用次数 (2)	州外银行 专利数量 (3)	州外银行 专利引用次数 (4)
银行跨州经营监管指数	−0.003 (0.002)	0.002 (0.007)	−0.021*** (0.003)	−0.040*** (0.008)
银行跨州经营监管指数 × 历史银行贷款数额	0.036*** (0.011)	0.038 (0.025)	0.079*** (0.016)	0.148*** (0.033)
控制变量	是	是	是	是
固定效应	是	是	是	是
样本量	223 655	223 655	223 655	223 655

分表 B：上市公司

变量	州内银行 专利数量 (1)	州内银行 专利引用次数 (2)	州外银行 专利数量 (3)	州外银行 专利引用次数 (4)
银行跨州经营监管指数	0.020 (0.017)	0.009 (0.032)	0.009 (0.015)	−0.020 (0.021)
银行跨州经营监管指数 × 历史银行贷款数额	0.028 (0.021)	0.036 (0.032)	0.050*** (0.011)	0.085*** (0.022)
控制变量	是	是	是	是
固定效应	是	是	是	是
样本量	44 702	44 702	44 702	44 702

注：计量结果括号内为稳健性标准误，*** 表示 1% 的显著性水平。

从表 10-5 我们可以发现，在分表 A 中的第（1）、第（2）列"银行跨州经营监管指数"变量系数均不显著，而第（3）、第（4）列的系数显著为负，同时后两列系数在经济显著性方面也高于前两列，这说明与州内银行有着良好关系的私营企业，在放松管制之前就可以很容易地从附近的银行筹集到资金，因此这类企业对于州内银行竞争环境不敏感；但是，在放松管制之前依赖州外银行支持的私营企业，

---

① Jess, C, Y Mao, X Tian and B Wolfe. Does Banking Competition Affect Innovation? [J]. *Journal of Financial Economics*, 2015, 115: 189–209.

与州内银行的关系并不紧密,因此会更大程度上受益于州内银行管制放松事件,该事件使它们可以更便捷地从州内获得低成本的信贷,并投入创新活动中,因此我们观察到在之后的 3 年中,这类企业的创新产出增加。分表 B 展示了上市公司样本的结果,我们发现无论依赖州内银行融资的上市公司还是依赖州外银行融资的上市公司,均对州内银行竞争环境的变化不敏感。

总体而言,在放松管制前主要依赖州外银行借款的私营企业,在监管放开之后,融资约束问题得到了很大程度的缓解,进而对企业创新起到了促进作用。

◇ 上市公司对私营企业的收购

目前为止,我们研究发现州内银行竞争加剧会促进外部融资依赖性高的私营企业创新,同时会抑制上市公司的创新活动。我们将继续探究这种现象背后的作用机制:上市公司对私营企业的收购。Liu、Sevilir 和 Tian(2016)的研究发现,美国上市公司通过收购规模小、创新能力强的私营企业,提升其创新能力,并且通过收购促进企业创新的效果至少与研发投资的效果相当。因此,当州内放松银行经营监管后,规模小、创新能力强的私营企业会更便捷地从州内银行获得低成本的信贷,缓解其融资约束,避免了被现金充足的上市公司收购。另一方面,可供上市公司收购的创新能力强、资金缺乏的目标企业数量减少,因此上市公司的创新水平下降。我们将从这两方面进行研究设计。

从收购方的角度,我们探究在放松管制之后上市公司对创新能力强的私营企业的收购是否变得更加困难。基于 Liu、Sevilir 和 Tian(2016)的研究发现,频繁进行收购活动的上市公司有更强的动机和能力通过收购活动提升自己的创新产出,州内银行竞争加剧破坏了上市公司收购高科技私营企业的途径,会导致上市公司创新产出的下降。我们猜想对于收购活动频繁的上市公司,这条作用机制的影响会更加明显。对此,我们构建三个代理变量衡量企业并购:"并购交易额""并购交易数量""平均交易额",将新构造的变量"企业并购",以及"银行跨州经营监管指数"与"企业并购"的交互项加入回归方程中,回归方程如式(10-5)所示,回归结果如表 10-6 所示。

$$
\text{企业创新产出}_{i,t+1 \,\text{至}\, t+3} = \alpha + \beta_1 \times \text{银行跨州经营监管指数}_{k,t} + \beta_2 \times \text{企业并购}_{i,t} + \beta_3 \times \\
\text{银行跨州经营监管指数}_{k,t} \times \text{企业并购}_{i,t} + \gamma \times \text{控制变量}_{i,k,t} + \\
\text{固定效应} + \varepsilon_{i,t} \qquad (10\text{-}5)
$$

其中，α 为截距项，β_1、β_2、β_3、γ 为系数，ε 为随机扰动项，下标 i 代表企业，下标 k 代表州，下标 t 代表年份。

表 10-6　企业并购交易（OLS）[①]

变量	并购交易额 （1）	并购交易数量 （2）	平均交易额 （3）
企业并购 × 银行跨州经营监管指数	0.040**	0.015	0.044**
	(0.018)	(0.010)	(0.021)
控制变量	是	是	是
固定效应	是	是	是
样本量	72 093	72 093	72 093

注：计量结果括号内为稳健性标准误，** 表示 5% 的显著性水平。

如表 10-6 所示，在第（1）、第（3）列中交互项的系数显著为正，说明银行竞争对频繁进行并购的上市公司创新活动抑制作用更强。这与我们的猜想一致，频繁进行收购的企业依靠收购活动提升其创新产出，但是州内银行竞争加剧缓解了小规模、高科技的目标企业的融资约束问题，使得具有高创新质量的标的企业数量下降，因此收购方企业的创新产出受到抑制。

上述分析建立在放松管制之后并购市场中小规模、高科技的标的企业数量确实下降了的基础上。所以接下来，我们将从被并购的目标企业角度，探究是否改善的信贷环境会使小规模、高科技的目标企业更愿意保持独立，而避免被大公司收购。

我们利用 Betrend 和 Mullainathan（2003）研究中使用的双重差分法，回归方程的因变量为"目标企业专利数量"。自变量方面，我们构建了"监管放松"哑变量，当这一年企业所在州发生监管放松则取值为 1，否则为 0，同时控制了时间和年度固定效应，回归方程如式（10-6）所示，回归结果如表 10-7 所示。

$$\text{目标企业专利数量}_{i,t} = \alpha + \beta \times \text{监管放松}_{i,t} + \gamma \times \text{控制变量}_{i,t} + \text{固定效应} + \varepsilon_{i,t} \quad (10\text{-}6)$$

其中，α 为截距项，β、γ 为系数，ε 为随机扰动项，下标 i 代表企业，下标 t 代表年份。

[①] Jess, C, Y Mao, X Tian and B Wolfe. Does Banking Competition Affect Innovation? [J]. *Journal of Financial Economics*, 2015, 115: 189–209.

表 10-7　目标企业的创新数量（DID）[1]

变量	目标企业专利数量（1）	目标企业平均专利数量（2）
监管放松	−0.070*	−0.056***
	(0.036)	(0.028)
控制变量	是	是
固定效应	是	是
样本量	151 883	151 883

注：计量结果括号内为稳健性标准误，***、*分别表示1%、10%的显著性水平。

我们从表 10-7 中可以发现，"监管放松"变量的系数显著为负，这说明相比于监管放松前，目标企业在监管放松时期被收购之后的创新产出显著减少。因此在放松银行跨州经营监管之后，被收购的目标企业的创新水平下降，而具有创新能力的企业因为融资约束得到缓解，更倾向于保持独立。

总体而言，这一节我们讨论了银行竞争加剧对不同企业的影响机制。具体来说，外部融资依赖性较高的私营企业对于银行信贷更加敏感，银行竞争加剧有助于这些私营企业以更低的成本获得资金，进一步促进其创新产出，同时也缓解了小规模高科技企业的融资约束问题，这导致并购市场中创新能力强的目标企业供给数量下降，最终导致依赖收购方式进行创新的上市公司创新水平的下降。

来自中国的证据

我国将加速建设创新型国家列为重要的战略之一，通过瞄准世界科技前沿，强化基础研究，实现前瞻性基础研究、引领性原创成果的重大突破。中国以银行为主导的金融体系能否有效引导社会资源配置，推动实体经济由要素驱动、投资驱动向创新驱动转型，进而服务于国家战略，引起了国内金融学者的广泛关注。

据统计，我国 65% 发明专利来自中小企业，80% 的新产品是由中小企业创造。然而中小企业很难通过股权融资获得资金支持进行科技创新。银行信贷是企业获得稳定、持续的外部融资的重要来源，也是决定企业创新水平的重要因素。

不同于西方国家企业融资主要依赖较完善的股票市场和债券市场，我国金融

---

[1] Jess, C, Y Mao, X Tian and B Wolfe. Does Banking Competition Affect Innovation? [J]. *Journal of Financial Economics*, 2015, 115: 189–209.

体系以间接融资为主，银行信贷是社会融资的主体。截至 2017 年第三季度末，对实体经济发放的人民币贷款余额为 116.65 万亿元，占同期社会融资规模存量的 68.1%。

随着我国经济体制改革的推进，银行体系市场化进程的加快，一系列关于放松银行体系异地设立分支机构市场准入的监管政策相继出台[①]，银行业的竞争程度不断上升，银行对于实体经济的资源配置效率也进一步提升。从 1985 年央行鼓励银行设立科技信贷业务起，银行对科技产业发展的推动作用不断加强。以广东省为例，2019 年广东省研发经费支出约 3000 亿元，占地区生产总值比重近 2.8%，区域创新能力保持全国第一。《广东省金融运行报告（2020）》显示，2019 年，该省银行机构发行中长期贷款比年初新增 1.6 万亿元，占各项贷款全年新增量的 74.8%；其中，制造业中长期贷款同比增长 49.6%；信息服务、技术服务等高新技术类行业中长期贷款增速均超过 70%。

然而，卢锋和姚洋（2004）；赵奇伟（2009）；苟琴等（2014）的研究发现，银行信贷资金配置中存在严重的所有制歧视问题，即银行更倾向于将贷款发放给国有企业，而在国民经济中占比很高的私营企业却很难获得与其贡献对应的融资支持，因此银行的所有制歧视阻碍了信贷配置效率，导致依赖银行融资的中小企业普遍存在"融资难、融资贵"的问题。因此，研究我国银行竞争对企业创新活动的影响对于深化我国金融体制改革、促进企业创新能力具有重要的意义。

迷你案例
MINI CASE

银行竞争降低中小企业融资难度

北京雅士科莱恩石油化工有限公司自 1998 年创立以来，十余年间向国内银行、农村信用社提出数次贷款申请，最终都因为缺乏抵押物而被拒贷。因此遇到资金需求时，雅士科莱恩只能通过高息同业拆借和私人借款的途径进行融资。中资银行普遍认为中小企业贷款风险过大，出于安全性考虑不愿意向中小企业提供贷款。在 2009 年第一季度，人民币新增贷款中只有 25% 为服务中小企业为主的短期贷款。而试图开拓中国市场又有着丰富风险评估经验的外资银行则纷纷瞄准了中小企业贷

[①] 2006 年银监会发布《城市商业银行异地分支机构管理办法》（银监办发 [2006]12 号）；2009 年银监会发布《关于中小商业银行分支机构准入政策的调整意见（试行）》（银监办发 [2009] 143 号）。

款业务。早在2003年，渣打银行就开始在中国重点推广"小企业综合理财业务"计划。2008年，渣打银行在全国网点推广无抵押小额贷款。渣打银行中小企业理财部在实地调查了雅士科莱恩石油化工有限公司之后，为其提供了无抵押小额贷款和票据融资贷款。雅士科莱恩石油化工有限公司属于北京市高新技术企业和科技开发机构，在获得渣打银行的贷款后，企业开始加大科研投入并建设新的产品线。

在对中国银行竞争对企业创新影响的研究中，国内学者主要聚焦于研究银行竞争中不同类型的银行对企业创新的影响。张杰等（2017）利用银监会对放松银行异地设立分支机构的监管政策、股份制商业银行和城市商业银行跨区准入以及营业网点数量扩张导致的银行竞争加剧，发现银行竞争与企业创新的关系呈现U形曲线：当银行竞争程度低于临界值时，银行竞争对企业创新造成抑制效应；当银行竞争程度高于临界值时，银行竞争对于企业创新有促进作用。作者对这一现象进行解释，当银行竞争程度低时，国有五大银行依然占据垄断地位，对地区企业创新活动整体上产生抑制作用；随着银行竞争程度的加剧，银行业结构受到冲击，促使城市商业银行利用地区信息优势——收集"软"信息的渠道优势，更好地支持有创新能力的中小企业融资。蔡竞等（2016）则从股份制银行的角度对这一问题进行研究，基于2005年至2007年中国工业企业数据，发现在银行竞争中股份制银行比国有银行和城市商业银行能够更好地促进企业的研发创新行为。相比于国有银行，股份制银行不用承担政策性任务，在贷款利率设定方面更有自主权，同时股份制银行组织架构扁平化、决策链短，给中小企业提供贷款的灵活度更高，容易与企业建立长期信贷关系，保证企业获得低成本信贷支持。另一方面，相比于城市商业银行，全国范围内经营的股份制银行风险承担能力更强，更倾向于为企业高风险的创新活动提供资金支持，因此信贷资源配置更加高效，更有利于促进企业创新。

同时还有一部分学者研究银行竞争对企业创新影响的作用机制，与国外文献相似，唐清泉等（2015）利用2002年至2009年A股上市公司样本，研究发现银行竞争加剧有助于缓解企业R&D投资的融资约束问题。金融市场的激烈竞争之下，银行会提升贷款前的事前审查、事中跟踪和事后分析来降低由于信息不对称导致的代理成本，促使银行合理地选择风险与收益相匹配的R&D项目进行资金供给，有助于缓解企业的融资约束问题，进而促进创新活动。另外，蔡竞等（2016）研究发现不同类型银行之间的竞争能够使企业获得更多的融资渠道，使企业谈判能力提高，降低银行垄断状态下银行的索价能力；同时银行竞争也可以保护小企业的知识产权信息,这种影响在民营、高科技、小型企业中表现更加显著。

我国处于新兴资本市场以及经济转轨这一制度背景下,我国监管机构对于银行资产的安全性、流动性进行了更严格的控制,相比于其他金融机构,银行强调稳健经营,具有更低的风险容忍度,不愿意向具有高风险的企业创新活动提供资金。随着银行业市场化改革的推进,银行竞争逐渐加剧,信贷配置趋向高效化,研究银行竞争对实体企业创新的影响很有意义。研究结果发现,银行竞争有助于企业创新,因此股份制银行、城市商业银行的蓬勃发展对于"大众创业,万众创新"的战略发挥有重要意义。

本章小结

本章分析了资本市场重要的金融中介——银行的竞争加剧对企业创新的影响及其传导机制。本章要点总结如下:

1. 金融发展是影响企业创新的重要因素;

2. 银行作为重要的金融中介机构,为企业发展提供资金支持,其信贷配置的功能可以使资金流向高收益的项目,实现金融体系促进实体经济发展;

3. 银行竞争通过缓解中小企业的融资约束,使其以更低的成本、更广泛的途径获得信贷融资,有助于企业进行资金需求较大的创新活动;

4. 当银行竞争加剧时,中小企业融资约束得到缓解,避免了被资金充裕的大企业收购。因此大企业可收购的创新型目标企业数量减少,创新能力被削弱;

5. 银行竞争有利于金融市场的健康发展,促进实体经济发展,有助于企业创新能力的提升。

参 / 考 / 文 / 献

[1] 蔡竞,董艳. 银行业竞争与企业创新——来自中国工业企业的经验证据 [J]. 金融研究,2016,111: 96-111.

[2] 苟琴,黄益平,刘晓光. 银行信贷配置真的存在所有制歧视吗?[J]. 管理世界,2014,1: 16-26.

[3] 卢锋,姚洋. 金融压抑下的法治,金融发展和经济增长 [J]. 中国社会科学,2004,1.

［4］唐清泉, 巫岑. 银行业结构与企业创新活动的融资约束 [J]. 金融研究, 2015, 7: 116-134.

［5］张杰, 郑文平, 新夫. 中国的银行管制放松、结构性竞争和企业创新 [J]. 中国工业经济, 2017, 10: 118-136.

［6］赵奇伟. 东道国制度安排、市场分割与 FDI 溢出效应：来自中国的证据 [J]. 经济学（季刊）. 2009, 8(3).

［7］Benfratello, L, F Schiantarelli and A Sembenelli. Banks and Innovation: Microeconometric Evidence on Italian Firms [J]. *Journal of Financial Economics*, 2008, 90: 197-217.

［8］Bertrand, M and S Mullainathan. Enjoying the Quiet Life? Corporate Governance and Managerial Preferences [J]. *Journal of Political Economy*, 2003, 111: 1 043-1 075.

［9］Bolton, P and V Thadden. Blocks, Liquidity, and Corporate Control [J]. *Journal of Finance,* 1998, 53: 1-25.

［10］Cetorelli N and P E Strahan. Finance as a Barrier to Entry: Bank Competition and Industry Structure in Local US Markets [J]. *Journal of Finance*, 2006, 61: 437-461.

［11］Duchin, R, O Ozbas and B A Sensoy. Costly External Finance, Corporate Investment, and the Subprime Mortgage Credit Crisis [J]. *Journal of Financial Economics*, 2010, 97: 418-435.

［12］Greenwood, J and B Jovanovic. Financial Development, Growth, and the Distribution of Income [J]. *Journal of Political Economy,* 1990, 98: 1 076-1 107.

［13］Hall, B H, A Jaffe and M Trajtenberg. Market Value and Patent Citations [J]. *RAND Journal of Economics*, 2005: 16-38.

［14］Holmstrom, B. Agency Costs and Innovation [J]. *Journal of Economic Behavior & Organization*, 1989, 12: 305-327.

［15］Jayaratne, J and P E Strahan. The Finance-Growth Nexus: Evidence from Bank Branch Deregulation [J]. *Quarterly Journal of Economics*, 1996, 111: 639-670.

［16］Klein, M A. A Theory of the Banking Firm [J]. *Journal of Money, Credit and Banking*, 1971, 3: 205-218.

［17］Kroszner, R S and P E Strahan. What Drives Deregulation? Economics and Politics of the Relaxation of Bank Branching Restrictions [J]. *Quarterly Journal of*

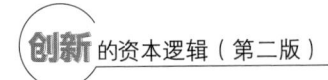

Economics, 1999, 114: 1 437–1 467.

[18] Morgan, D P, B Rime and P E Strahan. Bank Integration and State Business Cycles [J]. *Quarterly Journal of Economics*, 2004, 119: 1 555–1 584.

[19] Petersen, M A and R G Rajan. Does Distance still Matter? The Information Revolution in Small Business Lending [J]. *Journal of Finance*, 2002, 57: 2 533–2 570.

[20] Porter, M E. Capital Disadvantage: America's Failing Capital Investment System [J]. *Harvard Business Review*, 1992, 70: 65–82.

[21] Rajan, R G. Insiders and Outsiders: The Choice between Informed and Arm's-Length Debt [J]. *Journal of Finance*, 1992, 47(4): 1 367–1 400.

[22] Rice, T and P E Strahan. Does Credit Competition Affect Small-Firm Finance? [J]. *Journal of Finance*, 2010, 65: 861–889.

[23] Sevilir, M and X Tian. Acquiring Innovation. Working paper. Indiana University, 2012.

[24] Solow, R M. Technical Change and the Aggregate Production Function [J]. *Review of Economics and Statistics*, 1957: 312–320.

第 11 章

财务报告披露频率之争：年报、半年报还是季报？

> 财务报告披露指上市公司定期将近一段时间的经营成果和当时的财务状况等信息按要求披露给外界，财务报告的披露频率通常有年报、半年报、季报等几种。一方面，财务报告披露频率的增加，可以使企业的信息更加公开透明，减少信息不对称，降低管理者的道德风险，使其更好地专注于企业经营，也更有利于投资者的监督，这可能会有利于企业创新。但另一方面，财务报告披露频率增加，要求企业将更短期的经营成果展现出来，可能会加剧来自资本市场的短期压力，迫使企业管理者制定更加短视的管理决策，更注重短期的业绩而不是长期价值，更少地容忍失败，这都可能阻碍企业创新。因此，本章将重点分析财务报告披露频率的变化对企业创新究竟存在怎样的影响。

财务报告披露频率增加与企业创新：促进 VS 阻碍

过往对于财务报告披露频率的研究主要集中在财务报告披露频率对企业信息环境的影响上，如年度报告的信息内容（McNichols and Manegold，1983）、利润时效性（Butler, Kraft and Weiss，2007），以及权益成本（Fu, Kraft and Zhang，2012）。近期的研究开始侧重于财务报告披露频率对管理决策的影响，比如固定资产投资（Nallareddy, Pozen and Rajgopal，2017）、实际活动操纵（Ernstberger, et al.，2017）、现金持有量（Downar, Ernstberger and Link，2018）、银行贷款组合质量（Balakrishnan and Ertan，2018）。基于各种文献，Roychowdhury、Shroff 和 Verdi（2019）认为，财务报告披露频率的增加是会缩小管理者的投资范围并导致其短视，还是会增加信息透明度并起到约束管理层的作用，仍然不能确定。

我们的研究则着重关注财务报告披露频率对企业创新的影响。对于财务报告披露频率如何影响企业创新这一问题，过往已有一些相关的研究，但是不同学者持有不同的观点。

一部分学者认为更频繁的财务报告可以促进企业创新，他们有两方面的理由。一方面，Fu、Kraft 和 Zhang（2012）认为财务报告披露频率增加，会使企业信息更透明，降低其资本成本，增加企业获得融资的机会，减少其财务约束，使企业能够进行更多创新活动需要的有形资产和无形资产的投资。另一方面，Grossman 和 Hart（1988）以及 Harris 和 Raviv（1988）都认为，从道德风险模型的角度来看，没有受到适当约束的经理人会偷懒或者投资能够产生回报更确定的短期项目，而频繁的财务报告可以提升来自资本市场的监督质量，使管理者受到如金融分析师、卖空者和监管者等多种资本市场参与者的监督，从而激励管理者投资长期的、能够提升企业价值的项目，并对那些不愿投资长期项目的管理者形成约束。

经济学家小传
MINI BIOGRAPHY

桑福德·J. 格罗斯曼（Sanford J. Grossman）

美国著名经济学家。格罗斯曼拥有芝加哥大学学士、硕士、博士学位，早年曾先后供职于斯坦福大学、联邦储备银行、芝加哥大学、普林斯顿大学，1989 年起任宾夕法尼亚大学沃顿商学院金融学教授，1994 年任美国金融学会会长，他还是计量经济学会会员、美国科学艺术学会会员、*Finance India* 编委、*Mathematical Finance* 顾问。1987 年，34 岁的格罗斯曼获得了人称"小诺贝尔经济学奖"的约翰·贝 J 茨·克拉克奖（John Bates Clark Medal）。格罗斯曼的研究领域主要包括信息与不确定性经济学、现代企业理论等，被认为是公司结构、产权、风险管理和证券市场方面的专家。他曾与多位诺贝尔经济学奖得主合作进行过研究：1980 年与 Joseph E. Stiglitz 在 *American Economic Review* 发表论文论证不存在完全信息市场；1986 年与 Oliver Hart 在 *Journal of Political Economy* 发表论文分析了所有权的成本和收益，创造性地提出契约剩余控制权的概念。

另一部分学者则认为更频繁的财务报告披露会阻碍创新。与依赖于传统激励方法的常规经营活动不同，企业创新涉及对未知方法的探索，通常具有失败率高、需要分阶段投资、回报周期长等特点（Holmstrom，1989）。为了更有效地激励创新，需要保护管理者免受外部的短期压力，更多地包容短期失败（Manso，2011）。因此，频繁的财务报告可能会加剧来自资本市场的短期压力，使得管理者为了满足短期的业绩要求而更少地包容失败，更专注于短期业绩而不是长期价值，从而减少创新活动。

有学者已经发现财务报告披露频率和资本支出之间关系密切。Gigler 等（2014）以及 Graham、Harvey 和 Rajgopal（2005）分别从理论研究和调查层面进行了证明。Kraft、Vashishtha 和 Venkatachalam（2018）也发现，在美国证券交易所上市的公司在财务报告披露频率增加后减少了其资本投资。值得一提的是，传统的投资如资本支出，最初是资本化的，后续通过折旧才会逐渐影响企业利润。但是，创新是对于长期无形资产的投资，如研发支出，会对税前利润产生即刻生效的负面影响（Holmstrom，1989）。这样的特性使得创新对于频繁披露财务报告产生的短期压力非常脆弱，这种解释适用于管理层短视的理论。不过，只有关于资本支出的证据还不足以证明财务报告披露频率和创新之间的关系。

以上考虑的是财务报告披露频率增加对企业本身的影响，那么这一行为对其他同行业企业是否会有影响呢？研究表明频繁的财务报告也会给同行业企业带来外部效应，但这种外部效应是正还是负其实并不十分明确。Badertscher、Shroff 和 White（2013）等一些学者认为财务报告披露频率的增加会减少行业层面的信息不对称，可以帮助同行业企业识别投资机会或者减少代理成本，这种信息溢出可能有利于同行业企业创新。另一方面，企业由于频繁财务报告披露而产生的短视行为会给同行业企业带来短期业绩压力，可能会阻碍其创新。因此，频繁财务报告产生的净外部效应难以事先判断，财务报告披露频率的增加对同行业企业创新的影响也不能确定。

根据以上的分析，我们可以假设，财务报告披露频率对创新的影响可能是多方面的：第一，频繁的财务报告披露可能会导致管理层短视行为，阻碍企业的创新。第二，频繁的财务报告披露可能改善企业从资本市场获得融资和监督的机会，从而增强企业的创新能力。第三，频繁的财务报告披露可能会减少行业层面的信息不对称，这种信息溢出可能会对同行业企业的创新产生积极影响。第四，一家公司由于频繁的财务报告披露而导致的短视行为会给同行业公司造成短期的业绩压力，并阻碍它们的创新。

我和上海交通大学副教授傅仁辉、伦敦城市大学副教授 Arthur Kraft、南洋理工大学副教授 Huai Zhang 和美国康奈尔大学副教授 Luo Zuo 合作，2020 年发表在 Journal of Law and Economics 上的文章"财务报告披露频率和企业创新"对上述问题做了系统性的研究。我们基于 Gigler 等人（2014）的理论研究，利用事件研究法、双重差分法从企业层面进行了实证论证，研究验证了财务报告披露频率的增加会引起管理层短视，从而阻碍创新，为这一问题提供了实证层面的证据。

事件研究法分析

首先，我们通过事件研究法来衡量财务报告披露频率对公司价值的总体影响。本章事件研究所选的第一个事件就是 1969 年 SEC 将财务报告披露频率从每半年一次提高到每季度一次，这直接增加了财务报告的频率。本章所选的另一个事件是在 2018 年，美国时任总统 Trump 通过 Twitter 要求 SEC 评审季度财务报告存在的必要性，这提高了未来取消季度报告要求的可能性。

迷你案例
MINI CASE

关于是否取消季报之争

美国的《1934 年证券交易法》（Security Exchange Act of 1934）提出：在美国证券交易所登记注册的证券发行者，要提供年度报告。SEC 在 1955 年将报告披露频率提高到每半年一次，也就是一年需要披露两次，1970 年进一步提高到季度（一年披露四次）。1970 年之前，由于证券交易所要求或外界压力，许多公司的报告频率已经超过了 SEC 的要求。早在 1923 年，纽约证券交易所（NYSE）就要求新上市公司提供季报，并向已经上市的公司施压，要求所有上市公司都提交季报。美国证券交易所（AMEX）和其他地区交易所在 1962 年也采取了类似的行动。1962 年 AMEX 开始要求已上市及新上市公司将财务报告披露频率提高到每季度一次。美国的季报制度延续了几十年。直到 2018 年 8 月，美国总统 Donald J. Trump 在 Twitter 中发表声明称，一位顶尖企业的管理者向他建议"停止季度报告，转而采用半年度报告，（因为这）可以让美国的商业变得更好"。Trump 认为，取消季报、采用半年报制度可以使上市公司获得更多灵活性并节省资金，他已要求 SEC 重新

第 11 章 财务报告披露频率之争：年报、半年报还是季报？

研究季度报告制度存在的必要性。

对于是否取消季报之争，社会各界也发表了不同的观点。部分人士反对取消季报。著名对冲基金经理 Stanley Druckenmiller 表示，从投资者

> **Donald J. Trump** @realDonaldTrump
>
> In speaking with some of the world's top business leaders I asked what it is that would make business (jobs) even better in the U.S. "Stop quarterly reporting & go to a six month system," said one. That would allow greater flexibility & save money. I have asked the SEC to study!

的角度来说，季度报告对金融市场的透明度至关重要。Hilton Capital Management 的 Dick Bove 也表示，如果将季度报告改为半年度报告，信息披露的时间延长了一倍，那么投资者获取的信息将大幅减少，从而降低企业信息的透明度。此外，麻省理工学院斯隆商学院高级讲师 Robert Pozen 表示这会增加内幕交易的概率，限制财报频率、向投资者隐瞒信息并不会减少工作的复杂程度，相反还会引发误解和波动。

也有声音支持取消季报。辛辛那提大学 10 亿美元捐赠基金首席投资官 Karl Scheer 表示取消季报可以降低上市公司的披露成本，也会省去管理层粉饰报表的行为。摩根大通的 CEO Jamie Dimon 表示，季报显示的公司业绩更容易受到短期市场波动的影响，因此对于希望进行长期投资的公司来说，季报的短期盈利预期会带来很大的达标压力。特斯拉的 CEO Elon Musk 也曾表示，季报给特斯拉带来了巨大压力，可能会分散公司对长期前景的注意力。Hillary Clinton 在 2016 年的总统竞选中曾痛斥"季度资本主义"。华尔街传奇律师 Martin Lipton 也曾呼吁取消季度财报，以鼓励长线思考。曾任底特律三大汽车巨头高管的 Bob Lutz 在采访中表示他希望季报、业绩指引和分析师报告全部消失。

各国针对财务报告披露的频率也有不同的要求。欧盟在 2013 年发出指令，称区内所有上市公司每年只需公布业绩两次，2015 年生效。与之前欧盟内的公司一年要发布四次业绩相比，这将节省不少成本。截至 2017 年三季度，英国富时 100 指数中只有 57 家公司还在披露季报，且一般是只包括收入、销量的简版报告，这通常是一些需要满足股东要求的大型公司。英国在 2007 年提出企业要披露季度财务报告，但在 2014 年便终止了这一制度，并重新将财务报告披露频率改为至少每半年一次。法兰克福证券交易所的一般市场和初级市场仅要求半年度报告，高级市场则要求季报。日本原来的《企业会计准则》要求企业每年提供年度和半年度共两次报告，在 2005 年 12 月 27 日又颁布增设了季报信息披露制度，并在 2008 年 4 月

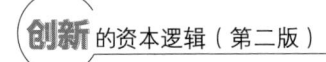

1日开始正式施行。中国的《中华人民共和国证券法》只规定了年报和半年报，不过2007年中国证监会发布的《上市公司信息披露管理办法》则要求在交易所上市的公司披露季报。

根据我们的假设，如果更频繁的报告披露会导致管理层短视，则可以预期当一家公司不得不增加财务报告披露频率时，它的价值会下降，并且对于创新型企业，这种影响将更加明显。为此，我们首先用两个事件研究来检验我们的预期，用变量CAR[0,2]衡量企业价值的变化，0为事件发生的日期，CAR[0,2]表示在从事件发生日到之后的第二个交易日这3天窗口期内上市公司的累计超额股票收益。

表11-1 事件3天窗口期内的累计超额股票收益

分表A：1969年9月15日SEC对所有上市公司发布季度报告要求

CAR[0,2]	半年报	季报	差值
均值	−0.010*	0.002	−0.012**
	（−1.75）	（1.21）	（−2.23）
观察值	80	908	

分表B：2018年8月17日Trump总统发表关于取消季报要求的Twitter

CAR[0,2]	创新型公司	非创新型公司	差值
均值	0.006***	0.003***	0.003***
	（5.46）	（8.01）	（2.29）
观察值	1,023	6,397	

注：括号内为T统计量。***、**和*分别表示1%、5%和10%的显著性水平。

表11-1分表A中的统计结果显示，我们利用SEC于1969年9月15日公布强制披露季度报告的要求这一事件，发现在3天窗口期内，事件对于之前披露半年报的公司市值有1%的显著负向影响，而对于已经披露季报的公司市值没有显著影响。这说明对于这些披露半年报的公司来说，按照季度披露会带来净成本，这也解释了为什么有些公司之前没有自愿选择披露季报。

表11-1分表B中的统计结果显示，我们利用Trump于2018年8月17日通过Twitter要求SEC重新考虑披露季报的必要性这一事件，发现在3天窗口期内，该事件对创新型公司的市值产生了0.6%的显著正向影响，对于其他公司的市值产生

了 0.3% 的显著正向影响。我们假设在 2005—2014 年期间曾申请专利的企业为创新型公司，创新型和非创新型两类公司在市场反应上存在 0.3% 的差异，并在 1% 的置信水平上显著，反映了披露季报的成本对于创新型公司来说更为重要。

这两个事件研究初步验证我们的假设，即更高的财务报告披露频率，对于企业来说是净成本，可能导致管理层短视行为，并且对于创新型企业来说负面影响更大。

总体创新趋势分析

接下来，为了进一步验证财务报告披露频率是否会抑制创新，我们对创新的总体趋势进行了描述性统计。图 11-1 画出了 1951—1973 年的总体创新趋势。

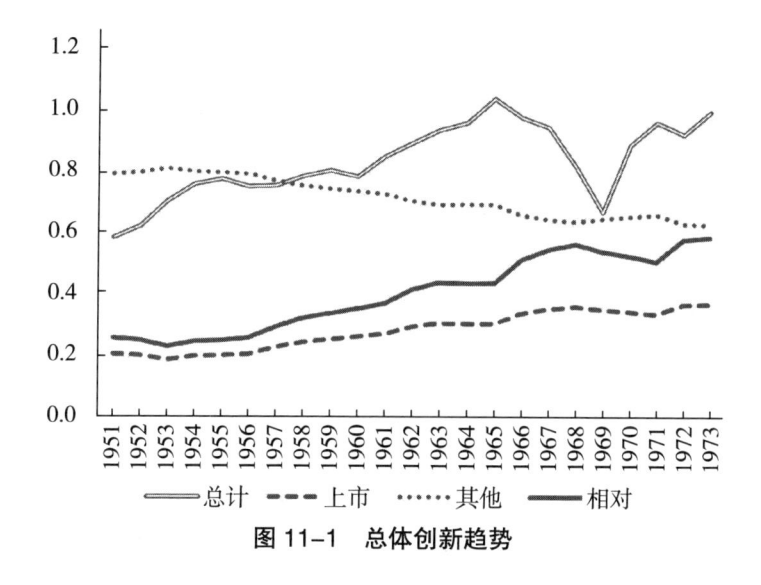

图 11-1　总体创新趋势

本章的专利数据来自 Kogan 等（2017）分享的数据。总计（total）指所有实体在一年内的专利总数除以 1973 年的专利总数；上市（public）指上市公司的专利总数相对于所有实体一年内的专利总数；其他（other）指除上市公司外的其他实体的专利总数相对于所有实体一年内的专利总数；相对（relative）指上市公司的专利总数与其他实体的专利总数的比率。

从图 11-1 中总计变量的折线变化可以看出：1951—1965 年，美国的创新总量稳步增长，这反映了第二次世界大战后的繁荣和生产力的提高；1965—1969 年，创新总量呈下降趋势；1969—1973 年，这一总量又增加了。创新的变化可能受报告频率、地缘政治、宏观经济条件和技术进步等多重因素的影响。

从图 11-1 中上市变量的折线变化可以看出：上市公司的专利数量比例，在 1951—1968 年有所增加，在 1968—1971 年有所减少，在 1971—1973 年又有所增加。其中，在 1968—1971 年的下降与我们的推测一致，即季度报告的要求抑制了上市公司的创新。

通过图 11-1 中相对变量的变化可以看出，上市公司对创新的贡献比例总体随时间而增加。然而，1970 年左右上市公司的创新能力出现了暂时性的下降，当时 SEC 关于季度报告的强制要求生效。这说明，财务报告披露频率的增加对总创新来说有负面影响。不过，1970 年左右上市公司总创新的暂时性下降，被其他实体总创新的增加所抵消，导致最终总创新是增加的。

图 11-1 中的这些趋势只是描述性的证据，还不足以严格证明结论。因此，我们转向企业层面分析，以加强实证论证，也提供更多角度的证据。

描述性统计分析

我们的主要样本数据来自 Butler、Kraft 和 Weiss（2007）以及 Fu、Kraft 和 Zhang（2012）的前期工作，他们手工收集了 1951—1973 年间《穆迪工业新闻报道》（Moody's Industrial News Reports）的数据。报告频率的定义如下："1"是年度报告、"2"是半年度报告、"3"是一年报告三次、"4"是季度报告。我们的样本包括 1951—1973 年的 9 904 个公司的年度观察数据。我们将此数据与从 http://iu.box.com/patents 下载的 Kogan 等（2017）分享的创新数据匹配。根据以往的创新文献，我们设定专利数量或专利引用次数的公司值为 0（He and Tian，2013）。

为了更直接地得出财务报告披露频率变化与管理层短视行为之间的关系，我们的因变量使用创新产出来衡量长期投资成功与否。具体来说，我们构建了三个创新产出的指标：第一个是企业申请且最终被授权的专利数量（PAT）。使用专利申请年份作为衡量基准年，因为申请年份更能反映企业当年的创新活动，记录创新的实际时间（Griliches, Pakes and Hall，1988）。然而这一指标无法区分专利究竟是重大创新还是微不足道的小进步。为了更加全面地度量企业的创新产出，本章采用另外两项指标衡量企业创新产出：公司专利被其他公司引用的次数，即专利引用次数（TCITE）和股票市场对专利授权的反应，即专利经济价值（TSM）。这两项指标的区别在于前者主要体现了创新的科学影响力，而后者则代表了创新对公司股东来说的市场价值。

第 11 章 财务报告披露频率之争：年报、半年报还是季报？

> **经济学家小传**
> MINI BIOGRAPHY
>
> **兹维·格里利克斯（Zvi Griliches）**
>
> 出生于立陶宛的考纳斯城，犹太人，第二次世界大战后移民以色列，后成为美国公民。他曾在希伯来大学学习历史，于 1951 年到加州大学伯克利分校学习并先后获得农业经济学学士和硕士学位，于 1954 年进入芝加哥大学经济系学习并于 1957 年获得经济学博士学位。此后，他在芝加哥大学经济系任教长达 13 年：1956—1959 年任助理教授，1960—1964 年任副教授，1964—1969 年任正教授。1965 年，34 岁的格里利克斯获得克拉克奖，克拉克奖一直被人们视为是诺贝尔奖的重要指针。自 1969 年起，他在哈佛大学经济系开始了长达三十余年的任教，被人们誉为哈佛经济系的"头号计量大牛"。1975 年起，他担任经济计量协会会长；1993 年起，担任美国经济协会（American Economic Association）会长。格里利克斯对于经济学的贡献主要集中在计量经济学领域，主要包括对新技术扩散的经济学分析，以及对公共研究投资的社会效益测算等。

我们主要根据三方面的因素选择样本数据。第一，在这段时间内，公司的报告频率存在着巨大的横截面和时间序列变化。由于自 1970 年以来，大部分公司都遵循了 SEC 的季度报告要求，因此我们难以使用更新的美国数据来研究报告频率与创新之间的关系。第二，SEC 的强制要求只影响了一部分公司，由于证券交易所的要求或投资者的压力，一些公司在此之前已经采用了更频繁的报告方式。这一特征使我们能够观察到可信的反事实假设：在没有报告频率变化的情况下，企业的创新生产力会达到什么水平？反事实假设是基于那些具有类似经济特征，但自身没有受到报告频率变化影响的对照组公司。这样的数据可以使我们能够使用双重差分法进行识别。第三，对于 1951—1973 年这样早期的样本区间，我们截至 2010 年的专利数据就不会遇到创新相关文献普遍要处理的截断问题。美国哈佛大学的 Josh Lerner 和斯坦福大学的 Amit Seru 两位教授对专利数据的各种问题做过系统的阐述（Lerner and Seru, 2017）。

其他的控制变量如下：公司规模（LNMV）：以公司市值的自然对数衡量；研发投资（RD）：以研发支出除以总资产衡量；盈利能力（ROA）：以资产回报率衡量；有形资产比率（PPE）：以净资产、厂房和设备规模除以总资产衡量；杠杆率（LEV）：以资产负债率衡量；固定资产投资（CAPEX）：以资本支出除以总资产衡量；产品市场竞争（HERF）：通过以年销售额为基础的 Herfindahl 指数衡量；增长机会（Q）：以托宾 Q 值衡量；财务约束（HPINDEX）：以 Hadlock 和 Pierce（2010）提出的基于企业规模和存续时间的财务约束衡量；公司年龄（LNAGE）：用 1 加公司在 Compustat 上列示的年数之和的自然对数来衡量；股票非流动性（AMIHUD）：以 Amihud（2002）价格影响指数的年中位数（即每日绝对股票收益除以以 1000 为单位的美元交易量）来衡量。

表 11-2　描述性统计

分表 A：样本分布

时期	数量	频率 =1(%)	频率 =2(%)	频率 =3(%)	频率 =4(%)	合计 (%)
1951—1954	501	7.78	22.55	2.99	66.67	5.06
1955—1969	5 929	1.08	10.47	1.84	86.61	59.86
1970—1973	3 474	0.55	1.64	1.21	96.60	35.08
合计	9 904	1.23	7.99	1.68	89.11	100.00
公司数量	1 117	58	189	128	1 089	

分表 B：样本的描述性统计

变量	数量	均值	标准差	Q1	中位数	Q3
PAT	9 904	6.464	15.483	0.000	0.000	4.000
TCITE	9 904	46.262	108.416	0.000	0.000	28.000
TSM	9 904	4.319	14.053	0.000	0.000	0.821
LNMV	9 904	3.830	1.641	2.623	3.697	4.972
RD	9 904	0.006	0.015	0.000	0.000	0.000
ROA	9 904	0.148	0.084	0.100	0.144	0.195
PPE	9 904	0.319	0.170	0.198	0.294	0.413
LEV	9 904	0.216	0.157	0.088	0.205	0.319
CAPEX	9 904	0.063	0.053	0.026	0.052	0.085
HERF	9 904	0.483	0.313	0.225	0.385	0.727
Q	9 904	1.703	1.042	1.055	1.422	1.967
HPINDEX	9 904	−2.365	0.693	−2.887	−2.430	−1.943
LNAGE	9 904	1.458	0.955	0.693	1.609	2.197
AMIHUD	9 904	0.015	0.032	0.000	0.004	0.014

表 11-2 的分表 A 根据报告频率统计了样本公司的分布情况。全部样本包括 1 117 家公司和 9 904 个年度观察值。分布情况为：在 1951—1954 年间，当只需要年度披露时，样本公司中有 22.55% 的公司会披露半年报，66.67% 的公司会披露季报。在 1955—1969 年间，当半年度披露开始成为强制性要求的时候，样本公司中有 86.61% 的公司会披露季报。在 1970—1973 年间，96.60% 的样本公司会披露季报。这三个时期的样本分别占总样本的 5.06%、59.86% 和 35.08%。有 1.68% 的样本每年披露三次，可能是因为公司决定在该财政年度中期从半年报转向季度报告披露。

表 11-2 的分表 B 提供的统计数据对所有样本进行了更详尽的描述。PAT 的均值为 6.464，中位数为 0；TCITE 的均值和中位数分别为 46.262 和 0；TSM 的均值为 4.319，中位数为 0。ROA、PPE、LEV 和 CAPEX 的均值表明，在所有样本中，公司的平均资产回报率为 14.8%，PPE（净值）约占总资产的 32%，杠杆率约为 22%，资本支出约占总资产的 6%。

以上描述性统计证明了我们的结论，以下将采用双重差分法进一步说明财务报告披露频率的变化对企业创新及对同行业公司外部效应的影响。

双重差分法分析

为了实证检验报告频率对创新的处理效应和同行业公司的外部性效应，我们将整个样本分为三组：实验组（自身受到报告披露频率增加的影响，同时也可能受到该组其他公司的外部性影响）；同业组（自身不受报告披露频率增加的影响，但受实验组公司报告披露频率增加的外部性影响）以及对照组（自身既不受报告披露频率增加的影响，也不受其他公司的外部性影响）。

实验组、同业组和对照组是通过倾向得分匹配法（PSM）来进行匹配的。具体来说，我们首先将所有样本代入 Probit 模型估计其倾向得分。其次，通过倾向得分来执行近邻匹配，得到同业组公司和对照组公司。同业组公司和对照组公司与实验组公司具有相似的特征，但它们的财务报告披露频率不变。同时，同业组公司与实验组公司要满足在同一行业（基于 Fama-French 48 行业分类）的要求，因为外部性最有可能发生在同行业公司之间，而对照组公司来自其他行业。

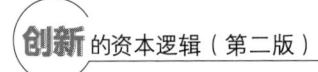

◇ 双重差分法样本分布

首先我们根据不同的财务报告披露频率进行样本分布统计，然后统计财务报告披露频率转换原因的分布。具体如表 11-3 所示。

表 11-3 双重差分法中样本的分布

分表 A：报告频率分布

时期	增到一年两次	增到一年三次	增到一年四次	合计
1951—1954	57	20	89	166
1955—1969	252	157	426	835
1970—1973	9	13	52	74
合计	318	190	567	1,075
专利数非零的公司数量	132	85	274	491

分表 B：转换原因分布

时期	SEC 要求	交易所要求	投资者需求	合计
1951—1954	0	0	166	166
1955—1969	305	133	397	835
1970—1973	61	0	13	74
合计	366	133	576	1,075
专利数非零的公司数量	144	51	296	491

表 11-3 的分表 A 是根据报告频率的变化统计出的样本分布情况。在 1951—1954 年间，有 57 家公司将财务报告披露频率提高到一年两次，20 家公司提高到一年三次，89 家公司提高到每季度一次；在 1955—1969 年间，有 252 家公司提高到一年两次，157 家公司达到了一年三次，426 家公司达到了一年四次；在 1970—1973 年间，增加到一年两次、一年三次、一年四次的公司数量分别是 9、13 和 52。

表 11-3 的分表 B 则是根据报告频率变化的原因统计的样本分布情况。报告频率变化的原因可能是 SEC 的要求、证券交易所的要求或投资者的需求。我们有如

下推论：如果公司从 1955 年开始将频率增加到一年两次，或者在 1967 年之后将频率增加到每季度一次，那么频率变化是由于 SEC 的要求。如果公司在 AMEX 上市，并在 1962 年的前一年和后两年（1962 年 AMEX 开始催促已上市公司并要求新上市公司提供季报），将其报告频率提高到季度水平，则转换原因被认为是证券交易所的要求。在样本所在期间，NYSE 上市规则中对报告频率的要求没有任何变化。假设 SEC 或证券交易所都不要求公司改变其报告频率，则可以认为报告频率的改变是由于投资者的需求。总的来说，SEC 的要求导致 366 个报告频率的改变；证券交易所的要求导致 133 个报告频率的改变；投资者的需求导致 576 个报告频率的改变。

迷你案例 MINI CASE

美国长期股票交易所

2019 年 5 月，美国长期证券交易所（Long-Term Stock Exchange，LTSE）获批成立，LTSE 的使命是创建一个能够减轻管理层短期压力的市场，旨在鼓励企业创新和投资者长期投资。创始人 Eric Ries 早在 2011 年就在他的畅销书《精益创业》(*The Lean Startup*) 的结尾处表达过这一想法："我们应该有一个专注于长期投资的证券交易所，这个交易所不强制要求季度报告等行为，以使管理者更专注于长期决策。"2016 年，LTSE 获得多家风投公司以及个人的投资，这些投资者中有致力于风险投资的 Marc Andreessen，有专注于科技的 Tim O'Reilly，以及曾担任美国第一任国家首席技术官的 Aneesh Chopra，投资共计约 1 900 万美元。LTSE 的发展还离不开自身的团队，包括 NYSE 前任 CFO Amy Butte 和其他 NYSE 的成员以及美国财政部的一些人士。在这些人的努力下，经过多次申请，在 2019 年 5 月，LTSE 终于获得 SEC 的批准，它也成为全美第十四家经批准设立的股票交易所。

创始人 Ries 认为，现有的交易所对于上市公司频繁的财务报告要求会阻碍企业创新，他希望 LTSE 能够制定新的规则，鼓励企业制定并执行长期策略，不必被短期的季度报告披露等压力束缚，成为一个没有季度盈利目标的证券交易所。Ries 同时表示，希望在 LTSE 挂牌的公司不是只关注短期利益，而是放眼至少十年甚至更远的长期利益。鉴于利益相关者对企业信息的要求，LTSE 会制定相关规则，要求上市公司将自己的里程碑事件以及企业长期发展规划披露出来。LTSE 的规则与现有交易所规则的不同之处主要在于：首先，采用任期表决制（tenure voting），股东的投票将按其持股时间进行加权，以此鼓励长期投资者；其次，将上市公司的长期业绩作为企业高管薪酬的重要考核标准；另外，在一定范围内，增加诸如投资项目、长期股东、研发经费细节等信息的披露，使投资者更了解企业的长期目标。

路透社（Reuters）针对 LTSE 的报道称，作为美国加州唯一一个证券交易所，LTSE 会吸引大批高科技行业的初创公司，以及那些目前巨额亏损但仍专注于长期研发创新的公司。LTSE 的建立，能够将企业的创新从短期业绩压力中解放出来，获得投资者的理解和支持，为企业更长远的发展做好准备，长期来看对于企业和投资者双方都有好处。在任何公司都需要创新的今天，我们可以期待 LTSE 有广阔的发展前景。

我们将因 SEC 要求或交易所要求而增加报告频率的公司归类为强制增加的公司，所有其他公司归类为自愿增加的公司。共有 499 家公司被归为强制增加的公司，576 家公司被归为自愿增加的公司。强制增加者和自愿增加者的存在表明，不同公司的成本效益权衡是不同的。当这样做的好处（例如更低的股权成本）大于成本（例如减少的创新）时，公司会自愿采用更频繁的报告，而强制增加者则可能相反。

强制性要求提高财务报告披露频率对实验组、同业组、对照组的专利数量、专利引用次数、专利经济价值的影响见图 11-2。

图 11-2 描述了强制要求转换报告频率的六年内，实验组、同业组和对照组三组样本的创新产出趋势。A、B、C 组中，实验组和对照组创新产出的两条线在转换年份（0）之前的三年内紧密平行。报告频率增加后，这两条线开始分化：对照组公司的创新产出略有增加，而实验组公司的创新产出大幅下降。同业组和对照组的两条创新产出线在六年内紧密平行。如果我们以同业公司为基准，可得出同样的结论：报告披露频率的增加会降低实验组公司的创新产出。

图 11-2 为双重差分法中平行趋势这一基础假设提供了可视化证据。研究还表明，强制增加报告披露频率会降低实验组的创新产出水平，但对同业组的净外部性影响有限。

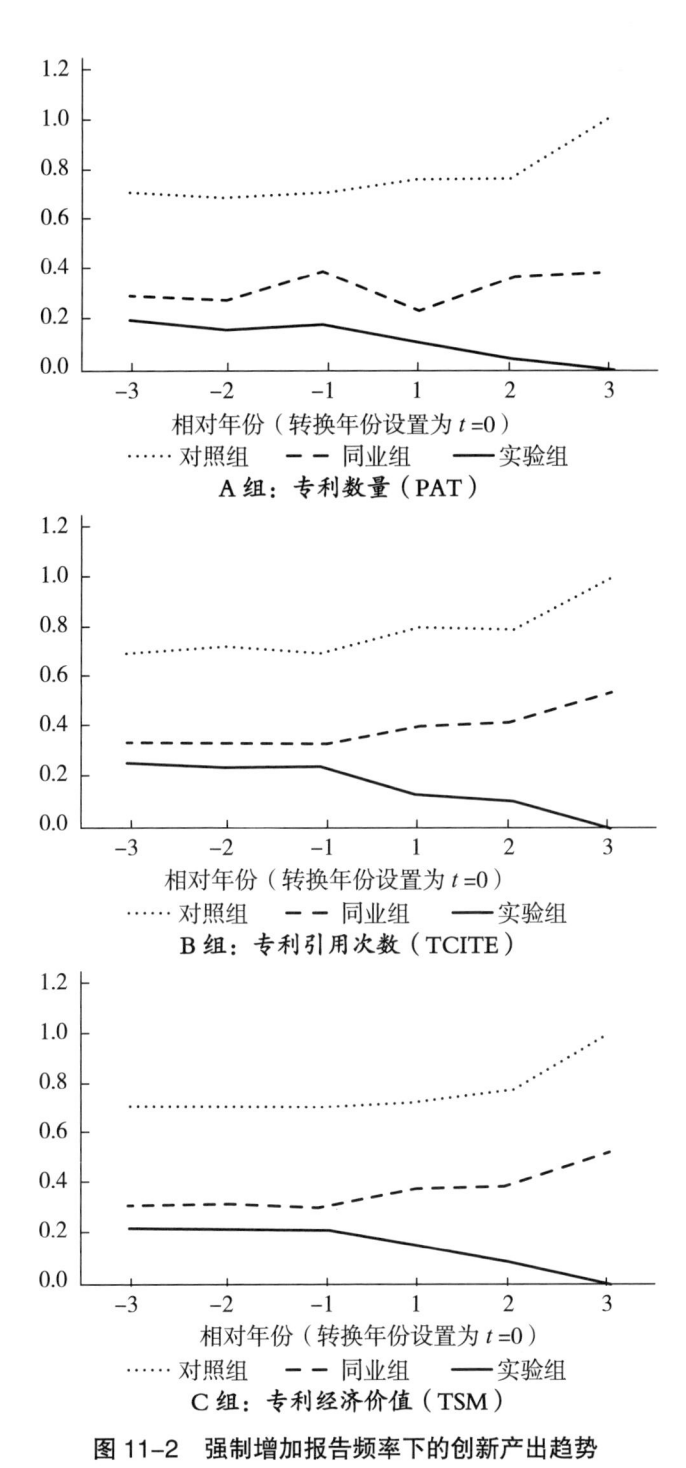

图 11-2　强制增加报告频率下的创新产出趋势

注：第 0 年（从数字中省略）定义为转换年份。

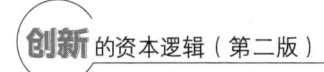

◇ 双重差分法简易测试

基于表 11-3 所得的匹配样本，我们首先进行单变量检验，得到 DID 估计值，并根据每年的均值调整创新产出，以删除时间趋势。实验分别研究强制增加报告频率和自愿增加报告频率这两种情况。

表 11-4 双重差分法简易测试

分表 A：强制增加报告频率（N=499）

变量	PAT	TCITE	TSM（单位：100万美元）
	（1）	（2）	（3）
（1）实验组均值对比	−1.071***	−12.404***	−1.020***
（冲击后 − 冲击前）	(−10.71)	(−22.59)	(−20.46)
（2）同业组均值对比	0.137	8.935***	0.981***
（冲击后 − 冲击前）	(0.48)	(3.33)	(3.66)
（3）对照组均值对比	0.794	7.179	0.739
（冲击后 − 冲击前）	(1.65)	(0.96)	(1.54)
（4）DID 估计量的均值	−1.865***	−19.583**	−1.758***
（Δ 实验组 − Δ 对照组）	(−3.79)	(−2.61)	(−3.64)
（5）DID 估计量的均值	−0.657	1.756	0.242
（Δ 同业组 − Δ 对照组）	(−1.18)	(0.22)	(0.40)
（6）DID 估计量的均值	−1.208***	−21.339***	−2.000***
（Δ 实验组 − Δ 同业组）	(−4.01)	(−7.78)	(−7.33)

分表 B：主动增加报告频率（N=576）

变量	PAT	TCITE	TSM（单位：100万美元）
	（1）	（2）	（3）
（1）实验组均值对比	−0.738***	−5.688***	−0.809***
（冲击后 − 冲击前）	(−4.08)	(−7.27)	(−7.64)
（2）同业组均值对比	1.260***	11.159***	1.207**
（冲击后 − 冲击前）	(5.00)	(4.74)	(5.33)
（3）对照组均值对比	1.417*	6.561	1.444*
（冲击后 − 冲击前）	(1.88)	(1.31)	(1.77)
（4）DID 估计量的均值	−2.155***	−12.249**	−2.253***
（Δ 实验组 − Δ 对照组）	(−2.78)	(−2.42)	(−2.74)

（续表）

变量	PAT	TCITE	TSM（单位：100万美元）
	（1）	（2）	（3）
（5）DID 估计量的均值	−0.157	4.598	−0.237
（Δ 同业组 − Δ 对照组）	(−0.20)	(0.89)	(−0.28)
（6）DID 估计量的均值	−1.998***	−16.848***	−2.016***
（Δ 实验组 − Δ 同业组）	(−6.44)	(−6.79)	(−8.06)

注：***、**和*分别代表1%、5%和10%的显著性水平。

表11-4的两组数据中，第（1）行展示了财务报告披露频率变化后实验组公司创新产出的变化。具体包括专利数量（PAT）、专利引用次数（TCITE）和专利经济价值（TSM）的平均变化。这些指标的计算方法是，首先用每个实验组公司报告频率转换后三年的专利数量、专利引用次数、专利经济值减去报告频率转换前三年的专利数量、专利引用次数、专利经济价值，然后对实验组的差异进行平均。再利用同种方法，计算同业组和对照组的专利数量、专利引用次数、专利经济价值的平均变化，并将其统计在第（2）行和第（3）行中。在第（4）到（6）行分别统计了DID均值估计量和相应的双尾T统计量，检验估计量为0的原假设。

表11-4的分表A统计了强制增加报告频率的结果。根据统计结果我们发现，实验组公司的创新产出显著下降，这与我们的假设一致，即更频繁的报告会导致更少的创新；相比之下，同业组公司的创新产出显著增加，而对照组公司没有显著变化。第（4）行中DID估计值表明，平均而言，强制增加报告频率会导致实验组公司相对于对照组公司减少约1.87项专利、19.58次专利引用次数和176万美元的专利经济价值。当使用同业组公司作为基准组时，也有类似的结论［见第（6）行］。

此外，我们还评估了报告频率的增加是否会影响同行业公司。外部性主要以两种方式影响同行业公司。一方面，强制性要求增加了实验组公司的报告披露频率，减少了行业层面的信息不对称，从而促进同行业公司的创新。另一方面，强制性要求也增加了实验组公司的短视行为，并通过行业压力，使同行业公司面临类似改变的压力，导致较低的创新产出水平。第（5）行的结果表明，这一改变的净外部性在统计学上不显著。应谨慎对待这一结果，因为这可能是由于实验设计本身不够全面导致的。

表11-4的分表B统计了自愿增加报告披露频率的结果。根据第（1）行的统

计数据，财务报告披露频率增加后，实验组公司的创新产出减少了。然而，根据第（2）行和第（3）行，同业组和对照组公司的专利数量、专利引用次数和专利经济价值这三项指标都显著增加。根据 DID 估计值，平均而言，与对照组公司相比，实验组公司主动增加报告披露频率导致专利数量减少了约 2.15 项，专利引用次数减少了约 12.25 次，专利经济价值减少了约 225 万美元。在与同业组公司作对比时，结果类似。然而，主动增加报告披露频率的净外部性效应在统计上不显著。

◇ 双重差分法回归分析

在本小节，我们使用前文所得的匹配样本进行双重差分法回归分析，来验证结论。基于 Fang、Tian 和 Tice（2014）的研究，本章在以报告披露频率转换年份为中心的六年窗口期内，对实验组、同业组和对照组公司使用公司年度观察，并假设以下模型：

$$\begin{aligned}INNOV = &\alpha + \beta_1 \text{TREAT} \times \text{BEFORE}^2 + \beta_2 \text{TREAT} \times \text{BEFORE}^1 + \beta_3 \text{TREAT} \times \text{AFTER}^1 \\&+ \beta_4 \text{TREAT} \times \text{AFTER}^2 + \beta_5 \text{TREAT} \times \text{AFTER}^3 + \beta_6 \text{PEER} \times \text{BEFORE}^2 + \beta_7 \text{PEER} \times \\&\text{BEFORE}^1 + \beta_8 \text{PEER} \times \text{AFTER}^1 + \beta_9 \text{PEER} \times \text{AFTER}^2 + \beta_{10} \text{PEER} \times \\&\text{AFTER}^3 + \beta_{11} \text{BEFORE}^2 + \beta_{12} \text{BEFORE}^1 + \beta_{13} \text{AFTER}^1 + \beta_{14} \text{AFTER}^2 + \beta_{15} \text{AFTER}^3 \\&+ \text{公司固定效应} + \text{年份固定效应} + \varepsilon\end{aligned}$$

(11–1)

因变量 INNOV 是三个创新产出指标之一：PAT、TCITE 和 TSM。以下变量均为虚拟变量：TREAT 变量，对于实验组公司等于 1，否则为 0；PEER 变量，对于行业同业等于 1，否则为 0；BEFORE^2 变量，如果公司年度观察从报告频率转换前的第二年开始（第 –2 年），则等于 1，否则为 0；BEFORE^1 变量，如果公司年度观察从报告频率转换前的第一年开始（第 –1 年），则等于 1，否则为 0；AFTER^1 变量，如果公司年度观察从报告频率转换之后的第一年开始（第 1 年），则等于 1，否则为 0；AFTER^2 变量，如果公司年度观察从频率转换后的第二年开始（第 2 年），则等于 1，否则为 0；AFTER^3 变量，如果公司年度观察从转换后的第三年开始（第 3 年），则等于 1，否则为 0。此外，此公式还包括公司固定效应和年份固定效应。

关键系数假定为 β_1 至 β_{10}。其中，若 β_1、β_2、β_6、β_7 的估计在统计学上不显著，则表明没有违背平行趋势假设。若 β_3、β_4、β_5 的估计显著为负，则表明与对照组公司相比，在报告披露频率变化后的几年里，实验组公司的专利数量较少、专利引用次数较少、专利经济价值较小。若 β_8、β_9、β_{10} 的估计在统计学上显著，则表明报告披露频率的增加对同业组公司（相对于控制组公司）在统计上有显著的外部性效应。

表 11-5　双重差分法回归分析

分表 A：强制增加报告频率

变量	PAT	TCITE	TSM（单位：100万美元）
	（1）	（2）	（3）
（1）TREAT×BEFORE^2	−0.181	−4.927	−0.190
	(−0.31)	(−1.17)	(−0.95)
（2）TREAT×BEFORE^1	−0.261	−1.893	−0.156
	(−0.34)	(−0.49)	(−0.34)
（3）TREAT×AFTER^1	−1.315**	−18.857**	−0.863**
	(−2.12)	(−1.97)	(−2.18)
（4）TREAT×AFTER^2	−1.939*	−18.935	−1.701**
	(−1.82)	(−1.27)	(−2.13)
（5）TREAT×AFTER^3	−3.554***	−33.455*	−3.262**
	(−2.81)	(−1.71)	(−2.19)
（6）PEER×BEFORE^2	0.079	−3.540	−0.058
	(0.13)	(−0.92)	(−0.26)
（7）PEER×BEFORE^1	0.824	−0.842	−0.040
	(1.01)	(−0.20)	(−0.09)
（8）PEER×AFTER^1	−0.862	−3.260	0.401
	(−1.34)	(−0.40)	(0.99)
（9）PEER×AFTER^2	0.293	0.297	0.143
	(0.28)	(0.02)	(0.19)
（10）PEER×AFTER^3	−0.953	0.387	0.065
	(−0.88)	(0.02)	(0.05)
（11）BEFORE^2	0.076	5.859	0.293
	(0.13)	(1.41)	(1.54)
（12）BEFORE^1	1.141	4.277	0.409
	(1.65)	(1.04)	(0.83)
（13）AFTER^1	1.225*	21.307**	0.894**
	(1.92)	(2.16)	(2.00)

（续表）

变量	PAT （1）	TCITE （2）	TSM （单位：100万美元） （3）
（14）AFTER^2	2.045*	20.273	1.715**
	(1.96)	(1.32)	(2.14)
（15）AFTER^3	2.995**	30.554	3.162**
	(2.47)	(1.58)	(2.17)
公司固定效应	是	是	是
年份固定效应	是	是	是
调整后 R^2	0.725	0.741	0.748
观测值	4 832	4 832	4 832

分表B：自愿增加报告频率

变量	PAT （1）	TCITE （2）	TSM （单位：100万美元） （3）
（1）TREAT×BEFORE^2	0.351	−9.197	−0.220
	(0.78)	(−1.50)	(−0.73)
（2）TREAT×BEFORE^1	−0.047	−7.088	−0.387
	(−0.09)	(−1.19)	(−0.89)
（3）TREAT×AFTER^1	−2.375*	−16.084**	−2.178*
	(−1.94)	(−1.97)	(−1.90)
（4）TREAT×AFTER^2	−2.835**	−18.906	−2.796*
	(−2.03)	(−1.43)	(−1.91)
（5）TREAT×AFTER^3	−2.518**	−23.967*	−3.503**
	(−2.18)	(−1.88)	(−2.24)
（6）PEER×BEFORE^2	−0.341	−9.496	−0.356
	(−0.88)	(−1.56)	(−1.22)
（7）PEER×BEFORE^1	−0.087	−5.943	−0.437
	(−0.17)	(−0.99)	(−1.00)
（8）PEER×AFTER^1	−1.375	0.468	−1.396
	(−1.13)	(0.05)	(−1.22)

（续表）

变量	PAT	TCITE	TSM（单位：100万美元）
	（1）	（2）	（3）
（9）PEER×AFTER^2	−0.140	−1.010	−0.648
	(−0.10)	(−0.08)	(−0.44)
（10）PEER×AFTER^3	−0.061	0.840	0.104
	(−0.05)	(0.07)	(0.06)
（11）BEFORE^2	0.358	9.825*	0.365
	(0.95)	(1.69)	(1.32)
（12）BEFORE^1	0.810**	8.159	0.656*
	(1.96)	(1.41)	(1.73)
（13）AFTER^1	2.256*	16.893**	1.817*
	(1.90)	(2.34)	(1.70)
（14）AFTER^2	2.715**	19.890	2.464*
	(2.04)	(1.64)	(1.85)
（15）AFTER^3	2.351**	24.666**	3.041**
	(2.22)	(2.15)	(2.16)
公司固定效应	是	是	是
年份固定效应	是	是	是
调整后 R^2	0.580	0.633	0.453
观测值	5 668	5 668	5 668

注：***、** 和 * 分别表示1%、5%和10%的显著性水平。

表11-5是式（11-1）的各项回归结果。与因变量PAT、TCITE和TSM相关的结果在第（1）列、第（2）列和第（3）列中展现。分表A为强制要求增加报告披露频率的结果。第（1）至第（3）列的 β_1、β_2、β_6 和 β_7 在统计意义上不显著，这表明没有违背平行趋势假设。β_3、β_4 和 β_5 在9个结果中有8个是负的且统计意义上显著，这与我们的假设一致，即更频繁的报告会导致实验组公司的创新产出减少。β_8、β_9 和 β_{10} 在统计意义上都不显著。

分表B为自愿增加报告频率的结果。其结果与分表A的结果相似。在第（1）至（3）列中，β_1、β_2、β_6 和 β_7 在统计意义上都不显著，这表明没有违背平行趋势假设；β_3、β_4 和 β_5 在 9 个结果中有 8 个是负的且统计意义上显著，这表明与对照组公司相比，实验组公司的创新产出下降。β_8、β_9 和 β_{10} 在统计意义上都不显著。

总的来说，这些发现与本文的单变量双重差分法估计结果一致，即报告频率增加会导致企业创新产出下降。

稳健性检验

根据先前的研究（Fu, Kraft and Zhang, 2012；Fang, Tian and Tice, 2014），我们之前的分析是基于以报告披露频率转换年份为中心的六年窗口期内的匹配样本。这种方法的优点是，它使我们能够在相对较短的事件窗口期识别出三类公司（即实验组、同业组、对照组），并研究了公司层面的影响和对同业的溢出效应。然而在 1951 年至 1973 年的整个样本期内，将样本分为三组是不可行的，因为样本中的大多数行业都在这段时间内进入实验组。

广义双重差分估计可根据实验结果的交错性进行稳健性检验。为进一步保证结果的稳健性，我们采用基于全样本的广义双重差分法估计进行稳健性检验。具体来说，我们选取所有样本的年度观察结果，并估计以下模型：

$$\text{INNOV} = \alpha + \beta_1 \text{ QUARTERLY} \times \text{POST\_Q} + \beta_2 \text{ SEMIANNUAL} \times \text{POST\_S} + 控制变量 + 公司固定效应 + 年份固定效应 + \varepsilon \tag{11-2}$$

因变量 INNOV 是三个创新产出指标之一：PAT、TCITE 和 TSM。QUARTERLY 是一个虚拟变量，对于将报告频率增加到季度水平的实验组公司，该值等于 1，否则为 0；SEMIANNUAL 是一个虚拟变量，对于将报告频率增加到半年水平的实验组公司，该值等于 1，否则为 0；POST_Q 是一个虚拟变量，如果公司年度观察是从报告频率转换到季度水平后一年开始的，则等于 1，否则为 0；POST_S 是一个虚拟变量，如果公司年度观察是从报告频率转换到半年水平后一年开始的，则等于 1，否则为 0。这里已经包括 Fang、Tian 和 Tice（2014）研究中控制变量的标准集以及公司固定效应和年份固定效应。关键系数是 β_1 和 β_2。若 β_1（或 β_2）是负显著的，则表明与对照组公司相比，实验组公司在报告频率变化到季度（或半年）水平后的几年内，产生的专利数量更少、专利引用次数更少、专利经济价值更小。

表 11-6　基于全样本的双重差分法分析

变量	PAT	TCITE	TSM（单位：100万美元）
	（1）	（2）	（3）
QUARTERLY × POST_Q	-5.438***	-25.541***	-5.151***
	(-6.35)	(-5.31)	(-5.24)
SEMIANNUAL × POST_S	-2.187	-7.815	-1.194
	(-1.40)	(-0.86)	(-1.31)
LNMV	1.979***	18.465***	3.675***
	(3.66)	(4.85)	(5.06)
RD	156.208***	1033.758***	154.557***
	(4.84)	(5.59)	(4.21)
ROA	-5.268*	-40.125**	-8.815**
	(-1.77)	(-2.17)	(-2.37)
PPE	2.234	15.626	4.506
	(0.85)	(0.84)	(1.29)
LEV	1.300	6.841	0.017
	(0.72)	(0.62)	(0.01)
CAPEX	-13.560***	-79.925***	-16.439***
	(-4.05)	(-3.44)	(-3.48)
HERF	0.289	2.377	0.611
	(0.04)	(0.05)	(0.08)
HERF_SQR	0.604	6.607	1.566
	(0.11)	(0.18)	(0.25)
Q	-0.709**	-3.369*	-0.894**
	(-2.18)	(-1.77)	(-1.98)
HPINDEX	0.693*	1.244	1.273***
	(1.93)	(0.50)	(2.71)
LNAGE	-2.289***	-11.413***	-3.490***
	(-3.16)	(-2.59)	(-4.30)
AMIHUD	7.851***	40.680***	12.730***
	(4.08)	(3.22)	(5.66)
公司固定效应	是	是	是
年份固定效应	是	是	是

(续表)

变量	PAT	TCITE	TSM（单位：100万美元）
	（1）	（2）	（3）
调整后 R^2	0.729	0.761	0.643
观测值	9 904	9 904	9 904

注：***、**和*分别表示1%、5%和10%的显著性水平。

表11-6给出了式（11-2）的回归结果。与因变量PAT、TCITE和TSM相关的结果在第（1）列、第（2）列和第（3）列中给出。β_1在三个指标中均为负且显著，这与我们的假设一致，即更频繁的报告导致实验组公司更少的创新产出。β_2为负值，但在统计上不显著，这表明从年度报告转变为半年报告对实验组公司来说成本变化并不大。但鉴于样本期内转为半年报的实验组公司数量有限，后一个结果应谨慎对待。

为了确保表11-6中记录的季度报告的实验效果不受不同的趋势的影响，像Autor（2003）在其文章中采用的方法那样，本文在模型中添加了超前量（即$BEFORE^2$和$BEFORE^1$）和滞后量（即$AFTER^0$、$AFTER^1$、$AFTER^2$、$AFTER^3$和$AFTER^{4+}$）作为交互项。我们还在规范中添加了行业特定的线性趋势。

表11-7 基于全样本的动态变化研究

变量	PAT	TCITE	TSM（单位：100万美元）
	（1）	（2）	（3）
QUARTERLY × $BEFORE^2$	1.199	−1.415	0.040
	(1.46)	(−0.31)	(0.06)
QUARTERLY × $BEFORE^1$	0.531	−1.919	−0.567
	(0.60)	(−0.36)	(−0.72)
QUARTERLY × $AFTER^0$	−1.750**	−5.262	−1.723**
	(−2.04)	(−1.10)	(−1.97)
QUARTERLY × $AFTER^1$	−1.687*	−6.384	−1.772*
	(−1.91)	(−1.32)	(−1.94)
QUARTERLY × $AFTER^2$	−1.733*	−7.541	−1.870*
	(−1.88)	(−1.37)	(−1.88)

（续表）

变量	PAT	TCITE	TSM（单位：100万美元）
	（1）	（2）	（3）
QUARTERLY×AFTER^3	−2.916***	−9.703*	−2.529***
	(−3.15)	(−1.71)	(−2.62)
QUARTERLY×AFTER^{4+}	−3.647***	−17.009**	−4.179***
	(−3.10)	(−2.35)	(−3.12)
控制变量	是	是	是
公司固定效应	是	是	是
年份固定效应	是	是	是
行业特定趋势	是	是	是
调整后 R^2	0.761	0.788	0.697
观测值	9 904	9 904	9 904

注：***、**和*分别表示1%、5%和10%的显著性水平。

表11-7为添加了超前量后的结果。在三列结果中，超前变量的系数估计在统计意义上都是不显著的，这表明没有违背平行趋势假设；在15个滞后量系数的回归结果中，有12个是负的且统计意义上显著，这表明与对照组公司相比，实验组公司的创新产出下降。

总体而言，这些发现与我们匹配的样本结果一致，可得出报告披露频率的增加会导致企业创新产出下降这一结论。

中国应用

国内已有一些文献对财务报告披露频率进行了研究，但早期更多是从财务报告披露频率有助于提高企业信息透明度、降低信息不对称程度的角度进行论述的。邢精平（2000）通过研究季度报告收益的信息量，阐述了披露季度报告的必要性、可行性。他认为，半年报不利于投资者及时获得企业信息，可能存在内幕信息，而季度财务报告可以为投资者提供更多信息，防止部分人利用内幕消息获得非正常收益，有助于建立更加健康的资本市场环境。金瓯（2002）阐述了各国中期报告的不同编制理论，认为将中期报告定为每3个月一次有利于提高信息的相关性、降低股价的波动风险、防范内幕交易，结论是季报更适合我国现状和更合理。李翔和林树（2007）从信息披露及披露程度等角度对上市公司信息透明度进行了实证研究，研究得出结论：上市公司披露的信息越多、披露次数越多，就越能够显著地降低投资者和企业之间的信息不对称程度。

国内后续也有一些文献研究了财务报告披露频率对投资者决策和盈利预测的影响，并开始区分主动增加披露频率和强制增加披露频率的区别。李翔、赵劼和袁军（2007）认为，财务信息的披露能够提高公司的透明度，投资者根据这些信息可以调整自己的投资决策，交易成本也会大大降低，他们通过财务报告披露频率对投资者决策影响的实证研究发现，如果上市公司主动进行财务报告披露，且披露的频率较高时，能够帮助投资者决策，而强制性增加报告频率对市场参与者决策的影响还不能证明。席维娟和龚凤兰（2012）认为，增加财务报告披露频率会提高企业的披露成本，但也有助于降低企业的融资成本，中期财务报告是对企业年度报告的铺垫，增加财务报告披露频率有利于减少年报这种强制性信息披露所需披露的信息，也有助于预测年度盈余，帮助投资者及时进行盈利预测。张志红、宋艺和王楠（2018）认为，财务报告的披露，尤其是高频率的披露将有助于投资者了解企业的信息并做出判断，在不同的财务报告披露频率下，非专业投资者对企业的盈利预测准确性不同，他们实证分析了在季度财务报告和周财务报告这两种频率下，财务报告的频率越高，投资者对盈利的预测越不准确，甚至方向相反。

目前国内关于财务报告披露频率对企业创新的影响研究仍然相对较少。陈宁和彭晨宸（2018）认为企业在进行创新时，对信息的保密会在一定程度上带来企业与投资者之间的信息不对称，这可能给企业融资带来困难，阻碍企业创新，对于在主板上市的企业来说，企业主动披露财务报告或增加披露的次数都会增加企业的研发活动，从而促进企业创新。可以看出，我们的研究与国内过往的研究结论不尽相同，这可能是由于中美两国市场的差异造成。不过，本章的结论对于国内从政策层面重新思考财务报告披露频率，打破现有财务报告制度，鼓励创新型企业的长期发展具有重要意义。

鉴于中美两国证券市场的情况有着本质的不同，关于财务报告披露频率对企业创新的影响这一问题尚有很多可探索之处，未来随着中国数据可获得性的不断完善，我们期待可以看到国内有更多相关研究。

❏ 本章小节

本章分析了财务报告披露频率变化对企业创新的影响，通过事件研究法、双重差分法等实证方法分析了二者之间的关系。本章要点总结如下：

1. 财务报告披露频率的增加会给企业管理层带来短期压力，从而阻碍创新；
2. 财务报告披露频率的增加对企业来说是净成本，对创新型企业影响更大；
3. 财务报告披露频率增加的企业，其创新产出水平（专利数量、专利被引用次数、专利经济价值）下降；
4. 财务报告披露频率增加对同行业公司的净外部效应在统计学上不显著。

参 / 考 / 文 / 献

［1］邢精平. 上市公司中期财务报告披露频率研究 [J]. 贵州财经学院学报, 2000(03): 18-21.

［2］金瓯. 中期财务报告编制理论和期间规定的探索 [J]. 杭州电子工业学院学报, 2002(01): 95-98.

［3］李翔, 林树. 信息不对称、信息披露与股票价格波动——兼论管理会计信息披露的市场效应 [J]. 山西财经大学学报, 2007(06): 112-117.

［4］李翔, 赵劼, 袁军. 信息披露频度与市场有效性：一项基于中国上市公司的经验研究 [J]. 南京社会科学, 2007(03): 31-37.

［5］席维娟, 龚凤兰. 中期财务报告披露研究述评 [J]. 会计之友, 2012(26): 84-86.

［6］张志红, 宋艺, 王楠. 信息披露频率对非专业投资者盈利预测影响的实验研究 [J]. 会计研究, 2018(02): 34-40.

［7］陈宁, 彭晨宸. 机构调研、信息披露与企业研发活动 [J]. 中国注册会计师, 2018(10): 62-67.

［8］Amihud, Y. Illiquidity and Stock Returns: Cross-section and Time Series Effects [J]. *Journal of Financial Markets*, 2002, 5: 31-56.

［9］Badertscher, B, N Shroff and H D White. Externalities of Public Firm Presence: Evidence from Private Firms' Investment Decisions. [J] *Journal of Financial Economics*, 2013, 109: 682-706.

[10] Balakrishnan, K and A Ertan. Banks' Financial Reporting Frequency and Asset Quality [J]. *Accounting Review*, 2018, 93: 1–24.

[11] Butler, M, A G Kraft and I S Weiss. The Effect of Reporting Frequency on the Timeliness of Earnings: The Cases of Voluntary and Mandatory Interim Reports [J]. *Journal of Accounting and Economics*, 2007, 43: 181–217.

[12] Butler, M, A G Kraft and I S Weiss. The Effect of Reporting Frequency on the Timeliness of Earnings: The Cases of Voluntary and Mandatory Interim Reports [J]. *Journal of Accounting and Economics*, 2007, 43: 181–217.

[13] Downar, B, J Ernstberger and B Link. The Monitoring Effect of More Frequent Disclosure [J]. *Contemporary Accounting Research*, 2018, 35:2 058–2 081.

[14] Ernstberger, J, B Link, M Stich and O Vogler. The Real Effects of Mandatory Quarterly Reporting [J]. *Accounting Review*, 2017, 92: 33–60.

[15] Fang, V W, X Tian and S Tice. Does Stock Liquidity Enhance or Impede Firm Innovation? [J] *Journal of Finance*, 2014, 69: 2 085–2 125.

[16] Fu, R, A G Kraft and H Zhang. Financial Reporting Frequency, Information Asymmetry, and the Cost of Equity [J]. *Journal of Accounting and Economics*, 2013, 54: 132–149.

[17] Fu, R, A G Kraft, X Tian, H Zhang and L Zuo. Financial Reporting Frequency and Corporate Innovation [J]. *Journal of Law and Economics,* 2020, 63(3): 501–530.

[18] Gigler, F, C S Kanodia, H Sapra and R Venugopalan. How Frequent Financial Reporting Can Cause Managerial Short-Termism: An Analysis of the Costs and Benefits of Increasing Reporting Frequency [J]. *Journal of Accounting Research*, 2014, 52: 357–387.

[19] Graham, J R, C R Harvey and S Rajgopal. The Economic Implications of Corporate Financial Reporting [J]. *Journal of Accounting and Economics*, 2005, 40: 3–73.

[20] Griliches, Z, A Pakes and B H Hall. The Value of Patents as Indicators of Inventive Activity. NBER Working paper No. 2083, 1988.

[21] Grossman, S J and O D Hart. One Share/One Vote and the Market for Corporate Control [J]. *Journal of Financial Economics*, 1988, 20: 175–202.

[22] Hadlock, C J and J R Pierce. New Evidence on Measuring Financial Constraints: Moving Beyond the KZ Index [J]. *Review of Financial Studies*, 2010, 23: 1 909–1 940.

[23] Harris, M and A Raviv. Corporate Control Contests and Capital Structure [J]. *Journal of Financial Economics*, 1988, 20: 55-86.

[24] He, J and X Tian. The Dark Side of Analyst Coverage: The Case of Innovation [J]. *Journal of Financial Economics*, 2013, 109: 856-878.

[25] Holmstrom, B. Agency Costs and Innovation [J]. *Journal of Economic Behavior and Organization*, 1989, 12: 305-327.

[26] Kajüter, P, F Klassmann and M Nienhaus. The Effect of Mandatory Quarterly Reporting on Firm Value [J]. *Accounting Review*, 2019, 94: 251-277.

[27] Kogan, L, Dimitris Papanikolaou, Amit Seru, and Noah Stoffman. Technological Innovation, Resource Allocation and Growth [J]. *Quarterly Journal of Economics*, 2017, 132: 665-712.

[28] Kraft, A G., R Vashishtha and M Venkatachalam. Frequent Financial Reporting and Managerial Myopia [J]. *Accounting Review*, 2018, 93: 249-275.

[29] Lerner, J and A Seru. The Use and Misuse of Patent Data: Issues for Corporate Finance and Beyond. Harvard Business School Working paper, 2017.

[30] Manso, G. Motivating Innovation [J]. *Journal of Finance*, 2011, 66: 1 823-1 860.

[31] Mcnichols, M and J G Manegold. The Effect of the Information Environment on the Relationship between Financial Disclosure and Security Price Variability [J]. *Journal of Accounting and Economics*, 1983, 5: 49-74.

[32] Nallareddy, S, R Pozen and S Rajgopal. Consequences of Mandatory Quarterly Reporting: The U.K. Experience. Columbia Business School Working paper, 2017, No. 17-33.

[33] Roychowdhury, S, N Shroff and R Verdi. The Effects of Financial Reporting and Disclosure on Corporate Investment: A Review [J]. *Journal of Accounting and Economics*, 2019.

第 12 章

近水楼台先得月：
专利审查机构的可达性与企业创新

企业创新战略中的重要一环就是通过为技术创新申请专利进行知识产权保护。专利申请过程十分漫长，专利审查员与专利申请人之间存在严重的信息不对称，这些都会对企业的专利申请产生阻碍。而企业与专利审查机构之间较好的可达性则能够消除这种阻碍。本章重点分析企业与专利审查机构之间的可达性对企业创新的影响及其作用机制。

当地资源、可达性与企业发展

各地的经济环境不同，自然资源、人力资源的分布也并非处处均等，企业经济活动的分布也会受此影响，比如从事水力发电和风力发电的企业就必须把发电机组建设在自然资源符合机组运行要求的地区；金属冶炼企业倾向于选择靠近煤炭、金属矿藏等原材料资源丰富的地区；零售业则会选择把店面建在人流密集、交通便利的地方。

企业为了使生产经营过程中的收益最大化，需要根据自身情况合理规划企业所在地与劳动力资源、原材料供给等经济因素之间的距离，所以当地的资源情况以及其他资源的可达性是企业选址的重要参考指标，例如，企业会选择靠近原材料供应商或客户市场，或能提供优惠政策的地区。具有资源优势或者政策优势的区域会吸引企业接踵而来，而企业在当地的聚集又会促进当地经济的进一步发展。美国著名经济学家、诺贝尔经济学奖得主 Krugman 认为产业有向单一区域集中的趋势。同一产业中的企业聚集在特定区域内可以保证具有特定技术的劳动者与需要相应技术的雇主很容易找到彼此。人口聚集会促进当地第三产业的发展，还能够促进原材料供应、交通运输等附属产业的发展，并且形成产业技术溢出和知识共享，从而促进整个行业的发展。我国为了促进高新技术发展而推进的高新技术开发区和为了促进城镇化建设而推进的特色小镇都利用了这种产业集聚效应的积极影响。

经济学家小传
MINI BIOGRAPHY

保罗·克鲁格曼（Paul R. Krugman）

美国经济学家，任教于普林斯顿大学经济系。他的主要研究领域包括国际贸易、国际金融、货币危机与汇率变化理论，被誉为当今世界上最令人瞩目的贸易理论家之一。

克鲁格曼教授对于贸易集团化、收入增长和不完善竞争对国际贸易的影响等方向的研究使他开辟出了新的研究领域——新国际贸易理论，并使他在 1991 年成为麻省理工学院经济系毕业生中获得克拉克经济学奖的第 5 人。此后，他在著作《流行的国际主义》（*Pop Internationalism*）中指出"亚洲在高速发展的繁荣时期，已潜伏着深刻的经济危机，将在一定时间内进入大规模调整"，成功地对亚洲金融危机进行了预言，这本书在短短两年内重印了 8 次。

2008 年，克鲁格曼教授凭借"整合了此前经济学界在国际贸易和地理经济学方面的研究，在自由贸易、全球化以及推动世界范围内城市化进程的动因方面形成了一套理论"的成就获得了该年度的诺贝尔经济学奖。

浙江省建德市在 2017 年作为国家级通航类特色小镇被列入国家第二批特色小镇创建名单。当地的经济支柱横山钢铁厂在 2003 年宣告破产后，建德市选择以建德千岛湖通用机场为核心建立航空服务区块，以横山钢铁厂遗址建立航空旅游区块，同时还建立了以省级经济开发区为核心的航空制造业区块，在当地形成航空产业链和完善的通用航空服务体系。建德作为航空小镇累计引进 5 000 万元以上项目三十多个，其中包括总投资百亿元的重型直升机制造项目、与北京航空航天大学共同推进的新型燃料多功能飞机研发制造项目等航空制造业项目。作为国家航空营救救援试点单位，在 2020 年新冠肺炎疫情发生后，建德航空小镇发挥其通用

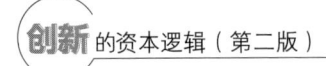

航空优势，通过直飞航线将社会捐赠的防疫物资空运至武汉支援当地的抗击疫情工作。

建德航空小镇的优势之一就是建德千岛湖通用机场带来的便利交通条件，机场的存在提升了建德航空小镇的可达性。所谓可达性就是利用某种特定的交通系统从某一给定区位到达活动地点的便利程度（Morris, et al., 1978）。可达性好不仅仅是两地之间的地理距离短，随着科技的发展，发达的交通能够通过缩短交通时间和缩短两地之间的相对距离，同样可以改善可达性，火车、飞机的发明都极大地扩展了人类的活动范围。

可达性的改善会对当地企业的经济生产活动和人民的生活质量产生极大的影响。例如，高铁的开通能够大大缩短乘客往返两地的旅行时间，以前从北京到上海搭乘特快列车需要大约 15 小时，而京沪高铁的开通能够将旅行时间缩短到 5 小时左右，不仅便捷地把两个发达的大都市连接在一起，沿途还会经过济南、南京等重要城市。铁路、公路、航线的开通不仅可以促进路线沿线地区的旅游业发展，带动餐饮、购物等服务业发展，还可以降低运输成本，使沿线地区的企业能够更便捷低廉地获得大宗商品等资源，同时还能够使劳动者在路线连通的地区之间更灵活地移动，增加了就业可达性，使当地企业能够获得更多技术人才从而提高生产效率，技术信息和资金也会随着人员流动便捷性的提升而提升流动性，使当地企业获益。然而，如果企业只着眼于可达性，一味追求交通便利而忽略当地的其他影响因素，就有可能"跌跟头"。

迷你案例
MINI CASE

欧洲迪士尼乐园选址的失败

位于法国巴黎的欧洲迪士尼乐园是继日本东京迪士尼乐园之后的第二家在美国本土以外开设的迪士尼乐园，于 1992 年开园营业，但开张后就在经营中遭遇了"滑铁卢"，在过去二十多年的经营中有三分之二的时间处于亏损。

欧洲迪士尼乐园失败的原因之一就是选址失误。迪士尼公司在为欧洲的新乐园选址的时候依据过去的经验希望选择一个既交通便利又是旅游胜地的地方，公司在两百多个候选地点中筛选出了西班牙和法国这两个最终候选地点。虽然西班牙常年阳光普照、气候宜人，但在候选城市附近可使用的土地面积太小不能满足迪士尼的要求。而法国巴黎附近有充足的土地，政府也承诺提供优惠政策，巴黎是广受游客欢迎的著名旅游城市，交通也十分便利，据估计，当时全球有 3 亿人只要搭乘 2 小时飞机就能抵达巴黎，而且英法海底隧道公路和到达巴黎的高速列车都开通在即，会进一步为想要前往欧洲迪士尼乐园观光的游客提供便利。

而恰恰是交通的便利和巴黎作为旅游胜地的吸引力，让欧洲迪士尼事与愿违。迪士尼乐园距离巴黎市中心区的直线距离仅有 50 公里，这就使得游客们更倾向于将迪士尼作为旅游观光中的一站；法国的公共交通极为便利，游客们通常会选择仅在迪士尼进行当日往返的一日游，而不是像运营方预期的那样住在园区的酒店中游玩数日。园区内酒店的高空置率，再加上甚为可观的园区维护费用，使得其运营成本高居不下。开业第一年，欧洲迪士尼乐园就亏损了 9.6 亿美元。

创新的商业化与企业发展

创新是企业发展、产业结构优化和经济增长的重要燃料。1987 年的诺贝尔经济学奖得主 Solow 教授开创性地发现了创新与经济增长之间的关系，他指出，技术进步能够提升企业的工艺流程和产品质量，进而推动整体经济向前发展。科学技术的发展与创新对劳动力、技术知识等要素的跨区域流动和聚集也会产生影响，例如随着远程控制、机器人等技术的发展，制造业企业可以采用效率更高的新技术进行生产，从而对厂房的空间和劳动力的技能要求会有所下降，通过降低区域内企业聚集的成本进一步促进产业聚集、产业结构的进步以及区域经济的发展。

成功的发明创新能使企业的研发投入产生财务回报、增强企业市场地位、树立正面的企业形象。对企业而言，实现创新并将专利商业化不仅能够保障自身在专利保护年限内在专利权利授予国内对该创新的专有权利，从而通过垄断技术垄断产品市场，还能够通过许可他人使用专利的方式获取收益，例如，美国 IBM 公司在 2000 年通过专利权商品化运作取得的收入就高达 17 亿美元，占其企业日常收益的 20% 左右。与此同时，侵犯他人知识产权则有可能面临司法诉讼和高额索赔，例如，2017 年摩托罗拉公司在美国起诉海能达公司，认为海能达的部分数字对讲机产品侵犯了摩托罗拉的 21 项商业秘密及 4 项美国版权。2020 年 3 月 5 日，伊利诺伊州法院对此案做出一审判决，判决海能达向摩托罗拉支付损害赔偿 3.4 亿美元及惩罚性赔偿 4.2 亿美元，合计 7.6 亿美元（约合人民币 53.3 亿元）。

专利的商业化可分为三个阶段（刘运华，2018）：商品化阶段、产业化阶段和标准化阶段。专利的商品化阶段即企业运用专利技术生产新产品投入市场，处在这个阶段的专利大部分是对现有技术方案的改进，能够帮助企业提高生产效率、节约生产成本，也为企业今后的技术发展道路奠定基础。专利的产业化阶段较商品化阶段更进一步，指在将研发的新产品投入市场的基础上，这项产品还能形成新的产业。在此阶段市场上的竞争者较少，企业更容易实现产业链的全局部署，例如，英特尔公司就凭借自己在芯片设计领域的知识产权占有了个人电脑芯片领域 80%、服务器领域 90% 的市场份额。标准化阶段的专利能够使拥有专利权的企业获得市场竞争优势，主导行业的发展方向，行业内其他企业使用受专利保护的技术标准时需要购买专利许可，从而为专利权利企业提供大量经济收益，例如，无线通信巨头高通公司就要求在手机中使用其开发的骁龙芯片的手机公司除芯片价格外需另外再缴纳手机销售价格 3% 左右的费用作为专利许可费。

迷你案例 MINI CASE

索尼（Sony）与行业标准竞争

随着技术与材料的更新，各大家用电子领域的公司不断进行技术创新以开发新产品来争夺市场。由于能够制定行业标准的公司将在市场中取得巨大优势，各公司在电子产品制式标准方面的竞争从未停止。

1970 年，索尼与 JVC、松下（Panasonic）共同开发录像带系统，并在 5 年后推出了家用型 Betamax 规格录像机，该产品大受欢迎，也使索尼一跃成为全球性的大公司。但 1 年后，JVC 与松下推出了另一种录像带规格 VHS，这种规格的录像带凭借其价格优势和使用便捷性，最终取代 Betamax 规格成为市场主流标准。录像带市场的滑铁卢并没有击垮索尼，在 1982 年，索尼与菲利普公司合作确立了 CD 唱片的制式标准，每台 CD 播放器或与之兼容的电子设备都要向这两家公司缴纳使用专利许可费用。

2000 年，随着技术发展，DVD 市场逐步兴起，各大家用电子公司围绕 DVD 制式标准再次展开竞争。索尼、松下联手苹果、戴尔、惠普等计算机硬件厂商组成蓝光 DVD 阵营，东芝则联合华纳和派拉蒙等好莱坞电影公司组成高清 DVD 阵营。两种制式各有千秋，蓝光 DVD 储存数据的容量更大，而高清 DVD 能直接兼容市面上的其他 DVD 光盘。索尼最终通过内置蓝光光驱播放器的游戏主机 PlayStation3 将蓝光 DVD 推广进了千家万户。在 2007 年，蓝光 DVD 阵营取得了最终的胜利。

第 12 章 近水楼台先得月：专利审查机构的可达性与企业创新

财报显示索尼在 2007 年取得了 887 亿美元的销售额，同比增长 7%，净利润近 37 亿美元，创下历史最高财年业绩纪录。

虽然技术创新能给企业带来诸多好处，但仅有技术创新和研发成果是不够的，如果创新不能转化为受到法律保护的知识产权，这项技术就可能遭到他人的仿制和剽窃，企业也就无法从中获得直接经济利益，提高企业自身的市场竞争能力也就成了空中楼阁。所以企业有必要保证自己研发的技术创新能够转化为切实的专利，并进一步将其投入市场。对专利的保护是企业创新商业化过程中的重要环节，完善的公司创新战略不仅要包括研发计划，还要包括创新成果实体化和保护的专利战略。

迷你案例
MINI CASE

高智发明与专利商业化

美国高智发明（Intellectual Ventures，LLC）是一家专注于知识产权开发与许可的公司，通过建立私募基金对各种专利技术进行购买，并对自己的专利池进行更深层次的技术创新和商业化开发。

为了解决在非洲的高温环境下疫苗的低温保存，从而保护更多非洲儿童免于病痛和死亡，高智发明与 Bill Gates 发起的投资基金 Global Good 合作，研发不需要电力或太阳能就能长期实现在 0~8 摄氏度的环境下保存疫苗的冷藏设备，高智发明将其专利池中的来自全球各地的数十项有关容器设计和保温材料的专利结合起来，开发出了便携式疫苗冷藏设备的原型样品。2013 年，中国的冷链制造企业澳柯玛与 Global Good 开展合作，承担了疫苗冷藏设备的商业化研发工作。2015 年 1 月，澳柯玛生产的 Arktek 疫苗冷藏储存设备得到了世界卫生组织的预认证，被列入联合国儿童基金会、世界卫生组织和盖茨基金会等组织的采购清单中，帮助解决了非洲缺乏电力供应地区的疫苗保存问题，从而保护了更多受到疾病威胁的非洲人民的健康安全。高智发明也在 Arktek 投入商业生产与运营后以专利技术使用费的形式获得了收益。

技术创新的研发成果进行实体化转化的首要步骤就是进行专利申请。在专利大国美国，发明人向美国专利商标局（USPTO）进行专利申请的时候，需要提交的书面申请材料主要包含两部分：描述技术发明内容的说明书，以及界定专利授予权利范围的权利要求（Frakes and Wasserman，2014）。发明人向 USPTO 提交的申请首先会受到分类审查，根据其技术分类专利申请会被分配给相应的"技术中心"，并且在该技术中心内部根据更细致的技术分类被分发到其下属的"技术单元"。申请被分发到相应的技术单元后，该单元的监督审查员会随机指定一名具有相关技术领域背景的审查员来审查这项申请。

至此，申请即将进入审查阶段。专利审查员会根据专利的新颖性、非显而易见性和实用性等审查标准，评估说明书中描述的核心发明是否具备足够的专利性，并给出第一次审查意见。如果这项发明确实是一项前所未有的技术，同时权利要求的描述恰如其分且具有可实施性，则审查员会发出许可通知。然而，经过首次审批就能取得专利许可的情况很少发生，Lemley 和 Sampat（2008）发现，经过首次审批就获得许可的专利申请只占 13.5%。更普遍的情况是，审查员会在第一次审查意见中指出权利要求中存在的缺陷。申请人需要对审查员的质询做出回应，并且根据需要修改其权利要求（Lemley and Sampat，2010）。审查员收到申请人提交的对于审查意见的答复后会在 3 个月到 6 个月内反馈下一轮审查意见，在最终决定专利申请获得批准或被拒绝之前，通常会经过 3 轮到 4 轮审查，可能需要 2 年到 3 年。由此可以看出，专利申请是一个漫长的过程，有什么办法能让申请人提高专利申请的效率呢？我们将在下一节中回答这个问题。

实证分析

◇ 研究假说的建立

对 NBER 专利引用数据库进行初步分析之后，我们发现美国公司在拥有专利的数量和其发明得到 USPTO 授予专利所需的时间方面存在显著差异。此前有很多学者针对影响公司创新产出绩效的因素进行过研究，已经被证明有效的因素有外部融资依赖（Acharya and Xu, 2017）；CEO 过度自信（Hirshleifer, et al., 2012）；风险投资（Kortum and Lerner, 2000; Tian and Wang, 2014）等等。而我们认为引发公司之间创新绩效表现差异的一个新的潜在因素是公司所在地与 USPTO 之间的可达性，或者说，地理距离。

与企业并购重组、风险投资等其他经济活动类似，在专利申请过程中，专利审查员和专利申请人之间存在信息不对称，此前的很多研究都证明了地理距离与收集软信息的便利性（Coval and Moskowitz, 1999）和知识转移的有效性（Keller, 2002）成反比。基于前人的研究，我们假设公司与USPTO的地理距离通过影响申请人与审查员之间的信息流以及知识转移效果，在专利申请过程中对专利申请效率产生重要的影响。

经济学家小传 MINI BIOGRAPHY

托比亚斯·"托比"·莫斯科维茨（Tobias "Tobi" Moskowitz）

耶鲁大学管理学院金融学教授，主要研究金融市场和投资，包括价格行为和投资者行为。

莫斯科维茨教授在2007年获得美国金融协会授予40岁以下的世界顶尖金融学者的菲舍尔·布莱克奖（Fischer Black Prize），颁奖词中称赞他"巧妙而谨慎地使用最新数据来解决金融领域的基本问题"。莫斯科维茨教授曾任 Review of Financial Studies 的主编，现任 Journal of Finance 的副主编。

作为美国国家经济研究局的一名研究员，莫斯科维茨教授的研究内容十分丰富，例如股票回报动量、投资组合偏误、银行合并的社会影响、企业回归私有化、共同基金和对冲基金的表现、金融监管的政治经济学和体育经济学。2011年，他与 Sports Illustrated 的作者 Jon Wertheim 合著了畅销书 Scorecasting，该书运用经济学原理解释了体育比赛中决定胜负的隐藏力量，例如主场优势的影响和成因、裁判在关键场合下判罚中体现出的细微偏见等等。

除了影响信息的传播效率之外，公司与USPTO间的距离还可能对公司创新绩效存在其他的潜在影响。例如，作为专利审查机构，USPTO是创新生态系统中的重要组成部分，优越的创新资源倾向于聚集在USPTO附近，从而在地理上更接近USPTO的公司获得这些资源更容易，例如，USPTO所在的美国东海岸地区有很多的创新密集型大学及它们培养出来的高精尖人才，USPTO附近还有更多精通专利申请相关事务的律师，公司也更有可能招聘到曾在USPTO工作过的前专利官员为它们申请专利的过程提供指导等。

◇ **实证研究设计**

我与清华大学经济管理学院的贾宁副教授2018年发表于 Journal of Corporate Finance 的论文"可达性与公司创新的实体化"针对创新过程的关键阶段"创新产

出的实体化和保护"进行了研究。通过研究公司与美国创新生态系统中的重要中介机构 USPTO 的互动,验证公司对 USPTO 的可达性是否有助于其获得专利。我们预期与 USPTO 之间具有更好可达性的公司会有更好的创新产出表现。我们的实证结果也验证了这一假设。

同时,为了探明 USPTO 与公司间的距离影响公司创新的运作机制,我们针对几个可能的渠道进行了研究。首先,距离 USPTO 更近的公司更有可能在申请专利的过程中与被指定的专利审查员直接进行当面会晤。我们发现审查员会晤有助于提高公司的专利绩效。同时,在 USPTO 所在的美国东海岸地区具有更多创新密集型大学,这些大学能够向当地企业提供高水平的毕业生。经济合作与发展组织(OECD)的报告强调大学是高技术劳动力与人才的重要来源,这是知识向行业转移的最有力的机制之一。我们经过研究发现本地劳动力的技能水平对公司的创新绩效有积极影响。接下来,我们详细介绍这项研究的实证部分。

我们使用 NBER 专利引用数据库的专利信息数据,构建了四个变量来衡量公司的创新绩效:专利数量、专利获取时间(即公司从进行专利申请到被授予专利之间的时间差)、探索性专利比例、开发性专利比例。由于专利申请周期较长,在研究中我们使用当年的公司特征对 3 年后的创新绩效进行回归。在我们的样本中,每个公司平均每年被授予 17 项专利,平均专利获取时间为 2.2 年。

我们使用地理距离衡量公司与 USPTO 之间的可达性,我们从 Compustat 数据库获取公司总部地址信息,根据公司地址和 USPTO 地址的经纬度利用大圆距离计算公式计算公司与 USPTO 之间的距离。我们的样本公司与 USPTO 之间的平均距离为 1 006.6 英里(约合 1 620.0 公里),标准差为 869 英里(约合 1 398.5 公里)。

我们通过普通最小二乘法对公司与 USPTO 之间的可达性与公司创新之间的关系进行回归分析。回归方程的因变量是"公司创新绩效",自变量除了"公司与 USPTO 间距离"之外,我们还加入了可能影响公司创新活动的特征变量作为控制变量,例如公司规模、研发投入、财务约束等。为了消除地域差异对公司创新绩效的影响,我们也加入了县层面的特征变量,例如人口数量、教育水平、研发强度等。同时,我们对年度和行业的固定效应进行了控制。回归方程如式(12–1)所示。

$$公司创新绩效_{i,t+3} = \alpha + \beta \, 公司与 USPTO 间距离_{i,t} + \lambda \, 控制变量_{i,t} + \delta \, 县特征变量_{k,t} + 固定效应 + \varepsilon_{i,j} \quad (12–1)$$

其中 α 是截距项,β、λ、δ 为系数,ε 为随机扰动项,下标 i 代表公司,下标 k 代表

公司所在县，下标 t 代表时间。

表 12-1　USPTO 的可达性与公司创新绩效（专利获取）[①]

变量	专利获取时间 （1）	专利数量 （2）
公司与 USPTO 间距离	0.079**	−0.111***
	(0.039)	(0.031)
控制变量	是	是
固定效应	是	是
样本量	23 350	51 046

注：***、** 分别表示 1%、5% 的显著性水平。

从回归结果可以看出，控制了行业和年份固定效应后，样本中的公司与 USPTO 间距离与公司创新绩效呈现显著的负相关。这说明公司距离 USPTO 越远，其 3 年后的创新产出绩效会越低。表 12-1 第（1）列中主要自变量"公司与 USPTO 间距离"的回归系数估计为 0.079，表示公司与 USPTO 的距离越远，其获得专利授权所需要的时间就越长。也就是说，距离每增加一个标准差（1.144，即 1398.36 公里），专利获取时间就会增加 9%（=0.079×1.144），相当于增加 72 天（各公司平均专利获取时间为 2.2 年，72=2.2×365×9%）。

表 12-1 第（2）列中主要自变量"公司与 USPTO 间距离"的回归系数估计为 −0.111，表示公司与 USPTO 的距离越远，其被授予的专利数量就越少，距离每增加一个标准差，公司申请和被授予的专利数量就减少 13%（=−0.111×1.144），相当于专利数量减少 2.2 个（各公司平均每年被授予 17 项专利，2.2=17×13%）。回归系数不仅在统计意义上显著，其经济意义也很直观。这项发现与我们的假设一致，公司靠近 USPTO 有助于推进其专利获取进程和提高公司的创新效率。

我们已经对公司与 USPTO 间距离对公司专利获取这一维度的影响进行了分析，接下来，我们将评估公司与 USPTO 间距离如何影响公司不同类型的创新活动产出，即探索性专利与开发性专利。方程（12-1）的因变量具体为探索性专利比例和开发性专利比例。我们假设，距离可能对探索性创新更重要，因为这一类创新的技术与现存技术之间关联较小，申请人与审查员之间会存在更大的信息和知识差距。由于

[①] 表格整理自：Jia N , Tian X . Accessibility and Materialization of Firm Innovation[J]. *Journal of Corporate Finance*, 2018, 48: 515–541.（表 12-2 至表 12-9 出处相同）。

方程的因变量探索性专利比例与开发性专利比例的取值都在 0 与 1 之间，我们在使用 OLS 方法的同时也会使用 Tobit 模型[①]进行分析。

表 12-2 USPTO 可达性与公司创新绩效（专利类别）

变量	探索性专利比例 OLS (1)	探索性专利比例 Tobit (2)	开发性专利比例 OLS (3)	开发性专利比例 Tobit (4)
公司与 USPTO 间距离	−0.024**	−0.019**	0.004	0.003
	(0.012)	(0.009)	(0.008)	(0.01)
控制变量	是	是	是	是
固定效应	是	是	是	是
样本量	27 165	27 165	27 165	27 165

注：** 表示 5% 的显著性水平。

回归结果如表 12-2 所示，表 12-2 的列（1）和列（2）中的因变量是探索性专利比例。我们在第（1）列中使用 OLS 模型、第（2）列中使用 Tobit 模型进行估计。在两种分析方法下，主要自变量公司与 USPTO 间距离的回归系数均显著为负，也就是说公司与 USPTO 的距离越远，其专利中探索性专利的比例越低。距离增加一个标准差，探索性专利的比例减少 2.7%（=0.024×1.144），也就是探索性专利比例降低 0.02（各公司的探索性专利比例平均值为 0.745，0.02=0.745×2.7%）。第（3）列和第（4）列中的因变量是开发性专利比例。而 OLS 和 Tobit 模型中主要自变量公司与 USPTO 间距离的回归系数在统计学上都不显著。由这些分析结果我们可以知道，公司靠近 USPTO 对于探索性创新这种创造新知识并且具有更高水平的信息不对称的专利的实体化过程更为重要；然而，公司靠近 USPTO 对于运用现有知识且信息不对称水平较低的开发性创新的实体化过程并没有显著影响。

综上所述，基本回归结果显示，公司与 USPTO 间距离与公司的专利获取时间显著正相关，与公司的专利数量和探索性专利比例显著负相关。我们使用地区、样本期间和技术分类代码等因素对我们的样本取子集进行稳健性检验，分析结果与基本回归的结果一致。

---

① Tobit 模型也称样本选择模型、受限因变量模型，是因变量满足某种约束条件下取值的模型。

◇ **内生性问题**

尽管基本回归的结果显示了公司与 USPTO 间距离与公司的创新产出活动之间存在显著的负相关关系，我们还不能将其解释成因果关系，也就是不能得出结论：公司距离 USPTO 越远，其创新产出活动就越会受到抑制。因为实证检验的设计中可能存在同时与公司与 USPTO 间距离及其创新产出活动相关的遗漏变量，使回归结果产生偏误。所以，我们必须运用一些巧妙的方法来解决内生性问题，以期建立因果关系。

1. 双重差分法——总部搬迁

为了解决潜在的内生性问题，我们通过双重差分法来进一步分析公司与 USPTO 间距离及其创新产出活动的关系。与双重差分法并用的重要的"外生"冲击测试一家公司总部的搬迁。一家公司总部的搬迁决策可能源于各种经营上的战略考虑，例如选择税收政策更加优惠的新址和更接近公司的原材料供应商或客户等等，这些因素可能与公司的经营状况，包括公司的创新产出活动相关，但搬迁远离 USPTO 的决定更有可能是基于创新开发和专利申请之外的原因，因此我们选择公司搬迁远离 USPTO 作为双重差分法中的外生冲击。

我们将公司总部搬迁事件定义为公司总部所在城市从一个季度到下一个季度间发生了变化，在我们的样本期内共发生了 503 起总部搬迁后公司与 USPTO 间距离增加的事件，我们选择这些公司作为实验组。我们通过基于倾向得分的最近邻匹配，从没有发生总部搬迁事件的那些公司中挑出与实验组公司在搬迁事件前所有公司特征十分相近的公司建立对照组，并比较两组公司在发生总部搬迁事件前后创新水平的变化，以此来推断公司与 USPTO 间距离与其创新产出活动之间的因果关系。

我们对匹配前的公司样本进行 Probit 回归，其中因变量为是否发生搬迁远离 USPTO 事件，对于发生该事件的公司变量取值为 1，其余公司变量取值为 0，自变量为基本回归中的各变量，以及行业、年份、公司所在县的虚拟变量。为了进行平行趋势检验，我们还增加了四个创新增长指标，分别为专利数量增长、专利获取时间增长、探索性专利比例增长和开发性专利比例增长，时间区间为公司搬迁事件发生前 3 年内。

表 12-3 的第（1）列显示了匹配前的 Probit 回归结果。准 R^2 为 21%，对整体模型适应度的卡方检验的 P 值远低于 0.01，这些结果表明本模型有意义，匹配规

则对选择变量具有很强的解释力。我们使用由 Probit 回归获得的倾向得分，进行最近邻匹配，对每个实验组公司选择四个倾向得分最接近的对照组公司进行匹配。

表 12-3　匹配前倾向得分回归与匹配后诊断回归

变量	匹配前 实验组虚拟变量 =1（1）	匹配后 对照组虚拟变量 =0（2）
专利获取时间增长	0.013*	0.044
	（0.007）	（0.084）
专利数量增长	0.003	0.002
	（0.006）	（0.011）
探索性专利增长	0.508***	0.038
	（0.171）	（0.269）
开发性专利增长	−0.237*	0.038
	（0.139）	（0.269）
公司与 USPTO 间距离	−0.053*	−0.013
	（0.032）	（0.073）
资产	−0.125***	−0.022
	（0.039）	（0.075）
资产回报率	−0.151	−0.170
	（0.305）	（0.577）
杠杆比率	−0.001	−0.127
	（0.315）	（0.569）
资本性支出	2.486**	0.734
	（1.198）	（2.061）
研发支出	−0.744	−0.264
	（0.548）	（0.917）
固定资产	−0.746***	0.189
	（0.274）	（0.509）
KZ	0.009	−0.006
	（0.007）	（0.014）
行业集中度	−0.971	0.24
	（0.892）	（1.495）
行业集中度平方	1.303	−0.462
	（1.028）	（1.756）

（续表）

变量	匹配前 实验组虚拟变量 =1（1）	匹配后 对照组虚拟变量 =0（2）
托宾 Q 值	−0.020	−0.055
	（0.026）	（0.05）
机构持股比例	0.765***	0.213
	（0.228）	（0.424）
固定效应	有	有
样本量	8144	562
准 R^2	0.21	0.023
卡方检验 P 值	0.001	0.999

注：***、**、* 分别表示 1%、5%、10% 的显著性水平。

使用双重差分法的前提之一是满足平行趋势假设，即在没有外生事件发生的情况下，实验组和对照组所关注的变量应该有相同的趋势。在本次研究中指在公司与 USPTO 距离发生变化之前实验组公司与其对照组公司的创新增长指标的趋势应该大致相同，即观察到的双重差分法系数为 0。为了检验平行趋势假设，我们对匹配后的样本进行 Probit 回归，表 12-3 第（2）列显示了回归结果。所有自变量在统计意义上均不显著。特别是，四个事前创新增长指标的系数均不显著，说明实验组与对照组公司在外生冲击发生前专利获取情况的趋势没有明显差异。此外，对整体模型适应度的卡方检验的 P 值远大于 0.05，我们不能拒绝所有自变量的系数均为 0 的原假设，平行趋势假设得到了满足。我们还进行了其他两项诊断性测试，结果也都确认了实验组和对照组在搬迁事件前创新增长指标存在平行趋势，确保了双重差分法的有效性。

表 12-4 显示了双重差分法的分析结果。第（1）列和第（2）列分别显示了实验组和对照组公司搬迁事件前后各项创新产出指标的变化（事后 – 事前）。第（3）列和第（4）列显示了双重差分估计结果和 Z 统计量。专利获取时间的双重差分估计值为 0.103，在统计意义上显著，这就说明，与没有发生总部搬迁的对照组公司相比，搬迁远离 USPTO 的实验组公司在总部搬迁后 3 年内的专利获取时间平均增加了 38 天（=0.103 × 365）。同时，与对照组公司相比，实验组公司在总部搬迁后 3 年内专利数量平均减少 1.7 个，探索性专利比例平均减少 0.01，这两项数据均在统计意义上显著。然而，与对照组公司相比，实验组公司在总部搬迁后的 3 年内开发

性专利比例平均增加 0.002，在统计意义上不显著。

表 12-4 双重差分法结果

变量	实验组差分 （事后 – 事前） （1）	对照组差分 （事后 – 事前） （2）	双重差分 （实验组 – 对照组） （3）	Z 统计值 （4）
专利获取时间	−0.024 （0.047）	−0.127 （0.051）	0.103** （0.052）	1.981
专利数量	3.071 （0.642）	4.754 （0.69）	−1.683** （0.783）	−2.149
探索性专利	−0.007 （0.002）	0.003 （0.002）	−0.010*** （0.003）	−3.333
开发性专利	0.006 （0.004）	0.004 （0.003）	0.002 （0.005）	0.4

注：***、** 分别表示 1%、5% 的显著性水平。

双重差分法的分析结果表明，公司总部搬迁远离 USPTO 会导致专利获取时间增长、专利数量和探索性专利比例减少，但不会导致开发性专利比例减少。这一发现与我们的基本回归结果一致。

2. 双重差分法——直飞航班

接下来，我们通过另一种度量公司对 USPTO 的可达性的方法来分析可达性对公司创新绩效的影响，这种度量方式是公司总部所在地与 USPTO 所在地之间直飞航班的频率。我们选择这种度量方式的理由是，更多架次的直飞航班能使专利申请人更便捷地前往 USPTO，相当于缩短了两者之间的有效距离。我们将直飞航班的数量定义为所有航空公司每年在距离公司和 USPTO 最近的机场之间运营的直飞航班数量（进港和出港）。

对于样本中的每个公司，我们使用公司的邮政编码手动搜索距离其最近的商业机场；USPTO 所在的华盛顿特区附近有三个主要机场：华盛顿杜勒斯国际机场（IAD）、罗纳德·里根国家机场（DCA）和巴尔的摩华盛顿国际机场（BWI）。我们从美国交通部的交通统计局获得了这些机场之间的直飞航班频率数据。

我们同样使用双重差分法进行分析，我们选择的外生冲击是航空公司重组事件（包括破产、并购和战略联盟）导致的直飞航班频率变化。此前有研究表明，航空公司决定开设和/或维持任何一对城市之间的直飞航线，主要基于航空公司自身的战略考量，例如行业内的同行竞争和主导地位（Borenstein and Netz, 1999）。城市间的直飞服务的市场结构受当地人口和劳动力构成（Pai, 2010）、政府监管、机场和飞机队伍特征（Evans and Kessides, 1993；Pai, 2010）等因素的限制。我们可以认定航空公司的重组活动是外生的，因为航空公司的重组更有可能是受到其本身的战略考虑所驱动，而与其他公司的创新产出活动无关。专利申请人也不可能在选择公司总部地址时就已经预测到了航空公司重组事件的发生。我们将由于航空公司的重组事件而遭遇距离公司最近的机场与USPTO附近的3个机场之间的直飞航班频次改变的公司视为实验组，将没有遭遇直飞航班频次改变的公司视为对照组。

我们手动从维基百科和航空公司的网站上收集了有关航空公司重组事件的信息，共91起（包括50起破产、28起并购和13起战略联盟）。在这些重组事件使直飞航班增加的场合中，距离样本公司最近的机场与BWI（DCA和IAD）之间的直飞航班频率平均增加了942架次（1 050和617架次）；在这些重组事件使直飞航班减少的场合中，距离样本公司最近的机场与BWI（DCA和IAD）之间的直飞航班频率平均减少了639架次（761和526架次）。

我们对直飞航班频率的增加和减少与公司创新活动之间的关系分别进行双重差分法分析。在事件发生前，实验组公司和对照组公司的公司特征和创新增长指标之间的差异在统计意义上都不显著，表示没有违反平行趋势假设。

表12-5显示了因航空公司重组活动导致直飞航班数量增加情况下的双重差分法分析结果。第（1）列和第（2）列分别显示了实验组和对照组公司在直飞航班增加事件前后各项创新产出指标的变化（事后–事前）。第（3）列和第（4）列显示了双重差分估计结果和Z统计量。专利获取时间的双重差分估计值为–0.143，在统计意义上显著，表示与没有遇到直飞航班增加的对照组公司相比，遇到直飞航班增加的实验组公司在航班增加后3年内的专利获取时间平均减少了52天（=–0.143×365）。其经济意义也相当显著。同时，与对照组公司相比，实验组公司在直飞航班增加后3年内专利数量平均增加5.4个，探索性专利平均增加0.02，这两项数据均在统计意义上显著。然而，与对照组公司相比，实验组公司在总部搬迁后的3年内开发性专利平均减少0.017，在统计意义上不显著。

表 12-5　直飞航班增加（双重差分法结果）

变量	实验组差分 （事后 – 事前） （1）	对照组差分 （事后 – 事前） （2）	双重差分 （实验组 – 对照组） （3）	Z 值 （4）
专利获取时间	−0.175 （0.034）	−0.032 （0.025）	−0.143*** （0.041）	−3.488
专利数量	6.323 （1.806）	0.932 （1.289）	5.391*** （2.101）	2.565
探索性专利	−0.070 （0.008）	−0.090 （0.006）	0.020*** （0.008）	2.5
开发性专利	0.062 （0.01）	0.079 （0.007）	−0.017 （0.012）	−1.417

注：括号内为稳健性标准误，*** 表示 1% 的显著性水平。

表 12-6 显示了因航空公司重组活动直飞航班数量减少情况下的双重差分法分析结果，结果与表 12-5 的结果相反。第（1）列和第（2）列分别显示了实验组和对照组公司在直飞航班减少事件前后各项创新产出指标的变化（事后 – 事前）。第（3）列和第（4）列显示了双重差分估计结果和 Z 统计量。专利获取时间的双重差分估计值为 0.185，在统计意义上显著，表示与没有遇到直飞航班减少的对照组公司相比，遇到直飞航班减少的实验组公司在航班增加后 3 年内的专利获取时间平均增加了 68 天（=0.185 × 365）。同时，与对照组公司相比，实验组公司在直飞航班减少后 3 年内专利数量平均减少 7.6 个，探索性专利比例平均下降 0.03，这两项数据均在统计意义上显著。然而，与对照组公司相比，实验组公司在总部搬迁后的 3 年内开发性专利比例平均增加 0.002，在统计意义上不显著。

表 12-6　减少直飞航班（双重差分法）

变量	实验组差分 （事后 – 事前） （1）	对照组差分 （事后 – 事前） （2）	双重差分 （实验组 – 对照组） （3）	Z 值 （4）
专利获取时间	0.227 （0.065）	0.042* （0.058）	0.185** （0.078）	2.372
专利数量	−3.328 （2.722）	4.333 （2.462）	−7.661** （3.67）	−2.087

（续表）

变量	实验组差分 （事后 – 事前） （1）	对照组差分 （事后 – 事前） （2）	双重差分 （实验组 – 对照组） （3）	Z 值 （4）
探索性专利	−0.120 （0.009）	−0.090 （0.008）	−0.030*** （0.011）	−2.727
开发性专利	0.05 （0.014）	0.048 （0.01）	0.002 （0.017）	0.118

注：***、**、* 分别表示 1%、5%、10% 的显著性水平。

以上的两项双重差分法的分析结果可以证明公司与 USPTO 之间的可达性越好，即地理距离越近或者直飞航班频次越多，其创新绩效就越好，因此可达性确实能够促进公司的创新产出活动。

作用机制

通过上文的分析，我们已经发现了公司对 USPTO 的可达性可以促进公司的创新产出活动。在本节中，我们将探讨这种可达性对公司创新活动产生影响的潜在作用机制。具体来说，我们将从专利审查员面对面会晤和本地人才技术水平这两个方面来研究公司对 USPTO 的可达性影响公司创新绩效的作用机制。

◇ 专利审查员面对面会晤

在美国的专利申请过程中，专利申请人向 USPTO 提出的申请会被分配给一名相关技术领域的审查员。审查员会根据新颖性、非显而易见性和实用性等审查标准来评估提出申请的发明技术是否具备足够的专利性，并将评估意见反馈给申请人。申请人在首次审批后就获得批准的概率很低，大部分申请人需要对审查员在审查意见中指出的问题进行回应，并根据需要修改其申请材料。审查员在申请人回应后，会在 3 个月到 6 个月内发出下一轮审查意见，专利最终被批准通过或被拒绝之前通常会经过 3 轮到 4 轮审查。

前人的研究发现专利申请过程与银行贷款等其他商业交易类似，会受到专利申请人与专利审查员之间的巨大信息和知识鸿沟的严重影响（Wright，1983；

Cornelli and Schankerman，1999；Scotchmer，1999）。这种信息不对称有三种来源：第一，USPTO 收到的专利申请涉及的技术背景五花八门，即使是具有相关领域技术背景的专利审查员，通常也不会对某个专利的技术细节了如指掌，他们很难在短时间内充分了解与一项专利有关的特定技术从而正确地判断该申请是否可以被授予专利。第二，前沿科学技术的相关知识不会广泛传播（Wurman，1990）。这就意味着与某项专利申请有关的技术的发展现状可能只有发明人自身以及其在该领域的竞争对手才知道，审查员则可能对技术发展情况仅仅一知半解。在审查员对专利申请做出决定时，其与发明人的技术信息水平存在巨大的差距（Kesan，2002）。第三，专利发明人在为某项技术申请专利的时候，通常是技术开发的早期阶段，因此审查员很难获取与之有关的公开信息。

为了便捷地传递信息，专利申请人向 USPTO 提交申请时，要将技术相关信息都压缩成书面文件，而复杂的科学技术很难通过书面文件表达其全部特征和信息。因此，当专利申请人需要向专利审查员提供一些难以呈现在申请文件里而同时又对审查员的评估有价值的软性参考信息时，例如关于申请中涉及的发明技术的详细讨论、对于技术的演示等，与审查员进行会晤将是一个合理的选择。会晤可以改善申请人和审查员双方传递信息的过程，并且在一定程度上缓解审查过程中的信息不对称问题。同时，与审查员会晤能使申请人更方便地获得对其申请的即时反馈。Manso（2011）的研究表明，及时反馈有利于提高创新绩效。

我们随机选择了 2002 年至 2005 年（即样本期终止年份）的 1 000 项专利，从 USPTO 获取了每一项专利的会晤数据，包括是否进行了会晤、会晤时间及形式等信息。其中 8.2% 的专利在申请过程中申请人与审查员进行过至少一次面对面会晤。表 12-7 显示，距离 USPTO 更近的公司更可能与审查员进行会晤。

表 12-7　地理距离与审查员面对面会晤概率

变量	会晤
公司与 USPTO 间距离	0.002[**]
	（0.001）
控制变量	有
固定效应	有
样本量	1 000

注：** 表示 5% 的显著性水平。

接下来我们分析专利申请人与审查员进行会晤是否与创新绩效相关。我们使用的回归方程与基本回归分析中的方程大体相同，只增加了一个虚拟变量"会晤"，如果专利申请过程中出现了至少一次面对面会晤事件，这个虚拟变量就被赋值为 1，否则就被赋值为 0。

表 12-8 展示了我们的分析结果，第（1）列中"会晤"系数显著为负，说明与审查员进行会晤能够减少专利获取时间；第（2）列中"会晤"系数显著为正，说明与审查员进行会晤有助于提高探索性专利比例。这证明了与审查员进行会晤确实有助于公司创新绩效的提高。我们发现距离 USPTO 更近的公司可以更方便地与专利审查员进行会晤，而会晤能够促进创新产出。因此通过审查员会晤这条作用机制，公司对 USPTO 的可达性可以影响公司的创新绩效。

表 12-8 审查员会晤与公司创新绩效

变量	专利获取时间（1）	探索性专利（2）	开发性专利（3）
会晤	−0.013**	0.048***	0.013
	（0.006）	（0.017）	（0.014）
公司与 USPTO 间距离	0.073*	−0.005**	0.004
	（0.038）	（0.002）	（0.003）
控制变量	是	是	是
固定效应	是	是	是
样本量	1000	1000	1000

注：***、**、* 分别表示 1%、5%、10% 的显著性水平。

◇ 本地人才技术水平

另一个可能的作用机制是，公司更靠近 USPTO，也就更靠近 USPTO 所在的美国东海岸地区的众多创新密集型大学以及高校培养出来的学有所成的创新人才，公司如果能招募到更多创新人才，其创新产出绩效也会得到促进。创新密集型大学能够为企业提供高技能劳动者，在企业创新中发挥至关重要的作用。

为了验证本地人才技术水平这个作用机制，我们使用了从美国人口普查局（US. Census Bureau）获得的美国不同地区的劳动力所属行业、职位和工人类别的数据。从这些数据中我们发现东海岸各州的平均劳动技能高于其他州，例如，东海岸各州在各职位中有更高比例的专业人士；在信息、科学相关行业的从业人员比例较高；受过高等教育的劳动力比例较高等。

表 12-9 本地人才技术水平与公司创新绩效

变量	专利申请时间（1）	专利数量（2）	探索性专利（3）	开发性专利（4）
职位	−0.724	8.391***	2.093***	−0.789**
	（0.45）	（1.977）	（0.493）	（0.382）
行业	0.698	4.875***	2.366***	−1.566***
	（0.481）	（1.672）	（0.417）	（0.323）
受教育程度	−0.286	0.296*	−0.004	0
	（1.95）	（0.156）	（0.004）	（0.003）
工人类别	0.004	4.065***	0.814	0.375
	（0.004）	（0.856）	（0.214）	（0.165）
样本量	50	50	50	50

注：***、**、* 分别表示 1%、5%、10% 的显著性水平。

表 12-9 展示了本地人才技术水平与公司创新绩效之间的关系，第（2）列中"职位""行业""受教育程度"和"工人类别"变量的系数均显著为正，说明本地人才技术水平对当地公司的专利数量有显著的积极影响。第（3）列中"职位""行业"和"工人类别"的系数为正，其中"职位""行业"的系数在统计意义上显著，说明本地人才技术水平对探索性专利比例有显著的正向影响。本地劳动技能能够促进企业的专利产出数量和专利质量，说明本地人才技术水平渠道是公司对 USPTO 的可达性影响公司创新绩效的另一个作用机制。

中国应用

技术创新能够为企业的健康发展提供助力，从而推动产业的技术体系发展，进一步优化区域经济、激活国民经济发展动力，提升我国的国际竞争力，支持我国全面建成小康社会目标的实现。我国也把培育更多高价值核心专利，实现知识产权创造由规模扩张向注重质量转变、资源配置从研发环节为主向产业链统筹转变作为发展目标。为了提高管理水平和服务能力，提高知识产权的创造质量、保护效果和运用效益，我国知识产权局也做出了很多努力。例如，2002年知识产权局开通了远程会晤查询系统。通过网络，专利申请人可以在当地的专利代办处与在北京的国家知识产权局的专利审查员进行"面对面"的会晤，帮助申请人快速有效地获得专利申请的信息。

根据前文的分析，我们得知在美国，企业与专利审查机构USPTO之间较好的可达性能够减少专利申请过程中的信息不对称，使企业接触到更多创新人才，从而提高企业创新绩效。在中国特有的经济环境和社会背景中，可达性对企业创新绩效的影响又如何呢？我国学者针对这一课题也进行了一系列的实证研究。

叶德珠等（2020）对中国284个地级市2005—2015年的面板数据进行分析，研究了高铁开通带来的城市创新效应，研究发现开通高铁能够促进城市创新，同时高铁开通带来的创新效应存在最优半径，对于与中心城市距离较远的城市创新促进效果不显著，中心城市对周边距离较近城市的创新人才的虹吸效应也会使创新促进效果不明显。

我国学者的研究发现地理距离会对协同创新活动具有抑制效果。党兴华等（2013）针对中国省级地区间的技术创新合作关系进行了研究，发现地理距离对于跨区域技术创新合作绩效具有抑制作用，同时还发现相对距离（区域间的运行时间）比绝对距离（区域间的地理直线距离）的影响效果更明显。史峰等（2016）在31个省级地区各选取1所"211工程"所属高校，针对这些高校及与其合作发表过联合专利的企业之间在2006—2014年的协同创新活动进行了研究，发现大学与企业的协同创新活动具有强空间相关性，受到本地及周边地区协同创新活动水平的正向影响，同时受到地理距离的负向影响。

我国学者的研究也发现了地理邻近性对于企业创新绩效有促进效果。刘凤朝等（2018）使用中国生物技术企业2003—2016年的面板数据，分析了地理距离对企业创新绩效的影响，发现同类企业间的地理邻近能提升企业创新绩效。史焱文等（2016）通过问卷调查的形式，研究了山东寿光蔬菜产业集群中的邻近性对企业创新的影响，研究发现地理邻近对集群内创新氛围形成、新知识新技术在集群内扩散流通起到正向作用。

总体而言，我国学者的研究发现可达性、地理邻近性能够促进创新产出绩效，但研究得较多的是地区之间、企业之间或企业与高校间的可达性，企业与专利审查机构之间的可达性对创新绩效的影响的相关研究仍为空白。这可以成为学者后续研究的一个有价值的领域。

📖 本章小结

本章分析了企业与专利审查机构间的可达性对企业创新的影响及其作用机制。本章要点总结如下：

由于资源分布的不平均，改善可达性能够使企业更容易获得资源，改进经营情况；

美国的专利审查机构 USPTO 通常要经过数次审查才会批准专利申请，在专利审查的过程中专利审查员与专利申请人之间存在信息不对称；

与 USPTO 间可达性较好的企业（地理直线距离较短或直飞航班较多）创新产出表现较好；

距离 USPTO 较近的企业能够通过与专利审查员会晤的方式减少信息不对称，同时能够招揽到更多创新人才，提高企业的创新产出效率。

参 / 考 / 文 / 献

[1] 保罗·克鲁格曼. 地理和贸易 [M]. 北京大学出版社，2000.

[2] 党兴华，弓志刚. 多维邻近性对跨区域技术创新合作的影响——基于中国共同专利数据的实证分析 [J]. 科学学研究，2013, 31(10): 1 590-1 600.

[3] 刘凤朝，楠丁. 地理邻近对企业创新绩效的影响 [J]. 科学学研究，2018, 36(09): 1 708-1 715.

[4] 刘运华. 产业化、商品化及标准化阶段专利权经济价值分析研究 [J]. 南京理工大学学报（社会科学版），2018, 31(05): 7-11.

[5] 史烽，高阳，陈石斌，蔡翔. 技术距离、地理距离对大学-企业协同创新的影响研究 [J]. 管理学报，2016, 13(11): 1 665-1 673.

[6] 史焱文，李二玲，李小建. 地理邻近、关系邻近对农业产业集群创新影响——基于山东省寿光蔬菜产业集群实证研究 [J]. 地理科学，2016, 36(05): 751-759.

[7] 汪涛，王慧. 地理邻近对企业创新绩效的影响：基于企业能力视角 [J]. 商业经济与管理，2017(02): 25-32.

[8] 叶德珠，潘爽，武文杰，周浩. 距离、可达性与创新——高铁开通影响城市创新的最优作用半径研究 [J]. 财贸经济：1-16.

[9] Acharya, V and Z Xu. Financial Dependence and Innovation: the Case of Public Versus Private Firms[J]. *Journal of Financial Economics*, 2017，124: 223-243.

[10] Borenstein, S and J Netz. Why do all the Flights Leave at 8 am? Competition and Departure-time Differentiation in Airline Markets[J]. *International Journal of Industrial Organization*, 1999, 17: 611-640.

[11] Cornelli, F and M Schankerman. Mark, Patent Renewals and R&D Incentives [J]. *RAND Journal of Economics*, 1999, 30: 197-213.

[12] Coval, J D and T J Moskowitz. Home bias at Home: Local Equity Preference in Domestic Portfolios [J]. *Journal of Finance*, 1999, 54: 2 045-2 073.

[13] Evans, W N and I N Kessides. Localized Market Power in the U.S. Airline Industry [J]. *Review of Economic Statistics*, 1993, 75: 66-75.

[14] Frakes, M and M Wasserman. Is the Time Allocated to Review Patent Applications Inducing Examiners to Grant Invalid Patents? Evidence From Micro-level Application Data, Working paper, 2014.

[15] Hirshleifer, D, A Low and S H Teoh. Are Overconfdent Managers Better Innovators? [J]. *Journal of Finance*, 2012, 67: 1 457-1 498.

[16] Jia, N and X Tian. Accessibility and Materialization of Firm Innovation[J]. *Journal of Corporate Finance*, 2018, 60: 637-671.

[17] Keller, W. Geographic Localization of International Technology Diffusion[J]. *American Economic Review*, 2002, 92: 120-142.

[18] Kesan, J P. Carrots and Sticks to Create a Better Patent System[J]. *Berkeley Technology Law Journal*, 2002, 17: 138-173.

[19] Kortum, S and J Lerner. Assessing the Contribution of Venture Capital to Innovation [J]. *RAND Journal of Economics*, 2000, 31: 674-692.

[20] Lemley, M and B Sampat. Is the Patent Offce a Rubber Stamp? [J]. *Emory Law Journal*, 2008, 58: 181-186.

[21] Lemley, M and B Sampat. Examining Patent Examination [J]. *Stanford Technology Law Review*, 2010, 2: 1-12.

[22] Manso, G. Motivating Innovation[J]. *Journal of Finance*, 2011, 66: 1823-1860.

[23] Morris J M, P L Dumble and M R Wigan. Accessibility Indicators For Transport Planning [J]. *Transportation Research Part A General*, 1978, 13: 91-109.

[24] Pai, V. On the Factors that Affect Airline Flight Frequency and Aircraft Size[J]. *Journal of Air Transport Management*, 2010, 16: 169–177.

[25] Scotchmer, S. On the Optimality of the Patent Renewal System [J]. *RAND Journal of Economics*, 1999, 30: 181–196.

[26] Solow, R. Technological Change and the Aggregate Production Function[J]. *Review of Economic Statistics*, 1957, 39: 312–320.

[27] Tian, X and T Wang. Tolerance for Failure and Corporate Innovation [J]. *Review of Finance Studies*, 2014, 27: 211–255.

[28] Wright, B D. The Economics of Invention Incentives: Patents, Prizes, and Research Contracts [J]. *American Economic Review*, 1983, 73: 691–707.

[29] Wurman, R S. *Information Anxiety: What to Do When Information Doesn't Tell You What You Need to Know* [M]. Bantam Books, 1990.

part 下篇

宏观制度篇

FINANCE AND INNOVATION
(SECOND EDITION)

创新的资本逻辑
（第二版）

第 13 章

金融业发展和创新：基于跨国证据

> 经济发展带来的金融市场发展能够通过资金、人力、技术等因素影响企业创新活动，企业创新水平的提高又会反过来促进国家经济增长。金融发展对实体经济的影响一直是学者和政府关心的问题。很多人把美国经济的崛起部分归因于华尔街和美国强大的金融系统，正是在华尔街和强大的金融系统的推动下，美国成长出了一大批创新型企业，这些创新型企业革命性地引领了行业发展，推动社会变革与经济持久增长。研究显示资本市场的发展对于高科技企业和依赖外部融资企业的创新水平有显著的正向影响，然而信贷市场的发展则对上述企业的创新有负向影响。本章重点分析股权市场和信贷市场的发展对企业创新的影响及其作用机制。

股权市场和信贷市场

在 2017 年 7 月的全国金融工作会议中，习近平总书记指出，金融是国家重要的核心竞争力，是实体经济的血脉，要把金融服务实体经济作为根本出发点和落脚点。健全的资本市场作为金融发挥作用的舞台，在优化资源配置、降低融资成本、防范金融风险、助力实体经济发展等方面扮演着重要的角色。

在资本市场中，债务融资和股权融资一直是主流的融资渠道。然而，纵观我国自 2002 年以来的社会融资结构（图 13-1），可以发现，债务融资和股权融资的结构极不均衡,虽然新增人民币贷款的占比每年均有下降,但占比规模依旧在50%以上,而股权融资占比的平均值约为3%。社会融资结构也反映出在我国金融市场中,信贷融资仍然是主要的融资渠道,股权融资的份额非常低,资本市场发展很不均衡。

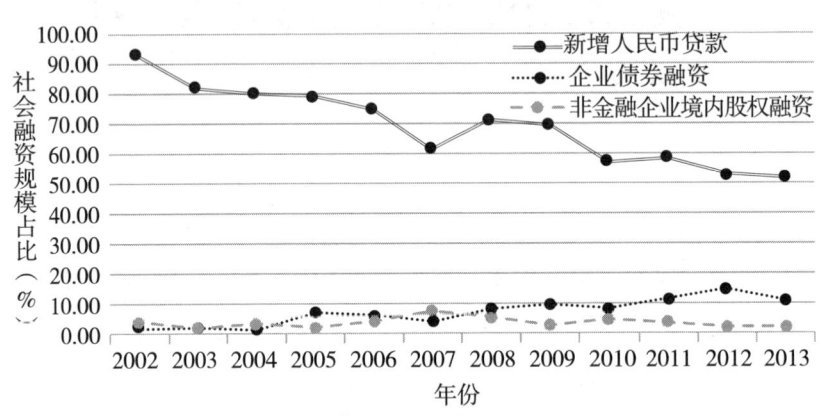

图 13-1[①]　中国社会融资结构

债务融资和股权融资作为两种不同的融资渠道,具有不同的属性,二者不同的特征对企业融资和生产决策会产生什么样的影响?债务融资和股权融资对企业创新进而对经济增长又会起到什么样的作用呢?在回答这些问题之前,让我们首先看一下债务融资和股权融资的不同特征。

◇ **股权市场融资**

股权市场融资是一种直接的融资方式,企业通过直接公开发行股票等方式进行融资。通过股权融资,企业让渡部分所有权给投资者,所融资金作为企业所有者权益的一部分,企业不必偿还融资款项和利息。

股权融资具有以下三个特征:首先,Brown、Fazzari 和 Petersen(2009)指出,股权融资的投资者享受股票价格上涨的所有收益,并且,股权融资不需要提供担保品和抵押物,当企业需要再融资的时候,股权融资不会加重企业的财务困境。其次,股权市场能够产生特别有效的信息,这些信息对金融创新具有重要的作用。Grossman(1976)认为,在理性预期的情况下,投资者能从均衡价格中提取相关但包含噪声的信息。因而,股权市场融资提供了一种机制——在投资者放弃对自己储

---

① 数据来源:万德资讯。

蓄的所有权时，仍然能够感到放心和舒服。此外，股权市场能够促进股票价格的反馈效应。这些反馈信息能够提供关于公司投资前景的信息，进而影响公司管理层的投资决策。

◇ 信贷市场融资

信贷市场融资指企业向银行、非银行金融机构贷款，或者发行债券进行融资，所融资金构成企业债务，增加企业杠杆，并需要定期偿还利息和本金，有加重企业财务困境的风险。

债务融资有如下几个特征：首先，债务融资不具有股权融资的价格反馈效应，2011年美国金融协会主席Raghuram G. Rajan教授和2014年美国金融协会前主席Luigi Zingales教授指出，由于缺少价格信号，企业可能会继续给那些具有负收益的公司进行贷款融资。其次，债务融资需要提供一定的担保和抵押品。

经济学家小传
MINI BIOGRAPHY   **拉格拉姆·G. 拉扬（Raghuram G. Rajan）**

美国著名经济学家，主张让金融市场发挥更大的作用。他的论文"金融发展让世界变得更危险了吗？"，在金融危机之后，被认为是有先见之明的。在论文中，拉扬指出金融行业经理人被鼓励"为追求极大利益而冒着产生严重不良后果的风险"。这些风险被称为尾部风险。但或许最重要的问题是银行是否能够在尾部风险出现的时候向金融市场提供流动性，降低风险对实体经济的影响。

拉扬教授目前任职于芝加哥大学布斯商学院，是伯格鲁恩研究所21世纪理事会的成员。在2003年，拉扬教授获得首届费希尔·布莱克奖（Fischer Black Prize）。在2003年至2006年期间，拉扬教授是国际货币基金组织的首席经济学家和研究主任。2011年，拉扬担任美国金融协会主席。同时，他也是2013年至2016年间印度央行的第23位行长。2003年，美国金融协会授予拉扬"40岁以下做出杰出贡献的金融研究者"的荣誉。在2016年，拉扬教授被《时代周刊》（Time）评为"世界上最具影响力的100人"。

经济学家小传
MINI BIOGRAPHY

路易吉·津加莱斯（Luigi Zingales）

美国著名经济学家，2003年德国伯纳基奖（German Bernacer Prize）欧洲40岁以下宏观金融领域的最佳经济学家奖得主。在2012年，他被《外交政策》（Foreign Policy）杂志提名为《外交政策》全球前100名思想家，因为他"提醒我们保守主义经济学过去是什么样子的"。

津加莱斯教授因《从资本家手中拯救资本主义》（Saving Capitalism from the Capitalists）和《人民的资本主义》（A Capitalism for the People）这两本书而广受关注。在书中，津加莱斯认为自由市场是对人类社会和社会改善最有益的经济组织形式。自由市场只有在政府的规范和支持下才能发挥作用。然而，政府会受到既得利益集团的影响，通过自由市场来保护既得利益集团的经济地位而牺牲公众利益。因此，社会必须采取行动，"从资本家手中拯救资本主义"——采取适当的措施，保护自由市场不受强大的既得利益集团的影响，建立真正的自由竞争市场。同时，他认为，美国经济面临的巨大威胁是裙带资本主义，建议引导民粹主义的愤怒，减少攫取费用并增加竞争的机会。此外，他提倡改革，比如提高经济数据的透明度。

津加莱斯教授目前任职于芝加哥大学布斯商学院，他担任过2014年美国金融协会主席，是资本市场监管委员会的成员。

两种机制假说：外部融资依赖、高科技密集行业

Solow（1957）指出，创新对一国经济的长期发展具有重要作用。为鼓励创新，我国提出了创新驱动发展战略，以及"大众创业、万众创新"的口号。但是美国著名经济学家，2016年诺贝尔经济学奖得主Holmstrom（1989）指出：创新具有周期长、不确定性高、异质性风险大等特点，失败风险很高。因此，发展良好的金融市场会降低企业融资成本、提高资源配置效率，同时能够增强对经理人的监督、降低企业信息不对称程度，进而促进企业创新。

Schumpeter（1911）指出，金融市场的发展对一国的创新具有重要作用，但是缺少具体的实证研究。金融市场作为提供资金融通的场所，主要的融资渠道包括股权融资和债务融资，二者不同的特性会对企业创新产生什么样的影响呢？同时，在不同的行业中，技术的密集度也不一样，研究信贷市场和股权市场对不同行业创新

的影响极具意义。关于信贷市场和股权市场对行业创新的影响,我们提出两种不同的机制假说。

◇ "外部融资依赖"假说

一直以来,金融市场最重要的功能之一是克服逆向选择和道德风险的问题。Rajan 和 Zingales(1998)在他们开创性的文章中指出,金融市场通过向那些依赖外部融资的企业提供较低成本的资金来促进经济增长。金融市场在经济发展中扮演着重要的角色,但是,股权融资和债务融资对于企业具有不同的融资成本,因此对创新活动的影响也不尽相同。

在对股权市场的分析中,我们发现,股权市场的特征可能更加有助于促进外部融资依赖行业的创新。首先,股权融资存在风险和收益共享机制,不会加重企业的财务困境,进而会鼓励企业进行创新;其次,投资者可以从市场的均衡价格中提取有效信息,这可以引导投资者在股权市场进行投资,进而便于企业融资;此外,股价中包含的信息能够及时被反馈给投资者。Allen 和 Gale(1999)指出,鉴于创新项目可得的信息较少,人们容易对项目的前景进行误判。但是,股权市场的价格反馈机制,能够帮助和影响管理层进行投资决定。通常来说,外部融资依赖度高的行业通常会有更多的投资机会,但是这些投资机会的信息含量较少,而发展良好的股权市场能够更好地支持创新项目,进而促进资源的有效配置。

相对于股权融资来说,债务融资不存在像股权融资那样的价格反馈机制。同时,债务融资一般需要有担保和抵押物。创新型企业很难满足债务融资的条件。首先,创新型企业的经营情况并不稳定,这使它们可能无法产生稳定的现金流去偿还银行债务。其次,创新型企业进行的研发投资一般是无形资产和人力资本投资,缺少有形资产会限制创新型企业进行债务融资。对于喜欢有大量有形资产进行抵押的银行来说,创新型企业的上述特征可能会导致银行拒绝贷款。

因此,根据以上分析,我们提出了第一个机制假说:对于外部融资依赖度高的企业来说,股权市场的发展能够促进创新,而信贷市场的发展则会抑制创新。

迷你案例
MINI CASE

山水水泥债务违约,黑衣骑士乘虚而入

2015 年 11 月,山水水泥发布公告称无法于当月 12 日取得足够资金偿付境内

债务，公司将提出清盘申请。这笔违约的境内债务为山水水泥集团子公司山东山水水泥集团发行的超短期融资券（"15 山水 SCP001"），该券本金规模 20 亿元，于 11 月 12 日到期。由于山水水泥的高额债务违约，建设银行、招商银行等均对其发出函件，要求立即偿还贷款。同时这也导致山水水泥的其他优先票据和中期票据价格在二级市场大幅下跌。

而山水水泥的第一大股东天瑞集团随后发布公告称，不同意山水水泥的清盘申请。自 2015 年年初，同为国内水泥企业的天瑞集团就开始大量购买山水水泥股份，并在 4 月成为山水水泥的第一大股东。虽然天瑞集团并未公告过大量增持山水水泥股份的目的，业内人士推测由于天瑞集团与山水水泥的目标市场存在重叠，天瑞集团突然发难意在乘机控制山水水泥。果然，在同年 12 月山水水泥的股东大会中，天瑞集团得到董事会的 2 个席位，成功控制了山水水泥。

◇ "高科技密集行业"假说

King 和 Levine（1993）指出金融市场的一个重要功能是帮助投资者分散风险。高科技密集企业一般从事新产品的设计、研发和引进工作，或者采用创新性的生产过程，而原始或者集成的创新充满了不确定性和高风险性。因此，高科技密集企业往往风险更高。

高科技密集行业具有高风险的特性，而股权市场恰恰能够助力这些行业的发展。首先，股权市场能够根据风险进行定价，高风险的资产一般具有高收益性，比如创新行业。其次，股权市场能够给创新型行业里的明星公司的股票以较高的价格，进而鼓励这些公司进行创新。Kapadia（2006）发现，投资者一般偏好科技行业里的成功公司的股票，比如微软和谷歌，因为这类公司虽然风险高，但是给投资者的回报也较高。虽然信贷市场也能为行业融资，但是由于信贷行业天生的保守特性，信贷市场会规避高风险的项目，再加上信贷对有形资产抵押的偏爱，使其更钟情于保守行业，而对具有较高比例的无形资产和较低比例的有形资产的高风险的创新型行业避而远之。信贷对高科技密集行业的回避，一方面是因为信贷市场的风险规避偏好，另一方面也是因为高科技密集行业的公司通常具有信息不对称特征，存在严重的代理问题，而信贷市场缺乏有效的监督能力。与股权融资不同，债务融资不能规避研发中的逆向选择和道德风险问题，其原因在于，一方面，拿到借款的公司可能不会投资那些高风险、高回报的研发项目；另一方面，技术投资是一项很难衡量的无形资产,如果公司的管理人是公司股东,技术投资会在很大程度上面临代理问题。

根据以上分析,我们得出了第二个假说:对于高科技密集行业的公司,股权市场发展能够促进企业的创新,而信贷市场则相反。

迷你案例
MINI CASE

股权融资促进高科技企业创新

特斯拉(Tesla)汽车自 2010 年在美国 IPO 以来,数次增发股票为新型电动汽车的开发及生产进行募资。据财报披露,特斯拉的研发投入在 2011—2013 年间一直维持在 2 亿美元左右,自 2014 年起研发投入有了显著增长,2014/15/16 年的研发投入分别为 4.7/7.2/8.3 亿美元。特斯拉已经生产了 Tesla Roadster、Tesla Model S、Tesla Model X 及 Tesla Model 3 四款电动汽车。除已经停产的 Roadster 之外,根据特斯拉 2017 年三季度的财报,Model S 和 Model X 的净订单数和交付数都达到历史新高,生产最新型汽车 Model 3 的速度也在逐步提高,对其进行量产的计划将于 2018 年一季度实现。特斯拉在资本的驱动下,创新成绩得到了市场的认可,上市至今特斯拉股价涨幅超过 1 600%。

◇ 金融市场与创新

我和香港大学两位副教授 Po-Hsuan Hsu 以及 Yan Xu,在 2014 年发表在 Journal of Financial Economics 的文章"金融发展与创新:基于跨国证据"中,对上文提到的两种可能的机制假说进行了验证。

在对跨国样本的选择中,我们以 USPTO 记录的各个国家及地区的专利数量为依据。对于专利较少的经济体,我们予以删除。同时,由于中国不在 2008 版 UNIDO 的工业统计数据库中,因为我们后续研究需要使用这个数据库,所以在研究对象中我们也删除了中国。在进行这些筛选之后,我们的面板数据覆盖了全球 32 个经济体。

创新的度量数据主要来自 NBER 数据库。截至文章写作始点,数据库的数据覆盖时间为 1976—2006 年。在本文中,选择行业为制造业,根据标准工业分类(SIC)的前两位,涵盖制造业中的 SIC 编码为 20 至 39 的子行业。制造业中的各个专利的发明对象为个人或者非政府机构。在确定专利的选择范围之后,我们使用五个指标来衡量创新能力。

第一个衡量指标是给定的国家和行业中专利申请数量,用专利的申请年作为专利的衡量年份。由于仅用专利数量不能区分重大发明和增量技术发现,所以我们增加第二个衡量指标——专利引用次数。虽然专利引用次数能够很好地衡量专利的质量,但同时被引专利的分布也很重要,因此,我们的第三个和第四个衡量指标是专利的原创性和专利的普遍性。专利的原创性指专利是否引用大量不同技术类别中的其他专利,专利的普遍性指专利是否被不同技术类别中的专利大量引用。第五个衡量指标为行业整体研发支出。由于研发支出数据有限,我们的样本数量很小并且不具有代表性,因此,我们主要关注前四个指标。

通过对数据的描述性统计,我们发现发达国家,如美国、日本、德国、法国、英国等国家,创新水平遥遥领先,而新兴市场国家,如巴西、印度、俄罗斯等国的创新水平则相对较低。但是我们也应该注意到,我们是用其他国家在美国的专利申请数量和美国本土的专利水平进行对比,这就可能存在如 Rajan 和 Zingales(1998)的论文中提到的本土偏见的问题。因此,我们将美国的各项创新指标作为基准值,将其他国家各个行业的创新衡量指标和美国对应行业的创新指标之比作为被解释变量,即采用各个国家对美国的相对指标作为我们的衡量基准。

在上述衡量创新的指标中,美国的各个指标值都居于第一位。通过对 20 个样本行业的描述性统计,我们发现电子和其他电气设备和部件(SIC36)、工业和商业机械及计算机设备(SIC35)、化工及相关产品(SIC28)是发明专利最多的行业,平均每个国家每年的专利数量分别为 1 228、1 166、1 164。同时,这些行业的专利具有较高的专利引用次数、原创性和普遍性。将 32 个经济体的 20 个行业的不同年份的创新指标进行混合描述性统计,我们发现,专利数量、专利引用次数、原创性和普遍性的均值分别为 5.7%、5.0%、4.9%、5.4%。

映射方法介绍

将 USPTO 技术分类映射到 SIC 分类

在美国的专利申请过程中,USPTO 不要求申请人提供专利相应的 SIC(标准产业分类)代码。但是,SIC 代码对于相关研究至关重要。而 USPTO 采用的却是三位技术分类,分类的依据是技术而不是最终的产品。两种指标的差异激发了很多学者建立索引表将专利的三位技术分类映射到 SIC 代码。但是,学者的努力却受陈旧数据的限制而成效甚微。尽管 USPTO 的技术评估与预测办公室提供了一份索引表，但是这份索引表采用的是 1972 年的 SIC 代码，因此产业普及率十分有限。

因此，我们在 Kortum 和 Putnam（1997）以及 Silverman（2002）建立的映射概念的基础上，采用美国上市公司的专利分类分布提出新的映射方法。具体方法如下：首先，我们计算样本期间（1976—2006 年）上市公司在每一个技术分类中的专利（专利数量、专利引用次数、原创性、普遍性）和 SIC 代码的分布情况，并计算每一个 SIC 代码在相应的技术分类中的百分比。然后根据每一个 SIC 代码在不同技术分类中的百分比，计算基于 SIC 代码行业的专利情况（专利数量、专利引用次数、原创性、普遍性）。

具体映射数据可以在我的个人学术网站上免费下载，访问网站请扫描右侧二维码。

在我们的研究中衡量金融发展的数据来自世界发展指标和全球发展融资（WDI/GDF）数据库，根据 Rajan 和 Zingales（1998）的观点，衡量一国金融发展的指标为股票市场资本额和国内信贷额总和占国内生产总值（GDP）的比重。由于我们的研究对象分别是股权市场和信贷市场，因此，我们参照早期的做法，分别采用股票市场的资本额与 GDP 之比和国内信贷额与 GDP 之比来衡量股权市场和信贷市场的发展程度。除去美国，不同国家的股票市场和信贷市场发展程度不一，股票市值占 GDP 的比重在 0.136 到 1.774 之间，信贷总额占 GDP 的比重在 0.282 到 2.548 之间。平均值来看，股票市值占 GDP 的比重为 0.767，信贷总额占 GDP 的比重为 0.951。

之后，我们采用面板数据来分析金融市场发展对外部融资依赖行业创新的影响。我们在回归中加入了各个子行业在制造业增加值中所占的份额、子行业在对美国的出口总额中所占份额作为控制变量，同时，控制国家、年份和行业固定效应，回归模型如式（13-1）所示。

$$国家行业创新产出_{i,j,t+1} = \alpha + \beta_1 股权市场_{i,t} \times 外部融资依赖_j + \beta_2 信贷市场_{i,t} \times 外部融资依赖_j + \gamma 控制变量_{i,j,t} + 固定效应 + \varepsilon_{i,j,t+1} \quad (13-1)$$

其中，α 为截距项，β_1、β_2、γ 为系数，ε 为随机扰动项，下标 i 代表国家，下标 j 代表行业，下标 t 代表年份。

变量"外部融资依赖"衡量行业对外部融资的依赖程度，为行业的资本支出和研发费用之和在扣除营运现金流之后占资本支出和研发费用总和的比例。基础回归结果如表 13-1 所示。

表 13-1 外部融资依赖与企业创新[①]

分表 A

变量	专利数量	专利引用次数	原创性	通用性
股权市场 × 外部融资依赖	0.013**	0.012**	0.011**	0.008*
	(0.006)	(0.005)	(0.004)	(0.004)
控制变量	是	是	是	是
固定效应	是	是	是	是
样本量	7 548	7 548	7 548	6 814

分表 B

变量	专利数量	专利引用次数	原创性	通用性
信贷市场 × 外部融资依赖	−0.115**	−0.077**	−0.051*	−0.066
	(0.058)	(0.033)	(0.026)	(0.042)
控制变量	是	是	是	是
固定效应	是	是	是	是
样本量	7 434	7 434	7 434	6 700

分表 C

变量	专利数量	专利引用次数	原创性	通用性
股权市场 × 外部融资依赖	0.047***	0.033***	0.026***	0.025**
	(0.018)	(0.010)	(0.009)	(0.011)
信贷市场 × 外部融资依赖	−0.128**	−0.087**	−0.059**	−0.073
	(0.062)	(0.035)	(0.028)	(0.044)
控制变量	是	是	是	是
固定效应	是	是	是	是
样本量	7 354	7 354	7 354	6 620

注：计量结果括号内为稳健性标准误，***、**、*分别表示1%、5%、10%的显著性水平。

[①] Hsu, P-H, X Tian, et al. Financial Development and Innovation: Cross-country Evidence [J]. *Journal of Financial Economics*, 2014, 112(1): 116–135.

从上述回归结果,我们可以看到,对于外部融资依赖度高的行业来说,股权市场的发展水平和行业的专利数量、专利引用次数、原创性以及普遍性均呈现正相关的关系,而信贷市场发展则与之相反。

面板回归结果表明,股权市场的发展能够促进外部融资依赖行业的创新,而信贷市场的发展则相反。因而,回归结果支持我们的第一个假说。

下面,我们采用面板回归分析金融市场发展对高科技密集型行业创新的影响。在回归模型的设定和变量的选取上,除了把我们感兴趣的变量由"外部融资依赖"变为"高科技密集"之外,其余的控制变量和固定效应与外部融资依赖的模型一致。回归模型如式(13-2)所示。

$$\text{国家行业创新产出}_{i,j,t+1} = \alpha + \beta_1 \text{股权市场}_{i,t} \times \text{高科技密集}_j + \beta_2 \text{信贷市场}_{i,t} \times \text{高科技密集}_j + \gamma \text{控制变量}_{i,j,t} + \text{固定效应} + \varepsilon_{i,j,t+1} \quad (13\text{-}2)$$

其中,α 为截距项,β_1、β_2、γ 为系数,ε 为随机扰动项,下标 i 代表国家,下标 j 代表行业,下标 t 代表年份。

在回归模型中,变量"高科技密集"衡量行业的高科技密集程度,为行业每年的研发费用的增加值。回归结果如表 13-2 所示。

表 13-2 高科技密集度与企业创新 [1]

分表 A

变量	专利数量	专利引用次数	原创性	通用性
股权市场 × 高科技密集	0.014***	0.014***	0.011***	0.010**
	(0.005)	(0.004)	(0.004)	(0.005)
控制变量	是	是	是	是
固定效应	是	是	是	是
样本量	7 548	7 548	7 548	6 814

分表 B

变量	专利数量	专利引用次数	原创性	通用性
信贷市场 × 高科技密集	−0.085***	−0.055***	−0.021*	−0.059***
	(0.016)	(0.016)	(0.012)	(0.018)

[1] Hsu, P-H, X Tian, et al. Financial Development and Innovation: Cross-country Evidence [J]. *Journal of Financial Economics,* 2014, 112(1): 116-135.

（续表）

变量	专利数量	专利引用次数	原创性	通用性
控制变量	是	是	是	是
固定效应	是	是	是	是
样本量	7 434	7 434	7 434	6 700

分表 C

变量	专利数量	专利引用次数	原创性	通用性
股权市场 × 高科技密集	0.038***	0.030***	0.018***	0.028***
	(0.007)	(0.006)	(0.005)	(0.007)
信贷市场 × 高科技密集	−0.096***	−0.063***	−0.026**	−0.067***
	(0.016)	(0.017)	(0.013)	(0.020)
控制变量	是	是	是	是
固定效应	是	是	是	是
样本量	7 354	7 354	7 454	6 620

注：计量结果括号内为稳健性标准误，***、**、*分别表示1%、5%、10%的显著性水平。

从上述的实证结果中，我们看到，对于高科技密集行业来说，股权市场发展水平和行业的专利数量、专利引用次数、原创性以及普遍性均呈现正相关的关系，而信贷市场发展和行业的专利数量、专利引用次数、原创性以及普遍性均呈现负相关的关系。

回归的结果表明，股权市场发展能够促进高科技密集型行业的创新，而信贷市场则会抑制高科技密集型行业的创新。回归结果验证并支持我们的第二个假说。

◇ **稳健性检验**

为保证结果的稳健性，我们进一步验证在采用不同的模型设定和替代变量的情况下的结果。

1. 同时控制国家和行业固定效应

在上述的回归结果中，我们同时控制了国家和时间固定效应，然而我们不能排除每个国家无法观测但一直存在的行业异质性对行业创新水平的影响。因此，我们同时控制国家和行业固定效应，分别采用"外部融资依赖"和"高科技密集"作为我们的中间变量进行回归分析，回归结果如表 13-3 所示：

表 13-3　外部融资依赖、高科技密集与企业创新（1）[①]

分表 A

变量	专利数量	专利引用次数	原创性	通用性
股权市场 × 外部融资依赖	0.006***	0.005***	0.004***	0.007***
	(0.001)	(0.001)	(0.001)	(0.001)
信贷市场 × 外部融资依赖	−0.004***	−0.011***	−0.006***	−0.006***
	(0.001)	(0.002)	(0.002)	(0.002)
控制变量	是	是	是	是
固定效应	是	是	是	是
样本量	7 354	7 354	7 354	6 620

分表 B

变量	专利数量	专利引用次数	原创性	通用性
股权市场 × 高科技密集	0.005***	0.003***	0.004***	0.002***
	(0.001)	(0.001)	(0.001)	(0.001)
信贷市场 × 高科技密集	−0.004***	−0.010***	−0.010***	−0.012***
	(0.001)	(0.002)	(0.002)	(0.003)
控制变量	是	是	是	是
固定效应	是	是	是	是
样本量	7 354	7 354	7 354	6 620

注：计量结果括号内为稳健性标准误，*** 分别表示 1% 的显著性水平。

在控制了国家和行业固定效应后，股权融资依然能够促进外部融资依赖度高和高科技密集行业的创新，而债务融资则相反。稳健性检验结果说明，股权融资对行业的促进作用和债务融资对行业的抑制效应普遍存在于各个行业中。

2. 在国家层面聚类标准误

接下来，我们观察当在国家层面而不是在国家和行业层面上聚类标准误时，

[①] Hsu, P-H, X Tian, et al. Financial Development and Innovation: Cross-country Evidence [J]. *Journal of Financial Economics,* 2014, 112(1): 116-135.

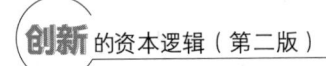

结果是否仍然稳健。回归结果如表 13-4 所示，分析进一步支持我们的结果是稳健的。

表 13-4　外部融资依赖、高科技密集与企业创新（2）[①]

分表 A

变量	专利数量	专利引用次数	原创性	通用性
股权市场 × 外部融资依赖	0.047**	0.033**	0.026**	0.025**
	（0.022）	（0.015）	（0.012）	（0.011）
信贷市场 × 外部融资依赖	−0.128***	−0.087**	−0.059**	−0.073***
	（0.045）	（0.039）	（0.028）	（0.023）
控制变量	是	是	是	是
固定效应	是	是	是	是
样本量	7 354	7 354	7 354	6 620

分表 B

变量	专利数量	专利引用次数	原创性	通用性
股权市场 × 高科技密集	0.038**	0.030**	0.018***	0.028**
	（0.018）	（0.011）	（0.006）	（0.011）
信贷市场 × 高科技密集	−0.096***	−0.063***	−0.026**	−0.067***
	（0.024）	（0.020）	（0.010）	（0.017）
控制变量	是	是	是	是
固定效应	是	是	是	是
样本量	7 354	7 354	7 354	6 620

注：计量结果括号内为稳健性标准误，***、** 分别表示 1%、5% 的显著性水平。

3. 衡量金融市场发展的替代变量

衡量金融市场发展程度有不同的指标。在我们的主回归中，主要采用的是 Rajan 和 Zingales（1998）的做法。因此，我们进一步检验，当采用其他衡量金融市场发展的指标时，结果是否仍然稳健。在指标的选取上，我们将衡量股权市场发展的指标换为股票市场交易价值对 GDP 的比重，回归结果如表 13-5 所示。

[①] Hsu, P–H, X Tian, et al. Financial Development and Innovation: Cross–country Evidence [J]. *Journal of Financial Economics,* 2014, 112(1): 116–135.

表 13-5 外部融资依赖、高科技密集与企业创新（3）[1]

分表 A

变量	专利数量	专利引用次数	原创性	通用性
股权市场 × 外部融资依赖	0.057***	0.026**	0.014**	0.008**
	(0.015)	(0.013)	(0.010)	(0.012)
信贷市场 × 外部融资依赖	−0.132***	−0.074***	−0.045*	−0.057**
	(0.027)	(0.028)	(0.023)	(0.029)
控制变量	是	是	是	是
固定效应	是	是	是	是
样本量	7 354	7 354	7 354	6 620

分表 B

变量	专利数量	专利引用次数	原创性	通用性
股权市场 × 高科技密集	0.033***	0.024**	0.003	0.017*
	(0.010)	(0.010)	(0.007)	(0.010)
信贷市场 × 高科技密集	−0.094***	−0.058***	−0.014	−0.062***
	(0.020)	(0.020)	(0.014)	(0.019)
控制变量	是	是	是	是
固定效应	是	是	是	是
样本量	7 354	7 354	7 354	6 620

注：计量结果括号内为稳健性标准误，***、**、*分别表示1%、5%、10%的显著性水平。

实证结果表明，与主回归相比，除了专利的原创性这一指标之外，其他指标系数的回归结果依然稳健，但是结果较弱。针对这种现象，我们认为原因可能来自代理变量自身的局限性。

4. 衡量高科技密集程度的替代变量

在主回归中，我们使用"外部融资依赖"和"高科技密集"这两个经济机制变量来识别金融市场发展对行业创新的影响。衡量外部融资依赖程度的代理变量是广为接受并在很多研究中多次使用的标准代理变量。但是衡量行业高科技密度

---

[1] Hsu, P-H, X Tian, et al. Financial Development and Innovation: Cross-country Evidence [J]. *Journal of Financial Economics,* 2014, 112(1): 116-135.

程度的代理变量却不具有标准性。为了确保结果不受所选择的变量的影响，我们参照 Griliches（1981），Hall、Jaffe、Trajtenberg（2005）以及 Hall、Thomas 和 Torrisi（2007）的做法，分两步构建行业的高科技密集度指标。第一步：计算每一家公司的市值对公司总资产的比率，然后取对数。同时，计算每家公司近五年研发支出总额占五年总资产的比重。用相同行业内所有的公司作为我们的样本，然后将对数值对近五年的研发支出比率进行回归，所得的系数估计值就是当年的行业高科技密度值。第二步：我们取样本期间的每个行业的高科技密集度的中位数作为变量"高科技密集"的取值。将"高科技密集"带入回归模型中，实证结果如表 13-6 所示，结果依然稳健。

表 13-6　外部融资依赖、高科技密集与企业创新（4）[1]

变量	专利数量	专利引用次数	原创性	通用性
股权市场 × 高科技密集	0.011**	0.003**	0.006*	0.002**
	（0.005）	（0.002）	（0.003）	（0.001）
信贷市场 × 高科技密集	−0.017*	−0.005***	−0.008*	−0.003***
	（0.009）	（0.002）	（0.004）	（0.001）
控制变量	是	是	是	是
固定效应	是	是	是	是
样本量	7 354	7 354	7 354	6 620

注：计量结果括号内为稳健性标准误，***、**、* 分别表示1%、5%、10%的显著性水平。

5. 在技术分类层次上的创新变量

本章在此之前的全部回归中，我们均依据 SIC 的分类方式对行业进行分类，鉴于 USPTO 的专利分类依据的是三位技术分类，因此，选用以三位技术分类为标准的创新变量也十分合理。采用 Acharya 和 Subramanian（2009）；Acharya、Baghai 和 Subramanian（2014）的做法，首先，计算 32 个经济体中 428 个行业中的每一个行业的加总专利数量、专利引用次数、原创性和普遍性，然后计算每个行业的专利（专利数量、专利引用次数、原创性和普遍性）占相应的美国专利的比重。同样，我们对经济机制变量和控制变量也做类似的处理，实证结果如表 13-7 所示，结果依旧稳健。

---

[1] Hsu, P-H, X Tian, et al. Financial Development and Innovation: Cross-country Evidence [J]. *Journal of Financial Economics,* 2014, 112(1): 116-135.

表 13-7　外部融资依赖、高科技密集与企业创新（5）[①]

分表 A

变量	专利数量	专利引用次数	原创性	通用性
股权市场 × 外部融资依赖	0.059***	0.030***	0.042**	0.005
	(0.018)	(0.013)	(0.016)	(0.021)
信贷市场 × 外部融资依赖	−0.089***	−0.037***	−0.044***	−0.033*
	(0.030)	(0.013)	(0.011)	(0.019)
控制变量	是	是	是	是
固定效应	是	是	是	是
样本量	63 620	62 138	52 628	34 812

分表 B

变量	专利数量	专利引用次数	原创性	通用性
股权本市场 × 高科技密集	0.622**	0.796**	0.477*	0.389
	(0.294)	(0.395)	(0.255)	(0.270)
信贷市场 × 高科技密集	−1.988***	−2.386***	−1.679***	−1.528***
	(0.474)	(0.691)	(0.456)	(0.381)
控制变量	是	是	是	是
固定效应	是	是	是	是
样本量	63 620	62 138	52 628	34 812

注：计量结果括号内为稳健性标准误，***、**、*分别表示1%、5%、10%的显著性水平。

在上述一系列稳健性检验中，对不同的模型设定和替代变量来说结果均是稳健的，这进一步验证了股权融资对外部融资依赖度高和高科技密集型行业的创新具有显著的促进作用，而债务融资则对上述行业的创新有抑制作用。

中国金融市场

伴随着中国经济的改革，在过去数十年的发展中，中国资本市场从无到有，从小到大，资本市场层次逐渐增加，金融产品的种类日益丰富。中国境内上市公司

[①] Hsu, P-H, X Tian, et al. Financial Development and Innovation: Cross-country Evidence [J]. *Journal of Financial Economics,* 2014, 112(1): 116-135.

的总市值从 1993 年 1 月的 1 507 亿元跃升至 2013 年 12 月的 24 万亿元，流通市值 20 年增加近 158 倍（如图 13-2 所示）。

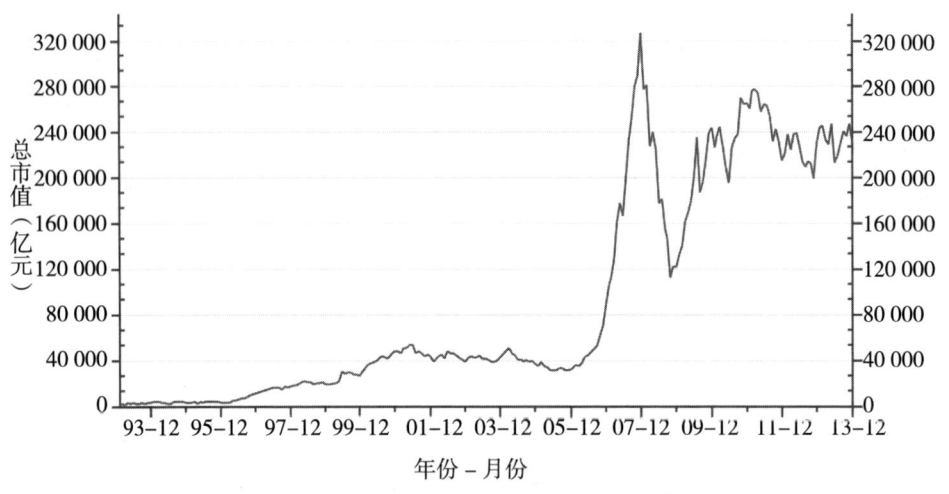

图 13-2　中国境内上市公司总市值[①]

为了帮助中小企业或科技型中小企业更好地进行融资，我国在主板市场的基础上，交易所相继引进了中小板和创业板。2012 年引入的全国中小企业股份转让系统（俗称"新三板"）则进一步促进了资本市场多层次体系的建设。同时，融资融券交易机制的引入以及股指期货和国债期货等产品的推出，丰富了资本市场的交易机制和产品种类。

我国资本市场成立至今发展十分迅速，但是，与发达国家的资本市场相比，我国的资本市场规模较小，资本市场的开放和国际化程度较低。

资本市场的出发点和立足点是服务实体经济，促进国民经济增长。而创新是促进经济增长的重要动力，高科技密集企业在创新中扮演着重要的角色。目前，在中国经济步入新常态，产业结构亟须转型升级，经济增长需要新动能的情况下，观察资本市场发展对行业创新的影响显得尤为必要。因此，资本市场对我国企业创新的影响是一个值得关注的议题。

2014 年我们在对全球 32 个经济体进行研究时，发现股权融资能够促进行业创新，而债务融资则会抑制行业创新。同时，股权融资能更好地促进高科技密集型行业的创新。但是由于数据的局限性，我们的研究样本中没有中国。由于中国的资本

---

① 数据来源：万德资讯。

市场的独特性，我们对全球 32 个经济体的研究结论可能不完全与中国的实际情况相吻合。因此，针对中国的情况需要进行具体分析。

在对中国社会融资规模、结构的分析中，我们发现，相对于每年非金融企业的股票融资金额，非金融企业每年新增贷款额在数量上占有绝对的优势。这说明，在中国，银行信贷仍是企业融资的主要方式，股权市场的融资功能并没有得到充分发挥。这种现象对我国企业的创新又会产生怎样的影响呢？

国内的一些学者就资本市场对企业创新的影响进行了相关研究。张一林等（2016）发现，银行贷款很难促进企业创新，而股权融资能够促进企业创新，但是，股权融资的长期性和资金使用的信息的不对称性，可能会对股东利益造成损害。因此，在发展股权融资时，构建良好的制度环境以保护投资者的利益就显得尤为必要。李汇东等（2013）利用 2006 年至 2010 年披露研发费用的非金融类 A 股上市公司作为研究对象，发现政府补贴能够显著促进企业创新；其次是股权融资，而债权融资的促进效应则不明显，这说明上市公司的融资结构能够影响企业的创新。张璇等（2017）利用 2005 年世界银行对中国 120 个城市的企业投资与经营环境的调查数据进行实证研究，发现融资约束会显著抑制企业的创新活动，指出建立完善金融体系的必要性，认为只有发挥市场在资源配置中的作用，才能更好地促进企业创新。在对相关文献的梳理中，我们发现，关于国内金融市场发展对企业创新影响研究的结论基本与我们的研究结果相一致，即股权融资能够促进企业创新，债务融资则会抑制企业创新。结合中国当前的社会融资规模和结构：包括银行贷款在内的间接融资占据主导地位，股权融资的比重很低，社会融资结构发展不平衡等情况，上述的研究结果对中国的资本市场建设以及创新具有很强的指导意义。因此，从上述的研究结果看，优化社会融资结构，促进股权市场的健康发展，构建多层次的资本市场对促进企业创新具有深远影响。

新兴市场国家金融市场与企业创新

在上文的分析中，我们从行业角度对 32 个经济体的融资行为与行业创新的关系进行了实证分析，发现股权市场融资对行业创新有促进作用，而债务融资则相反。但是，从微观层面上看，对一个企业来说，尤其是对新兴市场国家的中小企业来说，影响企业本身进行创新的因素又有哪些呢？融资能不能从微观层面影响企业的创新呢？

Ayyagari 等（2011）指出，在发展中国家，中小企业是重要的价值创造者，然而，由于数据缺失，关于新兴市场国家企业创新的研究还比较少。同时，相对于在美国上市的大公司，新兴市场国家企业的经营环境也有所不同。因此，关于对大公司创新的研究结果对这些小企业的适用性也值得商榷。

鉴于新兴市场国家中小企业对 GDP 的贡献度以及创新对一国经济发展的重要作用，Ayyagari 等在他们 2011 年发表在 *Journal of Financial and Quantitative Analysis* 的文章"新兴市场国家企业创新：融资角色、治理与竞争"中，对新兴市场国家的中小企业融资和公司创新的关系进行了验证。数据来自世界银行企业调查数据库，样本涵盖 47 个新兴市场国家的 19 000 多家企业，样本调查的时间为 2002 年、2003 年和 2004 年中的任意一年。

在衡量技术创新方面，新兴市场国家和发达国家存在很大差异。新兴市场国家的多数企业很少有能力进行前沿的技术创新活动。它们虽然也会进行一部分原始创新，但是在很大程度上是通过引进和吸收发达国家的技术来进行创新的，即模仿创新，比如，采用发达国家的新的产品制造方法、新产品或者新的组织形式等。鉴于新兴市场国家在创新方面很大程度上是引进和模仿发达市场国家的技术，它们本身很少有尖端发明产生，因此，在衡量新兴市场国家的创新水平时，不能简单只用新发明来衡量其创新水平。鉴于此，作者采用十项指标来衡量企业的创新活动。前八项是衡量企业创新活动的单个指标：（1）搭建新的主要产品生产线（新生产线）；（2）升级已有的生产线（升级生产线）；（3）引进新技术，技术引进的标准是改变了主要产品的生产方式（新技术）；（4）新建一家工厂（建立新厂）；（5）和国外合伙人联合开设合资企业（合资企业）；（6）获取新的特许权协议（特许权协议）；（7）外包一项主要的产品生产活动，这项生产活动以前在国内进行（外包重要业务）；（8）以前外包的生产活动现在转回国内生产（回收外包业务）。除了上述八项衡量公司创新的单个指标之外，作者还构建了另外两项衡量创新的指数，分别是"总创新指数"和"核心创新指数"。"总创新指数"是加总公司上述八项创新活动得到的综合指数；"核心创新指数"是加总公司的新产品线、新技术和更新现有产品线活动得到的指数。

其次，在衡量外部融资活动时，采用的外部融资变量为在新投资的项目中，外部资金所占的比重。这些外部资金基本来自银行。Beck 等（2008）指出，对新兴市场国家的中小企业来说，银行融资是最主要的外部融资方式，因此这些国家普遍缺少发展良好的股权市场或者其他以市场为基础的融资渠道。同时，为了进一步观

表 13-8　外部融资和新兴市场国家企业创新[1]

变量	新生产线	升级生产线	新技术	建立新厂	合资企业	特许权协议	外包主要业务	回收外包业务	核心创新指数	总创新指数
外部融资	0.002**	0.003***	-0.000	0.003***	0.003***	0.001	0.001	0.001	0.001**	0.002**
	(0.001)	(0.001)	(0.001)	(0.001)	(0.001)	(0.001)	(0.001)	(0.002)	(0.001)	(0.001)
银行融资	0.001	0.004***	0.001	0.003***	0.004***	0.002	0.001	0.001	0.002**	0.003***
	(0.001)	(0.001)	(0.001)	(0.001)	(0.001)	(0.001)	(0.001)	(0.001)	(0.001)	(0.001)
银行贷款	0.199**	0.418***	0.261***	0.567***	0.281***	0.442***	0.164*	0.353***	0.315	0.394***
	(0.083)	(0.123)	(0.056)	(0.090)	(0.093)	(0.099)	(0.094)	(0.092)	(0.075)	(0.080)
外币份额	0.005***	0.003**	0.001	0.006***	0.010***	0.005***	0.003**	0.003**	0.003***	0.005***
	(0.001)	(0.001)	(0.001)	(0.001)	(0.002)	(0.002)	(0.001)	(0.001)	(0.001)	(0.001)
控制变量	是	是	是	是	是	是	是	是	是	是
固定效应	是	是	是	是	是	是	是	是	是	是

注：计算结果括号内为稳健性标准误，***、**、* 分别表示 1%、5%、10% 的显著性水平。

[1] Hsu, P-H, X Tian, et al. Financial Development and Innovation: Cross-country Evidence [J]. Journal of Financial Economics, 2014, 112(1): 116-135.

察银行融资，作者采用了另外两个变量——银行融资和银行贷款，来刻画银行融资的使用。银行融资为新投资的项目中来自当地和国外商业银行的资金比重，银行贷款为一个哑变量，如果公司有银行贷款或者透支贷款，取值为1，否则为0。同时，作者还控制了外币借贷的比重。

采用 Logit 模型进行分析，回归模型如式（13-3）所示。

$$企业创新活动_{i,j,k}=\alpha+\beta_1 外部融资_{i,j,k}（银行融资_{i,j,k}或银行贷款_{i,j,k}）+\beta_2 外币份额_{i,j,k}+\gamma 控制变量_{i,j,k}+固定效应+\varepsilon_{i,j,k} \quad (13\text{-}3)$$

其中，α 为截距项，β_1、β_2、γ 为系数，ε 为随机扰动项，下标 i 代表企业，下标 j 代表行业，下标 k 代表国家。

实证结果如表 13-8 所示。从实证结果中，我们发现，外部融资和企业创新之间有显著的正相关关系。外部融资对新生产线、升级生产线、建立新厂、设立合资企业都有显著的促进作用。银行融资也对升级生产线、建立新厂、设立合资企业起到显著的促进作用。此外，我们也可以看到，银行贷款变量和所有的指标都是显著正相关的，说明银行贷款能够促进新兴市场国家的中小企业的创新。此外，企业的创新水平和一国的外币借款份额也是正相关的。

需要指出的是，由于数据的限制，实证研究结果只能得到外部融资和企业创新之间是一种正向的相关关系，但是不能做出类似"企业外部融资能够促进企业创新"这样的因果推断。

❑ 本章小结

本章分析了金融市场发展对行业创新的影响及其传导机制。本章要点总结如下：

1. 金融市场发展对整个行业的创新具有促进作用；

2. 股权融资和债务融资对行业创新的影响不同，股权融资能够促进外部融资依赖行业的创新，债务融资则会抑制行业创新；

3. 股权融资能够促进高科技密集行业的创新，债务融资则会抑制这些行业的创新；

4. 对于缺少发展良好的资本市场的新兴市场国家的企业来说，银行贷款是一种不错的外部融资方式；

5. 金融市场的发展，尤其是股权融资市场的发展，对一国的创新至关重要。

参/考/文/献

［1］李汇东, 唐跃军, 左晶晶. 用自己的钱还是用别人的钱创新？——基于中国上市公司融资结构与公司创新的研究 [J]. 金融研究，2013, 2: 170-183.

［2］张璇, 刘贝贝, 汪婷, 李春涛. 信贷寻租、融资约束与企业创新 [J]. 经济研究，2017, 52: 161-174.

［3］张一林, 龚强, 荣昭. 技术创新、股权融资与金融结构转型 [J]. 管理世界，2016, 11: 65-80.

［4］Acharya, V, R P Baghai, et al. Wrongful Discharge Laws and Innovation [J]. *Review of Financial Studies*, 2013, 27: 301-346.

［5］Acharya, V V and K V Subramanian. Bankruptcy Codes and Innovation [J]. *Review of Financial Studies*, 2009, 22(12): 4 949-4 988.

［6］Allen, F, and D Gale. Diversity of Opinion and Financing of New Technologies [J]. *Journal of Financial Intermediation*, 1999, 8(1-2): 68-89.

［7］Ayyagari, M, A Demirguc-Kunt, et al. Firm Innovation in Emerging Markets: the Role of Finance, Governance, and Competition [J]. *Journal of Financial and Quantitative Analysis*, 2011, 46(6): 1 545-1 580.

［8］Bravo-Biosca, A. Essays on Innovation and Finance [D]. Thesis, 2007.

［9］Brown, J R, G Martinsson, et al. Do Financing Constraints Matter for R&D? [J]. *European Economic Review*, 2012, 56(8): 1 512-1 529.

［10］Brown, J R, S M Fazzari, et al. Financing Innovation and Growth: Cash Flow, External Equity and the 1990s R&D Boom [J]. *Journal of Finance*, 2009, 64(1): 151-185.

［11］Griliches, Z. Market Value, R&D, and Patents [J]. *Economics Letters*, 1981, 7: 183-187.

［12］Grossman, S. On the Efficiency of Competitive Stock Markets Where Trades have Diverse Information [J]. *Journal of Finance*, 1976, 31(2): 573-585.

［13］Hall, B H and J Lerner. The Financing of R&D and Innovation [J]. *Handbook of the Economics of Innovation*, 2010, 1: 609-639.

［14］Hall, B H, A Jaffe, et al. Market Value and Patent Citations [J]. *RAND Journal of Economics*, 2005, 36(1):16–38.

［15］Hall, B H, G Thoma, et al. The Market Value of Patents and R&D: Evidence from European Firms. Working paper, 2007.

［16］Holmstrom, B. Agency Costs and Innovation [J]. *Journal of Economic Behavior and Organization*, 1989, 12(3): 305–327.

［17］Hsu, P-H, X Tian, et al. Financial Development and Innovation: Cross-country Evidence [J]. *Journal of Financial Economics*, 2014, 112(1): 116–135.

［18］Kapadia, N. The Next Microsoft? Skewness, Idiosyncratic Volatility, and Expected Returns. Working paper, 2006.

［19］King, G and R Levine. Finance, Entrepreneurship and Growth [J]. *Journal of Monetary Economics*, 1993, 32(3): 513–542.

［20］King, R G and R Levine. Finance and Growth: Schumpeter Might be Right [J]. *Quarterly Journal of Economics*, 1993, 108(3): 717–737.

［21］Kortum, S and J Putnam. Assigning Patents to Industries: Tests of the Yale Technology Concordance [J]. *Economic Systems Research*, 1997, 9(2): 161–176.

［22］Levine, R. *Finance and Growth: Theory and Evidence* [M]. Handbook of Economic Growth, 2005, 1, part a (05): 865–934.

［23］Pastor, L, P Veronesi. Technological Revolutions and Stock Prices [J]. *American Economic Review,* 2009, 99(4): 1 451–1 483.

［24］Rajan, R G and L Zingales. Financial Dependence and Growth [J]. *American Economic Review*, 1998, 88(3): 559–586.

［25］Rajan, R G and L Zingales. Financial Systems, Industrial Structure, and Growth [J]. *Oxford Review of Economic Policy*, 2001, 17(4): 467–482.

［26］Silverman, B S. *Technological Resources and the Logic of Corporate Diversification* [M]. New York Routledge Press, 1999.

［27］Solow, R. Technological Change and the Aggregate Production Function [J]. *Review of Economics and Statistics*, 1957, 39: 312–320.

［28］Stiglitz, J E. Credit Markets and the Control of Capital [J]. *Journal of Money, Credit and Banking*, 1985, 17(2): 133–152.

第 14 章

开放资本市场的祸与福

一个国家资本市场的自由开放程度对其经济增长起着重要作用。在过去的三十余年，全球几十个国家经历了资本市场自由化过程，通过减少对外国投资者和跨国资本流动的各类限制，提升本国与全球资本市场互联互通的水平，实现将资本"引进来"与"走出去"。众所周知，企业创新是一项高资本投入、高风险的长期投资活动，开放的资本市场为企业提供了更加充足的资金支持，同时境外投资的引入增强了本国投资者与外国投资者之间的风险共享能力，从而也会影响企业的创新能力与意愿。本章重点分析资本市场自由化对企业创新的影响及作用机制，深入阐释金融自由化对发展创新型经济的重要现实意义。

资本市场自由化与经济增长

1973年美国斯坦福大学经济学家Ronald Mckinnon教授和Edward Shaw教授分别在著作《经济发展中的货币与资本》（*Money and Capital in Economic Development*）、《经济发展中的金融深化》（*Financial Deepening in Economic Development*）中提出，发展中国家普遍存在"金融抑制"（financial repression）现象，即政府采取强制性措施干预经济，例如进行利率管制、限制资本流动，这些措施很大程度上抑制了本国经济增长，因而主张政府应施行以自由市场为主导的金融自由化政策。金融自由化的主要措施包括开放资本账户、放松国内金融部门压抑政策以及资本市场自由化

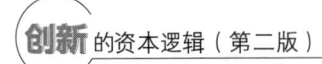

等三个维度（Kaminsky and Schmuklex，2002；陈雨露和罗煜，2007）。其中，资本市场作为实现资金融通最重要的场所，在优化资源配置、服务实体经济发展方面发挥着重要的作用。因此，各国政府都寄希望于通过资本市场自由化改革以促进本国经济增长。

经济学家小传 MINI BIOGRAPHY

罗纳德·I. 麦金农（Ronald I. Mckinnon）

加拿大著名经济学家，当代金融发展理论奠基人，因与同事 Edward Shaw 教授共同提出"金融抑制"阻碍经济发展而闻名。1961 年获美国明尼苏达大学博士学位，毕业后执教于斯坦福大学经济系，担任威廉·D. 依贝尔（William D. Eberle）国际经济学教授，曾担任世界银行、国际货币基金组织、欧洲中央银行等多个国际组织、中央银行以及财政部门的咨询顾问。

麦金农教授著述勤奋、颇为多产，已出版 8 本著作、100 余篇学术论文。他在 1973 年出版的第一本著作《经济发展中的货币和资本》中成功地分析了金融抑制的危害，成为金融发展理论的奠基之作。该书后来被翻译成韩文、西班牙文、葡萄牙文和中文，分别在各自国家出版。麦金农教授在 1993 年出版的《经济自由化的顺序：向市场经济转型中的金融控制》（*The Order of Economic Liberalization: Financial Control in the Transition to a Market Economy*）一书中给出了金融自由化的政策顺序，对发展中国家特别是包括中国在内的经济转型国家产生了深远影响，该书先后被翻译为罗马尼亚文、中文和阿拉伯文出版。

麦金农教授对于国际区域货币汇率安排也造诣颇深。他在 1997 年亚洲金融危机后，提出"东亚货币锚定美元"的主张，引起强烈反响。在《东亚汇率两难和世界美元本位》（*The East Asian Exchange Rate Dilemma and the World Dollar Standard*）一书中，麦金农教授更是明确表明了美元应作为东亚货币本位的主张以及该主张对于减小汇率波动、维持金融稳定的作用和意义。

---

20 世纪 80 年代至 21 世纪初的三十多年间，世界几十个国家，特别是发展中国家相继经历了资本市场的自由化过程，推动经济全球化浪潮。各国通过减少对外国投资者和跨国资本流动的各类限制，允许更多外国投资者参与到本国经济发展中，有效地分散投资风险，降低资本成本，提升资本市场的资源配置效率，对全球经济发展产生了深远的影响。美国哥伦比亚大学 Bekaert 教授、杜克大学 Harvey 教

授与北卡罗来纳大学 Lundblad 教授于 2005 年发表在 *Journal of Financial Economics* 的论文中发现，平均而言，资本市场自由化每年为各经济体贡献了 1% 的 GDP 增长，开放促进了金融效率和竞争力的提升。然而，20 世纪 80 年代初拉美债务危机、80 年代末日本泡沫经济崩溃、90 年代末亚洲金融危机等金融开放与金融危机同时发生的事例频频爆发，迫使政府和学者重新审视资本市场开放对经济增长的影响。Kaminsky 和 Schmuklex（2002）研究发现金融自由化虽然在短期内吸引大量资本流入形成收益，但在中长时期可能会刺激资本的投机行为，加剧本国资本市场价格波动，甚至导致金融危机的爆发。因此，扩大资本市场开放的同时需要配以金融监管措施，协调好资本账户开放、汇率制度改革及利率市场化的推进节奏，对于严重违法违规、不审慎经营的机构，应依法予以严惩直至退出市场，全面维护金融体系的安全稳定。

纵观中国资本市场自由化进程，1992 年 2 月第一只 B 股"上海电真空"在上海证券交易所上市，开启了中国资本市场对外开放的新纪元。自党的十八大以来，在习近平总书记提出的"建设开放型世界经济"理念的指导下，我国资本市场自由化不断取得新突破。A 股市场积极引入合格境外机构投资者（QFII）、合格境内机构投资者（QDII），相继推出沪港通、深港通、沪伦通等资本双向互联互通的渠道，逐步扩大交易所债券市场的对外开放程度。据中国人民银行数据统计，截至 2019 年 12 月，境外机构与个人持有 A 股市值达到人民币 2.10 万亿元（持股比例达到 4%），是 2013 年 0.34 万亿元的六倍，如图 14-1 所示。A 股市场的巨大发展潜力吸引了 MSCI 新兴市场指数、富时罗素国际指数等国际知名股票指数纷纷抛出"纳入

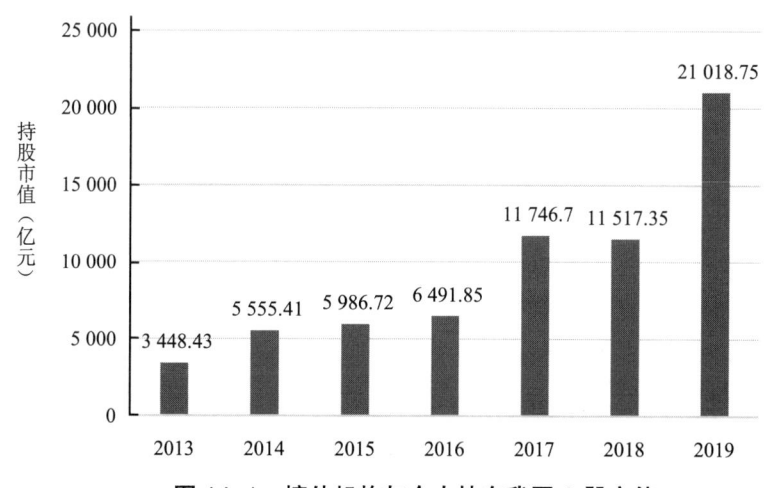

图 14-1　境外机构与个人持有我国 A 股市值

股指"的橄榄枝。境外资本的流入不仅为 A 股市场注入增量资金，还改善了国内资本市场投资者结构。促进包括外国投资者在内的股东积极发挥监督作用，完善 A 股上市公司治理制度，有助于培育长期价值投资的氛围，最终实现通过高质量、高效率的金融服务助力我国经济高质量发展的战略目标。

迷你案例 MINI CASE

日本股票市场自由化导致泡沫经济

日本经济在第二次世界大战之后开始复苏，股票市场的自由化也从20世纪60年代开启，政府逐渐放宽对外资的投资限制，采用了伴随放松监管的金融自由化策略，并实施外汇自由化的计划。1976年7月1日，日本将铁路、金融等限制性行业外资持股比例由10%提高到15%，将非限制性行业的外资持股比例由15%提高到20%，同时允许外资以证券投资基金等形式投资股票市场。1979年《外汇法》修改后，日本基本取消了外资投资日本股票市场的限制。然而，放松资本项目管制后，日本本国的金融机构对外投资不受任何限制，资本账户快速开放，出现了持续的经常账户盈余。大量企业为逃避金融监管，开始转向资本市场融资，例如通过欧洲日元市场融资，日本企业开始大量配置金融资产。此外，金融快速脱媒带来日本国内金融机构风险偏好提升，叠加宽松的货币政策、国外投机资本，大量资金涌入股市、房市。日本股市上涨的最高点出现在1990年1月份，日经225指数达到最高点 38 957.44，之后随着经济泡沫的破裂，股市一蹶不振，30年后的2020年，日经225指数还不到30年前最高点的一半。

资本市场自由化与企业创新

资本市场自由化促进经济增长的路径尚不明晰。一部分学者认为资本市场自由化会通过与外国投资者风险共享的机制，分散本国资本市场风险、降低资本成本，从而刺激投资（Henry，2000；Chari and Henry，2008；Gupta and Yuan，2009）；另一部分学者认为资本市场自由化带来的显著经济增长不能被有限幅度的资本成本降低以及适度增加的投资完全解释（Henry，2003，2007），仍然存在其他潜在制度因素发挥着促进本国资本市场资源配置效率和生产率增长的作用。针对上述观点，Bekaert、Harvey 和 Lundblad（2011）提出资本市场自由化将改善稀缺金融资源在企业间的分配效率，促进资本向高收益的生产技术流入，进而提升经济增长率，换言之，资本市场开放将提升其资源配置效率，引导稀缺资本向生产效率最高的企业或产业部门流动，从而实现经济增长。

经济增长理论认为，技术创新是全要素生产率提升的驱动要素，是引领经济增长的核心引擎（Solow, 1956；Romer, 1986）。据统计，一个国家平均 85% 的经济增长来自技术创新（Rosenberg, 2004）。纵观过去 30 年，全球市值前十名企业所在行业的结构发生了巨大变迁，从 1990 年六家为金融企业，到 2000 年通信企业占据半壁江山，到 2010 年能源企业与金融企业平分秋色，再到 2019 年以互联网、IT 为代表的七家高科技企业占据绝对主导地位[1]，行业结构变迁的历程折射出全球经济增长模式由要素投入驱动向高科技驱动的转型。以 5G、人工智能、大数据、云计算为代表的新一轮科技革命无疑成为未来经济增长的动力之源。因此，探究资本市场自由化如何影响创新型经济部门融资效率、技术创新产出水平，对于打开资本市场自由化的经济增长路径这一黑箱具有重要理论意义，对于新兴市场国家金融自由化路径选择具有重要的启示意义。

◇ 研究缘起

不同于企业一般性投资支出，企业创新活动通常包括对专利技术、人力资本等异质性的无形资产的投资，需要对未知的前沿技术研究、新产品开发、市场引入进行大量持续性的不可逆投入，过程具有周期长、风险高、不确定性大、失败率高的特点（Holmstrom, 1989），因此，除常规投资活动需要的资本要素投入外，企业创新活动需要更多的无形资产投入，例如人力资本、技术知识以及组织支持等。因此，尽管已有研究发现股票市场自由化会促进一般性投资增加（Henry, 2000），但股票市场自由化对于创新行为的影响仍然是未知的。另外，Hsu、Tian 和 Xu（2014）研究发现股权融资存在风险和收益共享机制，高风险的创新活动能够在股票市场上获得更高的收益，同时股价反映的信息具有反馈机制，能够缓解创新活动的委托代理问题，股权融资比债务融资更有助于促进企业技术创新。因此，相比于债券市场自由化，企业技术创新对于股票市场自由化改革有更高的敏感性。

基于以上两方面分析，我和新南威尔士大学的 Fariborz Moshirian 教授、Bohui

---

[1] 2019 年全球市值前十大企业为：微软、苹果、亚马逊、谷歌、脸书、伯克希尔 – 哈撒韦、阿里巴巴、腾讯、强生、JP 摩根。

Zhang 教授，香港中文大学的 Wenrui Zhang 教授，2020 年即将发表在 *Journal of Financial Economics* 的文章"股票市场自由化与企业创新"利用全球 20 个发达与发展中经济体股票市场自由化的数据，首次实证检验了股票市场自由化对本国企业技术创新水平的影响。基于现有经济学理论，我们提出了三条潜在的影响机制——融资渠道、风险共享渠道和公司治理渠道。

首先，股票市场自由化会通过融资渠道影响企业技术创新水平。根据世界银行企业调查（2006—2010 年），新兴市场中接近 40% 的企业将缺乏充足的资金支持列为阻碍生产运营和未来发展的首要困难。融资约束问题对于需要大量研发投入的创新型企业会产生更强的负面影响，因此创新型企业更加依赖外源融资（Brown, Fazzari and Petersen, 2009；Brown, Martinsson and Petersen, 2013）。企业创新活动是一个长期且高风险的活动，研发的进程和成功概率都是组织内部的私有信息，这导致企业与外部投资者之间存在很高的信息不对称，长期以来较高的融资成本阻碍了创新型企业获得外部融资（Bhattacharya and Ritter, 1983）。股票市场对外开放后，外国投资者有资格购买本国的股票，从而大量境外资本流入本国股票市场，企业外部融资需求得以满足，本国上市公司融资约束问题得到缓解，创新型企业增加研发投入，从而提升技术创新水平。

其次，股票市场自由化会通过风险共享渠道影响企业技术创新水平。已有文献普遍认为企业技术创新过程伴随着偶然性，具有高风险、不确定性的特征（Holmstrom, 1989；Manso, 2011）。因此，可以通过提升企业风险承担能力有效激励企业创新意愿。股票市场自由化会增加外国投资者持股比例，促进本国投资者与外国投资者间风险共享（Bekaert, Harvey and Lundblad, 2005），研究发现境外投资者能够通过国际市场的股票投资实现对持有投资组合的风险分散，因此境外投资者对于所投资股票具有更高的风险容忍度，从而能够提升被投资企业的风险承担能力（Faccio, Marchica and Mura, 2011；Boubakri, Cosset and Saffar, 2013）。随着股票市场放松对境外资本投资的限制，本国企业将进一步提升风险承担能力，增强对高风险创新活动失败的容忍程度，从而增强从事高科技研发活动的意愿。

再次，股票市场自由化会通过公司治理渠道影响企业技术创新水平。企业的创新活动本身是一个复杂的过程，这种特性造成很强的信息不对称性和价值不确定性（Manso, 2011），加上市场竞争的日趋激烈，为了防止技术被其他企业复制和模仿，独占技术创新的收益，企业十分重视对创新信息的保密，对其披露较为谨慎，这加剧了创新型企业与外界之间的信息不对称，可能导致管理层机会主义行为。已有文献发现股票市场对外开放后会吸引更多的外国投资者，这些外国投资者能够有效地监督经理人的机会主义行为、改善企业的投资效率，提升被投资企业的公司治理水平（Ferreira and Matos，2008），有助于管理层尝试短期内失败风险高，然而在长期能够提升竞争力的创新项目。另外，大量研究发现在管理层不能轻易通过损害外部投资者而获取私人收益，以及政府寻租行为较罕见的情景下，外国投资者会花费更多精力监督管理层，提升本国企业公司治理水平以及风险承担能力（Stulz，2005；Wei，2018），因为在这样的情境下，外国投资者通过监督会收获更多投资收益。

接下来，我们会更加详细地对这篇文章的实证部分进行讨论。

经济学家小传 MINI BIOGRAPHY

坎贝尔·罗素·哈维（Campbell Russel Harvey）

加拿大知名经济学家，执教于美国杜克大学福库商学院，担任 J. 保罗·斯蒂赫特（J. Paul Sticht）国际商务教授，同时也是马萨诸塞州剑桥市国家经济研究局的研究员。哈维教授于 2016 年担任美国金融协会主席，于 2006—2012 年担任金融学顶级期刊 *Journal of Finance* 主编。

哈维教授在投资组合管理、资产分配和全球风险管理方面是国际公认的顶级学者，在多家世界领先的资产管理和咨询公司担任咨询顾问。哈维教授于 1986 年在芝加哥大学获得金融博士学位，毕业后他曾在斯德哥尔摩经济学院、赫尔辛基经济学院和芝加哥大学商学院任教，还是美国联邦储备系统理事会的访问学者。哈维教授研究兴趣广泛，在资产定价、新兴市场、公司金融、行为金融、金融计量经济学和计算机科学等领域发表超过 125 篇论文，谷歌学术被引用次数超过 6 万次。哈维教授的论文曾于 2002 年、2006 年、2014 年获得金融学顶级期刊 *Journal of Finance Economics* 期刊 Jensen Prize 最佳论文奖，4 次获得 *Journal of Portfolio Management* 颁发的最佳论文奖。

◇ **实证研究设计**

尽管 NBER 专利引用数据库是在创新文献中被使用最广泛的数据库（Hall, Jaffe and Trajtenberg, 2005；Aghion, van Reenen and Zingales, 2013），但是这个数据库有一定的局限性：其仅收录向 USPTO 提交申请的专利，而非美国企业可能不会向 USPTO 申请专利，因此它在跨国研究中可能导致一定程度的偏差。在本研究中，企业创新活动的度量指标主要来自欧洲金融信息服务公司 Bureau van Dijk 开发的 Orbis 专利数据库，数据来自全球专利统计数据库（World Patent Statistical Database）。Orbis 专利数据库覆盖全球从 1850 年到 2013 年超过 3 600 万个已授予专利，遍及 94 个地区或国家。此外，Orbis 专利数据库利用上市公司独特的识别号来标记专利的拥有者，因此可以方便地获取专利所属企业的注册地、行业分类、上市状态等信息。

基于数据库提供的信息，我们构建了三个变量衡量企业技术创新的数量和质量。第一个变量是每个国家每个行业一年内申请并且最终被授予的专利数量。专利数量能够较为准确地捕捉企业创新产出的前提是制造业企业通常会通过申请专利的形式留存其新发明。为了避免一个专利同时向多个国家专利局提交申请而造成的重复计数，我们对每一项发明创新仅保留其第一次提交专利申请的记录。尽管这种方法可以很直接地反映企业创新活动的数量，但是难以分辨出此项创新是否在所属领域具有突破性。特别是对于新兴经济体国家，技术水平相对较低，专利的质量则能够更好地反映其技术发展程度。为了更进一步刻画专利的质量，我们构建了第二个维度的变量，即每个国家每个行业中所有企业已授予专利每年受到其他专利引用的数量。然而，Hall、Jaffe 和 Trajtenberg（2005）指出在某些科技分类或者年份，专利会系统性地受到更多次数的引用。为缓解这一困扰，我们参考已有文献的做法将专利引用数量经过时间 - 科技分类固定效应标准化处理，最终得到调整后引用量（Atanassov，2013；Hirshleifer, Low and Teoh，2012）。此外，参考 Acharya 和 Subramanian（2009）的方法，我们构建第三个维度的变量，即每个国家每个行业在每一年中申请并且最终被授予专利的企业数量：创新企业数量。

关于股票市场自由化的数据，我们参考 Bekaert、Harvey 和 Lundblad（2005）的方法，收集各个国家正式经历股票市场自由化的日期。最终的样本包含 1981 年至 2008 年间 20 个经历股票市场自由化的国家，覆盖 20 个行业，每个国家每个行业每一年内平均申请并且最终被授予 81.52 个专利，每个国家每个行业中所有企业已授予专利每年平均受到其他专利引用调整后的数量为 155.37 次，每个国家每个行业在每一年中平均申请并且最终被授予专利的企业数量为 2.61 个。

接下来，我们利用 OLS 回归的方法分析股票市场自由化与企业创新之间的关系，回归方程如式（14-1）所示。回归方程的因变量为三种衡量企业创新产出的变量，分别是专利数量、调整后引用量、创新企业数量，我们感兴趣的自变量股票市场自由化是一个虚拟变量，若该国家该年度经历了股票市场自由化改革，则该变量为1，否则为0。我们还加入了在行业层面和国家层面上可能同时影响股票市场自由化与企业创新产出的控制变量，行业层面的控制变量包括行业比较优势、行业专利强度，国家层面的控制变量包括国民生产总值、宏观经济波动。此外，参考已有文献的研究，我们还控制了人力资本指数（Benhabib and Spiegel，2005）、贸易开发程度（Acharya and Subramanian，2009）、政府规模（Dissanayake, Wu and Zhang，2018）等控制变量。同时对国家-行业层面固定效应、年度固定效应进行控制，剔除每个国家每个行业不随时间变化的特征以及商业周期对回归结果的影响。基准的回归结果如表14-1所示。

$$\text{企业创新产出}_{i,j,t} = \alpha + \beta \text{股票市场自由化}_{i,t-3} + \gamma \text{控制变量}_{i,j,t-1} + \delta \text{固定效应} + \varepsilon_{i,j,t}$$

（14-1）

其中，α为截距项，β、γ、δ为系数，下标i代表国家，下标j代表行业，下标t代表年份，ε为随机扰动项。

表14-1 股票市场自由化与企业创新（OLS）[①]

变量	专利数量（1）	调整后引用量（2）	创新企业数量（3）
股票市场自由化	0.125***	0.156***	0.076***
	(0.05)	(0.05)	(0.02)
控制变量	是	是	是
年份固定效应	是	是	是
国家-行业固定效应	是	是	是
样本量	9 071	9 071	9 071

注：***表示1%的显著性水平。

从基准回归结果中可以发现，在控制了国家-行业的固定效应、年份固定效应之后，"股票市场自由化"的估计系数在三列中均显著为正，说明股票市场自由化与企业创新产出显著正相关。同时结果在经济上具有显著性，股票市场经历自由化之后三年，平均而言，每个国家各行业专利数量提升约13%、专利引用数量提

[①] Moshirian, F, X Tian, B Zhang and W Zhang. Stock Market Liberalization and Innovation[J]. *Journal of Financial Economics*, 2020, forthcoming.

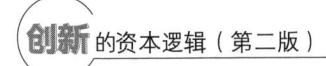

升约16%、创新企业数量提升约11%。综上，我们发现股票市场自由化会促进本国各行业企业显著提升创新产出水平，企业在创新数量与质量方面均有更好的表现。

参考Acharya和Subramanian（2009）的方法，我们进一步利用双重差分法探究股票市场自由化对企业创新的促进作用在创新程度不同的行业之间有怎样的差别，回归公式如式（14-2）所示。在回归方程中，我们引入"股票市场自由化"虚拟变量与"行业创新强度"交互项，其中"行业创新强度"变量为美国各行业内所有企业每年平均申请并成功授予的专利数量，以此刻画不同行业技术创新的强度，选择美国作为参考标准的主要原因是美国的专利科技分类非常清晰，同时其发达的资本市场通过推动科技发展，使美国成为全球拥有最领先技术的国家，因此美国的行业技术创新强度能够客观地反映不同行业的创新特征。其余的变量设定与式（14-1）中的定义相同。回归结果如表14-2所示。

$$企业创新产出_{i,j,t} = \alpha + \beta \, 股票市场自由化_{i,t-3} \times 行业创新强度_{i,t-1} + 股票市场自由化_{i,t-3} + \gamma \, 控制变量_{i,j,t-1} + \delta \, 固定效应 + \varepsilon_{i,j,t}$$

（14-2）

其中，α为截距项，β、θ、γ、δ为系数，下标i代表国家，下标j代表行业，下标t代表年份，ε为随机扰动项。

表14-2 不同行业：股票市场自由化与企业创新（DID）[①]

变量	专利数量（1）	调整后引用量（2）	创新企业数量（3）
股票市场自由化 × 行业创新强度	0.150***	0.161***	0.087***
	(0.03)	(0.04)	(0.02)
控制变量	是	是	是
年份固定效应	是	是	是
国家－行业固定效应	是	是	是
样本量	9 071	9 071	9 071

注：*** 代表1%的显著性水平。

[①] Moshirian, F, X Tian, B Zhang and W Zhang. Stock Market Liberalization and Innovation[J]. *Journal of Financial Economics*, 2020, forthcoming.

上表显示，"股票市场自由化"虚拟变量与"行业创新强度"交互项的回归系数在三列回归中均显著为正，这说明相比于创新强度低的行业，创新强度高的行业企业在本国股票市场自由化之后创新产出提升幅度更高。结果同样在经济上具有显著性，当"行业创新强度"指标从 25% 的区间上升到 75% 的区间时，相较于股票市场自由化之前，各行业专利数量、调整后引用量、创新企业数量相比于其平均值分别提升 24%、25% 和 19%。这个结果意味着股票市场自由化对于企业创新的促进作用主要由创新型行业驱动，创新强度高的行业在股票市场自由化过程中得到了更大的激励，进而收获更大程度的技术进步。

◇ **内生性检验**

到目前为止，我们只得出于股票市场开放与企业创新之间存在正向相关关系的结论，仍无法证实两者之间存在因果关系。因此，本节将通过实施三项检验解决存在的内生性问题。

首先，为解决可能存在遗漏变量而引发的内生性问题，我们直接向基准回归中引入可能同时影响股票市场自由化与企业创新产出的控制变量。第一，金融市场发展程度可能与股票市场自由化与企业创新产出两者皆相关。Hsu、Tian 和 Xu（2014）认为股票市场发展会积极促进依赖外部融资行业的创新活动，债券市场发展会抑制依赖外部融资行业的创新活动，与此同时，股票市场自由化可能伴随着本国金融市场的发展。因此，我们引入一个国家所有上市公司总市值与本国 GDP 之比，来度量"股票市场发展程度"；引入一个国家由银行部门提供的本国贷款总和与本国 GDP 之比，来度量"债券市场发展程度"。第二，外商直接投资（FDI）可能同时影响股票市场自由化与企业创新产出。已有研究认为通过外商直接投资，国外收购方能够帮助本国目标企业将国外先进技术转移至本国市场，进而提升本国企业的创新能力（Guadalupe, Kuzmina and Thomas, 2012），同时引导企业雇佣高素质的员工，提升企业的人力资本（Javorcik, 2015），有助于企业创新产出。随着股票市场不断开放，大量外资流入本国股票市场，这与此前外商直接投资政策对经济的影响高度相近，因而难以排除股票市场自由化对企业创新的影响可能是通过外商直接投资这一路径实现的。因此，我们引入 FDI 与 GDP 之比，度量"外商直接投资"。第三，国家的制度特征可能同时影响股票市场自由化与企业创新产出。具体而言，包含"制度质量"（Bekaert, Harvey and Lundblad, 2005, 2011）、"知识产权保护指数"（Park, 2008）、"资本账户开放程度"（Quinn and Toyoda, 2008）和"内部交易法律执行情况"（Bhattacharya and Daouk，2002）。

其次，我们将上述新控制变量、新控制变量与行业创新强度的交互项引入回归方程（14-2）中，进一步，在回归方程中加入国家－年度、行业－年度固定效应，以期控制随时间变化的国家和行业层面特征，回归结果如表14-3所示。我们可以发现在加入控制变量之后，"股票市场自由化"虚拟变量与"行业创新强度"交互项的回归系数在六列回归中均显著为正，这说明在控制了潜在遗漏变量的条件下，股票市场自由化对企业创新存在促进作用依然成立。

表14-3 不同行业：股票市场自由化与企业创新（DID）[①]

变量	专利数量（1）	调整后引用量（2）	创新企业数量（3）	专利数量（4）	调整后引用量（5）	创新企业数量（6）
股票市场自由化 × 行业创新强度	0.069*** (0.03)	0.114*** (0.03)	0.037*** (0.01)	0.102*** (0.05)	0.126*** (0.06)	0.036*** (0.01)
新控制变量	是	是	是	否	否	否
新控制变量 × 行业创新强度	是	是	是	是	是	是
控制变量	是	是	是	是	是	是
控制变量 × 行业创新强度	是	是	是	是	是	是
年份固定效应	是	是	是	否	否	否
国家－行业固定效应	是	是	是	是	是	是
国家－年度固定效应	否	否	否	是	是	是
行业－年度固定效应	否	否	否	是	是	是
样本量	7 555	7 555	7 555	7 555	7 555	7 555

注：*** 代表1%的显著性水平。

上述研究排除了存在遗漏变量而引发的内生性问题，然而我们仍然不能确定股票市场自由化与企业创新之间是因果关系，因为可能存在反向因果的问题，即企业创新能力的提升将推动本国股票市场对外开放程度。为排除这一潜在的内生性问题，我们采用美国芝加哥大学Bertrand教授和美国哈佛大学Mullainathan教授（Bertrand and Mullainathan，2003）的方法，研究各国在施行股票市场自由化的时间

[①] Moshirian, F, X Tian, B Zhang and W Zhang. Stock Market Liberalization and Innovation[J]. *Journal of Financial Economics*, 2020, forthcoming.

前后，创新产出呈现的动态变化形态。如果反向因果确实存在，那么我们应该会观察到在股票市场自由化之前企业创新行为有显著的变化。我们将"股票市场自由化"变量分解为8个虚拟变量，分别与8段时间对应，即事件之前3年、之前2年、之前1年、事件当年，以及事件之后1年、之后2年、之后3年、之后4年及以上。例如，"自由化1年前"定义为：如果时间为在股票市场自由化发生的前1年，那么取值为1，否则取值为0。同理，我们可以获得其余7个新的虚拟变量。我们将构造的8个新的虚拟变量加入OLS回归方程中，回归结果如表14-4所示。

表14-4 内生性检验（OLS）[①]

变量	专利数量 （1）	调整后引用量 （2）	创新企业数量 （3）
自由化3年前 × 行业创新强度	0.036 (0.04)	0.042 (0.04)	0.014 (0.02)
自由化2年前 × 行业创新强度	0.058 (0.04)	0.075 (0.05)	0.024 (0.02)
自由化1年前 × 行业创新强度	0.049 (0.04)	0.055 (0.05)	0.022 (0.02)
自由化当年 × 行业创新强度	0.07 (0.04)	0.106** (0.05)	0.031* (0.02)
自由化1年后 × 行业创新强度	0.076* (0.05)	0.098* (0.05)	0.03 (0.02)
自由化2年后 × 行业创新强度	0.095*** (0.05)	0.130** (0.05)	0.043** (0.02)
自由化3年后 × 行业创新强度	0.125*** (0.05)	0.178*** (0.06)	0.046** (0.02)
自由化4年后 × 行业创新强度	0.172*** (0.05)	0.202*** (0.05)	0.097*** (0.02)
控制变量	是	是	是
年份固定效应	是	是	是
国家–行业固定效应	是	是	是
样本量	9 071	9 071	9 071

注：***、**、* 分别表示1%、5%、10%的显著性水平。

[①] Moshirian, F, X Tian, B Zhang and W Zhang. Stock Market Liberalization and Innovation[J]. *Journal of Financial Economics*, 2020, forthcoming.

通过表14-4可以发现，"自由化3年前""自由化2年前""自由化1年前"与"行业创新强度"的交互项系数均不显著，说明各国行业创新活动在股票市场自由化之前没有显著变化。然而，"自由化2年后""自由化3年后""自由化4年后"与"行业创新强度"的交互项系数均显著为正，与之前的基准检验结果相同。而且估计系数单调递增，意味着股票市场自由化对于创新型行业技术创新的促进作用呈现逐年递增以及可持续性的特征。因此，我们可以得出结论，在股票市场自由化之前企业创新趋势并没有发生显著变化，我们可以排除存在反向因果的可能。

目前为止，我们发现股票市场自由化会积极促进本国企业创新产出，特别是创新程度较高的行业，然而我们的研究没有直接关注股票市场自由化事件前后几年的变化，无法排除这个结果是由于行业的创新产出在时间维度上呈现上升趋势而导致的。接下来，我们将通过事件研究法（Event Study）聚焦于股票市场自由化事件较短窗口期内创新产出的变化。具体而言，我们将窗口期锁定在一个国家股票市场自由化政策前后3年和5年，利用回归公式（14-2）得到结果，如表14-5所示。从表中结果可知，在事件研究中，"股票市场自由化"虚拟变量与"行业创新强度"交互项的回归系数在全部6列回归中均显著为正，这说明股票市场自由化对于创新强度较高行业的创新产出促进作用更大的结论依然成立。

表 14-5 事件研究检验（DID）[①]

变量	窗口期（-3年,+3年）			窗口期（-5年,+5年）		
	专利数量	调整后引用量	创新企业数量	专利数量	调整后引用数	创新企业数量
	（1）	（2）	（3）	（4）	（5）	（6）
股票市场自由化 × 行业创新强度	0.063***	0.072***	0.031***	0.083***	0.099***	0.041***
	(0.02)	(0.02)	(0.01)	(0.05)	(0.06)	(0.01)
控制变量	是	是	是	是	是	是
控制变量 × 行业创新强度	是	是	是	是	是	是
年份固定效应	是	是	是	是	是	是
国家-行业固定效应	是	是	是	是	是	是
样本量	2 596	2 596	2 596	3 902	3 902	3 902

注：*** 表示1%的显著性水平。

[①] Moshirian, F, X Tian, B Zhang and W Zhang. Stock Market Liberalization and Innovation[J]. *Journal of Financial Economics*, 2020, forthcoming.

综上所述，我们针对遗漏变量、反向因果所引发的内生性问题进行了丰富的检验，排除了潜在的内生性干扰。我们发现一个国家股票市场经历自由化后，会进一步提高本国高创新强度行业的创新水平，并且这种影响是因果影响。

资本市场自由化对企业创新的作用机制

通过前文的分析，我们发现股票市场自由化会促进企业创新产出提升，但是背后的作用机制尚未明晰。在这一节中，我们将进一步探究股票市场自由化通过哪些可能的渠道影响本国上市公司的创新行为。基于现有经济学理论，我们提出了三条潜在的影响机制——融资渠道、风险共享渠道和公司治理渠道，并依次进行实证检验。

◇ 融资渠道

创新是一项长期的投资项目，企业内部资金通常难以满足其巨大的研发投入需求，因此创新型企业更加依赖外部融资。然而，创新活动通常具有周期长、不确定性程度高、失败概率大等特点，同时存在严重的信息不对称问题，相比于其他一般性投资项目，企业的创新项目更难从资本市场获得资金支持（Bhattacharya and Ritter, 1983）。股票市场对外开放后，外国投资者有资格投资本国的股票，于是大量境外资本进入本国股票市场（Gupta and Yuan, 2009），创新型企业的外部融资需求得以满足，创新型企业能够增加研发投入，缓解本国上市企业由于融资约束而错失技术创新项目的困境，从而提升技术创新水平。我们预期股票市场自由化对于创新产出的影响将在资金需求更强的行业中尤为显著，例如依赖外部股权融资程度更高、股利发放比例更低的行业。

为验证以上推断，我们引入行业"外部融资依赖程度"和"股利发放程度"到基准回归中。参考 Rajan 和 Zingales（1998）做法，我们利用 1981 年至 2008 年美国全部上市企业数据，将各行业中企业外部融资依赖程度的中位数作为度量行业外部融资依赖程度的变量，其中企业"外部融资依赖程度"由股权融资金额与资本支出之比计算得出。另外，参考已有文献（Mitton, 2006; Bae and Goyal, 2010），将行业中不发放股利企业占比作为衡量行业股利发放程度的变量。我们将上述两个新构造的变量，以及其分别与"股票市场自由化"虚拟变量与"行业创新强度"的三阶交互项加入基准回归中，回归结果如表 14–6 所示。

表 14-6　融资渠道检验（DID）[①]

变量	专利数量（1）	调整后引用量（2）	创新企业数量（3）
股票市场自由化 × 行业创新强度 × 外部融资依赖程度	0.363**	0.467**	0.230***
	(0.17)	(0.2)	(0.09)
控制变量	是	是	是
控制变量 × 行业创新强度	是	是	是
年份固定效应	是	是	是
国家–行业固定效应	是	是	是
样本量	9 071	9 071	9 071
股票市场自由化 × 行业创新强度 ×（1–股利发放程度）	0.275***	0.278**	0.115**
	(0.10)	(0.12)	(0.04)
控制变量	是	是	是
控制变量 × 行业创新强度	是	是	是
年份固定效应	是	是	是
国家–行业固定效应	是	是	是
样本量	5 849	5 849	5 849

注：***、** 分别表示 1%、5% 的显著性水平。

由上表可知，"股票市场自由化 × 行业创新强度 × 外部融资依赖程度""股票市场自由化 × 行业创新强度 ×（1–股利发放程度）"三阶交互项估计系数均显著为正，这说明资金需求程度更高的行业会更加受惠于本国股票市场自由化带来的大量国外资本流入，股票市场通过向技术密集型行业提供更有力的资金支持，促进高科技行业提升创新产出，与我们前文的预期一致。所以，我们发现融资渠道是股票市场自由化影响企业技术创新水平的一种作用机制。

◇ 风险共享渠道

下面，我们将探究另外一种可能的作用机制。关于股票市场自由化的相关文献发现，股票市场自由化吸引外国投资者提升持有本国股票份额，这有助于促进本

[①] Moshirian, F, X Tian, B Zhang and W Zhang. Stock Market Liberalization and Innovation[J]. *Journal of Financial Economics*, 2020, forthcoming.

国投资者与外国投资者之间的风险共享（Chari and Henry, 2004; Bekaert, Harvey and Lundblad, 2005）。此外，研究也发现外国投资者通过全球资产配置能够分散其投资组合风险，对于所投资股票具有更高的风险容忍度，从而提升被投资企业的风险承担能力（Faccio, Marchica and Mura, 2011; Boubakri, Cosset and Saffar, 2013）。随着股票市场逐步放开对外国投资者的限制，外资对本国企业的持股比例上升，本国企业将进一步提升风险承担能力，增强对于高风险创新活动失败的容忍程度，从而增强从事高科技研发活动的意愿。我们预期股票市场自由化对于创新产出的影响将在有更强风险共享需求的行业中更为显著。

为验证以上推断，我们引入两个变量度量行业风险共享需求程度。首先，已有文献发现当股票市场对外国投资者开放后，由于外国投资者进行全球资产配置的投资组合较多，本国被投资股票的风险将得到有效分散，所以本国行业股票收益率与全球市场股票收益率的相关性越低，通过分散本国股票风险而获得的投资收益越高。因此，我们参考已有文献做法（Chari and Henry, 2004; Bae and Goyal, 2010），利用本国市场与全球市场的贝塔值之差来度量"风险共享收益"。其次，Acharya 和 Subramanian（2009）的研究发现对债权融资友好的破产法制度会加剧债权人对于企业创新活动失败的不容忍，削弱了企业的风险承担能力，进一步阻碍了企业创新产出。因此，我们利用 Djankov、McLiesh 和 Shleifer（2007）发明的债权人权力指数来度量各国破产法对于债权人的保护强度，构造变量"债权人保护强度"。我们将上述两个新构造的变量，以及其分别与"股票市场自由化"虚拟变量与"行业创新强度"的三阶交互项加入基准回归中，回归结果如表 14-7 所示。

表 14-7　风险共享渠道检验（DID）[①]

变量	专利数量 （1）	调整后引用量 （2）	创新企业数量 （3）
股票市场自由化 × 行业创新强度 × 风险共享收益	0.121**	0.107*	0.056**
	(0.06)	(0.06)	(0.03)
控制变量	是	是	是
控制变量 × 行业创新强度	是	是	是
年份固定效应	是	是	是

---

① Moshirian, F, X Tian, B Zhang and W Zhang. Stock Market Liberalization and Innovation[J]. *Journal of Financial Economics*, 2020, forthcoming.

（续表）

变量	专利数量 （1）	调整后引用量 （2）	创新企业数量 （3）
国家 – 行业固定效应	是	是	是
样本量	5 524	5 524	5 524
股票市场自由化 × 行业创新强度 × 债权人保护强度	0.049** (0.02)	0.044* (0.03)	0.027** (0.01)
控制变量	是	是	是
控制变量 × 行业创新强度	是	是	是
年份固定效应	是	是	是
国家 – 行业固定效应	是	是	是
样本量	9 071	9 071	9 071

由上表可知，"股票市场自由化 × 行业创新强度 × 风险共享收益""股票市场自由化 × 行业创新强度 × 债权人保护强度"三阶交互项估计系数均显著为正，股票市场自由化对创新产出的影响在有更强风险共享需求的行业中尤为显著，这说明股票市场自由化通过引入外国投资者能够实现本国投资者与外国投资者间风险共享，增加本国企业的风险承担能力，从而推动企业尝试高风险的创新项目，与我们前文的预期一致。所以，我们发现风险共享渠道是股票市场自由化影响企业创新水平的一种作用机制。

◇ 公司治理渠道

已有文献发现股票市场对外开放后会吸引更多的外国投资者，这些外国投资者能够有效地监督经理人的机会主义行为，改善企业的投资效率，提升被投资企业的公司治理水平（Ferreira and Matos，2008），有助于管理层尝试短期失败风险高、然而在长期会提升竞争力的创新项目。另外，大量研究发现在管理层不能轻易通过损害外部投资者而获取私人收益，以及政府寻租行为较罕见的情景下，外国投资者会花费更多的精力监督管理层，提升本国企业的公司治理水平以及风险承担能力（Stulz，2005；Wei，2018），因为在这样的情境下，外国投资者通过监督会收获更多的投资收益。因此，我们预期股票市场自由化对创新产出的影响将在外国投资者保护制度更好的行业中更为显著。

为验证以上推断，我们引入两个变量来度量行业投资者保护制度水平。首先，已有文献显示内部大股东有更多机会通过机会主义行为攫取私人收益，外国投资者很少投资由内部人紧密控制的企业（Leuz, Lins and Warnock, 2009）。因此，参考已有文献做法（Faccio, Marchica and Mura, 2011），我们引入行业中被内部人紧密控制的企业比例，来度量行业"被内部人控制程度"，其中当企业的内部人持股比例等于或超过5%时，视企业为被紧密控制的。值得注意的是，由于美国上市公司股权高度分散，当一个投资者持股比例超过5%时，一般就是公司的最大股东了。其次，已有文献发现（Bekaert, Harvey and Lundblad, 2005, 2011），当国家对外国投资者的保护更好时，外国投资者有更强的能力和意愿对本国企业管理层进行监督，从而促进企业投资效率提升。因此，我们用《国际国家风险指南》（International Country Risk Guide）中的投资概况评级度量对外国投资者的保护程度，构建"被内部人控制程度"变量，该变量主要评估合同的可行性以及利润退回、付款延迟程度等方面的表现。我们将上述两个新构造的变量，以及其分别与"股票市场自由化"虚拟变量与"行业创新强度"三阶交互项加入基准回归中，回归结果如表14-8所示。

表 14-8 公司治理渠道检验（DID）[①]

变量	专利数 （1）	引用数 （2）	创新企业数量 （3）
股票市场自由化 × 行业创新强度 × （1− 被内部人控制程度）	0.281** （0.14）	0.371** （0.16）	0.163** （0.07）
控制变量	是	是	是
控制变量 × 行业创新强度	是	是	是
年份固定效应	是	是	是
国家 – 行业固定效应	是	是	是
样本量	6 089	6 089	6 089
股票市场自由化 × 行业创新强度 × 外国投资者保护程度	0.027* （0.01）	0.028* （0.02）	0.020** （0.01）
控制变量	是	是	是
控制变量 × 行业创新强度	是	是	是
年份固定效应	是	是	是

[①] Moshirian, F, X Tian, B Zhang and W Zhang. Stock Market Liberalization and Innovation[J]. *Journal of Financial Economics*, 2020, forthcoming.

（续表）

变量	专利数 （1）	引用数 （2）	创新企业数量 （3）
国家 – 行业固定效应	是	是	是
样本量	8 435	8 435	8 435

注：**、* 分别表示 5%、10% 的显著性水平。

由上表可知，"股票市场自由化 × 行业创新强度 ×（1- 被内部人控制程度）""股票市场自由化 × 行业创新强度 × 外国投资者保护程度"三阶交互项估计系数均显著为正，股票市场自由化对于创新产出的影响在有更好的投资环境和投资者保护制度的行业中尤为显著。这说明股票市场自由化能够积极引入外国投资者，积极发挥监督职能，降低管理层机会主义行为，增加本国企业的公司治理水平，从而激励企业投资有助于企业长期增长的创新项目，与我们前文的预期一致。所以，我们发现公司治理渠道是股票市场自由化影响企业技术创新水平的一种作用机制。

◇ **现存企业与新上市企业**

我们将继续通过对现存企业和新上市企业的异质性分析探究背后的作用机制。根据已有研究发现（Gopalan and Gormley, 2008; Faccio, Marchica and Mura, 2011），相比现存企业，新上市企业通常具有更严重的融资约束问题、更低的风险分散程度以及更集中的股权结构。因此，新上市企业更可能在股票市场自由化中获得丰厚的收益。然而，也有学者认为由于存在进入壁垒，新上市企业很难从股票市场自由化中获得收益。因此，我们接下来将研究股票市场自由化对技术创新的促进作用到底是通过帮助现存企业提升其创新能力，还是通过吸引原本就是创新型的企业到股票市场上市实现的，旨在更清晰地认识股票市场自由化之后现存企业与新上市企业创新行为的动态变化。该研究同时有助于验证我们在前文所提出的三种作用机制。

在研究设计中，我们按如下方式定义现存企业以及新上市企业：如果企业在国家进行股票市场自由化前就已上市，则视为现存企业；如果企业在上市之前已有授予专利，则视为新上市创新型企业。以此，我们构造两个新的变量"现存企业数量""新上市企业数量"，分别度量各国家各行业每年现存创新型企业数量以及新上市创新型企业数量，替换回归公式（14-1）与（14-2）的因变量，回归结果如表14-9所示。

表 14-9　现存企业与新上市企业检验（OLS/DID）[①]

变量	现存企业数量 (1)	新上市企业数量 (2)	现存企业数量 (3)	新上市企业数量 (4)
股票市场自由化	0.038***	0.080***	−0.058**	−0.001
	(0.01)	(0.02)	(0.02)	(0.02)
股票市场自由化 × 行业创新强度			0.038***	0.033***
			(0.01)	(0.01)
控制变量	是	是	是	是
控制变量 × 行业创新强度	否	否	是	是
年份固定效应	是	是	是	是
国家 – 行业固定效应	是	是	是	是
样本量	9 071	9 071	9 071	9 071

注：***、** 分别表示 1%、5% 的显著性水平。

从上表可发现，在第（1）、第（2）列，"股票市场自由化"虚拟变量的回归系数均显著为正，说明股票市场自由化导致现存创新型企业数量以及新上市创新型企业数量均增加；在第（3）、第（4）列，"股票市场自由化"虚拟变量与"行业创新强度"交互项的回归系数均显著为正，说明相比于创新强度低的行业，创新强度高的行业中创新型现存企业和新上市企业在本国股票市场自由化之后数量均显著提升。综上，我们发现无论对于现存企业还是对于新上市企业，股票市场自由化都能够通过融资渠道、风险共享渠道、公司治理渠道提高企业技术创新产出水平。

中国的经验证据

资本市场作为资金融通的场所，对于改善经济运行中资源配置效率发挥着重要的作用，大力发展资本市场是助力实体经济结构转型升级的重要手段。纵观世界经济发展的历史，发达资本市场是大国经济崛起背后重要的力量。美国以华尔街为代表的发达的资本市场促成了美国经济从以制造业为主的工业经济转向以高科技公司为代表的创新型经济，这些创新型企业革命性地引领了行业发展，推动社会变革

[①] Moshirian, F, X Tian, B Zhang and W Zhang. Stock Market Liberalization and Innovation[J]. *Journal of Financial Economics*, 2020, forthcoming.

与经济持久增长。资本的流动性反映了一国资本市场的发展水平,随着经济全球化的不断深化,扩大资本市场开放已成必然趋势。

党的十九大报告提出,"开放带来进步,封闭必然落后。中国开放的大门不会关闭,只会越开越大"。回顾过去的30年,中国资本市场对外开放经历着渐进式改革。20世纪90年代,沪深交易所推出了专供境外投资者参与的B股市场,分别以美元或港币标价,开创性地为境外投资者投资中国资本市场提供了途径。2002年起实施合格境外机构投资者(QFII)制度,即在货币没有实现完全可自由兑换、资本项目尚未开放的情况下允许境外机构投资者在外汇管理局批准的额度下直接投资中国证券市场。在这种跨境交易制度下,投资额度仅被分配给经过国家审核认定的机构投资者。经过多次放松投资限制,QFII投资额度不断加大,截至2020年3月31日,累计批准QFII投资额度为1 131.59亿美元,批准人民币合格境外机构投资者(RQFII)投资额度为7 124.42亿元人民币。2014年11月沪港通正式启动,搭建起上海与香港股票市场交易的互联互通机制,机构投资者和非机构投资者都可以直接匿名交易标的股票,实现了中国资本市场的双向开放。在沪港通试点成功的基础上,2016年12月深港通正式启动。截至2019年12月31日,沪港通和深港通合计持有A股市值已经达到1.43万亿元,持股比例为2.42%。为持续深化金融等现代服务业开放程度,国务院决定在2020年全面取消证券公司、基金管理公司、期货公司外资股比限制。

对外开放是中国的基本国策,是推动经济高质量发展的重要举措。扩大资本市场开放,不仅能够降低融资成本、提升全要素生产率,而且能够引入成熟的市场规则、调整投资者结构,助推资本市场提升资源配置效率,让非理性市场行为向公平竞争价格发现的方式转变,通过高质量金融服务赋能经济增长。

迷你案例
MINI CASE

外资机构发挥公司治理职能

成立于1991年的珠海格力电器股份有限公司是一家集研发、生产、销售、服务于一体的国际化家电企业。在电器行业剧烈的市场竞争下,对格力集团的管理层提出了严格的要求。2012年5月,在国家"家电下乡"的政策支持下,各家电企业都有很好的表现,但是格力股票却表现平平,其中一个很重要的原因是珠海市国资委提名周少强作为格力集团总裁。从当时的股权结构来看,珠海格力集团有限公司作为国有法人持有 18.22% 股份，非国有法人河北京海担保投资有限公司持有 8.46% 股份，Merrill Lynch International、Mogan Stanley&Co.International PLC、Citigroup Global Markets Limited、Yale University、USB AG 等国外机构分别以第 3 至第 7 位持股股东身份持有股份。这些机构投资者利益一致，希望企业有良好的业绩表现，从而提高资本市场股价，以获取投资收益和分红收益。2012 年 5 月 26 日，格力电器股东大会上，Yale University 基金和鹏华基金等机构派出股东代表，通过投票否决的方式，替换不适合的董事候选人周少强，联名推荐冯继勇以高票当选公司董事。这一选举结果被认为是"外国机构投资者积极进入上市公司治理"的标志性事件。

围绕中国资本市场开放对企业创新的影响，国内学者聚焦于引入外资、合格境外机构投资者、沪港通等一系列资本市场开放措施，展开了许多有益的研究。在外资引入方面，王燕、燕波和邓伟根（2010）利用 37 个工业行业数据研究发现，基于研发外溢的 FDI 向前关联显著提高了下游本土企业的研发能力，然而 FDI 后向关联倒逼的技术引进对创新活动的替代效应超过了技术溢出效应，抑制了上游行业的自主创新。毛其淋（2019）利用 2002 年对《外商投资产业指导目录》的修订所引发的外资自由化事件，运用双重差分法，研究发现外资的进入显著提升了企业的创新能力，同时本土企业的创新持续时间也更长，进一步的机制研究中发现研发能力增强与融资约束程度降低是外资进入促进本土企业创新的两个重要渠道。

在 QFII 持股方面，张慧琳和倪骁然（2017）研究发现 QFII 持股显著促进了上市企业创新水平。一方面境外机构投资者持股会提升股价信息含量，管理层更有可能从股价变动中识别出创新项目的投资机会的利好；另一方面 QFII 持股会促进企业改进激励机制，减少经理人的短期压力，进而促进企业创新。在沪港通制度方面，丰若旸和温军（2019）基于 2010—2016 年 A 股上市企业数据，运用双重差分法，研究发现沪港通制度对于国有企业技术创新有显著的促进作用：一方面缓解国有企业面临的融资约束，促使国有企业增加研发投入并提高技术创新水平；另一方面《沪港通》还能够通过提高国有企业的股票流动性为长期机构投资者的进入提供更多机会，进而提高国有企业的技术创新水平。

我国经济正处于供给侧结构性改革、向高质量发展转型的关键时期，应不断提升金融业开放程度，提升大国的经济影响力，完善金融风险监管制度。积极吸取国际市场金融开放的经验，一方面需强化宏观审慎监管，防止系统性金融风险；另一方面需要调整我国金融市场的结构性问题，深化金融改革，在对外开放的过程中保持经济平稳健康发展。

本章小结

本章分析了经济体资本市场自由化，尤其是股票市场自由化对于本土企业技术创新的影响及其作用路径。本章要点总结如下：

1. 资本市场自由化是促进本国经济增长的重要途径；

2. 股票市场自由化主要通过融资渠道、风险共享渠道、公司治理渠道提升上市企业技术创新水平，进而促进本国经济增长；

3. 资本市场对外开放改善了国内资本市场投资者结构，促进包括外国投资者在内的股东积极发挥监督作用，完善A股上市公司治理制度，有助于培育长期价值投资的氛围；

4. 我国实施的资本市场开放措施，例如引入外资、合格境外机构投资者、沪港通等，显著提升了我国企业的创新能力，金融自由化对于发展创新型经济有重要作用。

参/考/文/献

［1］陈雨露，罗煜. 金融开放与经济增长：一个述评[J]. 管理世界，2007(4): 144-153.

［2］丰若旸，温军. 沪港通会促进我国国有企业技术创新吗？[J]. 产业经济研究，2019(4): 88-100.

［3］毛其淋. 外资进入自由化如何影响了中国本土企业创新？[J]. 金融研究，2019(1): 72-90.

［4］王燕，燕波，邓伟根. FDI对我国工业自主创新能力的影响及机制——基于产业关联的视角[J]. 中国工业经济，2010(11): 6-25.

［5］张惠琳，倪骁然. QFII持股如何影响企业创新：来自上市企业专利及研发的证据[J]. 金融学季刊，2017. 11(2): 1-29.

［6］Acharya, V V and K Subramanian. Bankruptcy Codes and Innovation[J]. *Review of Financial Studies*, 2009, 22: 4 949–4 988.

［7］Aghion, P J van Reenen and L Zingales. Innovation and Institutional Ownership[J]. *American EconomicReview*, 2013, 103: 277-304.

［8］Atanassov, J. Do Hostile Takeovers Stifle Innovation? Evidence from Anti-takeover Legislation and Corporate Patenting[J]. *Journal of Finance*, 2013, 68: 1 097-1 131.

［9］Bae, K H and V K Goyal. Equity Market Liberalization and Corporate Governance [J]. *Journal of Corporate Finance*, 2010, 16: 609-621.

［10］Bekaert, G, C Harvey, and C. Lundblad. Does Financial Liberalization Spur Growth?[J] *Journal of Financial Economics*, 2005, 77: 3-55.

［11］Bekaert, G, C Harvey and C Lundblad. Financial Openness and Productivity[J]. *World Development*, 2011, 39: 1-19.

［12］Benhabib, J and M M Spiegel. Human Capital and Technology Diffusion[J]. *Handbook of Economic Growth*, 2005, 1: 935-966.

［13］Bertrand, M and S Mullainathan. Enjoying the Quiet Life? Corporate Governance and Managerial Preferences[J]. *Journal of Political Economy*, 2003, 111: 1 043-1 075.

［14］Bhattacharya, S and J Ritter. Innovation and Communication: Signalling with Partial Disclosure[J]. *Review of Economic Studies*, 1983, 50: 331-346.

［15］Bhattacharya, U and H Daouk. The World Price of Insider Trading[J]. *Journal of Finance*, 2003, 57: 75-108.

［16］Boubakri, N, J C Cosset and W Saffar. The Role of State and Foreign Owners in Corporate Risk-taking: Evidence from Privatization[J]. *Journal of Financial Economics*, 2013, 108: 641-658.

［17］Brown, J R, G Martinsson and B C Petersen. Law, Stock Markets, and Innovation[J]. *Journal of Finance*, 2013, 68: 1 517-1 549.

［18］Brown, J, S M Fazzari and B C Petersen. Financing Innovation and Growth: Cash Flow, External Equity,and the 1990s R&D Boom[J]. *Journal of Finance*, 2009, 64: 151-185.

［19］Chari, A and P B Henry. Risk Sharing and Asset Prices: Evidence from a Natural Experiment[J]. *Journal of Finance*, 2004, 59: 1 295-1 324.

［20］Chari, A and P B Henry. Firm-specific Information and the Efficiency of

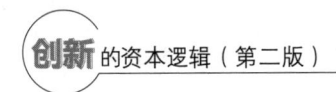

Investment[J]. *Journal of Financial Economics*, 2008, 87: 636−655.

[21] Dissanayake, R, Y Wu and H Zhang. Government Spending Shocks and Firm Innovation, Working paper.

[22] Faccio, M, M T Marchica and R Mura. Large Shareholder Diversification and Corporate Risktaking[J]. *Review of Financial Studies*, 2011, 24: 3 601−3 641.

[23] Ferreira, M and P Matos. The Colors of Investors' Money: The Role of Institutional Investors around the World[J]. *Journal of Financial Economics*, 2008, 88: 499−533.

[24] Gopalan, R, and T Gormley. Stock Market Liberalization and the Decision to Go Public. WP, 2008.

[25] Guadalupe, M, O Kuzmina and C Thomas. Innovation and Foreign Ownership[J]. *American Economic Review*, 2013, 102: 3 594−3 627.

[26] Gupta, N and K Yuan. On the Growth Effect of Stock Market Liberalizations[J]. *Review of Financial Studies*, 2009, 22: 4 715−4 752.

[27] Hall, B H, A Jaffe and M Trajtenberg. Market Value and Patent Citations[J]. *RAND Journal of Economics*, 2005, 36: 16−38.

[28] Henry, P B. Do Stock Market Liberalizations Cause Investment Booms?[J] *Journal of Financial Economics*, 2000, 58: 301−334.

[29] Henry, P B. Capital−Account Liberalization, The Cost of Capital, and Economic Growth[J]. *American Economic Review*, 2003, 93: 91−96.

[30] Henry, P B. Capital Account Liberalization: Theory, Evidence, and Speculation[J]. *Journal of Economic Literature*, 2007, 45, 887−935.

[31] Hirshleifer, D, A Low, S H. Teoh. Are Overconfident CEOs Better Innovators?[J]. *Journal of Finance*, 2012, 67,1 457−1 498.

[32] Holmstrom, B. Agency Costs and Innovation[J]. *Journal of Economic Behavior and Organization*, 1989, 12: 305−327.

[33] Hsu, P H, X Tian and Y Xu. Financial Development and Innovation: Cross−country Evidence[J]. *Journal of Financial Economics*, 2014, 112: 116−135.

[34] Javorcik, B S. Does FDI Bring Good Jobs to Host Countries?[J] *World Bank Research Observer*, 2005, 30: 74−94.

[35] Kaminsky, G and S L Schmukler. Emerging Markets Instability: Do Sovereign Ratings Affect Country Risk and Stock Returns?[J] *World Bank Economic Review*,

2002, 16: 171-195.

[36] Leuz, C, K V Lins and F E Warnock. Do Foreigners Invest Less in Poorly Governed Firms?[J]. *Review of Financial Studies*, 2009, 22: 3 245-3 285.

[37] Manso, G. Motivating Innovation. *Journal of Finance*, 2011, 66: 1 823-1 860.

[38] Mckinnon, R I. *Money and Capital in Economic Development*[M]. Brookings Institution, 1973.

[39] Mitton, T. Stock Market Liberalization and Operating Performance at the Firm Level[J]. *Journal of FinancialEconomics*, 2006, 81: 625-647.

[40] Moshirian, F, X Tian, B Zhang and W Zhang. Stock Market Liberalization and Innovation[J]. *Journal of Financial Economics*, 2020, forthcoming.

[41] Park, W. International Patent Protection, 1960—2005. *Research Policy*, 2008, 37: 761-766.

[42] Quinn, D. P and A M Toyoda. Does Capital Account Liberalization Lead to Growth?[J]. *Review of Financial Studies*, 2008, 21: 1 403-1 449.

[43] Rajan, R G and L Zingales. Financial Dependence and Growth[J]. *American Economic Review*, 1998, 88, 559-586.

[44] Romer, P M. Increasing Returns and Long-run Growth[J]. *Journal of Political Economy*, 1986, 94: 1 002-1 037.

[45] Rosenberg, N. Innovation and Economic Growth, Working paper, 2004.

[46] Schmukler, K S L. Short-run Pain, Long-run Gain: Financial Liberalization and Stock Market Cycles. *Review of Finance*, 2007, 12, 253-292.

[47] Shaw, E.S. *Financial Deepening in Economic Development*[M]. Oxford University Press, 1973.

[48] Solow, R A Contribution to the Theory of Economic Growth[J]. *Quarterly Journal of Economics*, 1956: 70, 65-94.

[49] Stulz, R M. The Limits of Financial Globalization[J]. *Journal of Finance*, 2005, 60: 1 595-1 638.

[50] Wei, S J. Managing Financial Globalization: Insights from the Recent Literature, Working paper, 2018.

第 15 章

国外机构投资者与资本市场的开放

> 机构投资者是管理长期储蓄的专业化金融机构[①]，包括银行、保险公司、信托公司、主权基金等。由于机构投资者具备资金、技术及信息优势，能够做出相对理性的决策，因此一般认为，机构投资者能够促进证券市场的稳定发展。随着跨国资本流动强度的增加，国外机构投资者在一国经济中发挥的作用日益重要。本章重点分析国外机构投资者对企业创新的影响及其传导机制。

■ 监督、治理、知识溢出：谈国外机构投资者

在证券市场诞生之初，其主要参与者为个人投资者。自 20 世纪 70 年代以来，美国证券市场中投资者机构化的趋势快速增加，机构投资者所占比例从 20 世纪 70 年代的 30%，迅速攀升至 90 年代的 70%。资金实力的壮大和市场地位的上升使得机构投资者在资本市场履行着愈发重要的监督职能，同时更加积极地参与公司治理。

◇ 国外机构投资者的监督功能

现代企业实行所有权和控制权分离的制度。由于投资者和管理者利益不完全一致，在投资者处于信息劣势、不能对管理者进行完全监督的情况下，管理者有动机为了自身利益，做出有损于投资者利益的行为，由此造成的投资者利益受损现

[①] 见纽曼等著的《新帕尔格雷夫货币金融大辞典》，经济科学出版社，2000.

象,是公司金融所研究的委托 – 代理问题(简称代理问题)中最为常见的一种。

2016年诺贝尔经济学奖获得者 Oliver Hart 和 Bengt Holmstrom 等,对现代企业由于"所有权与控制权分离"而产生的问题进行了深入而广泛的研究。他们的一个重要结论是:要使公司管理者以企业和股东的利益最大化为目标经营企业,行之有效的手段之一是加强委托人(即公司投资者)对代理人(即公司管理者)的监督。

证券市场的主要参与者包括个人投资者和机构投资者。个人投资者缺乏对上市公司进行监督的专业知识和有效信息,同时"搭便车"的心理倾向严重,往往疏于监督公司管理层。相对于分散的个人投资者,机构投资者有更强的专业能力和信息优势对公司管理者进行监督,以减少因代理问题而产生的损失。同时,由于机构投资者往往是公司的大股东,且常常长期持有股权,公司治理水平对其能否取得理想的投资收益有着重要的影响,因此更有动机去履行监督的职能。国外机构投资者不仅具有上述本土机构投资者兼具的特征,而且在独立性和投资组合分散度等方面更具优势,因此被认为是更加积极的监督者。

◇ 国外机构投资者的治理作用

除了发挥上述监督作用,机构投资者发挥作用的另一种方式是主动参与公司治理,加强对公司管理者的激励,进而提升公司的绩效与价值。Holmstrom 指出,在多次重复博弈的情况下,竞争、声誉等隐性激励机制能够发挥激励代理人的作用。因此,作为公司股东的机构投资者,通过积极参与公司治理,有效监督公司运作,能够使公司和自身的利益得到更好的保障。

机构投资者主动参与公司治理的典型案例是1985年的"德士古(Texaco)事件"。德士古是一家美国大型石油公司,又称得克萨斯石油公司。当时,该公司为了反击并购,采用了"绿票讹诈"(greenmail)措施。绿票讹诈又称溢价回购,由 green(美元的别称)和 blackmail(讹诈)两个词结合而来,指一些投资者大量购买目标公司的股票,企图加价出售给公司的收购者,或者是以更高的价格把股票卖回给公司以避免这部分股份被公司收购者持有,是常见的反收购策略之一。但是,投资德士古公司的公共养老基金对该措施表示反对,它们共同组建了机构股东顾问委员会,通过支持股东决议的形式,阻挠公司管理层的反敌意收购措施。"德士古事件"标志着"机构投资者积极主义"的兴起。

迷你案例
MINI CASE

加州养老基金 CalPERS 参与公司治理

作为目前美国第一大、世界第三大公共雇员养老基金，美国加州公共雇员养老基金（California Public Employees' Retirement System，简称 CalPERS）一直是完善公司治理机制的有力推动者。它每年都要从三个方面对持股公司的绩效进行评估：过去三年的股权收益；股票市值增加值；董事会构成、董事薪酬与持股、管理层与反并购工具。

统计数据显示，62家被 CalPERS 评估为较好的公司，其平均股价此前五年为标准普尔指数的89%。而在之后五年却超过标准普尔指数23%。平均每年给 CalPERS 带来1.5亿美元的回报。CalPERS 每年都给公司治理方面表现突出的公司与个人颁奖，曾经获得此奖项的公司包括时代华纳、苹果、通用汽车等全球知名企业。

然而，也有学者认为，机构投资者参与公司治理并不会对公司产生显著的积极影响，其作用是无效甚至负面的。这种观点的形成基于利益冲突理论、战略联盟理论和实证研究结果。利益冲突理论认为，由于机构投资者和公司管理者之间存在其他形式的利益关系，机构投资者被迫在公司治理过程中给高管投票。战略联盟理论提出，机构投资者发现他们能够从与高管的合作中获利，这大大降低了机构投资者对公司管理层的监督作用。与此同时，大量实证研究表明，机构投资者参与公司治理的效果并不明显。因此，无论是利益冲突理论、战略联盟理论还是实证研究结果都预言公司价值与机构投资者的持股比例呈负相关关系。

◇ 国外机构投资者的知识溢出效应

机构投资者拥有强大的信息收集能力，不仅能够获取公开信息，还可以通过调研等渠道获得公司的隐含信息；同时专业背景又赋予了机构投资者出色的信息处理能力和对各类信息的解释优势。因此机构投资者被认为能够起到完善市场定价机制、提高市场定价效率、减少异常波动的作用。机构投资者所掌握的信息、知识和技能，会通过其投资偏好和交易行为传递到市场上，并通过其商业网络进行传播，产生广泛的知识溢出效应。

与本土机构投资者相比，国外机构投资者的投资组合范围更广，可以跨国进行资产配置。庞大的商业网络使其在本国和外国、企业和投资人之间发挥着信息传递的桥梁作用，由此而产生的正外部性更加明显。

迷你案例
MINI CASE

KKR 改善天瑞水泥的公司治理

寻找一家初具规模但远非完美的目标企业，在公司治理方面对其进行有效干预，以提升其价值，获得超额利润——这是美国杠杆收购巨头 KKR（Kohlberg Kravis Roberts & Co. L.P）的投资之道。

2007 年 9 月 17 日，KKR 正式宣布进军中国河南，投资民营企业天瑞水泥有限公司。KKR 在与天瑞的合资合同中明确了保护少数股东权益的国际化公司治理约定，改进了管理层的长期激励方案，充分体现了 KKR 长期以来注重风险控制，并将管理层和现有股东利益充分挂钩的投资原则。

入股同时，KKR 为天瑞水泥安排了一笔相当于 3.35 亿美元的人民币和美元双币种银团融资，以 JP 摩根银行为牵头行，国内银行则包括建设银行和中信银行，三家银行投资额占比分别为：11.48%，0.11%，0.97%。上述银团贷款首先置换了天瑞水泥此前来自银行的约 11 亿元短期贷款，然后新增了固定资产和流动资金贷款，用于新建项目建设、并购和企业运营。其利率较中国央行基准贷款利率下浮10%，贷款期限为五到八年。

KKR 与天瑞水泥联姻后的种种举措表明，兼具专业性和独立性的国外机构投资者正在将先进的公司治理理念和行业知识带入中国。

根据 FactSet 统计，在美国以外的全球市场中，国外机构投资者投资占比超过 50%。反观我国，伴随着资本市场的飞速发展，金融"脱媒化"进程的不断推进，机构投资者逐渐成为我国资本市场的中坚力量，由机构投资者等多元主体参与的外部治理机制在公司治理中的作用也日益凸显。

在机构投资者参与公司治理这一话题上，国内外学者进行了细致而深入的研究。纵观理论发展的脉络，学界对机构投资者参与公司治理的态度由最初的消极转变为积极，但对机构投资者会如何影响公司治理绩效却存在争议。同时，在中国背景下，如何借鉴发达国家资本市场的历史经验与制度安排，促进资本市场机构投资者的健康发展，推动其以多种方式和途径参与公司治理，进而充分发挥其对市场的稳定作用，是近年来业界给予广泛关注的议题。因此，对机构投资者，特别是国外机构投资者的监督和治理角色展开研究，无论是在学术界还是在实践中都具有重要的意义。

国外机构投资者与企业创新

国外机构投资者具有监督功能、治理作用和知识溢出效应，因此可以预期国外机构投资者会对企业创新起到促进作用。Aghion、Van Reenen 和 Zingales（2013）通过理论分析和实证研究发现，机构投资者的确能够促进企业创新。除了具备传统机构投资者的共同特征外，国外机构投资者还具有一些独特性质，如更加独立于本地管理层、持有更加多元化的投资组合等，因此在对上市公司的监督过程中更具优势。具体而言，国外机构投资者对企业创新的正面作用可以通过监督渠道、保险渠道和知识溢出渠道实现。

经济学家小传
MINI BIOGRAPHY

约瑟夫·熊彼特（Joseph Schumpeter）

美国著名经济学家。1901年至1906年在维也纳大学攻读法学和社会学，1906年获法学博士学位，其后移居美国，一直任教于哈佛大学，是一位影响深远的美籍奥地利政治经济学家。

熊彼特被誉为"创新理论"的鼻祖。1912年，他发表了《经济发展理论》（Theory of Economic Development）一书，提出了"创新"及其在经济发展中的作用，轰动了当时的西方经济学界。《经济发展理论》创立了新的经济发展理论，即经济发展是创新的结果。熊彼特的代表作有《经济发展理论》《资本主义、社会主义与民主》（Capitalism, Socialism, and Democracy）、《经济分析史》（History of Economics Analysis）等，其中《经济发展理论》是他的成名作。

近年来，熊彼特在中国声名日隆，特别是一谈到"创新"，熊彼特的"五种创新"理念时常被人引用和提及，几乎到了"言创新必言熊彼特"的程度。不仅仅是中国，作为"创新理论"和"商业史研究"的奠基人，熊彼特在西方国家的影响也正在被"重新发现"。据统计，熊彼特提出的"创造性毁灭"，在西方国家的被引用率仅次于亚当·斯密的"看不见的手"。

◇ 三种假说

首先，由于外界无法观测到公司管理层的所有行动，管理层对于企业经营活动具有信息优势，这种信息不对称带来的道德风险使得管理层有动机逃避责任，拒绝风险。由于创新性项目通常投入大、风险高，管理层有充分动机降低在创新性项目中的投资。更有甚者，管理层会擅自挪用公司资源作私人用途，如装饰奢华的办公室、购置高尔夫会员卡等，因此在创新性项目中的投资就会减少。此时，机构投资者的重要作用就凸显出来：它们可以以监督者的身份，积极参与公司治理，减少管理层的道德风险，避免公司资源浪费，从而增加公司价值。Gillan和Starks（2003）的研究表明，由于国外机构投资者相对独立的地位，它们与本土管理层的利益关联更少，利益冲突更小，因此是比本土机构投资者更理想的监督者，在公司治理过程中也发挥着更重要的作用。这一观点在Aggarwal等（2011）的文章中得到证实。他们发现：国外机构投资者在其所投资的世界各地的公司中，大多起到了至关重要的监督作用。因此，我们可以预期，国外机构投资者的监督功能会督促公司管理层增加对长期、极具价值同时具有风险的创新活动的投资，从而促进企业创新。国外机构投资者这种促进企业创新的渠道被称为"监督渠道"。

其次，Manso（2011），Ederer和Manso（2013）的研究表明，能够促进创新的最优合约设计应该对项目初期的失败有充分的容忍度，并且对项目长期的成功给予足够的激励。Aghion等（2013）研究发现，如果激励机制和合约设计不能充分促进创新，机构投资者可以进行有效干预。当早期创新项目遭遇失败时，机构投资者可以通过在合约或激励机制中为管理层提供保险，减轻管理层对自身职业发展和声望的担忧。与本土机构投资者相比，国外机构投资者持有更加分散的投资组合，因此对创新项目投资失败的容忍度更高，也更有可能为管理层对创新的投资提供保障。可以预期，国外机构投资者对创新失败的容忍能够有效促进企业创新。我们把此种国外机构投资者促进企业创新的渠道称为"保险渠道"。

最后，创新项目会产生新知识，因此对创新项目的投入也是对知识的投入，新知识的产生能够产生正外部性，即溢出效应，使投入者以外的人群受益。国外机构投资者通过其庞大的商业网络，在国内外企业和投资者之间搭建沟通与合作的桥梁，从而促进知识传播，产生知识溢出效应。与此同时，它们还能够通过跨境并购交易，促进知识的跨国传播与企业的创新活动。综上所述，国外机构投资者不仅可以通过自身的商业网络，还可以通过跨境并购促进知识的广泛传播，进而提高所投资企业创新活动成功的可能性。这种渠道被称为"知识溢出渠道"。

◇ **实证研究**

我和新南威尔士大学博士生 Hoang Luong，新南威尔士大学教授 Fariborz Moshirian 和 Bohui Zhang，以及乐卓博大学（La Trobe University）助理教授 Lily Nguyen 于 2017 年发表在 *Journal of Financial and Quantitative Analysis* 上的文章"国外机构投资者促进企业创新"，通过对美国以外的 26 个经济体在 2000 年至 2010 年间创新活动的研究，为以上各假设提供了经验证据，验证了国外机构投资者在促进企业创新方面发挥的重要作用。

现有的关于企业创新的跨国研究大多利用 Worldscope 数据库提供的公司研发支出数据，或者使用 USPTO 提供的在美注册专利数据。两种数据来源均有局限性：研发投入数据虽然可以衡量企业对创新活动的投资，却难以描述创新活动的成果。同时，许多公司在财务报告中虽然没有提供研发投入数据，但并不意味着该公司没有进行任何研发活动。对于 USPTO 数据，非美国企业大多不会选择在美注册专利，因此该数据不适合作为跨国企业创新活动的衡量指标。本研究使用了汤森路透旗下的 DWPI 数据库，其涵盖了世界诸多国家的公司专利申请与引用情况，是各国研发投入数据的有力补充。同时，由于该数据库涵盖了世界各地商标局的专利数据，也解决了仅采用 USPTO 数据对各国专利数低估的问题，是对世界各国企业创新活动更为精确和理想的度量。在 DWPI 数据库中，我们可获取关于专利授予人、专利申请号、申请时间、申请国家、授予时间、授予国家和引用次数等多种信息。

基于以上信息，我们构建了两种度量企业创新活动的指标：一是一家企业在一年内申请且最终被授予的专利数量；二是企业的专利引用次数。前者衡量了企业创新活动的数量，后者衡量了企业创新活动的质量。由于不同行业的创新性活动有着本质性的不同，高新技术行业创新强度普遍高于一般工商行业，因此，我们还对专利数量和专利引用次数进行了行业标准化处理，并解决了专利数据中的截断[①]、重复和右偏问题。

[①] 截断问题有两种表现形式：（1）专利只有在被授予后才会出现在数据库中，因此在数据库截止年限前仍在申请却尚未被授予的专利存在缺失。DWPI 数据截止日期为 2015 年，为解决此类截断偏误，我们将研究的时间窗口定为 2010 年前，留出 5 年的专利审批时间。（2）越早申请的专利，由于其存在时间更长，被引用的次数比后期申请的专利天然更多，为解决此类截断偏误，我们将专利引用次数依据技术组（technology group）进行标准化。

参照现有文献，例如 Gompers 和 Metrick（2001）；Aggarwal 等（2011）研究中的方法，我们构建了机构投资者持股指标。具体而言，我们将公司在一年中最后一天被非本国机构持有的股权比例记为当年该公司的"国外机构投资者持股比例"。对该指标的描述性统计结果显示，发达国家的国外机构投资者持股比例和国内机构投资者持股比例大体相当，发展中国家国外机构投资者持股比例显著高于国内机构投资者持股比例。

除了主要的自变量"国外机构投资者持股比例"和主要的因变量"专利数量""专利引用次数"，我们还引入了公司层面和国家层面的控制变量。公司层面的控制变量包括公司规模、公司年龄、无形资产投资、资本性支出、杠杆率、利润率、成长性、内部人员持股量等控制变量。国家层面的控制变量包括 Park（2008）提出的专利保护指标（PINDEX）与 Kaufmann、Kraay 和 Mastruzzi（2011）提出的法制指数和政府治理指数，以及资本市场发展程度、经济发展程度、进出口等其他可能影响创新活动的变量。

我们运用普通最小二乘法，在控制行业、国家和时间固定效应后，得到国外机构投资者持股比例与企业创新产出之间的关系，回归模型如式（15-1）所示。

$$企业创新产出_{i,j,t} = \alpha + \beta 国外机构投资者持股比例_{i,j,t-1} + \gamma 控制变量_{i,j,k,t} + 固定效应 + \varepsilon_{i,j,t} \quad (15-1)$$

其中，α 为截距项，β、γ 为系数，ε 为随机扰动项，下标 i 代表企业，下标 j 代表行业，下标 k 代表国家，下标 t 代表年份。

我们发现，国外机构投资者持股比例与企业创新产出之间存在显著的正相关关系（如表 15-1 所示）：当公司的国外机构投资者持股比例从分布的第一个四分位点上升到第三个四分位点时，企业的专利数量提高 5.6%，每个专利的引用次数提高 7.8%，结果在经济上具有显著意义。此后，我们又进行了一系列稳健性检验：数据库中的日本和中国台湾地区的公司数量远多于其他经济体，因此我们对剔除了这两个经济体后的数据重新进行了回归分析，结果仍然显著；我们把一家公司国外机构投资者持股比例 5% 以上的情况记为 1，其他情况记为 0，在引入该虚拟变量后的回归中，企业专利数量、专利引用次数与国外机构投资者持股比例之间的正相关关系仍然显著。

表 15-1　国外机构投资者持股比例与企业创新[①]

变量	专利数量	专利数量	专利引用次数	专利引用次数
国外机构投资者持股比例	0.010***	0.008***	0.014***	0.011***
	(0.003)	(0.003)	(0.004)	(0.004)
国内机构投资者持股比例	−0.010***	−0.001	−0.012***	−0.001
	(0.002)	(0.001)	(0.003)	(0.002)
时间固定效应	是	是	是	是
公司固定效应	否	是	否	是
行业固定效应	是	否	是	否
国家固定效应	是	否	是	否
样本数	30 008	30 008	30 008	30 008

注：计量结果括号内为稳健性标准误，***、**、*分别表示1%、5%、10%的显著性水平。

◇ 因果推断

以上结果虽然证实了企业创新产出与国外机构投资者持股比例之间存在相关关系，但无法证明二者之间存在因果关系。一方面，可能存在一只"看不见的手"同时影响企业创新产出和国外机构投资者持股比例，这只手同时与因变量——企业创新产出，以及自变量——国外机构投资者持股比例正相关（或负相关），此时回归结果表现出来就是企业创新产出与国外机构投资者持股比例呈正相关关系。"看不见的手"的存在使我们无法得出"国外机构投资者持股比例越高企业创新产出水平越高"的结论，该问题属于遗漏变量问题。另一方面，我们观察到因变量与自变量呈正相关关系的可能原因是企业创新成果的增多，吸引了更多的国外机构投资者投资该公司，该问题属于反向因果问题。遗漏变量和反向因果问题是公司金融研究中常遇到并需要重点解决的内生性问题。

为了解决可能存在的内生性问题，我们采用了双重差分法和工具变量法进行研究。

双重差分法的原理是基于自然实验得到的数据，结合"有与无"和"前与后"的双重差异，通过建模将政策影响的真正结果有效分离出来。双重差分法是经济学、金融学研究中解决内生性问题的有效手段之一。

[①] Luong, H, F Moshirian, L Nguyen, X Tian and B H Zhang. How do Foreign Institutional Investors Enhance Firm Innovation [J]. *Journal of Financial and Quantitative Analysis*, 2017, 52(4): 1 449–1 490.

2003年，美国国会通过了《就业与增长税收减免协调法案》（Jobs and Growth Tax Relief Reconciliation Act, JGTRRA），将股息红利税从原有的38.6%降至15%，该法案适用于所有住所所在地在美国或者与美国有税收协议的国家。未与美国签订税收协议的国家，如巴西、新加坡等，仍保持原税率不变。JGTRRA法案的通过构成了社会科学研究中一个理想的准自然实验场景。首先，法案的通过几乎不可能是由外国公司创新产出变动导致的，我们可以将其视为一个纯粹外生的冲击。其次，法案导致了国外机构投资者持有的非美国公司股票量的外生变动，却没有直接影响这些公司的创新活动。因此，如果经过双重差分处理后，仍能观察到企业创新产出和国外机构投资者持股比例之间的正相关关系，就可以进行因果推断，从而解决内生性问题。

我们选取实验组公司的标准是JGTRRA法案通过前1年内，公司所在地在法案影响到的国家内，同时进行过分红。对照组是所在地不在法案影响到的国家内，但也曾分红的公司。如此一来，我们得到了包含1 693家公司的实验组和包含228家公司的对照组。通过倾向匹配得分法，我们为每个对照组公司匹配了5家实验组公司。由于法案直接对美国机构投资者产生影响，我们将所有国外机构投资者分为美国和非美国两类。我们还增加了两个创新增长指标，包括专利数量增长和专利引用次数增长，时间区间为法案通过前3年内，以备后文平行趋势检验的需要。

双重差分法能够解决内生性问题的前提是具有平行趋势，即实验进行前，实验组和对照组在研究关注的指标上有相同的趋势。本研究中，我们关注企业创新产出，平行趋势假设要求实验组公司和对照组公司在法案通过前的创新增长指标趋势大体相同。为此，我们先后进行了三项诊断性测试，结果均确认了实验组和对照组在法案通过前创新指标存在平行趋势，确保了双重差分法的有效性。双重差分法结果见表15-2。

表15-2　双重差分法结果

变量	实验组 实验后－实验前	对照组 实验后－实验前	实验组—对照组 双重差分估计	t值 双重差分估计
专利数量	0.178 （0.047）	0.079 （0.035）	0.099***	2.215
专利引用次数	0.205 （0.054）	0082 （0.033）	0.123***	2.849

注：计量结果括号内为稳健性标准误，***表示1%的显著性水平。

此后，我们分别展开单变量和多变量双重差分研究，比较实验组和对照组在法案通过前3年和通过后3年创新成果的变化情况。结果发现，实验组与对照组公司相比，在法案通过后专利数量和专利引用次数分别有11%和14%的增长。此外，为保证结论的有效性和可靠性，我们还进行了多项稳健性检验，比较了分红公司与未分红公司的表现和国外机构投资者是否来自美国的情形，排除了政策预期对结果的影响。

由于双重差分法仍无法完全解决内生性问题，例如，Desai 和 Dharmapala（2011）研究发现，JGTRRA 法案通过后，美国机构投资者增加了在能够得到税收优惠国家的资产配置比重，由此可知，JGTRRA 法案通过后国外机构投资者占比和企业创新成果之间的正相关关系可能是由于机构投资者调整投资组合，而不是由于企业创新活动真正的增强，这就对我们结论的稳健性构成了挑战。因此，除了双重差分法之外，我们还使用了工具变量法来处理内生性问题。

工具变量法的原理是在回归方程中加入一个满足相关性（与内生解释变量相关）和外生性（与扰动项不相关）的工具变量，从而得到回归系数的一致估计量。工具变量选择的标准是与模型中解释变量高度相关，但却不与随机误差项相关。

在本研究中，理想的工具变量应该与国外机构投资者持股比例显著相关，而与企业创新产出无关。参照 Aggarwal 等（2011）的研究方法，我们选取 MSCI 指数成分股每年的变化，作为与国外机构投资者持股比例变化相关的工具变量。从1987年开始发布的 MSCI 指数由45个指数组成，涵盖了全球85%以上的可流通股票资产。Ferreira 和 Matos（2008），Leuz 等（2010）研究发现，公司加入 MSCI 指数后，其国外机构投资者持股比例会显著上升。我们增加一个表示指数成分股的虚拟变量，如果一家公司的股票在某一年是 MSCI 指数成分股，则该公司在该年份的虚拟变量值记为1，否则为0。将虚拟变量加入两阶段最小二乘回归方程后，我们发现企业创新产出与国外机构投资者持股比例之间仍然存在正相关关系。

值得注意的是，虽然通过相关性检验，我们建立了工具变量与内生解释变量之间的相关关系，但是对工具变量的另一要求：与扰动项无关，我们却无法通过计量手段来验证。现有经济理论和实证研究均没有得出本文的工具变量和扰动项相关的结论。

表 15-3　加入 MSCI 指数工具变量法

变量	第一阶段 国外机构投资者持股比例	第二阶段 专利数量	第二阶段 专利引用次数	第三阶段 国外机构投资者持股比例	第四阶段 专利数量	第四阶段 专利引用次数
MSCI 指数	4.331*** (0.314)			2.141*** (0.130)		
国外机构投资者持股估计量		0.076*** (0.022)	0.084*** (0.024)		0.037*** (0.009)	0.046*** (0.013)
固定效应	是	是	是	是	是	是
控制变量	否	是	是	是	否	否
F 值	< 0.001			< 0.001		
样本数	30 008	30 008	30 008	30 008	30 008	30 008

注：计量结果括号内为稳健性标准误，*** 分别表示 1% 的显著性水平。

监督渠道、保险渠道、知识溢出渠道

在成功建立企业创新产出与国外机构投资者持股比例之间的因果关系后，我们试图探究其中的作用机制。根据假设和已有文献，我们重点关注监督渠道、保险渠道和知识溢出渠道三种作用机制。

◇ 监督渠道

由于现代企业所有权与控制权分离产生的代理问题，企业管理层或出于对短期回报的关注，或出于对自身利益的考虑，有动机对风险低的日常项目进行过度投资，却对有挑战的创新项目投资不足。

机构投资者对管理层的监督是缓解管理层短视问题的一个有效手段。与个人投资者相比，机构投资者拥有强大的信息收集和信息分析能力，能够更好地扮演企业外部监督者的角色。然而，并不是所有机构投资者都会积极主动地监督企业。Bushee（1998）将机构投资者分为长期投资者和短期投资者，前者会缓解管理层短视问题，后者反而会加剧管理层短视问题。Chen 等（2007）的研究结果显示，长期投资者会更加积极地收集关于所投公司的信息，短期投资者虽持有公司股票，但在参与公司治理方面并不积极。

基于以上分析，我们将国外机构投资者分为两类：长期投资者和短期投资者。可以料想，二者在促进企业创新方面发挥的作用有所差异。

研究中，我们将持股超过一年的投资者称为长期投资者，持股不超过一年的投资者称为短期投资者。将二者分组进行回归后发现，长期国外机构投资者持股比例的增加对企业创新产出有显著的提升作用，短期国外机构投资者的作用并不显著，印证了我们关于监督渠道的假设。

通常情况下，相比银行信托、保险公司等非独立机构投资者，我们认为独立的机构投资者，如共同基金、私募基金等，能够更好地发挥监督作用。将国外机构投资者按照独立性进行分组回归后，我们发现，独立国外机构投资者对企业创新产出影响显著，非独立者并无明显作用，如表15-4所示，同样证实了监督渠道的假设。

表 15-4　监督渠道

变量	专利数量 独立	专利数量 长期	专利引用次数 独立	专利引用次数 长期
国外机构投资者持股比例	0.008***	0.008***	0.011***	0.011***
	（0.003）	（0.003）	（0.004）	（0.004）
国内机构投资者持股比例	−0.001	−0.001	−0.000	−0.001
	（0.001）	（0.001）	（0.002）	（0.002）
固定效应	是	是	是	是
样本数	30 008	30 008	30 008	30 008

注：计量结果括号内为稳健性标准误，*** 表示 1% 的显著性水平。

◇ **保险渠道**

经济学和心理学文献显示，现有的按绩效支付薪酬的激励机制能够有效激励常规工作，但在激励创新工作方面却并未取得理想效果。这是因为创新通常是一件长期而高风险的活动，需要对失败有较高容忍度，对短期绩效的过分重视反而不利于创新活动的开展（Holmstrom, 1989；Ederer and Manso, 2013）。Aghion 等（2013）研究发现，在机构投资者存在的情况下，由业绩因素导致的美国企业管理层的更换减少，该结果与本研究的预期一致：机构投资者能够降低管理层对自身职业发展和声誉的担忧，鼓励他们将更多的资源投入可能失败却长期有益的创新项目中。Ederer 和 Manso（2013）提出，如果随时受到由于业绩不够理想而被解约的威胁，公司管理者投入创新项目的动机将大大降低。由此，我们可以设想，如果国外机构投资者的存在，降低了管理者的更换频率和薪酬对业绩的敏感度，则我们可以认为，国外机构投资者对公司管理者起到了保护作用，减少了他们由于可能的创新失败所遭受的惩罚。

为了验证以上猜想，我们从 BoardEx 数据库中收集了 CEO 更换数据，并参照 Hartzell 和 Starks（2003）的研究构建了 CEO 报酬数据，分别将"管理层变动"与"管理层现金报酬"作为因变量；将公司资产"回报率变动""国外机构投资者持股比例"，以及"回报率变动"和"国外机构投资者持股比例"交互项作为自变量进行双重差分检验。结果如表 15-5 所示，结果显示，交互项前系数显著为正。同理，我们将"回报率变动"变量换为公司"财富变动"与"管理层现金报酬"进行回归，交互项前系数显著为负。表明国外机构投资者的存在的确缓解了管理层对自身职业发展和声誉的担忧，进而验证了上述保险渠道假设。

表 15-5 保险渠道

变量	管理层变动	管理层现金报酬	管理总报酬
国外机构投资者持股比例 × 回报率变动	0.001*** (0.000)		
国外机构投资者持股比例 × 财富变动		−0.018** (0.007)	−0.027** (0.012)
固定效应	是	是	是
样本数	755	785	785

注：计量结果括号内为稳健性标准误，***、** 分别表示 1%、5% 的显著性水平。

◇ **知识溢出渠道**

除了监督渠道和保险渠道，国外机构投资者还能够通过商业网络对知识、信息以及专业技能进行传播，进而促进所投企业的创新活动。社交网络带来的知识溢出效应对创新活动的影响在诸多研究中得到验证。例如，Faleye、Kovacs 和 Venkateswaran（2014）的研究结果显示，CEO 的社交网络会对企业创新产生正面作用。知识除了可以通过社交网络传递，还可以通过企业的并购交易传播。Ferreira 等（2010）提出，国外机构投资者是跨境并购的主要驱动力，它们是跨国公司之间的桥梁，可以降低企业成本，促进信息传递。Guadalupe 等（2012）的研究得到了类似的结论，他们发现：在被国外公司收购后，本国公司更可能通过吸收技术、吸取国外经验、参与国外市场来进行创新。由此可知，知识溢出效应是国外机构投资者促进企业创新的另一渠道。

如果知识溢出渠道成立,我们应该会观察到,来自创新程度更高的国家的机构投资者,能够在促进被投企业创新中发挥更加显著的作用。同时,考虑到一国的治理水平对该国企业创新水平可能产生影响,我们将国外机构投资者按照来源国创新水平高低分成两组。双重差分结果见表 15-6,结果显示,来源国创新水平越高,国外机构投资者对企业创新的正面作用越大,与预期一致。

表 15-6 知识溢出渠道

变量	专利数量		专利引用次数	
	专利/GDP	专利/人口	专利/GDP	专利/人口
高创新国家的国外机构投资者持股比例	0.007***	0.009***	0.011***	0.012***
	(0.004)	(0.003)	(0.005)	(0.004)
低创新国家的国内机构投资者持股比例	0.014	0.001	0.018	0.015
	(0.009)	(0.025)	(0.011)	(0.033)
固定效应	是	是	是	是
样本数	30 008	30 008	30 008	30 008

注:计量结果括号内为稳健性标准误,*** 表示 1% 的显著性水平。

综上所述,我们证实了国外机构投资者能够对企业创新带来显著的正面影响,并验证了该影响通过监督渠道、保险渠道和知识溢出渠道产生作用。

❏ 本章小结

本章分析了国外机构投资者对企业创新的影响及其传导机制。本章要点总结如下:

1. 作为资本市场的重要参与者,国外机构投资者兼具监督功能、治理作用和知识溢出效应;

2. 国外机构投资者能够通过监督渠道、保险渠道和知识溢出渠道促进企业创新。

参 / 考 / 文 / 献

[1] Acharya, V V and K V Subramanian. Bankruptcy Codes and Innovation[J]. *Review of Financial Studies*, 2009, 22(12): 4 949–4 988.

[2] Aghion, P, N Bloom, R Blundell, R Griffith and P Howitt. Competition and Innovation: An Inverted–U Relationship [J]. *Quarterly Journal of Economics*, 2005, 120: 701–728.

[3] Aghion, P, P Howitt and S Prantle. Patent Rights, Product Market Reforms, and Innovation [J]. *Journal of Economic Growth*, 2015, 20: 223–262.

[4] Aghion, P, J Van Reenen and L Zingales. Innovation and Institutional Ownership [J]. *American Economic Review*, 2013, 103: 277–304.

[5] Aggarwal, R, I Erel, M Ferreira and P Matos. Does Governance Travel Around the World? Evidence from Institutional Investors [J]. *Journal of Financial Economics*, 2011, 100: 154–181.

[6] Bushee, B J. The Influence of Institutional Investors in Myopic R&D Investment Behavior [J]. *Accounting Review*, 1998, 73: 305–333.

[7] Chen, X, J Harford and K Li. Monitoring: Which Institutions Matter? [J]. *Journal of Financial Economics*, 2007, 86: 279–305.

[8] Chung, K H and H Zhang. Corporate Governance and Institutional Ownership [J]. *Journal of Financial and Quantitative Analysis*, 2011, 46: 247–273.

[9] Ederer, F and G Manso. Is Pay for Performance Detrimental to Innovation? [J]. *Management Science*, 2013, 59: 1 496–1 513.

[10] Fang, V W, M Maffett and B Zhang. Foreign Institutional Ownership and the Global Convergence of Financial Reporting Practices [J]. *Journal of Accounting Research*, 2015, 53: 593–631.

[11] Ferreira, M A, M Massa and P Matos. Shareholders at the Gate?Institutional Investors and Cross-border Mergers and Acquisitions [J]. *Review of Financial Studies*, 2010, 23: 601–644.

[12] Ferreira, M A and P Matos. The Colors of Investors' Money: The Role of Institutional Investors Around the World [J]. *Journal of Financial Economics*, 2008, 88: 499–533.

[13] Gillan, S L and L T Starks. Corporate Governance, Corporate Ownership and the Role of Institutional Investors: A Global Perspective [J]. *Journal of Applied Finance*, 2003, 13: 4–22.

[14] Gompers, P A and A Metrick. Institutional Investors and Equity Prices [J].

Quarterly Journal of Economics, 2001, 116: 229-259.

[15] Griliches, Z, A Pakes and B H Hall. The Value of Patents Asindicator of Inventive Activity. NBER Working paper, 1988.

[16] Hall, B H, A B Jaffe and M Trajtenberg. The NBER Patent Citation Data File: Lessons, Insights and Methodological Tools. NBER Working paper No. 8498, 2001.

[17] Hall, B H and J Lerner. The Financing of R&D and Innovation [M]// Rosenberg N. Handbook of the Economics of Innovation. North Holland, 2010.

[18] Hart, O D. The Market Mechanism as an Incentive Scheme [J]. *Bell Journal of Economics*, 1983, 14: 366-382.

[19] Hartzell, J C and L T Starks. Institutional Investors and Executive Compensation [J]. *Journal of Finance*, 2003, 58: 2 351-2 374.

[20] He, J and X Tian. The Dark Side of Analyst Coverage: The Case of Innovation [J]. *Journal of Financial Economics*, 2013, 109: 856-878.

[21] Holmstrom, B. Agency Costs and Innovation [J]. *Journal of Economic Behavior and Organization*, 1989, 12: 305-327.

[22] Hsu, P H, X Tian and Y Xu. Financial Development and Innovation: Cross-country Evidence [J]. *Journal of Financial Economics*, 2014, 112: 116-135.

[23] Jaffe, B, M Trajtenberg and M S Fogarty. Knowledge Spillovers and Patent Citations: Evidence from a Survey of Inventors [J]. *American Economic Review*, 2000, 90: 215-218.

[24] Kovacs, F T and A Venkateswaran. Do Better-connected CEOs Innovate More? [J]. *Journal of Financial and Quantitative Analysis*, 2014, 49: 1 201-1 225.

[25] Kaufmann, D, A Kraay and M Mastruzzi. The Worldwide Governance Indicators: Methodology and Analytical Issues [J]. *Hague Journal on the Rule of Law*, 2011, 3: 220-246.

[26] Luong, H, F Moshirian, L Nguyen, X Tian and B H Zhang. How do Foreign Institutional Investors Enhance Firm Innovation [J]. *Journal of Financial and Quantitative Analysis*, 2017, 52(4): 1 449-1 490.

[27] Manso, G. Motivating Innovation [J]. *Journal of Finance*, 2011, 66: 1 823-1 860.

第 16 章

政策不明朗惹的祸：政策稳定与创新

> 企业创新投资与常规投资不同，需要长期投资，同时伴随着高风险和高不确定性，因此创新更易受到政策环境的影响。企业创新投资需要稳定的政策支持，政出多门，朝令夕改，政策模糊、矛盾等会严重影响投资者的长期投资意愿，不利于形成稳定预期，使企业和投资者更偏好短期收益。因此，政策稳定预期对于创新生态系统来说至关重要。究竟是政策本身还是政策的不确定性影响了企业创新意愿和风险投资？其又是如何影响企业创新意愿和风险投资的呢？这些问题是本章关注的重点。

■ 实物期权、政府购买视角下的政策不确定性

政治家和监管机构会根据经济政治等因素不断调整相关政策，从而影响企业的经营环境。不管是政策施行的时间、政策具体内容还是政策潜在影响，这些因素的不确定性都会冲击商业活动。政策不确定性产生的负外部性会对企业的经营决策产生影响，Dixit 和 Pindyck（1994）指出其首当其冲的影响对象就是企业投资，政策不确定性通过影响创新进而对经济增长产生负面影响。2016 年美国总统大选以后，全球经济金融格局面临的最大不确定性就是美国总统 Donald Trump 的政策的不确定性。Trump 总统会在凌晨两点发 Twitter 告诉世界他的想法。全世界都不知道他会怎么做，也不知道他的政策对全球会产生什么影响。于是市场开始猜测，这

从根本上冲击了全球经济和金融的稳定,并产生了一系列不确定性。最直接的证据就是 Trump 总统的政策不确定性对美国利率水平预期的影响。在 2016 年大选前,美国十年期国债利率水平预期在 2% 左右,呈正态分布。但 Trump 当选总统后,这一预期急剧上升且高度集中,预期达到了 3% 左右,引起市场的巨幅波动。由于政策不确定性对微观企业活动和宏观经济运行均会造成深远影响,关于政策不确定性的研究受到了学术界、业界和政策制定者的广泛关注。

经济学家小传 MINI BIOGRAPHY

阿维纳什·K. 迪克西特(Avinash K. Dixit)

印度裔美国著名经济学家。迪克西特教授于 1963 年分别获得数学和物理学的学士学位,一个偶然的机会,他对经济学产生了浓厚的兴趣,并于 1968 年获得麻省理工学院经济学博士学位,从此开启了他在经济学领域璀璨的学术道路。

迪克西特教授首次采用数学模型对规模经济的产品种类、数量和消费者效用函数的最优关系进行分析,创建了"迪克西特–斯蒂格利茨"模型(D–S 模型)。该模型不仅解释了消费者的多样化偏好和厂商差别化产品垄断生产的报酬递增性,而且为新贸易和增长理论提供了理论框架,为该领域的研究发展做出了奠基性的贡献。

从 1989 年以来,迪克西特教授一直在普林斯顿大学担任教授,1992 年当选为美国艺术与科学研究院(American Academy of Arts and Sciences)院士;2001 年任世界计量经济学会(Econometric Society)会长;2002 年任美国经济学会(American Economic Association)副主席,2008 年任学会主席;2005 年获选美国国家科学院院士(Member of National Academy of Sciences);2016 年,获得印度政府颁发的第二大城市荣誉市民称号。

他撰写了一系列著作,其中不乏经济学相关领域的名著或经典教科书。他和麻省理工学院经济和金融学教授 Robert Pindyck 联合出版《不确定条件下的投资》(*Investment Under Uncertainty*),是运用实物期权理论研究投资的开山之作,被誉为"与生俱来的经典之作"。

经济学研究中,我们通常说的政策不确定性,是指涵盖货币、财政政策以及宏观监管等经济政策带来的不确定性。通常有两种度量方法,早期学者,例如 Julio 和 Yook(2012)认为,政策不确定性主要由政治不确定性导致,这些学者大多采用总统选举、地方政府行政长官选举周期所带来的政治风险作为政策不确定性的衡量指标。Baker、Bloom 和 Davis（2016）将包含"经济""政策""不确定性"三个关键词的新闻数量作为衡量经济政策不确定性的指标（BBD 指数）。两种指标从不同的层面反映了政策的不确定性。用选举作为衡量政策不确定性的指标侧重于政治周期所导致的不确定性，而 BBD 指数则反映更加一般化的经济政策不确定性，比如财税、货币政策等。这些政策不确定性在影响市场环境的同时，也会对企业的投资意愿产生重大影响。本章中，我们将集中探讨政策不确定性对企业最重要的投资活动之一——研发投资，以及企业技术创新的影响。

◇ 基于实物期权视角的政策不确定性

传统期权理论认为，期权合约赋予持有人在未来某一时点以之前约定价格买卖标的资产的权利（Black and Scholes，1973）。布莱克-斯科尔斯模型（B-S 模型）推导证明了期权价值与期权到期日前的不确定性是正相关的，与期权持有人的行权意愿是负相关的。Dixit 和 Pindyck（1994）是将期权理论引入企业经营活动（如投资）的先驱者，也是实物期权领域的奠基人。他们将实物资产的投资机会视为一种选择期权，该种期权的标的资产为基础设施、土地资源、人力资本、研发专利等。这些非标准化资产没有公开市场可供交易，专用性和流动性较差。这些特征决定了企业对实物资产投资具有不可逆性，当面对政策不确定性时，企业改变投资决策存在很高的调整成本。

因此，政策不确定性会从两个维度减少企业投资：第一，如果投资项目的不可逆性很高，政策不确定性的突然上升会导致企业推迟对该项目的投资，直到政治环境重新明朗。企业资本密集度越高（即非流动性资产占比越高），资产专用性越强，购买资产的沉没成本越高，资产清算价值越低，投资的不可逆性越强，企业受到政策不确定性的冲击越大。第二，企业受到政策不确定性的影响还取决于其是否有能力推迟投资，因为政策不确定性会增加企业拖延当期投资的期权价值，但如果企业拖延投资的成本很高，那么企业无疑会减少这种高成本的拖延行为，这种现象在竞争激烈的行业中比较常见。因此，企业所在行业竞争越激烈，政策不确定性对企业投资的影响越小。

中国经济发展进入新常态后，面临增长速度换挡期、结构调整阵痛期和前期刺激政策消化期的三期叠加，经济体制和金融市场尚不完善，中国特色社会主义经济体制的建立仍处于摸着石头过河的阶段，因此政策难免存在不稳定性。政策的变动无疑会给宏观经济发展和微观企业经营活动带来影响。美国2011年至2012年期间，政策不确定性的提高导致了超过1%的GDP的经济损失和100万个就业岗位的缩减。同时也被学术界认为是导致2008年经济危机后经济复苏缓慢和企业"投资断崖"的元凶。

◇ **基于政府购买视角的政策不确定性**

除实物期权视角这一作用渠道外，政策不确定性还通过政府购买渠道影响企业经营活动。例如，Gulen 和 Ion（2016）通过实证研究发现，市场越依赖政府购买，企业受到政策不确定性的影响越明显。这说明政府决策导致的政策不确定性也会通过政府购买这一市场渠道影响企业销售利润从而影响企业投资决策。除此之外，Nguyen 和 Phan（2017）通过对美国1986年到2014年的公司并购投资活动的研究发现，营业利润主要依赖政府购买的行业，比如国防、医疗健康等行业的并购投资行为受到政策不确定性的影响更大。这些研究都表明，政府购买是政策不确定性影响企业经营活动的一个重要作用渠道。

政策倾向性假说 VS. 政策不确定性假说

创新对推动国家经济长期增长、提升国家综合实力具有重大意义。虽然在企业和市场层面如何激励创新受到了学术界的广泛关注和研究，但从政策层面对如何激励创新的研究为数不多。政策会改变创新型企业运营的经济环境，从而影响企业的投资活动以及创新产出，最终决定一个国家的创新实力。2013年的全球创新指数（the Global Innovation Index，Dutta and Lanvin，2013）衡量了一个国家的综合创新实力。在这个多维度的综合指标中，排在前两位的衡量指标就是政策稳定性和政府效率。由此可见，在宏观层面，政策的稳定性对提升国家创新实力具有至关重要的作用。在不同的政策环境下，追求利润最大化的企业的创新行为也会不同。例如，技术创新分为劳动节约型和资本节约型，在领导人选举这种政治走势不明朗的时刻，企业决策者往往会仔细琢磨自己的研发投入是否适合未来的经济环境——"哪个党派会赢得大选？""下一任领导者是谁？会施行什么方向的政策？""我们公司还是先静观其变，免得投资打水漂了"。在政策高度不确定时期，上市公司普遍面临创新不足的问题。因此，研究如何有效激励企业创新尤为重要。

◇ 政策倾向性假说

我们提出两种假说——政策倾向性假说和政策不确定性假说，并建立理论和实证模型验证假说是否符合实际。政策倾向性假说认为是政策本身影响了创新活动。我们基于世界银行对政策的划分标准，将国家政策分为左倾和右倾。例如，右倾的政府会实施更有利于劳动节约型的创新政策，如人工智能科技创新，左倾政府则相反。同时也可以将政策划分为保守型政策和激进变革型政策，保守型政府往往更倾向于激励传统行业（如石油、天然气等能源行业）的创新活动，激进型政府往往不会激励传统行业的创新。因此，在政策倾向性假说下，执政者的政治偏好往往会抑制某些特定行业的创新活动。

◇ 政策不确定性假说

政策不确定性假说认为并不是政策本身，而是政策制定过程中的不确定性抑制了企业创新活动。以 Bernanke（1983）为先驱，学者们建立了大量理论模型论证政策不确定性与不可逆的投资决策之间的关系。他们证明，如果投资决策不是完全可逆的，政策不确定性的提高会增加企业决策者推迟投资这一选择期权的价值，企业则会更加谨慎地投资。法国著名经济学家、2014 年诺贝尔经济学奖得主 Jean Tirole 教授指出：因为创新活动是对未知世界的探索和开拓，需要企业对流动性较差的无形资产的大量投资，所以推迟企业研发投资的选择期权的价值会更加珍贵（Aghion and Tirole，1994）。

经济学家小传
MINI BIOGRAPHY

让·梯若尔（Jean Tirole）

法国著名经济学家，2014 年因其在市场的力量和监管领域的研究而荣获诺贝尔经济学奖，被誉为当代"天才经济学家"。他研究的重点是银行与金融、博弈论、行为经济学。

1976 年让·梯若尔在法国巴黎理工大学获得工学学士学位，两年获得巴黎大学决策数学博士学位，1981 年获得美国名校麻省理工学院的经济学博士学位，导师是 2007 年诺贝尔经济学奖得主、当今名扬天下的机制设计理论大师 Eric Maskin。梯若尔毕业后先作为研究员，而后从 1984 年到 1991 年作为经济学教授任职于麻省理工学院。1992 年让·梯若尔回到法国图卢兹大学，并于 1994 年筹备组建法国图卢兹大学产业经济研究所，该产业经济研究所已经成为欧洲最好的经济学研究中心之一。让·梯若尔为法国乃至整个欧洲经济学的振兴做出了卓越的贡献。从1995年以来，他一直担任法国图卢兹大学产业经济研究所所长，同时兼任麻省理工学院的访问教授。

让·梯若尔于1998年担任经济计量学协会（Econometric Society）会长，2001年担任欧洲经济协会（European Economic Association）主席。让·梯若尔获奖无数，其中最高荣誉当属诺贝尔经济学奖。这位瘦高身材、目光敏锐的法国绅士对经济学有着惊人的直觉，并且良好的数学背景让他拥有可以运用数学方法发现规律并形成经典理论的优势。他开创性地把博弈论和信息经济学分析方法引入产业组织理论体系。让·梯若尔发表过二百多篇学术论文，在经济学领域里纵横驰骋，研究成果涉及产业组织理论、博弈论和行为经济学。他还出版过十本专著，包括《产业组织理论》（*The Theory of Industrial Organization*）和与Drew Fudenberg合著的经典之作《博弈论》（*Game Theory*），此书对世界著名大学研究生的博弈论教育产生了重要影响。

同时，选举产生的政府倾向对高风险、高不确定性的探索性创新活动的成功与否起着至关重要的作用。因此，在政策不确定性较高的政治背景下，企业拖延研发投资的期权价值更高。例如，如果在美国大选中，左倾政党上台，往往会倾向于补贴太阳能和风能行业的创新活动；如果右倾政党上台，石油和天然气行业的水力压裂技术创新则会更加受到政府青睐。考虑到大选带来的不确定性，美国能源公司往往等到大选尘埃落定后，基于新当权政府的政策倾向决定究竟是投资新能源行业的太阳能电池还是投资石油天然气行业的水力压裂技术创新。因此，与上文提到的政策倾向性假说相反，政策不确定性假说更强调选举期间或者黑天鹅事件导致的政策不确定性激增抑制企业的创新冲动。

迷你案例
MINI CASE

政策不确定性导致美国经济复苏缓慢

金融危机后美国经济陷入经济衰退，虽然从2011年以来已经缓慢复苏，但各种指标依然疲软。同时2012年受"财政悬崖"的不确定性影响，企业投资变得非常谨慎，投资数据很不乐观，衡量经济活力的设备和软件投资这一传统指标开始出现自金融危机以来的首次停滞，企业对房产类资产的投资已经开始下降。受这些指标的影响，近半数的美国前四十大企业宣布接下来会减少投资，这对美国经济的复苏来说可谓雪上加霜。

美国政府正在考虑采取税法调整方案避免财政悬崖。但民主、共和两党在是否向富人阶层增税等问题上分歧依旧，双方无法就避免"财政悬崖"的方案达成一致，谈判陷入僵局。企业对政府达成既能避免增加税收，又能削减开支以解决"财政悬崖"的方案缺乏信心。美国企业担心，如果无法解决"财政悬崖"问题，投资者信心将被削弱，企业利润也会被蚕食，美国经济将会无法避免地重新陷入衰退。面对不断上升的不确定性，企业高管也纷纷表示他们正在减缓或者推迟大项目的投资以维持利润水平。

美国福陆（Fluor）公司董事长兼首席执行官David Seaton表示，"如果不确定性不能被排除，那么出于对未来的担忧，公司将保有更多现金以保证能够应付可能出现的更糟糕的情况，手持现金持续观望，尽量避免投资打水漂的情况。"

◇ **政策不确定性与企业创新**

我和香港科技大学教授Utpal Bhattacharya、香港大学两位副教授Po-Hsuan Hsu和Yan Xu，在于2017年发表在 *Journal of Financial and Quantitative Analysis* 的文章"什么更影响创新？——政策还是政策不确定性"中便对以上两个可能的假说进行了验证。

在文章中，创新的度量数据主要来自HBS专利发明人数据库（the HBS Patent Investor Database）和NBER专利数据库。我们仍然从创新产出的数量和质量两个维度进行测度，选择申请且最终被授予的专利数量以及专利的引用次数作为指标，文章主要用专利申请年作为专利的测度年份。为了更加全面地度量企业的创新产出活动，我们在文中用本行业的专利引用次数度量该行业的创新产出质量。同时我们也采用了专利原创性、专利引用排名本行业前25%的专利数量、专利引用排名本行业后25%的专利数量、专利引用标准差、开发性专利数量、探索性专利数量等指标进一步刻画创新产出的质量。由于专利的研发通常需要较长时间，文章将目标年的政策环境因素对应该行业一年后的创新产出变量进行回归，并且采用行业-国家-年份三维面板数据，样本包含全球43个主要经济体。

政策环境相关数据主要来自世界银行的政治体制数据库（the Database of

Political Institutions, DPI)(Keefer，2010)。我们将执政党政策倾向划分为左倾和右倾。如果当年该国举行换届大选，我们定义政策不确定性变量为1，否则为0。在样本中，澳大利亚和丹麦选举频率最高（每三年举行一次大选）。我们选取GDP年度增速作为重要的控制变量，数据来自世界发展指标和全球金融发展数据库（the World Development Indicator and Global Development Finance database）。

我们首先利用普通最小二乘法对政策环境（"大选"和"政策倾向"）与国家行业创新产出之间的关系进行了回归分析，在回归中加入了GDP增速、本年度创新等控制变量，同时对行业国家联合固定效应以及年份固定效应进行了控制。基本回归模型如式（16-1）所示。

$$\text{国家行业创新产出}_{i,j,t+1} = \alpha + \beta_1 \text{大选}_{i,t} + \beta_2 \text{政策倾向}_{i,t} + \gamma \text{控制变量}_{i,j,t} + \text{固定效应} + \varepsilon_{i,j,t} \quad (16\text{-}1)$$

其中，α 为截距项，β_1、β_2、γ 为系数，ε 为随机扰动项，下标 i 代表国家，下标 j 代表行业，下标 t 代表年份。

因变量国家行业创新产出$_{i,j,t+1}$表示在 $t+1$ 年国家 i、行业 j 的创新产出，包括专利数量、专利引用次数、专利原创性、专利引用排名本行业前25%的专利数量、专利引用排名本行业后25%的专利数量、专利引用标准差、开发性专利数量、探索性专利数量等指标。大选$_{i,t}$是一个虚拟变量，如果当年该国举行换届大选，该变量取值为1，否则为0，代表政策不确定性程度。政策倾向$_{i,t}$表示政策左倾或右倾程度。我们还控制了GDP、同年的创新产出、行业国家联合固定效应，以及年份固定效应。基础回归的结果如表16-1所示。

表 16-1　政策不确定性与企业创新（OLS）[①]

变量	专利数量（1）	专利引用次数（2）	专利原创性（3）	专利数量（前25%）（4）	专利数量（后25%）（5）	专利引用标准差（6）	探索性专利数量（7）	开发性专利数量（8）
选举	−0.018**	−0.035*	−0.018**	−0.023**	−0.005	−0.032*	−0.013**	−0.007
	(−2.511)	(−0.172)	(−2.559)	(−2.367)	(−0.638)	(−1.822)	(−2.228)	(−0.583)

[①] Bhattacharya, U P-H Hsu, X Tian and Y Xu. What Affects Innovation More: Policy or Policy Uncertainty?[J]. *Journal of Financial and Quantitative Analysis*, 2017, 52(5): 1 890–1 898.

（续表）

变量	专利数量（1）	专利引用次数（2）	专利原创性（3）	专利数量（前25%）（4）	专利数量（后25%）（5）	专利引用标准差（6）	探索性专利数量（7）	开发性专利数量（8）
政策左倾	0.006	0.033	0.008	−0.008	0.007	−0.009	0.004	0.016
	(0.626)	(1.627)	(1.025)	(−0.948)	(0.724)	(−0.480)	(0.451)	(1.187)
固定效应	是	是	是	是	是	是	是	是
样本量	25 060	25 060	25 060	25 060	25 060	20 240	25 060	25 060

注：计量结果括号内为 T 值，**、* 分别表示5%、10%的显著性水平。

从回归结果我们可以发现，控制了国家和行业联合固定效应以及年份固定效应以后，43个经济体在大选后一年都面临着程度不同（1.8%至3.5%）但显著的创新活动下降。这一下降体现在专利的数量和专利的质量上。另外我们也发现，政策倾向变量系数不显著，这说明政策本身（左倾或者右倾）对创新活动的影响并不显著。

相较于大选后一年专利引用次数至少下降1.8%，引用排名前25%的专利数量下降更加明显，平均下降2.3%，但是引用排名后25%的专利数量的系数不显著。这说明大选带来的政策不确定性对创新活动的影响是非对称的，对于有着广泛影响力的创新活动有更强的抑制作用，由此进一步证实了政策不确定性不仅会影响创新数量也会影响创新质量。选举同时减少了专利引用的标准差，这说明政策不确定性降低了创新活动的风险偏好程度。我们对探索性创新（探索性专利数量）和实用性创新（开发性专利数量）的分析结果也与之前的分析一致。我们发现大选带来的不确定性显著抑制了探索性创新这种具有高影响力的创新活动，而对于实用性创新这种边际贡献较小的创新活动，没有显著的影响。

普通最小二乘法回归结果表明，是选举带来的政策不确定性而不是政策本身影响了创新活动。受不确定性影响的企业会生产更少和更不具有影响力的发明专利，以及增加投资原创程度较低的研发项目。同时，大选导致公司更加偏好低风险的创新项目，这无疑导致了低质量的创新产出——更少的有影响力和探索性的专利。相比前人研究（Julio and Yook，2012；Gulen and Ion，2016）专注于分析政策不确定性对投资的影响，我们进一步检验政策不确定性对创新数量和质量的影响，以及对创新主体的风险偏好的影响。总体而言，基准回归的结果支持上文的政策不确定性假说，即政策不确定性显著不利于企业开展创新活动。

◇ 因果关系检验

当然我们还不能直接将上文的结果解释为因果关系，因为可能会遗漏同时与大选和企业创新相关的变量，从而使上文的回归结果有偏误。为解决这一潜在的内生性问题，我们在文章中采用了势均力敌的选举事件和分样本回归的方法进行了进一步的分析。

首先，总统选举比议会选举的外生性更强。总统选举存在很强的周期性，并且选举时间沿袭历史且相对固定。其次，势均力敌的总统选举能够更好地衡量政策不确定性，因为选票接近的选举结果更加不可预测。因此，如果我们发现势均力敌的总统选举与随后的创新活动存在很强的负相关性，某种程度上我们可以认为选举带来的政策不确定性与创新存在因果关系。如果选举中获胜的候选人只以小于5%的微弱优势领先于第二名候选人，我们定义该国该年份的选举为"势均力敌的选举"。该变量是一个哑变量，选举势均力敌时取值为1，否则为0。基于上述定义，我们找到样本中一共有11次势均力敌的选举活动。

我们依然沿用表16-1中的OLS回归方法，不同的是，我们将表16-1中的选举变量替换为势均力敌的选举变量。在表16-2中，我们发现了与表16-1相似的结论。势均力敌的选举后一年，专利数量下降了4.6%，专利引用次数下降了15%。这一下降效应明显强于一般的选举活动，无疑说明势均力敌的选举带来的更高的政策不确定性，更加不利于企业创新。

基于上述事件的实证结果如表16-2所示。

表16-2　政策不确定性与企业创新（势均力敌的选举）[1]

变量	专利数量（1）	专利引用次数（2）	专利原创性（3）	专利数量（前25%）（4）	专利数量（后25%）（5）	专利引用（标准差）（6）	探索性专利数量（7）	开发性专利数量（8）
势均力敌的选举	−0.046*	−0.151*	−0.018	0.013	−0.033	−0.097**	−0.044*	0.047
	(−1.805)	(−1.928)	(−0.853)	(0.552)	(−0.908)	(−2.088)	(−1.730)	(0.752)
政策左倾	0.006	0.032	0.008	−0.008	0.007	−0.009	0.004	0.016
	(0.619)	(1.632)	(1.034)	(−0.952)	(0.714)	(−0.436)	(0.441)	(1.197)
固定效应	是	是	是	是	是	是	是	是
样本量	25 060	25 060	25 060	25 060	25 060	20 240	25 060	25 060

注：计量结果括号内为T值，**、*分别表示5%、10%的显著性水平。

[1] Bhattacharya, U P-H Hsu, X Tian and Y Xu. What Affects Innovation More: Policy or Policy Uncertainty? [J]. *Journal of Financial and Quantitative Analysis*, 2017, 52(5): 1 890-1 898.

通过分析表 16-2，虽然我们没有发现势均力敌的选举活动对专利的原创性，以及引用分布的左端或者右端有显著影响，但是我们观察到在势均力敌的选举结束后一年，引用的标准差显著下降了。更重要的是，势均力敌的选举活动对实用性创新并没有显著的影响，但对探索性创新有显著的不利影响。这些结果共同表明，当大选结果难以预测、政策不确定性升高时，企业会减少对无形资产的投资，开展质量较低同时风险也较低的创新活动，承担更少的由创新活动高不确定性带来的风险，因此也拥有更少的探索性专利。这些结果都指向了同一个结论：政策不确定性只通过选举活动来影响企业创新。同时，我们也检验了不管是左倾政策还是右倾政策都对创新活动没有显著影响，这一结果也与表 16-1 是一致的。

接下来，我们采用两组分样本检验进一步排除可能存在的内生性问题。第一组分样本回归我们检验种族多元化程度如何调节政策不确定性对创新活动的作用。通常在政治经济学研究中，种族分布被视为与政治演变和经济增长无关的外生变量。我们认为较高的种族多元化程度增强了政策不确定性对企业创新活动的不利影响。第一，种族多元化程度越高的国家，政治环境也往往更加多极化，不利于形成对某项经济政策的社会共识（Easterly and Levine, 1997）。第二，Knack 和 Keefer（1997）发现种族越集中的国家享有的社会资本越多（例如，社会信任程度会更高）。第三，Connor（1994）认为民族主义是导致社会暴力和叛乱行为的根源。第四，La Porta 等（1999）和 Radio Miquel（2007）认为种族多元化社会，当权的领导人会通过实施歧视性的种族策略来稳固他所代表的种族利益和权威。因此，一个社会的种族矛盾越激烈，诚信程度越低，不公平现象和暴力行为越普遍，政治选举越有可能导致创新活动的显著减少。

基于此，我们构建了两组指标衡量种族集中程度。第一组指标是最多数种族人口比例（Keefer and Knack, 2002），如表 16-3 所示，第二组指标是基于不同种族占比的赫芬达尔指数（Alesina, et al., 2003），如表 16-4 所示。我们把样本根据指标大小分为高（高于 70 百分位）、低（低于 30 百分位）两组。通过比较高低两组分样本中政策不确定性对创新活动影响的大小，我们能够较好地排除一些可能存在的内生性问题。

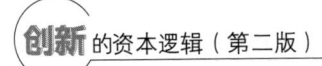

表 16-3　政策不确定性与企业创新（分样本回归 1）[1]

分表 A：最多数种族人口比例（高）

变量	专利数量 （1）	专利引用次数 （2）	专利原创性 （3）	专利数量 （前25%） （4）	专利数量 （后25%） （5）	专利引用 （标准差） （6）	探索性 专利数量 （7）	开发性 专利数量 （8）
选举	−0.013	−0.031	−0.005	−0.025	0.018	−0.014	−0.014	0.012
	(−0.885)	(−0.831)	(−0.332)	(−1.121)	(1.206)	(−0.388)	(−1.006)	(0.647)
固定效应	是	是	是	是	是	是	是	是
样本量	8 040	8 040	8 040	8 040	8 040	5 590	8 040	8 040

分表 B：最多数种族人口比例（低）

变量	专利数量 （1）	专利引用次数 （2）	专利原创性 （3）	专利数量 （前25%） （4）	专利数量 （后25%） （5）	专利引用 （标准差） （6）	探索性 专利数量 （7）	开发性 专利数量 （8）
选举	−0.037**	−0.089**	−0.042***	−0.028*	−0.025	−0.019	−0.027*	−0.029
	(−2.277)	(−2.228)	(−3.105)	(−1.832)	(−1.426)	(−0.461)	(−1.809)	(−1.507)
控制变量	是	是	是	是	是	是	是	是
固定效应	是	是	是	是	是	是	是	是
样本量	6 220	6 220	6 220	6 220	6 220	4 294	6 220	6 220

注：计量结果括号内为 T 值，***、**、* 分别表示1%、5%、10%的显著性水平。

表 16-4　政策不确定性与企业创新（分样本回归 2）[2]

分表 A：赫芬达尔指数（高）

变量	专利数量 （1）	专利引用次数 （2）	专利原创性 （3）	专利数量 （前25%） （4）	专利数量 （后25%） （5）	专利引用 （标准差） （6）	探索性 专利数量 （7）	开发性 专利数量 （8）
选举	−0.014	−0.046	−0.007	−0.024	0.016	−0.033	−0.014	0.007
	(−1.184)	(−1.425)	(−0.568)	(−1.174)	(1.285)	(−1.032)	(−1.220)	(0.419)
固定效应	是	是	是	是	是	是	是	是
样本量	8 920	8 920	8 920	8 920	8 920	6 477	8 920	8 920

---

[1] Bhattacharya, U P-H Hsu, X Tian and Y Xu. What Affects Innovation More: Policy or Policy Uncertainty? [J]. *Journal of Financial and Quantitative Analysis*, 2017, 52(5): 1 890-1 898.

[2] Bhattacharya, U P-H Hsu, X Tian and Y Xu. What Affects Innovation More: Policy or Policy Uncertainty? [J]. *Journal of Financial and Quantitative Analysis*, 2017, 52(5): 1 890-1 898.

(续表)

分表B：赫芬达尔指数（低）

变量	专利数量（1）	专利引用次数（2）	专利原创性（3）	专利数量（前25%）（4）	专利数量（后25%）（5）	专利引用（标准差）（6）	探索性专利数量（7）	开发性专利数量（8）
选举	−0.044**	−0.094**	−0.045***	−0.031*	−0.023	−0.035	−0.034**	−0.032
	(−2.454)	(−2.151)	(−3.181)	(−1.907)	(−1.269)	(−0.846)	(−1.985)	(−1.595)
控制变量	是	是	是	是	是	是	是	是
固定效应	是	是	是	是	是	是	是	是
样本量	5 940	5 940	5 940	5 940	5 940	4 112	5 940	5 940

注：计量结果括号内为T值，***、**、*分别表示1%、5%、10%的显著性水平。

表16-3和表16-4分别对43个经济体的样本基于最多数种族人口比例和赫芬达尔指数进行分样本检验，我们发现在高最多数种族人口比例和高赫芬达尔指数的分样本中，选举对创新活动的影响并不显著；但是在低最多数种族人口比例和低赫芬达尔指数的分样本中，选举活动的影响却显著为负。分样本的结果表明在种族多元化的经济体中，政策不确定性对创新活动的抑制作用较种族单一的国家更加明显。在这些国家，换届选举带来的结果的不确定性和政治的不明朗性会更加突出，企业家对未来的政治走势更加无法看清，因而也就越发不敢冒风险去追求企业创新。这一结果加强了我们对政策不确定性和创新活动的因果关系推断。如果创新活动与政策不确定性的关系是由遗漏变量所驱使的，那么这个遗漏变量的影响应该与种族多元化一致。然而，现实情况中我们很难找到一个遗漏变量既与种族多元化相关，又与创新活动和政策不确定性的影响一致。因此，在很大程度上，我们可以推断政策不确定性和创新存在因果关系。

创新激励与创新密集型行业

通过上文的分析，我们发现在全球43个经济体中都符合结论：是政策不确定性而不是政策本身对创新活动具有不利影响。那么政策不确定性究竟怎样伤害了公司的创新活动呢？我们对此问题进行了进一步的研究。我们发现政策或者政策不确定性主要通过人才流动和行业受政策影响敞口两个渠道影响创新活动，如图16-1所示。

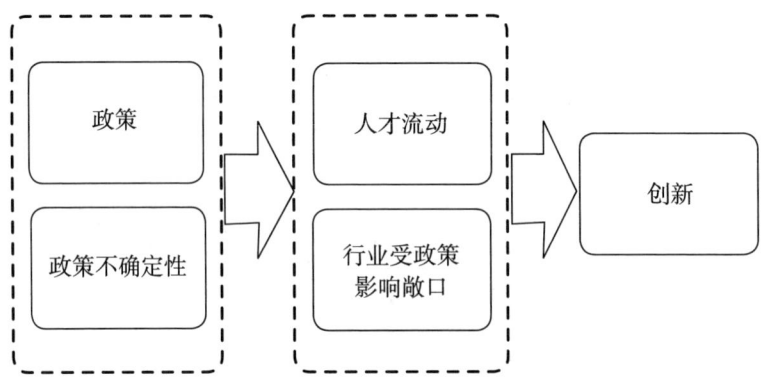

图 16-1　政策及政策不确定性影响创新的作用渠道

◇ **对创新者的激励**

首先，我们从创新活动的主体——发明人的创新动机的角度出发，试图对政策不确定性的影响进行分析。因为人口规模在我们的研究期间相对稳定，所以我们可以采用发明人的数量衡量创新动机。我们在国家－行业－年份的数据层面计算专利发明人的总数量。只要个体有专利发明，我们就将其视作发明人。

在表 16-5 中，我们发现，选举带来的政策不确定性严重抑制了一年以后发明人的创新动机。在我们逐步加入 GDP 增速、当期发明人数量这些控制变量后，结果依然十分显著。但对于政策本身，我们并没有得到稳健的结果。这说明是政策不确定性而不是政策本身通过抑制发明人的创造动力，减少了创新活动的数量，降低了创新活动的质量。

表 16-5　政策不确定性与发明人流动 [①]

变量	发明人			
	（1）	（2）	（3）	（4）
选举	−0.020*	−0.020*	−0.020*	−0.020*
	（−1.855）	（−1.922）	（−1.919）	（−1.916）
政策右倾			−0.022**	
			（−2.130）	

[①] Bhattacharya, U P-H Hsu, X Tian and Y Xu. What Affects Innovation More: Policy or Policy Uncertainty? [J]. *Journal of Financial and Quantitative Analysis*, 2017, 52(5): 1 890–1 898.

（续表）

变量	发明人			
	（1）	（2）	（3）	（4）
政策左倾				0.017
				(1.477)
控制变量	是	是	是	是
固定效应	是	是	是	是
样本量	24 360	24 360	24 360	24 360

注：计量结果括号内为 T 值，**、* 分别表示5%、10%的显著性水平。

综上所述，政策不确定性会通过影响创新人才流动影响一个国家的创新活动。在第二次世界大战期间，由于战争因素德国经济政治环境具有很大的不确定性，一些著名的犹太裔科学家为了免受纳粹迫害，追求更稳定的工作环境和更优越的工作待遇，纷纷移民到较晚参战因此本土也较少受到战争影响的美国进行创新活动，这种人才流动加剧了德国创新实力的衰落和战后美国科技实力和综合国力的提升。

◇ **创新密集型行业**

如果政策不确定性不利于开展创新活动，那么我们应该观察到，创新密集型或者高科技行业受到政策不确定性的影响会更显著。我们构建了一个行业创新强度和选举的交互项来检验这一假说。我们基于 Acharya 和 Subramanian（2009）的方法构建创新强度变量。行业的创新强度代表了行业的创新动力。如果该行业的创新活动在该年全国所有行业中排名前30%，我们将其定义为创新密集型行业，该行业的"密集强度"指标取值为1，否则为0。在表16-6中，我们还进一步控制了国家、行业联合固定效应和国家、年份联合固定效应。创新强度和选举的交互项是我们最重要的解释变量，它反映了政策不确定性对不同行业创新活动的异质性影响。

表 16-6 不同行业之间的政策不确定性与企业创新[①]

变量	专利数量 (1)	专利引用 次数 (2)	专利原创 性 (3)	专利数量 (前 25%) (4)	专利数量 (后 25%) (5)	专利引用 (标准差) (6)	探索性 专利数量 (7)	开发性专 利数量 (8)
选举 × 创新强度	−0.022***	−0.035**	−0.026***	0.003	−0.007	−0.026**	−0.015**	−0.018*
	(−3.193)	(−2.416)	(−4.488)	(0.403)	(−0.858)	(−2.023)	(−2.103)	(−1.959)
创新强度	0.027***	0.062***	0.031***	0.029***	0.037***	0.021*	0.031***	0.018***
	(3.443)	(3.792)	(5.882)	(3.863)	(5.163)	(1.835)	(4.149)	(2.721)
固定效应	是	是	是	是	是	是	是	是
样本量	25 060	25 060	25 060	25 060	25 060	20 110	25 060	25 060

注：计量结果括号内为 T 值，***、**、* 分别表示 1%、5%、10% 的显著性水平。

从上表可以发现，只有在专利引用排名前 / 后 25% 数量这两列中，创新强度和选举的交互项的系数不显著，在其他列中创新强度和选举的交互项的系数均显著为负。这显示科技行业的创新活动更容易受到政策不确定性的影响。由于加入了国家、行业联合固定效应和国家、年份联合固定效应，一些随时间变化的行业、国家特征都被控制住，这进一步表明我们构建的模型是有效并且无偏的。

中国的经验证据

我们 2017 年的研究发现在全球 43 个经济体（不包括中国）中，政策不确定性会通过影响企业的创新动机对企业的创新产生负面影响。然而中国尚处于经济发展转型阶段，政府一方面作为政策的制定者和市场环境的监管者，另一方面又掌握着市场重要资源的分配权利，这进一步扩大了政策环境对企业经营活动的影响。由于新兴转轨国家的制度环境不完善造成的外部不确定性，企业必须时刻关注政府提供的动态性制度安排所带来的市场机会和政策机会，并进行企业决策调整（陈德球等，2016）。在此背景下，研究如何建立合理的制度环境，降低市场参与主体——企业，在创新过程中遇到的不确定性风险并进一步激励企业创新显得尤为重要。

在研究中国市场中政策不确定性对企业经营活动所起作用的学者中，一部分

[①] Bhattacharya, U P-H Hsu, X Tian and Y Xu. What Affects Innovation More: Policy or Policy Uncertainty? [J]. *Journal of Financial and Quantitative Analysis*, 2017, 52(5): 1 890–1 898.

学者通过研究创新的投入过程——投资，分析政策不确定性如何影响企业的投资活动。李凤羽和杨墨竹（2015）使用 BBD 指标（Bsker, et al., 2016）政策不确定性综合指标，发现政策不确定性对企业的投资行为会产生抑制作用，并且这种抑制作用受到企业投资不可逆程度、学习能力、所有权性质、机构持股比例以及股权集中度等因素影响。饶品贵等（2017）发现政策不确定性高时，企业投资显著下降，但是投资效率反而提高，这一效应对那些受政策影响大的企业群体更为明显。罗知和徐现祥（2017）指出，面对政策不确定性，我国企业投资行为表现出明显的所有制偏向，即国有企业选择跟进，而非国有企业选择等待，甚至在短时间内减少投资。

迷你案例 MINI CASE

政策不确定性打乱恒天然投资布局

对于奶制品产品，2013 年国家食品药品监督管理总局等九部委陆续出台相关意见，要求"婴幼儿配方奶粉生产企业须具备自建自控奶源"，因此知名牧场集团恒天然集团（Fonterra Co-operative Group）的建设步伐也不得不随之调整。恒天然集团是全球最大的乳制品出口商，占全球乳品贸易的 1/3，同时也是世界第六大乳制品生产商。为符合政策要求，恒天然和雅培合伙在山东准备构建醇源有机牧场以期健全本地供应链体系。醇源牧场项目分为三步走，2016 年开始，2018 年竣工。然而 2016 年 10 月，监管部门又出台了新的政策：配方注册制。政策要求，自 2018 年 1 月 1 日起境内生产销售和进口的婴幼儿配方奶粉需进行注册管理，每个厂商最多保留三个配方系列。国外企业配方往往多于三个，如何进行销售将是它们亟待解决的问题。不仅国外的企业有压力，国内的企业也倍感压力。国内知名品牌伊利、贝因美等产能巨大。配方制度使市场格局重新洗牌，市场竞争的白热化导致企业竞相杀价甩货，乳制品市场价格持续走低，预期销售利润的不确定性增大。这直接导致原本计划于 2018 年竣工的醇源牧场项目延期动工。该项目"存在问题"一栏显示："国家最近修订了婴幼儿配方奶粉注册的相关法规，并且乳制品产业政策在修订中，导致奶制品加工项目延期动工"。此外，大量品牌由于此新政的颁发不得不退出市场，或者慌忙调整自己的步伐。不得不说，频繁出台的监管政策在清理整顿市场的同时，也让企业不得不在原计划的轨道中不断调整以适应新的政策。而这无疑在某种程度上延缓了企业投资项目的开展。

另一部分学者则研究政策不确定性对企业创新产出的影响。郝威亚等（2016）基于实物期权理论，发现随着经济政策不确定性的提高，企业会推迟研发投入决策，从而抑制企业创新，并进一步从不同融资约束和不同性质企业的角度验证政策不确定性对创新的作用机制。陈德球等（2016）基于政治关联的视角分析政策不确定性如何影响企业创新效率。他们发现由市委书记的变更引发的政策不确定性会降低企业的投资效率，并且这种影响对于有政治关联的企业作用更加明显。佟家栋和李胜旗（2015）从微观产品的视角研究了贸易政策不确定性对中国出口企业产品创新的影响。结果表明：加入世界贸易组织后，贸易政策不确定性的降低显著提高了中国出口企业的产品创新效率。

中国经济正处于转型时期，基于这一背景的政策不确定性与企业创新之间关系的研究较少，现有的研究结果支持政策不确定性假说而不是政策倾向性假说。其中大部分研究仍是基于实物期权理论进行分析的。而与美国市场不同的是，中国市场上市公司股权结构相对集中，国有企业占据主导地位，政府对市场的宏观调控较多，因此有较多的文献基于所有权性质以及政治关联角度分析政策不确定性对微观企业经营活动的影响。

政策不确定性与风险投资

如前文所述，尽管研究发现政策不确定性抑制了企业的外部投资和内部研发投资行为，阻碍了企业创新。但是，大部分研究仍然基于上市公司等，对非公开市场投资活动的研究仍处于空白阶段。在私募市场中，风险投资作为企业融资的重要渠道，对国家经济发展和创新创业活动有重要作用。自1999年以来，美国超过60%的上市公司在种子期就曾接受风险投资的资金支持。在公开市场中，我们发现政策不确定性抑制了企业投资和创新活动，那么在非公开市场中政策不确定性对VC的投资行为和投资绩效又有什么样的影响呢？

为了填补上述研究空白，我和我的学生叶恺蕾（目前在美国北卡罗来纳大学教会山分校金融学博士项目就读）基于1987年至2015年的VentureXpert数据库中风险投资数据，分析了政策不确定性如何影响风险投资行为和投资结果。对于风险投资，我们主要考虑了四组指标：（1）公司是否受到VC投资；（2）公司受到VC投资总金额；（3）公司受到多少家VC投资；（4）公司受到每家VC投资的平均金额。衡量政策不确定性的指标沿用Bake等（2016）研究中使用的综合指标BBD指数。加入其他影响公司投资的控制变量，并控制相关固定效应后，我们发现，政策不确定性与风险投资显著负相关，这种负相关效应在第二季度逐渐消失。另外我们还做了两个稳健性检验排除可能存在的遗漏变量问题。第一，加入一系列宏观环境的控制变量，用以控制一些宏观经济层面而非政策层面的不确定性和外部投资机会因素；第二，采用二阶段回归的方法来处理 BBD 指数可能存在的测量误差问题。

首先，在控制了一系列代表宏观经济不确定性以及投资机会等宏观经济变量之后，我们的结果依然显著。这说明宏观经济环境因素不会影响我们的结果。

其次，我们还进一步考虑 BBD 指数是否存在测量误差从而影响我们的基准回归结果。我们采用了二阶段回归的方法来排除这种可能性。由于美国经济环境和加拿大经济环境具有高度的相关性，我们在第一阶段回归中，将美国政策不确定性作为因变量，将加拿大政策不确定性作为自变量，并控制了一系列美国宏观经济因素，计算出第一阶段的残差，该残差能够比较好地排除政策不确定性指标中一些宏观经济因素导致的测量误差（Gulen and Ion，2016）。因此用残差作为第二阶段衡量政策不确定性的指标能够更准确地度量政策不确定性对风险投资的真实影响效应。二阶段回归结果说明，排除了测量误差的政策不确定性会导致风险投资在投资初创企业时更加谨慎，甚至在短时间内减少投资。

同样，我们还不能放心地将上述结果直接解释为因果关系，因为风险投资本身可能为了在投资活动中获利会参与并且影响政治决策，所以存在因果倒置的问题。为了解决此内生性问题，我们采用美国州层面的选举活动作为外生冲击，采用双重差分法分析选举活动导致的政策不确定性会如何影响风险投资行为。双重差分回归的结果显示，选举以及选举后两季度的系数显著为负，表明政策不确定性确实可以显著降低风险投资。

我和我的同事清华大学五道口金融学院助理教授刘碧波以及我的博士生李响最新的工作论文"政策不确定性如何影响 P2P 投资"，研究了政策不确定性如何影响美国互联网金融平台 Prosper 上投资者的投资行为。我们从供给和需求两个渠道分析政策不确定性如何影响 P2P 投资。我们的研究发现，是政策不确定性导致了投资者投资意愿的下降，而不是投资机会的减少导致市场上达到均衡的投资行为的减少。

本章小结

本章分析了政策不确定性对企业创新的影响及其传导机制。本章要点总结如下：

1. 对企业创新而言，政策不确定性对实体经济会产生真实影响；

2. 政策不确定性能够通过影响投资的实物期权价值和政府购买影响企业的投资行为；

3. 总统大选或者议会选举带来的政策不确定性阻碍了企业创新，对发明人的激励和行业本身的技术密集程度是两个潜在作用机制；

4. 经济政策不确定性（用 BBD 指数衡量）不利于风险投资行为，会降低风险投资绩效；

5. 政策环境的稳定对促进企业创新具有重要作用。

参 / 考 / 文 / 献

[1] 陈德球，金雅玲，董志勇. 政策不确定性，政治关联与企业创新效率 [J]. 南开管理评论，2016, 19(4): 27–35.

[2] 郝威亚，魏玮，温军. 经济政策不确定性如何影响企业创新？——实物期权理论作用机制的视角 [J]. 经济管理，2016, (10): 40–54.

[3] 李凤羽，杨墨竹. 经济政策不确定性会抑制企业投资吗？——基于中国经济政策不确定指数的实证研究 [J]. 金融研究，2015, (4): 115–129.

[4] 罗知，徐现祥. 投资政策不确定性下的企业投资行为：所有制偏向和机制识别 [J]. 经济科学，2017, (3): 88–101.

[5] 饶品贵，岳衡，姜国华. 经济政策不确定性与企业投资行为研究 [J]. 世界经济，2017, 40(2): 27–51.

[6] 佟家栋，李胜旗. 贸易政策不确定性对出口企业产品创新的影响研究 [J]. 国际贸易问题，2015, (6): 25–32.

[7] Acharya, V V and K V Subramanian. Bankruptcy Codes and Innovation [J]. *Review of Financial Studies*, 2009, 22(12): 4 949–4 988.

[8] Aghion, P and J Tirole. The Management of Innovation [J]. *Quarterly Journal of Economics*, 1994, 109(4): 1 185–1 209.

[9] Akey, P. Valuing Changes in Political Networks: Evidence from Campaign Contributions

to Close Congressional Elections [J]. *Review of Financial Studies*, 2015, 28(11): 3 188-3 223.

[10] Alesina, A, A Devleeschauwer, W Easterly, et al. Fractionalization [J]. *Journal of Economic Growth*, 2003, 8(2): 155-194.

[11] Baker, S R, N Bloom and S J Davis . Measuring Economic Policy Uncertainty [J]. *Quarterly Journal of Economics*, 2016, 131(4): 1 593-1 636.

[12] Bernanke, B S. Irreversibility, Uncertainty, and Cyclical Investment [J]. *Quarterly Journal of Economics*, 1983, 98(1): 85-106.

[13] Bhattacharya, U, P-H Hsu, X Tian, et al. What Affects Innovation More: Policy or Policy Uncertainty? [J]. *Journal of Financial and Quantitative Analysis*, 2017, 52(5): 1 869-1 901.

[14] Bilbao-Osorio, B, S Dutta and B Lanvin. The Global Information Technology Report 2013[C]. Proceedings of the World Economic Forum, 2013.

[15] Black, F and M Scholes. The Pricing of Options and Corporate Liabilities [J]. *Journal of Political Economy*, 1973, 81 (3): 637-654.

[16] Bonaime, A A, H Gulen and M Ion. Does Policy Uncertainty Affect Mergers and Acquisitions? Working paper, 2016.

[17] Connor, W. *Ethnonationalism* [M]. Wiley Online Library, 1994.

[18] Dixit, A K and Pindyck R S. *Investment Under Uncertainty* [M]. Princeton: Princeton University Press, 1994.

[19] Easterly, W and R Levine. Africa's Growth Tragedy: Policies and Ethnic Divisions [J]. *Quarterly Journal of Economics*, 1997, 112(4): 1 203-1 250.

[20] Grenadier, S R. Option Exercise Games: An Application to the Equilibrium Investment Strategies of Firms [J]. *Review of Financial Studies,* 2002, 15(3): 691-721.

[21] Gulen, H and M Ion. Policy Uncertainty and Corporate Investment [J]. *Review of Financial Studies*, 2015, 29(3): 523-564.

[22] Padro i Miquel, G. The Control of Politicians in Divided Societies: the Politics of Fear [J]. *Review of Economic Studies*, 2007, 74(4): 1 259-1 274.

[23] Julio, B and Y Yook. Political Uncertainty and Corporate Investment Cycles [J]. *Journal of Finance*, 2012, 67(1): 45-83.

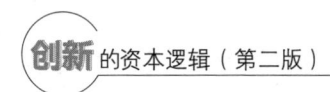

[24] Kim, H and H Kung. The Asset Redeployability Channel: How Uncertainty Affects Corporate Investment [J]. *Review of Financial Studies*, 2016, 30(1): 245–280.

[25] Knack, S and P Keefer. Does Social Capital have an Economic Payoff? A Cross-country Investigation [J]. *Quarterly Journal of Economics*, 1997, 112(4): 1 251–1 288.

[26] La Porta, R, F Lopez de Silanes, A Shleifer, et al. The Quality of Government [J]. *Journal of Law, Economics, and Organization*, 1999, 15(1): 222–279.

[27] Nguyen, N H and H V Phan. Policy Uncertainty and Mergers and Acquisitions [J]. *Journal of Financial and Quantitative Analysis*, 2017, 52(2): 613–644.

[28] Rodrik, D. Policy Uncertainty and Private Investment in Developing Countries [J]. *Journal of Development Economics*, 1991, 36(2): 229–242.

[29] Snowberg, E, J Wolfers and E Zitzewitz. Partisan Impacts on the Economy: Evidence from Prediction Markets and Close Elections [J]. *Quarterly Journal of Economics*, 2007, 122(2): 807–829.

[30] Solow, R M. Technical Change and the Aggregate Production Function [J]. *Review of Economics and Statistics*, 1957, 312–320.

[31] Stock, J H and M W Watson. Disentangling the Channels of the 2007–2009 Recession. Working paper, 2012.

[32] Tian, X and Ye. Does Political Uncertainty Affect Venture Capital? Working paper, 2016.

第 17 章

制度创新与企业创新：国有企业与股权分置改革

> 企业是技术创新的主体，技术创新将促进国家发展、民族进步。股权分制改革（简称"股改"）这一制度创新的实践经验告诉我们，国有企业只有实现投资者利益趋同、信息充分流动，致力于长期价值的实现，才能激发自身的创新潜力。研究发现股权分置改革是国有企业和民营企业创新增长的分水岭，其使国有企业创新活力得以释放。股权分置改革后，国有上市公司相比民营上市公司平均每年多产出11.5%的发明专利。创造公平的竞争环境，引导国有企业和民营企业的合作交流，实现社会主义多种所有制结构的紧密结合，是我国继续改革和创新的有力保障。本章重点分析股权分置改革带来的金融市场发展以及对企业创新的影响。

中国渐进式的经济改革之路取得了巨大成功。自2010年始，中国已经成为世界第二大经济体，同时，国有经济成为国民经济的主导力量。国有企业在许多重点领域掌握了核心技术，如在党的十九大报告中提到的天宫、蛟龙、天眼、悟空、墨子、大飞机六项重大科技成果，国有企业在其中承担重要任务。国有企业的改革与发展贯穿中国经济改革始终，关乎中国经济转型成败。党的十九大报告用100余字做出了未来国企改革发展的部署，"要完善各类国有资产管理体制，改革国有资本授权经营体制，加快国有经济布局优化、结构调整、战略性重组，促进国有资产保值增值，推动国有资本做强做优做大，有效防止国有资产流失。深化国有企业改革，发展混合所有制经济，培育具有全球竞争力的世界一流企业。"2020年中国"两会"

期间政府工作报告进一步提出"提升国资国企改革成效。实施国企改革三年行动。完善国资监管体制，深化混合所有制改革。基本完成剥离办社会职能和解决历史遗留问题。国企要聚焦主责主业，健全市场化经营机制，提高核心竞争力。"

2020年是国企改革"承上启下"的关键之年：一是《关于深化国有企业改革的指导意见（2015）》要求国企到2020年在重要领域和关键环节取得决定性成果；二是未来三年是国企改革的关键阶段，2020年则是国企改革三年行动方案的头年，将重点在完善国资监管体制、深化混合所有制改革、剥离办社会职能和解决历史遗留问题、聚焦主责主业、健全市场化经营机制、提高核心竞争力等国企改革关键领域提升改革成效。通过梳理国有经济改革与发展历程，我们探索了未来国企创新之路，同时，我们需要认真思考并回答如下几个问题：

- 政府与市场的关系如何发展变化？国企的生产力能否得到改善？
- 资本市场在国企民营化或与其他资本融合中究竟发挥了什么作用？
- 国企改革中如何改进最重要的激励与信息问题？政府如何扮演"帮助之手"或是"掠夺之手"的角色？政府在授权经营与信息成本之间如何权衡决策？
- 国企创新表现如何？如何做强国企，释放创新活力？

国有企业改革的初步探索

◇ 国有企业改革历程

Jefferson 和 Su 在 2006 年的研究中将中国国有企业改革历程划分为四个相互关联的阶段。第一阶段是大批非国有企业的出现；第二阶段是在已经成型的国有企业体系中实行管理控制权改革，例如通过合同责任制加强对经营者的激励；第三阶段是非国有资本进入国有企业，改变了国有企业的资产结构；第四阶段即所有制改革，通常是从国有或集体所有制企业转变为现代所有制企业——这一阶段可以视为前三个阶段改革的结果。

在20世纪80年代中期之前，中国企业所有制改革主要是通过非国有企业进入市场来实现的，这些非国有企业主要有三种类型：一是集体所有制企业，尤其是20世纪80年代急剧扩张的乡镇企业；二是个体户；三是合资企业，这些合资企业的外资主要来自亚太经合组织，其通过境外直接投资参与合资企业的组建，这类企业进入市场后，成为中国工业体系新进企业的重要部分，并在与国内其他类型企业的竞争中，激发了国有企业的改制与变革。

20 世纪 80 年代中期，为了加强和厘清国有企业经营者的激励和奖励制度，企业合同责任制被引入国有企业管理中。政府对国有企业控制权进行了从政府监管机构到企业的重新分配，并在管理人员、职工委员会、企业党委之间横向分配管理权。国有企业经理就具体条款与政府签订合同。经理负责实现包括销售额、盈利、资产保值增值等承诺目标，并依据合同获得报酬。Yao（2004）发现企业合同责任制的一个问题是经理权责条款的不对称：经理会因其成功得到奖励，却不会受到对其失败的惩罚。因此，合同责任制提高了经理与员工的激励，但对企业生产力的提高作用十分有限。

接下来租赁合同被引入国有企业管理中：经理通过向政府缴付固定比例的利润租赁经营国有企业。由于经理可以从企业外部招聘，采用租赁合同的一个直接的后果是民营企业家可以进入并管理国有企业。

除承包和租赁外，我国还采取了其他改革措施，其中公司合并最为突出。最初，政府限制国有企业的合并只能在国有企业之间进行。随着企业可以公开上市进行股权交易，这些限制逐渐被打破。第一例私人股本进入国有企业发生在 1986 年的三家广州国有企业中，这三家企业的雇员购买了每家企业总资产的 30%。大型国有企业改制的第一个案例发生在 1988 年 8 月，沈阳汽车公司通过向公众发行股票改制为沈阳金杯汽车股份有限公司。

1990 年深圳证券交易所和上海证券交易所的成立，使国有企业可以广泛向公众发行股票。然而，为防止国家丧失对上市国有企业的控制权，政府实施了一些限制措施，例如，要求企业保证一定比例的股票不得出售。真正的民营化是在邓小平 1992 年年初南方视察之后开始的。与许多改革一样，民营化始于地方，地方国有企业民营化的原因之一是国有部门积累了大量债务亟待解决。小城市由于经济规模较小，问题更为突出。山东省诸城市的 150 家市管企业中，103 家处于亏损状态，亏损总额为 1.4 亿元，相当于当年政府收入的 1.5 倍（Zhao，1999）。广东省顺德市在 1992 年民营化启动时也处于同样的状况。地方对此的解决方案是小型国有企业民营化。顺德和诸城更为激进，几乎所有的国有企业和集体所有制企业都被民营化。1995 年经过调查和多轮讨论，中央出台"抓大放小"的政策，对于 500 到 1 000 家大型国有企业采取控制和限制权力，小规模国有企业被租赁或出售。"抓大放小"一方面使政府能够集中力量抓好一批大型国有企业和集团，使其发挥稳定经济、参与国际国内市场竞争和贯彻国家产业政策等的骨干作用，另一方面可以放开搞活国有小企业，使其在市场竞争中发展壮大。

1997年，500家大型国有企业资产占国有企业总资产的37%，企业所得税和利润占比分别为46%和63%，控制500家最大的国有企业意味着控制了国有经济中最大的一块。从1994年开始，改制在全国推行。改制方式除了已有的两种方法：承包、租赁以外，新的方式如出售国有企业给私人、职工持股、公司合并、上市、内外部治理重组和破产都被应用其中。以国际标准衡量，改制才是民营化真正的开始。

在我国企业中，所有制分类与资产所有权结构之间的联系已经变得越来越多元。20世纪末，大中型企业中，国有企业和非国有企业数量各占一半，但1 417家国有企业申报的资产中只有少部分为国有，而1 935家非国有企业申报的资产中却大部分为国有。这种不合常理的现象在各类所有制中均有出现，给中国企业所有制分类体系带来疑问。改制的一个目的也是消除企业的"红帽子"。"红帽子"企业看上去像集体所有制企业而实际上是私营企业，1998年3月，政府发布了一项指令，要求所有"红帽子"企业在1998年11月前"脱帽"。

乡镇企业的产权一度并没有明确的定义，乡镇企业的所有者是企业家、政府或者二者兼有，但并没有明晰的产权。乡镇企业的快速成长曾一度让一些专家认为，乡镇企业对新古典主义经济学主张的明确所有权定义提出挑战（Weitzman and Xu, et al., 1994）。然而，由于乡镇企业在20世纪90年代增长放缓，相关领域研究人员开始承认模糊的产权会带来问题。同时国有企业和乡镇企业也有预算软约束的问题（Zhang, 1998）。地方政府由于承担了一定数量的乡镇企业累积的不良贷款，因此已经意识到这一问题。地方政府之间的财政竞争是我国地方国有企业民营化的主要原因（Li, Li and Zhang, 2000），而金融危机进一步导致政府寻求制度的变化（North, et al., 1989）。

在20世纪90年代中期，根据Jefferson和Su(2006)的说法，即非国有企业的进入、所有制的改革以及资产结构的变化，给深化重组带来压力。与此同时，由于亚洲金融危机和我国加入世界贸易组织的努力，不良贷款的积累和政府对金融稳定的关注加大了企业重组的压力。为了避免改革风险，政府在20世纪90年代中期颁布了三项重组政策。第一项是下岗政策，根据Rawski(2002)的研究，在20世纪90年代，国有工业企业的4 400万工人中有大约600万人下岗。通过消除国有企业员工"铁饭碗"的保证，使国企体制改革在制度上更加可行。接下来又颁布了两项企业改革政策，分别是对多数国有企业的改革任务和强化股权实验。

在"抓大放小"的口号下，我国政府要求全国范围内规模最大的300家国有企业进行转型。作为这一倡议的一部分，时任总理朱镕基给亏损的国企规定了严格的 3 年期限，要求它们在此期间实现现代企业制度转型，并扭亏为盈。国有企业和集体所有制企业对这一要求做出回应，所有制改革企业数量迅速增加。尽管在 1993 年股份制试点被引入，但直至 1997 年到 1998 年的重组计划之后，股权转换才受到国有企业的广泛响应。1997 年，中国共产党第十五届代表大会将股份制改革作为中国企业重组的核心。

从 1997 年到 2001 年，国有企业的注册数量下降了近一半。根据 Fan（2002）的研究，在这段时间里，有超过 70% 的小型国企被民营化或重组。然而，国有企业的转型并不局限于小型企业。从 1997 年到 2001 年，大中型国有企业的数量从 14 811 家减少至 8 675 家，大中型股份制企业的数量从 1 801 家增加至 5 659 家。此外，改革扩展到集体所有制企业，包括以其超群竞争力而闻名的乡镇企业。Li 和 Rozelle（2000）发现，农村地方政府所有的企业中，有超过 50% 的公司将股份部分或全部转让给私人股东。改革过程甚至在规模最大、最成功的集体所有制企业中也广泛存在。大中型公有制企业减少了 35%，从 1998 年的 3 613 家减少到 2001 年的 2 465 家。

Fisman 和 Wang（2014）发现 20 世纪 90 年代以来，国有企业改制工作逐步开始实行，许多国有企业通过重组、联合、兼并、出售、租赁、承包经营、合资、转让国有资产和实行股份制及股份合作制等多种形式进行改制。国有非流通股票没有在交易所内交易，所有权的转让可以通过私下谈判转让。因为涉及出售国有资产，出售时需要监管机构批准。这些"谈判转让"造成了寻租的可能性。对于大量的公开上市公司的非流通股份，国有企业经营者负责谈判确定股份转让的价格，这就造成了潜在买家贿赂经理人以换取低价股票的可能性，企业不得不承受低价出售的损失。在这一过程中，国有资产流失严重。

结合上述分析，在 20 世纪 90 年代末，三个因素：新企业的进入和竞争、加强管理控制，以及非国有资产的积累，为国有企业的转型创造了条件。

◇ 国有企业改制的决定因素

针对国有企业民营化和所有权转换的决定因素和影响的研究中，Yusuf 等（2005）通过对 1996 年至 2001 年间 5 个城市、7 个行业的 736 家公司的调查和研究发现：重组后，外资所有、改制国有企业和非国有企业都提高了生产率。然而，当作者使用固定效应控制潜在的内生性和选择偏差时，发现重组的影响并不稳健。尽管他们没有找到有力的统计证据表明重组会导致生产率提高，但他们的调查提供了在重组后企业得到改进的证据，这些改进包括引进新生产技术。然而，由于技术收购需要既定的吸收能力，这一发现也符合那些效率最高的公司会被选择进行改革的假说。

Song 和 Yao（2005）对 1995 年至 2001 年间 11 个城市的 683 家企业进行了调查。他们发现，国有企业盈利能力相对较弱，重组对单位成本和生产率几乎没有影响。与之前的作者一样，他们发现引入固定效应降低了相关估计的统计显著性。Xu 等（2005）采用了 1997 年和 1998 年对 1 634 家企业的调查数据，他们发现如果管理者在劳动力雇佣上拥有更多灵活性，企业治理机制在所有权和控制权之间取得更好的一致性，以及外资拥有更高的所有权，那么改制后的企业就会表现得更好。此外作者发现，具有分散的所有权和经营自主权的企业绩效较差。由于这项研究是基于单个横截面的，作者无法控制企业的异质性。因此，这些研究都没有发现稳健的证据来证明在避免选择偏差和内生性问题的情况下，企业重组会提高绩效。

Jefferson 和 Su（2006）调查了中国大中型企业的所有权改革的决定因素，发现企业所有权改革的可能性随着企业的盈利能力和生产力以及企业面临竞争的激烈程度的增加而增加。通过研究被选择进行民营化的企业特征，作者论证了研究我国国有企业民营化过程中纠正选择偏差和处理内生性问题的必要性。与 Xu 等（2005）以及 Lin 和 Zhu（2001）的研究类似，Jefferson 和 Su（2006）同样聚焦于股权改革有效性的调查数据，他们将注意力集中在调查反应上，而不是估计改革对绩效的影响上。作者报告说，尽管 34% 的受访者认为内部管理机制得到改善，23% 的人声称拥有更清晰的产权，但只有 11% 的人表示，重组导致了绩效的显著改善。不同于国企改制的研究，Li 和 Rozelle（2000）研究了江苏和浙江省 168 个乡镇企业的样本，其中 88 家已被民营化。作者发现，民营化过渡时期的成本似乎降低了企业民营化的效率，但私营企业的生产率在民营化后两年或更长时间内会提高。

总之，关于中国企业所有制改革的研究表明，在改革过程中控制选择性偏差和内生性十分重要，因为政府选择民营化的企业可能高于或低于平均水平，这将导致结果在横截面内看起来稳健，但当控制固定效应时就会模糊不清。此外，乡镇企业的经验表明，调整成本也应计入民营化的成本。

第17章 制度创新与企业创新：国有企业与股权分置改革

◇ **国企改制效果**

表17-1摘自Jefferson和Su（2006）的文章，表中显示了1994年及2001年，中国大中型企业所有权状况的变化。如表所示，国有企业和集体所有制企业的比例显著下降，而其他所有权类型企业的比例大幅增长。评估所有权变更有意义的一种方法是比较处在不同所有权分类中的企业的业绩，表17-2是各类所有权企业的业绩回归结果。

表17-1 企业所有者类型及比例

所有者类型	数量[比例] 1994年	数量[比例] 2001年
国有	15 533 [67.9%]	8 675 [37.9%]
集体所有	4 068 [17.8%]	2 465 [10.8%]
港澳台资	967 [4.2%]	2 271 [9.9%]
外资	1 041 [4.6%]	2 675 [11.7%]
股权所有	961 [4.2%]	5 659 [24.7%]
私人	7 [0.0]	984 [4.3%]
其他境内机构	293 [1.3%]	149 [0.7%]
总数	22 870 [100.0%]	22 878 [100.0%]

表17-2 各类所有权企业业绩回归结果

变量	单位劳动力增加价值	单位资本增加价值	利润率
资产/劳动力	0.580 (164.763)	−0.420 (119.419)	
集体所有	0.308 (24.005)	0.308 (24.005)	−0.054 (4.983)
港澳台资	0.342 (16.404)	0.342 (16.404)	−0.038 (2.161)
外资	0.563 (26.914)	0.563 (26.914)	0.118 (6.741)
股权所有	0.428 (40.585)	0.428 (40.585)	0.118 (13.31)
其他境内机构	0.315 (9.398)	0.315 (9.398)	−0.065 (2.297)

（续表）

变量	单位劳动力增加价值	单位资本增加价值	利润率
私人	0.509	0.509	−0.108
	(19.609)	(19.609)	(4.942)
国有资产比例	−0.046	−0.046	0.004
	(31.394)	(31.394)	(3.257)
港澳台资及外资比例	0.062	0.062	−0.008
	(23.786)	(23.786)	(−3.571)
固定效应	是	是	是
样本量	96 908	96 908	87 820

注：计量结果括号内为 T 值。

表17-2比较了不同所有制企业的业绩，即通过每单位劳动力增加价值衡量劳动力生产率、通过增加价值除以固定资产的净值衡量资本生产率。为了评估所有权的重要性，回归模型不仅包括所有权哑变量，还包括对资产组合的衡量，即国有资产的比例、港澳台资及外资的合计比例，以及资产劳动力比率。如表17-2所示，给定企业的所有权分类，企业的非国有资产组合大大增加了企业的预期业绩。

这些结果衡量了现有所有权结构对企业业绩的影响，其意义是有限的。首先，进行所有制改革和未进行改革的企业质量差别可能源于选择偏差，因为被选择进行所有制改革的国有企业可能不是典型的现存国有企业。如果被选择的国有企业在改革之前的表现就高于平均水平，那么其改革后的任何质量优势都可能只是反映了选择高质量企业进行改革的倾向。其次，由于内生性，可能存在管理质量之类被忽略的变量同时与解释变量和被解释变量相关，引起系数估计的误差。最后，在改革之后，企业可能需要时间来适应新的管理安排，并实现与企业的劳动力、资产构成和产品组合变化相关的效率改进，所以在改革之后，民营化带来的收益可能只出现在改革一个或多个年份后。

表17-3中的结果验证了所有制改革的三个影响路径——改革的直接影响、持续影响，以及非国有资产的增长。这些对中国企业的投入要素组合改革的影响表明，作者对盈利能力受到改革影响的估计可能对所选的度量方式很敏感。而用资本收益率作为盈利指标，所有制可以通过所有三个路径提高企业盈利能力，并且结果是显著的。

表 17-3　企业资本比例回归结果

变量	利润率（最小二乘法）	利润率（工具变量）
业绩	−0.159	−0.159
	(−63.01)	(−62.57)
所有者类型（连续变量）	0.008	0.011
	(2.78)	(4.02)
所有者类型（哑变量）	0.009	0.016
	(3.18)	(5.73)
非国有资产比例	0.086	
	(12.74)	
非国有资产比例的工具变量		0.183
		(8.18)
非国有资产比例对数	0.022	0.033
	(7.72)	(8.39)
1996 年	−0.002	−0.003
	(−1.26)	(−1.51)
1997 年	−0.004	−0.005
	(−1.91)	(−2.57)
1998 年	−0.002	−0.004
	(−1.10)	(−1.93)
1999 年	−0.000	−0.003
	(−0.22)	(−1.70)
样本量	20716	20716

注：计量结果括号内为 T 值。

对于民营化的效果也有学者进行了分析（Bai，Lu and Tao，2009）。研究样本中的企业在 1998 年全部为国有企业。在 1999 年至 2003 年间，它们在不同的时间和程度上被民营化。为了控制企业中观察不到并且不随时间变化的特性，检验使用了企业固定效应模型。此外，作者将 1999 年至 2002 年间进行民营化和直到 2003 年才进行民营化的国有企业的业绩进行了比较，以 2003 年改制的国有企业为参照组，利用这些企业在改制前的特征，比较分析 1999 年至 2002 年改制的国有企业的改制效果。因变量是职工人数对数、财务费用率和销售利润率。关键的自变量是衡量民营化程度和关于国有企业隶属于政府关系（中央、省、市、县）水平的虚拟变量。

研究发现，对县属或市属国有企业，职工人数对数和财务费用率随着民营化程度的加深而减少。对央属或者省属国有企业，职工人数对数和财务费用率随着民营化程度的加深而增加。对其他的指标也有相同的发现，隶属于县、市政府的国有企业销售利润率随着民营化程度的加深而显著提升，但隶属省政府或中央政府的国有企业并没有显著提升。

以上的有关不同类型国有企业民营化的结果都支持了以下观点：我国针对计划经济中的政府集中控制，采取这种渐进式的转轨方式既能维护社会稳定同时还可以保护企业的经营环境。

资本市场与国企民营化

在我国经济改革的过程中，股票发行是国企实现民营化的重要形式。1990 年，中国仅有 8 家企业在当年公开上市，而截至 2017 年 12 月 2 日，市场共有 3 447 家 A 股上市公司和 96 家 B 股上市公司。上市公司市值也从 1990 年的 8 100 万元人民币增长到 62 万亿元。近 2/3 的上市公司不同程度地由政府持股和控制。政府不能随意交易持有的上市公司股票。除政府持股外，上市公司还有三种股份：法人股、个人股（A 股）和外资股（B 股）。

1993 年 4 月，国务院发布《股票发行与交易管理暂行条例》，要求国有股的交易需要从相关机构得到批复，但没有出台相关实施细则。当时出于对公有制为主体的理解，并且中国证券市场仍然处于试验阶段，政府对国有股流通问题采取搁置的办法是在特殊的历史时期朝着既定方向稳步推进时最小代价的路径选择。

股权分置指 A 股上市公司分为流通股和非流通股，除了持股成本的差异和流通权不同之外，这两种股份具有相同的权利。股权分置改革之前非流通股禁止在二级市场交易，只允许在特定的机构并且通过相关监管机构批复才能进行交易，流通股对二级市场和公众投资者开放。

流通股和非流通股并存的现象是中国证券市场独有的，其起源可以追溯到 1978 年的企业所有制改革。当时，两种企业所有制在国内并存：全民所有制和集体所有制。全民所有制企业的贡献占中国工业总产值的 78%。在 20 世纪 80 年代早期，政府制定了一系列改革措施以提高国有企业的生产力，通过向企业放权让利增强企业活力。然而，这不能从根本上解决计划经济带来的所有制结构问题，从而导致早期经济改革成效有限。

1990年，上海证券交易所和深圳证券交易所的成立是我国经济改革进程的一个里程碑。国有企业可以通过交易所向机构和个人投资者发行可流通股。此时的民营化仅在部分国有企业中进行，上市流通的国有企业股票占其中的一部分。国有非流通股无法上市自由买卖，于是在民营化进程中形成了股权分置结构。国有股以及IPO发行之前的法人股、个人股和外资股被禁止在二级市场交易。这种限制被明确写在公开招股说明书中或者公开宣布。只有新股IPO、现金增发和配售股可以在股票交易所进行交易。

◇ 国有股减持

1999年9月，中国共产党第十五届中央委员会第四次全体会议通过中国共产党关于国有企业改革和发展若干重大问题决定：必须大力促进国有企业的体制改革、机制转换、结构调整和技术进步。为了满足国有企业改革发展的资金需求，减轻国有企业福利负担和完善社会保障机制，我国开始进行国有股减持的探索性尝试。然而，减持的前提是"在不影响国家控股的前提下，适当减持部分国有股"。

1999年12月，国有股配售试点启动。中国证监会确定冀东水泥、天津港、太极集团等10家单位为国有股配售预选单位，在这些单位进行试点并优先配售给现有股东。但是由于销售价格和市场期望之间存在巨大落差，上证综指和深证成指在短短25天里下降了7.3%和6.8%，其中两家公司的配售戛然而止。

2001年6月12日，国务院颁布《减持国有股筹集社会保障资金管理暂行办法》，办法的核心是第五条，即凡国家拥有股份的股份有限公司（包括在境外上市的公司）向公众投资者首次发行和增发股票时，均应按融资额的10%出售国有股。最受争议的是第六条，即"减持国有股原则上采取市场定价方式"，把高价减持和首发、增发"捆绑"起来。13只首发新股和3只增发新股实施了国有股减持。在短短4个月内，两市下跌了30%。2001年10月22日，证监会紧急叫停《减持国有股筹集社会保障资金管理暂行办法》。

市场的反应为什么会如此巨大？市场投资者担心国有股减持会打开二级市场新增和增发的闸门，从而损害投资者利益，但又没有补偿措施，因此引起了投资者的不满。2001年11月14日中国证监会网站刊登信息，公开征集国有股减持的具体操作方案。

Calomiris、Fisman和Wang（2010）将B股作为参照组，对国有股减持进行了研究。在2001年7月24日，四家上市企业宣布它们的政府持有股份将在A股市场出售。这个消息的市场反响并不好。消息发布之后 3 天，B 股大盘下跌了 10.5%，暗示市场对政府部分持股的公司未来盈利预期降低。分析结果显示政府持股比例越大的公司，价值下跌越多。2002 年 6 月 23 日，政府宣布取消出售政府持股的计划，市场对此产生了积极的反应。消息发布之后 3 天，B 股大盘上升了 12.7%。由于 B 股与 A 股市场是分开的，研究认为政府宣布的消息引起 B 股价格的波动，可以避免 A 股价格的波动中由市场内可交易 A 股数量增加引起的波动。

表 17-4 展示了宣布出售政府持有股份以及宣布取消出售这两个事件的合并数据，对宣布取消的事件 2 使用负 CAR[-1,1]。列（2）和列（3）分别是使用未调整回报 CAR[-1,1] 以及两日回报 CAR[0,1] 的结果，结果均发现政府持股份额与回报率的负相关关系。

表 17-4 国有股减持事件 CAR 结果

变量	（1）	（2）	（3）
政府持股比例	−0.055***	−0.053***	−0.031***
	(0.017)	(0.017)	(0.016)
机构持股比例	−0.074***	−0.072***	−0.046**
	(0.026)	(0.025)	(0.022)
政治联系	0.014*	0.014**	0.012**
	(0.007)	(0.007)	(0.006)
控制变量	是	是	是
行业固定效应	是	是	是
样本量	214	214	214

注：计量结果括号内为稳健性标准误，***、**、*分别表示1%、5%、10%的显著性水平。

为了研究国有企业获得政府相关优惠（或支持）的可能来源，Calomiris、Fisman 和 Wang（2010）采用了经济特区指标。表 17-5 列（2）展示了包含经济特区直接影响的结果，经济特区变量系数为 −0.019，在 1% 的水平显著，说明处在经济特区的企业的事件回报率比不在经济特区的企业低 1.9%。在列（3），加入了政府和机构持股比例与经济特区的交互项，该变量在 5% 水平上显著，系数估计值为 −0.069，政府和机构持股比例的直接影响系数估计值为 −0.044，政治关联 × 经济特区的系数估计值是 0.045，在 1% 水平上显著。这与投资者预期政治关联在国有股减持之后更有价值的观点一致。

表 17-5　经济特区的影响

变量	（1）	（2）	（3）
政府和机构持股比例	−0.053***	−0.063***	−0.044**
	(0.017)	(0.018)	(0.022)
政治联系	0.014**	0.010	0.010
	(0.007)	(0.007)	(0.008)
经济特区		−0.019***	0.009
		(0.006)	(0.017)
持股比例 × 经济特区			−0.069**
			(0.034)
政治联系 × 经济特区			0.045***
			(0.014)
行业固定效应	是	是	是
样本量	214	214	214

注：计量结果括号内为稳健性标准误，***、** 分别表示1%、5%的显著性水平。

◇ **股权分置改革**

股权分置不能适应资本市场改革开放和稳定发展的要求，股权分置早已成为中国证券市场的一个"心病"，股权分置在很多方面制约了资本市场的规范发展和国有资产管理体制的根本性变革。中国政府逐渐意识到如果不能解决由计划经济带来的股权分置问题，深化国企改革和市场自由化便成为泡影。股权分置改革启动了国有股的市场流通自由化过程，消除了非流通股和流通股的流通制度差异。2004年1月31日颁布的《关于推进资本市场改革开放和稳定发展的若干意见》，为资本市场新一轮改革和发展奠定了基础。2005年4月30日中国证监会颁布《关于上市公司股权分置改革试点有关问题的通知》，股权分置改革试点工作宣布正式启动。基于以前的经验，这次改革并没有直接向公众投资者出售国有股，而是通过在非流通股转为流通股时给予流通股股东补偿来进行。

股权分置改革要求多于三分之二的非流通股股东同意改革方案，非流通股股东对流通股股东的利益给予补偿。改革的方案采取流通股股东和非流通股股东协商的机制，希望以此寻找利益的平衡点。此次改革在公平协商、共同信任和独立决定的原则上进行，每家公司可以针对自己的情况制订自己的方案，即由上市公司股东自主决定解决方案，但没有标准的价格和方案。方案的核心是对价的支付，即非流通股股东向流通股股东支付一定的对价，以获得其持有股票的流通权。对价可以采用股票、现金等各方共同认可的形式，试点大多选择了送股或加送现金的方案，但也出现了创新的方案，如缩股、权证等。接到流通股股东积极的反馈意见以后，公司组织专门股东会议对预设方案进行投票，投票当天流通股冻结。如果参会流通股股东投票三分之二以上通过，改革方案将递交到证监会。证监会批复通过后，改革方案生效。这一规定赋予了流通股股东很强的话语权。

为了稳定股票市场，每家公司的改革方案包含了一个12个月的非流通股股票限售期，即非流通股股东持有的非流通股股份自获得上市流通权之日起，至少在12个月内不得上市交易或转让。另外，12个月期满后，出售数量占该公司股份总数的比例在之后12个月内不能超过5%，在之后的24个月内不能超过10%。如果出售超过1%的股本需要提前2个交易日发表声明。

Cai等（2007）的论文介绍了我国国有企业民营化，即非流通股改革的背景、过程和市场反应。他们有如下发现：（1）民营化项目导致经济上适度和统计上显著的累积异常回报为4.34%。（2）民营化计划使流通股股东获得巨大的持有收益率，短期持有收益率达到54.29%，中期持有收益率达到78.22%，两者都显著不等于0，市场指数的净持有收益率具有经济和统计意义。（3）民营化方案刺激市场活性，增加市场波动性和流动性。（4）虽然个别股票与市场的变动不显著，但价格效率在短中期都有提高。

◇ **股权分置改革中的对价**

靳庆鲁和原红旗（2006）的论文对股权分置改革中影响非流通股股东支付对价的基本因素进行了研究，考察了对价是否反映公司的盈利和风险这些基本面因素。实证结果表明：在股改中，对价的确反映了公司的盈利能力和风险，公司的盈利能力和盈利质量越高，非流通股股东支付的对价越低；股票回报率风险越高，非流通股股东支付的对价越高。但是，盈利和风险这些基本信息在对价中的反映主要是由机构投资者的参与导致的，即机构投资者参与程度越高，盈利能力和风险被反映到对价之中的能力越强，这表明机构投资者在对价谈判中考虑了公司的基本面信息，而在非机构投资者为主的公司中，对价则主要依据非基本面的信息。Firth等（2010）对股权结构改革的研究同样涉及影响非流通股股东支付对价的因素。他们发现，政府持股(非流通股的主要所有者)对最终的补偿比率有积极影响。相比之下，共同基金所有者(流通股的主要机构所有者)对补偿比率，尤其是国有企业的补偿比率有消极影响。这些证据与预测一致，即国有股东有动力迅速完成改革，并对共同基金施加政治压力以令它们接受条款。

Li 等（2011）研究了我国股权民营化过程中市场摩擦的消除是否与效率提高有关。他们发现规模与风险分担的收益以及由于所有制改革而带来的更多股票对市场价格有正向影响，其研究突出了风险分担在中国股权民营化过程中的作用。

技术创新

国有经济在我国国民经济中的重要行业和关键领域占据重要地位。与社会主义市场经济相适应的现代国有企业，成为经济的主体力量之一。国有企业为国家积累财富，为社会提供产品和服务。在科技创新中，北斗系统、蛟龙号、高速列车等军工、民用领域的重大创新不断证实国有经济在民族发展中的重要地位。国有企业坚定践行国家战略，担当社会责任，是我国社会主义建设的中流砥柱，是推动经济发展，维护社会稳定，保障国家安全的重要力量。

随着改革的深入开展与经济结构的自然调整，改革开放将创新、创业的地位推到了历史新高。在此环境下，国有企业无疑将面临严峻挑战。过去，"集中优势做大事"的同时，国有企业也存在产权不明、责权不清、多重代理问题严重、效率低下等问题。这些问题严重制约了国有企业效能的发挥。改革开放的实践证明，唯有深化国企改革，激发其创新活力，才能保证国有企业在科技兴国战略中起到应有的作用，为社会主义市场经济的建设发展保驾护航、添砖加瓦。

◇ 民营化与企业创新

创新驱动与国有企业改革无疑是本轮改革中的重点。我和 Otago 大学的谈勇贤副教授、Valdosta State 大学的张新德副教授和西南财经大学的赵海龙副教授于 2020 年发表在 *Journal of Corporate Finance* 上的文章利用 2005 年中国资本市场重要的股权分置改革揭示股权结构改革与创新之间的因果关系，以及形成这种关系的内在机理。在实际研究中，界定国有股权变化对实体经济，尤其是对创新的影响是非常具有挑战性的工作。首先，大量的国有企业股权变化并不常见，而股权分置改革恰恰提供了这样的变化。股权分置改革中，所有的上市公司，包括国有和民营，都必须将所有非流通股转换为流通股，从而导致股权结构的巨大转变。其次，传统上通过上市实现国有股权结构变更的通常是一些大型国有企业,很难为其找到相匹配的类似国有企业;而股权分置改革中涉及的上市民营企业同样是规模较大,并且是民营企业中比较优秀的个体。这种比较更能客观刻画出国有企业股权结构变化给其科技创新带来的决定性影响。

在股改过程中,国有企业的股权构成经历了结构性的转变。研究样本显示,国有企业大股东持股比例从股改前到股改后第4年,由49.3%下降到39.5%。绝对持股量降低了约9.8%,相对持股量降低了约19.87%。我们的研究揭示了此次重大股权结构变化对国有企业创新所带来的影响。

我们的研究采用双重差分法,发现股权结构变化对国有企业创新起到了决定性的影响。如表17-6所示,股权分置改革后,股权结构的变化使国有企业发明与实用新型专利数量和发明专利数量分别比民营企业多增长了13.4%和11.5%。

表17-6 股权分置改革与企业创新

变量	发明与实用新型专利数量$_{t+4}$ (1)	发明专利数量$_{t+4}$ (2)
国企 x 股权分置改革	0.134***	0.115***
	(2.880)	(3.272)
公司杠杆	0.007	0.001
	(0.104)	(0.017)
有形资产	−0.066	−0.077
	(−0.626)	(−1.061)
公司盈利	0.182	0.124
	(1.615)	(1.593)
销售增长	−0.008	−0.010
	(−0.570)	(−1.089)
公司年龄	0.274***	0.119*
	(3.093)	(1.832)
销售规模	0.082***	0.052***
	(3.860)	(3.727)
年度和公司固定效应	是	是
样本数	8 965	8 965

注:计量结果括号内为稳健性标准误,***、*分别表示1%、10%的显著性水平。

◇ 中国企业创新的度量

依据专利法，中国专利主要有三种类型：发明、实用新型和外观设计。发明专利，指对产品、方法或者其改进提出的新的技术方案，与美国的开发性专利类似；实用新型专利，指对产品的形状、构造或者其结合提出的实用性较强的新的技术方案，与欧洲和日本的实用新型专利类似；外观设计专利，指对产品的形状、图案或者其结合以及色彩与形状、图案的结合提出的富有美感并适于工业应用的新设计。

显而易见，三种类型专利的创新性差异显著。发明专利技术创新性最高，而外观设计仅是产品外形的改造，技术含量最低。因此，我们将上市公司（包括子公司、联营公司和合营公司）申请并被最终被授予的发明和实用新型专利总数作为创新产出数量的度量标准，而将发明专利数量作为创新质量的度量标准。

在将专利数据和上市公司匹配时，我们按专利申请年度而非最终授予年度进行匹配。另外，为降低数据偏度的影响，对专利数量加1然后取对数。

专利引证数量已经成为标准的专利质量度量，由于专利引证的持续时间非常长，如Hall和Adam（2002）所说：50%的专利引用在专利出现的10年以后，25%的专利引用在20年以后。中国专利历史相对较短，由此引发严重的截尾问题，因此除专利引证外，专利的技术分类（Lerner，1994）、专利的要求权（Lanjouw and Schankerman，2004）和度量专利的投入与努力变量也反映了专利的质量。计量结果如表17-7所示，我们发现股权分置改革后，国企创新产出数量的增加并没有牺牲专利的质量。

表17-7 股权分置改革与企业创新质量

变量	专利总引用$_{t+4}$ (1)	专利平均引用$_{t+4}$ (2)
国企 × 股权分置改革	0.129**	0.037
	(2.571)	(1.369)
公司杠杆	0.009	−0.013
	(0.126)	(−0.297)
有形资产	−0.092	−0.049
	(−0.842)	(−0.762)
公司盈利	0.161	0.061
	(1.374)	(0.868)

（续表）

变量	专利总引用 $_{t+4}$ （1）	专利平均引用 $_{t+4}$ （2）
销售增长	−0.024*	−0.010
	(−1.908)	(−1.489)
公司年龄	0.132	0.049
	(1.405)	(0.964)
销售规模	0.068***	0.018**
	(3.621)	(2.160)
年度和公司固定效应	是	是
样本数	8 965	8 965

注：***、**、* 分别表示1%、5%、10%的显著性水平。

◇ "控股股东和少数股东利益冲突" 机制

Grossman 和 Hart（1998）以及 Shleifer 和 Vishny（1997）指出，控股股东和少数股东之间存在利益冲突，控股股东会以少数股东利益为代价，获取控制权私利。股改前，国有企业面临更大的股东利益冲突。国有企业的控股股东或非流通股股东，无法获取股价升值收益，因此，没有动力投资短期投入大但是有长期价值的项目，而创新恰恰是这种项目。同时，国有企业承担更多的行政负担，如提高就业水平和促进地方经济增长。从企业自身角度而言，投资创新活动与少数股东利益并不一致。此外，国有企业控股股东同样可能直接剥削少数股东利益，比如进行利益输送和关联交易。

股权分置改革完成后，非流通股股东在支付兑价后获得股票的流通权，可以在锁定期结束后出售股票，从而获得股票升值收益。因此，控股股东和少数股东利益趋于一致，控股股东进行创新投资，提高企业价值的激励增加。对国有企业控股股东而言，他们在股权分置改革前拥有更多的非流通股，而民营企业控股股东在股权分置改革前拥有相当数量的流通股，因此，可以预期，股权分置改革可以减少控股股东和少数股东之间的利益冲突，促进企业进行创新投资的效应在国有企业中更加明显，特别是在股权分置改革前利益冲突更严重的企业中，股权分置改革促进企业创新的效应会更显著。

上市公司和关联方可以通过关联交易，实现资源转移。我们采用股权分置改革前的关联交易水平度量利益冲突。如表 17-8 所示，列（1）和列（2）是以发明和实用新型专利数量为被解释变量的结果，列（3）和列（4）是以发明专利为被解释变量的结果。分组结果显示，关联交易水平高组的列（2）和列（4），国企在股权分置改革后创新产出显著增加，列（1）和列（3）则均不显著。由此说明，利益冲突严重的企业，股权分置改革激励国有企业的创新效应更显著。

表 17-8 利益冲突机制检验（1）

	发明与实用新型专利数量$_{t+4}$		发明专利数量$_{t+4}$	
分组变量：股改前关联交易水平	低组	高组	低组	高组
	（1）	（2）	（3）	（4）
国企 × 股权分置改革	0.057	0.244***	0.055	0.167***
	(0.840)	(3.213)	(1.061)	(2.963)
公司杠杆	−0.001	−0.023	−0.029	0.040
	(−0.006)	(−0.239)	(−0.409)	(0.562)
有形资产	0.009	−0.023	−0.006	−0.079
	(0.057)	(−0.154)	(−0.059)	(−0.790)
公司盈利	0.222	0.211*	0.134	0.119
	(0.819)	(1.723)	(0.685)	(1.501)
销售增长	0.005	−0.008	0.004	−0.011
	(0.156)	(−0.485)	(0.181)	(−1.003)
公司年龄	0.088	0.356**	0.046	0.118
	(0.608)	(2.189)	(0.407)	(1.121)
销售规模	0.132***	0.058**	0.099***	0.034**
	(2.704)	(2.500)	(3.225)	(2.311)
年度和公司固定效应	是	是	是	是
样本数	3 990	4 021	3 990	4 021
卡方值	8.019***		4.683**	
P 值	0.005		0.030	

注：计量结果括号内为 T 值，***、**、* 分别表示 1%、5%、10% 的显著性水平。

表 17-9 检验了股权分置改革后不同类型企业的关联交易情况，国企与股权分置改革交互项的系数在 10% 水平上显著且为负，说明股权分置改革后，相比非国有企业，国有企业的关联交易水平显著降低，表明股权分置改革可以协同国企控股

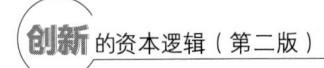

股东和中小股东的利益。股权分置改革后，国有企业控股股东与少数股东利益趋于一致，国有企业创新数量和质量显著增加，股东利益冲突降低，是股权分置改革提振国有企业创新的内在机制。

表17-9 利益冲突机制检验（2）

变量	关联交易（1）
国企 x 股权分置改革	−0.013*
	(−1.913)
公司杠杆	0.006
	(0.856)
有形资产	−0.018
	(−0.834)
公司盈利	−0.101***
	(−3.878)
销售增长	0.027***
	(7.669)
公司年龄	0.039***
	(3.407)
销售规模	−0.019***
	(−4.841)
年度和公司固定效应	是
样本数	12 060

注：计量结果括号内为 T 值，***、* 分别表示1%、10% 的显著性水平。

◇ "市场信息效率" 机制

股改促进企业创新的另一可能机制是提高股价信息效率。股改试验改变企业激励，使企业减少政治资源投入，转向实现企业利润最大化。股价信息含量低，缺乏信息效率会阻碍企业创新。一方面，资本市场不成熟时，市场价值发现功能受限，投资者没有获取个体公司信息的动力。这样，创新研发的价值得不到市场的充分认可和发现（Bhattacharya and Ritter，1983；Stein，1988）。因此，创新公司面临严重的价值低估问题。另一方面，股改前，相关企业的大部分股票为非流通股（约占 2/3），非流通股的流动性几乎为零。资本市场无法通过这些非流通股得到有效的信息。对于非流通股比例更高的国有企业而言，流通股股东无法判断企业的管理层能力和企业业绩，不能对管理层实施有效的监督（Gupta，2005）。而管理层也无法为自己的经营决策从资本市场中得到及时有效的信息回馈。"全流通"成为以上问题可能的解决方案。

Gupta（2005）对印度的研究表明，通过证券市场把国有企业部分转让给私营部门会提高国有企业的信息效率，企业的盈利能力和生产力也会因此显著提高。股权分置改革后，非流通股的市场价值得以体现，信息不对称程度降低，股价信息含量提高，因此会促进企业创新。依此逻辑，股改前股价信息效率低的企业创新将增加更多。

为了证明上述结论，论文对股改前不同水平的股价信息效率进行双重差分检验，采用股价非同步性度量股价信息效率。为了探究市场信息效率机制，以发明和实用新型专利数量和发明专利数量分别为被解释变量，表17-10中列（1）和列（3）报告的是股改前股价信息性低的企业，列（2）和列（4）是股价信息性高的企业。

表 17-10　企业信息性与创新

分组变量： 股价信息性	发明与实用新型专利数量 $_{t+4}$		发明专利数量 $_{t+4}$	
	低组 （1）	高组 （2）	低组 （3）	高组 （4）
国企 × 股权分置改革	0.206***	0.050	0.184***	0.019
	(2.867)	(0.666)	(3.256)	(0.338)
公司杠杆	−0.024	0.013	0.039	−0.025
	(−0.261)	(0.118)	(0.521)	(−0.347)
有形资产	0.085	−0.052	−0.087	0.006
	(0.467)	(−0.343)	(−0.646)	(0.063)
公司盈利	0.168	0.224*	0.056	0.118
	(0.466)	(1.672)	(0.211)	(1.322)
销售增长	0.024	−0.019	0.020	−0.020*
	(0.657)	(−1.052)	(0.779)	(−1.894)

（续表）

分组变量: 股价信息性	发明与实用新型专利数量 $_{t+4}$		发明专利数量 $_{t+4}$	
	低组 （1）	高组 （2）	低组 （3）	高组 （4）
公司年龄	0.139 (0.977)	0.223 (1.303)	0.053 (0.471)	0.078 (0.683)
销售规模	0.178*** (2.882)	0.083*** (2.686)	0.097** (2.348)	0.070*** (3.764)
年度和公司固定效应	是	是	是	是
样本数	3 842	3 902	3 842	3 902
卡方值	5.180**		9.395***	
P 值	0.023		0.002	

注：计量结果括号内为 T 值，***、** 分别表示 1%、5% 的显著性水平。

回归结果显示，只有信息效率低的企业，国企 × 股权分置改革的系数显著为正。同时，对两组回归进行怀特检验，P 值在 1% 和 5% 水平上显著，说明股改后，信息效率较低的企业创新绩效显著提高。

股改后，相比非国有企业，国有企业的股价信息效率显著提高。为了验证此假设，我们运用双重差分模型进行检验，表 17-11 检验了股改后，企业股价信息性的变化。国企 × 股权分置改革的系数在 1% 置信水平上正向显著，结果表明，相比非国有企业，股改显著提高国有企业的信息效率。

因此，股改后，国有企业股价信息性显著提高，创新数量和质量显著提升，股价信息效率提高是股改促进国有上市公司创新的有效内在机制。

表 17-11　股权改革与股价信息性

变量	股价信息性 （1）
国企 × 股权分置改革	0.065** (2.114)
公司杠杆	0.146*** (4.128)
有形资产	−0.017

(续表)

变量	股价信息性 (1)
	(−0.232)
公司盈利	0.005
	(0.047)
销售增长	0.086***
	(8.674)
公司年龄	0.266***
	(3.784)
销售规模	−0.113***
	(−9.007)
年度和公司固定效应	是
样本数	11,112

注：计量结果括号内为 T 值，***、** 分别表示 1%、5% 的显著性水平。

◇ **民营化、市场化与创新产出**

市场化程度越高，则知识产权保护力度越强，政府干预越少。制度会通过两条途径，影响国有企业股改后的创新表现。其一为知识产权保护机制；其二为利益冲突协调机制。一方面，由于知识产权保护不力，企业创新成果被侵害，企业因而减少创新投资。按照这种逻辑，股改的创新效应在市场化程度高的地区会更显著。另一方面，市场化程度越低，政府干预越多，政府和股东间的利益冲突越激烈。因此，市场化程度低的企业，会更多地受益于股改的利益协同效应。这意味着，股改的积极效应在市场化程度低的地区更显著。

表17-12　根据市场化程度分组回归

分组变量： 市场化指数	发明与实用专利数量 $_{t+4}$		发明专利数量 $_{t+4}$	
	低组 (1)	高组 (2)	低组 (3)	高组 (4)
国企 × 股权分置改革	0.236***	0.038	0.197***	0.041
	(3.506)	(0.585)	(3.952)	(0.815)
公司杠杆	−0.031	0.042	−0.026	0.026
	(−0.321)	(0.479)	(−0.347)	(0.400)

（续表）

分组变量：市场化指数	发明与实用专利数量$_{t+4}$ 低组（1）	发明与实用专利数量$_{t+4}$ 高组（2）	发明专利数量$_{t+4}$ 低组（3）	发明专利数量$_{t+4}$ 高组（4）
有形资产	−0.265*	0.124	−0.245**	0.086
	(−1.871)	(0.763)	(−2.448)	(0.761)
公司盈利	0.299**	−0.022	0.132	0.076
	(2.029)	(−0.121)	(1.296)	(0.631)
销售增长	−0.032	0.012	−0.019	−0.005
	(−1.598)	(0.603)	(−1.528)	(−0.384)
公司年龄	0.244*	0.278**	0.034	0.164*
	(1.891)	(2.278)	(0.369)	(1.732)
销售规模	0.076***	0.098***	0.047***	0.064***
	(2.856)	(3.033)	(2.696)	(3.180)
年度和公司固定效应	是	是	是	是
样本数	4 539	4 426	4 539	4 426
卡方检验	10.768***		10.809***	
P值	0.001		0.001	

注：计量结果括号内为T值，***、**、*分别表示1%、5%、10%的显著性水平

为了验证上述效应，将样本按照地区的市场化程度高低分组，分别进行回归。结果如表17-12所示，列（1）和列（3）为市场化程度低的地区，国企 × 股权分置改革的系数在1%水平上显著为正；列（2）和列（4）为市场化程度高的地区，不显著。在股改的4年后，相比非国有企业，国有企业的发明专利提高了19.7%。

政府与市场的紧密程度越低，政府干预越多，政府与股东的利益冲突越激烈。表17-13将样本按照政府—市场关系指数分组，结果显示，政府与市场紧密程度低的地区，企业的股改创新效应更显著，说明利益协调是股改提高创新的内在机制。为了进一步验证，我们将样本根据知识产权保护指数分组，分别进行回归。结果如表17-13所示，知识产区保护程度低的地区，企业的股改创新效应更显著。因此证明，股改对创新的激励更可能是利益协调机制，而不是知识产权保护机制。

表 17-13 根据政府—市场关系和知识产权保护分组回归

变量	政府—市场关系指数 发明与实用新型专利数量$_{t+4}$ 低组(1)	高组(2)	发明专利数量$_{t+4}$ 低组(3)	高组(4)	知识产权保护指数 发明与实用新型专利数量$_{t+4}$ 低组(5)	高组(6)	发明专利数量$_{t+4}$ 低组(7)	高组(8)
国企×股权分置改革	0.232*** (3.532)	0.025 (0.382)	0.194*** (3.947)	0.028 (0.567)	0.230*** (3.276)	0.048 (0.795)	0.188*** (3.640)	0.052 (1.071)
公司杠杆	0.035 (0.369)	−0.025 (−0.296)	0.016 (0.216)	−0.017 (−0.267)	0.087 (0.807)	−0.038 (−0.482)	0.059 (0.745)	−0.026 (−0.441)
有形资产	−0.269* (−1.888)	0.151 (0.939)	−0.308*** (−3.093)	0.193* (1.750)	−0.350** (−2.237)	0.145 (0.997)	−0.318*** (−2.909)	0.118 (1.176)
公司盈利	0.248* (1.758)	0.058 (0.306)	0.110 (1.100)	0.117 (0.954)	0.341** (2.267)	−0.032 (−0.189)	0.147 (1.427)	0.073 (0.632)
销售增长	−0.027 (−1.185)	0.005 (0.314)	−0.021 (−1.496)	−0.005 (−0.444)	−0.026 (−1.171)	0.003 (0.170)	−0.017 (−1.232)	−0.009 (−0.719)
公司年龄	0.161 (1.256)	0.324*** (2.637)	0.010 (0.116)	0.170* (1.727)	0.246* (1.859)	0.233** (1.969)	0.055 (0.598)	0.134 (1.397)
销售规模	0.082*** (2.987)	0.083*** (2.786)	0.050*** (2.872)	0.057*** (2.958)	0.070** (2.485)	0.105*** (4.127)	0.046** (2.565)	0.063*** (3.488)
年度和公司固定效应	是	是	是	是	是	是	是	是
样本数	4 805	4 160	4 805	4 160	4 490	4 475	4 490	4 475
卡方检验	11.824***		12.189***		9.026***		8.135***	
P 值	0.001		0.000		0.003		0.004	

注：计量结果括号内为 T 值，***、**、* 分别表示 1%、5%、10% 的显著性水平。

从股权分置改革这一资本市场制度创新的试验场景来看，国企通过制度创新获得技术创新，而股东利益趋同和股价信息效率提高是潜在的作用机制，同时国企并没有采用牺牲创新质量而追求创新数量的策略。

❏ 本章小结

本章回顾了国企改革的简要历程、资本市场在国企改革中的作用、国企治理中的关键问题及包括创新绩效在内的国企改革成效等，本章要点总结如下：

1. 国企改革事关整个经济改革的成败，我们采取了循序渐进的方法；

2. 政府在国企改革中需要解决合理界定政府与市场关系的问题；

3. 资本市场在国企改革探索中发挥重要作用，股权分置改革使国企的激励与信息问题得到极大改进；

4. 国企在关键技术领域的创新取得重要成果，整体创新产出水平在不断提高。

参 / 考 / 文 / 献

[1] 靳庆鲁，原红旗. 股改对价反映了公司的盈利和风险吗?[J]. 中国会计与财务研究，2006 (4): 1–46.

[2] Bai, C E, J Lu and Z Tao. How does Privatization Work in China?[J]. *Journal of Comparative Economics*, 2009, 37(3): 453–470.

[3] Bhattacharya, S, R Jay. Innovation and Communication: Signalizing with Partial Disclosure[J]. *Review of Economic Studies*, 1983, 50: 331–346.

[4] Cai, J, Y Li and L Xia. What will Privatization Bring: The Non-tradable Share Issue Reform in China. Unpublished working paper, 2007.

[5] Calomiris, C W, R Fisman and Y Wang. Profiting from Government Stakes in a Command Economy: Evidence from Chinese Asset Sales [J]. *Journal of Financial Economics*, 2010, 96(3): 399–412.

[6] Fan, G Progress in Ownership Changes and Hidden Risks in China's Transition[J]. *Transition Newsletter*, 2002, 13 (3), 1–5.

[7] Fan, J P H, T J Wong and T Zhang. Institutions and Organizational Structure: The Case of State-owned Corporate Pyramids [J]. *Journal of Law, Economics, and Organization*, 2013, 29(6): 1 217–1 252.

[8] Fisman, R and Y Wang. Corruption in Chinese privatizations [J]. *Journal of Law, Economics, & Organization*, 2014, 31(1): 1–29.

[9] Firth, M, C Lin and H Zou. Friend or Foe? The Role of State and Mutual Fund

Ownership in the Split Share Structure Reform in China [J]. *Journal of Financial and Quantitative Analysis*, 2010, 45(3): 685-706.

[10] Grossman, S, O Hart. One Share One Vote and the Market for Corporate Control[J]. *Journal of Financial Economics*, 1988, 20: 323-336.

[11] Gupta, N. Partial Privatization and Firm Performance [J]. *Journal of Finance*, 2005, 60(2): 987-1015.

[12] Hall, B H and B Adam. The NBER patent-citations data file: Lessons, Insights, and Methodological Tools. Patents, Citations, and Innovations: A Window on the Knowledge Economy, 2002, 403.

[13] Jefferson, G H and J Su. Privatization and Restructuring in China: Evidence from Shareholding Ownership, 1995—2001 [J]. *Journal of Comparative Economics*, 2006, 34(1): 146-166.

[14] Li, H, S Rozelle. Saving or Stripping Rural Industry: An Analysis of Privatization and Efficiency in China [J]. *Agricultural Economics*, 2000, 23(3): 241-252.

[15] Li, K, T Wang, Y L Cheung, et al. Privatization and Risk Sharing: Evidence from the Split Share Structure Reform in China [J]. *Review of Financial Studies*, 2011, 24(7): 2 499-2 525.

[16] Lanjouw, J and M Schankerman. Patent Quality and Research Productivity: Measuring Innovation with Multiple Indicators [J]. *Economic Journal*, 2004, 114(495),441-465.

[17] Lerner, J. The Importance of Patent Scope: An Empirical Analysis[J]. *RAND Journal of Economics*, 1994, 25(2), 319-333.

[18] Megginson, W L and J M Netter. From State to Market: A Survey of Empirical Studies on Privatization [J]. *Journal of Economic Literature*, 2001, 39(2): 321-389.

[19] North, D C and B R Weingast. Constitutions and Commitment: the Evolution of Institutions Governing Public Choice in Seventeenth-century england [J]. *Journal of Economic History*, 1989, 49(4): 803-832.

[20] Rawski, T G. Recent Developments in China's Labor Market. Report prepared for the International Policy Group [R]. International Labor Office, Geneva, 2002.

[21] Shleifer, A and R W Vishny. A Survey of Corporate Governance [J]. *Journal of Finance*, 1997, 52(2): 737-783.

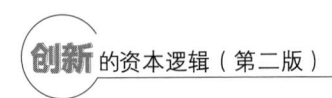

［22］Stein, J C. Information Production and Capital Allocation: Decentralized versus Hierarchical Firms [J]. *Journal of Finance*, 2002, 57(5): 1 891–1 921.

［23］Tan, Y, Tian X, X Zhang and H Zhao. The Real Effects of Partial Privatization: Evidence from China's Split Share Structure Reform [J]. *Journal of Corporate Finance*, 2020: 101661.

［24］Weitzman, M L and C Xu. Chinese Township-village Enterprises as Vaguely Defined Cooperatives [J]. *Journal of Comparative Economics*, 1994, 18(2): 121–145.

［25］Xu, L C, T Zhu and Y Lin. Politician Control, Agency Problems and Ownership Reform: Evidence from China [J]. *Economics of Transition*, 2005, 13(1): 1–24.

［26］Yao, Y. Government Commitment and the Outcome of Privatization in China[C]// Governance, Regulation, and Privatization in the Asia-Pacific Region, NBER East Asia Seminar on Economics, Volume 12. University of Chicago Press, 2004: 251–276.

［27］Yusuf, S, K Nabeshima and D H Perkins. *Under new Ownership: Privatizing China's State-owned Enterprises* [M]. The World Bank, 2005.

［28］Zhang, G. A Study on Township and Village Enterprises [D]. Ph. D. Thesis, Stockholm School of Economics: Stockholm, 1998.

［29］Zhao, X. Competition, Public Choice and Privatization in China. China Center for Economic Research Working paper Series C, 1999.

part 拓展篇

FINANCE AND INNOVATION
(SECOND EDITION)

创新的资本逻辑
（第二版）

第 18 章

金融与企业创新：一个尽量全面的文献综述

　　企业创新是近年来金融学界越来越关注的一个话题。世界排名前三位的金融学顶级期刊（*Journal of Finance*、*Journal of Financial Economics*、*Review of Financial Studies*）在 2000—2009 年总共只发表了 10 篇关于企业创新的论文，而在 2010—2019 年相关论文的发表数飞涨至 86 篇，是之前 10 年的八倍多。本章基于我和佐治亚大学 Jack He 教授合作的两篇综述文章 (He and Tian, 2018, 2020)，旨在回顾近年来快速增长的有关金融与企业创新的文献。我们将会讨论企业融资的动机和资金来源是什么，金融市场和金融制度在多大程度上影响了企业技术创新的启动、过程、特征和结果。

　　正如本书反复阐述的，由于技术创新对一个国家的经济增长（Schumpeter, 1911；Solow, 1957；Romer, 1986）和企业的长期竞争优势（Porter, 1992）至关重要，我们将要讨论的问题对于投资者、金融与企业从业人员、社会科学家、政策制定者等尤其重要。根据经济合作与发展组织（OECD）于 2015 年发布的报告，创新（包括物质资本所体现的技术进步、对知识型资本的投资、多要素生产力的增长以及创造性破坏）约占一个国家 GDP 总值的 50%，其影响因国家的经济发展水平和其所处的经济周期阶段的不同而不同。经济学家估计，一个国家经济增长的 85% 可归因于技术创新（Rosenberg, 2004）。Chang 等（2016）的文献表明，人均专利存量每增加一个标准差可以带来 0.85% 的 GDP 增长。鉴于技术创新发挥的重要作用，越来越多的金融经济学家开始探索在过去的几十年中，企业、市场和国家层面的企业创新决定因素。本章的回顾与综述提供了一篇综合性和评价性的专题文章，用于研究企业创新的动力和融资问题。我们希望读者能够对这一研究领域的最新发展有一个全面的了解，了解各个主题之间的差异和相互联系，并为以后的研究方向提供更好的线索。

本章由四部分组成。第一部分回顾了将微观层面的企业特征与创新活动联系起来的文献，这些论文探讨了风险投资和创业公司，以及企业的内部和外部特征，是如何影响创新的过程、特点和结果的。第二部分涵盖了市场经济力量（例如产品市场竞争、进口渗透、银行放松管制、市场条件等）与企业参与创新投资的动机之间关系的研究。第三部分分析了有关宏观层面的社会或国家特征（如国家的制度特征、法律政策、金融市场发展等）如何影响企业创新的文献。第四部分，我们对未来这一重要课题的研究方向提出了自己的看法。

微观企业层面特征

首先，我们回顾一下那些探讨各种企业层面创新决定因素的金融和创新类文献，如风险投资支持和所有权结构、公司管理和薪酬方案等可以由股东控制的因素，以及大大超出了股东控制范围的经济力量，如分析师覆盖范围、机构投资者和股票流动性等。

◇ 风险投资和创业公司

企业创新作为推动国家长期经济增长和竞争优势的内在动力，可以发生在企业生命周期的任何一个阶段。早期创业公司在启动商业项目时，有强烈的动机对新技术和革命性产品进行投资，因为它需要克服行业内现有企业设置的障碍，把自身打造成独立的、具备生存能力的企业。然而，由于缺乏业绩和实物担保，银行和公募股权投资者等典型的金融投资者无法参与，从而导致早期创业公司的投资范围被极大地约束了，阻碍了其全面开展创新活动。与此同时，民营创业公司面临的广泛分散股东与企业管理者之间的典型代理冲突的影响会较少一些，并且更有能力保护其机密信息和商业机密，这可能会使这类企业在从事长期、高风险的创新项目方面更有动力。在本节中，我们回顾了一些探讨私有企业融资的独有特征（即风险投资对企业创新的影响）、不同类型所有权结构之间的权衡点（保留私有持股、成为独立上市公司或是被其他企业收购），以及这些结构与研发投资和创新产出之间关系的学术文章。

由于从银行和公募股权投资者那里融资具有难度，大量创业公司求助于风险投资，风险投资在企业创新过程中起到了融资和咨询的双重作用。Kortum 和 Lerner（2000）对 1965—1992 年美国制造业的 20 个行业进行了研究，在文献中首次记录了风险投资与专利产出之间的正向关系。为了解决有关遗漏变量（如技术机会到来）的问题，他们进行了两次识别测试。首先，他们利用美国劳工部 1979 年对《雇员退休收入保障法》（Employee Retirement and Income Security Act）的说明作为风险投资供给的工具变量。其次，他们假设研发支出可以部分控制不可观察的技术机会的到来，从而研究风险投资对专利与研发支出比例的影响，而不是对专利自身的影响。利用这两种方法，他们得出结论，在 1983—1992 年，尽管这一时期风险投资与研发支出的平均比例小于 3%，但风险投资对于行业创新的贡献占比约为 8%。

以往有理论研究表明有必要对创新的失败采取容忍态度（如 Holmstrom, 1989；Manso, 2011），受此启发，Tian 和 Wang（2014）以 1985—2006 年风险投资支持的首次公开募股（IPO）企业为样本，研究了风险投资失败容忍能力强是否会促进创新。文章首先为样本中的每家风险投资开发了新的失败容忍衡量方法，这一方法基于该风险投资过去对投资组合中表现不佳的创业公司的投资模式。通过这种衡量方法，文章发现失败容忍能力更强的风险投资所支持的 IPO 企业往往会产出更多的专利，而且专利未来被引用的次数也会更多，对于面临高失败风险的企业来说，这种模式更为突出。最后，文章采用了一些创新的识别策略，表明这些结果不太可能是由失败容忍能力强的风险投资和具有更强创新能力的创业公司的内生性匹配造成的。

述两篇论文探讨了独立风险投资（IVC）在早期企业启动创新过程中扮演的角色（即那些主要吸收有限合伙人资金并保持独立于其他实体的企业），风险投资行业的发展趋势是企业风险投资（CVC）的发展，它们是老牌工业企业的子公司，从母公司那里获得资金并主要服务于母公司的战略目标。Fulghieri 和 Sevilir（2009）

认为，面对行业日益激烈的竞争，企业可能会选择与专业公司合作，在企业边界之外进行创新，同时仍用自己的内部资金以 CVC 的形式提供融资。

然而，事前我们尚不清楚 CVC 在促进创新方面是否比 IVC 更有效。一方面，CVC 具有更长的投资期限，与 IVC 的不同之处在于它们所追求的不仅是财务回报。此外，CVC 没有像 IVC 那样采用典型的基于绩效的薪酬结构。CVC 这些独有的特性使它们更能容忍失败，这有利于技术创新的成功。与此同时，CVC 拥有从母公司继承而来的出色的行业和技术优势，这也增强了它们促进企业创新的能力。另一方面，作为企业子公司，CVC 更容易受到资源集中分配问题的影响，因此不能像 IVC 那样尽力为企业创新融资。此外，更有力的薪酬方案和专业的行业知识可能使 IVC 在扶持创新方面比 CVC 更有优势。因此，IVC 和 CVC 在促进创新方面的竞争比赛是一个实证问题。

Chemmanur、Loutskina 和 Tian（2014）通过研究 1980—2004 年上市的 2 129 家 VC 支持的企业样本发现，尽管 CVC 支持的公司与 IVC 支持的公司相比经验更少、风险更大、利润更低，但就所产生的专利数量和专利被引用的次数来说，CVC 支持的公司更有创新性。此外，文章的分析还确定了 CVC 有利于创新的两种可能途径：第一，CVC 的母公司与它们所支持的初创公司之间的技术更为契合；第二，CVC 比 IVC 具有更强的失败容忍能力。

风险投资的投资结构也会影响创新。Mao、Tian 和 Yu（2016）研究了风险投资的一个独特特征，即分阶段投资对所资助 IPO 公司创新产出的影响。分阶段投资指风险投资对创新企业逐步地投入资金（而不是预先一次性注入资金）。虽然分阶段风险投资可以通过减少创新公司的代理问题和套牢问题促进企业创新，但如果为了满足短期绩效目标（以便获得后续资金）给创业公司带来太多的压力，也可能削弱其创新的动力。为了实证检验这两种相互对立的假设，Mao、Tian 和 Yu（2016）利用各州先后引入的"不可避免披露原则"作为合理的外生变量，该原则旨在防止了解一家企业商业秘密的员工为另一家企业工作，他们发现分阶段风险投资对 IPO 企业的专利活动有负面因果影响。他们还发现当研发任务更难完成并且风险投资的行业经验更少时，分阶段投资对创新的伤害更大。

在私有企业获得私募融资（如风险投资或银行贷款）并开始经营后，许多初创公司最终试图通过上市或被其他（通常规模更大）的企业收购来获得更有效的外部资本。这一时间点通常被称为"退出点"，因为在这一阶段许多内部人士可能会通过出售自己在公司的股权，部分或全部地退出公司。过往的研究分析了这种退出决策的决定因素和对产品市场绩效（如全要素生产率、销售增长、市场份额和资本强度）的影响（Poulsen and Stegemoller，2008；Bayar and Chemmanur，2012；Chemmanur, et al.，2018a）。

Ferreira 等（2014）通过理论模型研究了上市和私有结构对企业创新动机的影响，认为前者更有利于企业利用现有的想法，而后者更有利于企业对新想法的探索。他们模型的核心直觉是，对于外部投资者而言，私有公司的管理者比上市公司的更不透明，它们更能容忍早期的失败，因此更有可能参与创新项目，因为它们有能力在收到坏消息后，通过选择提前退出的策略把握市场时机。相比之下，这种策略在上市的情况下是无利可图的，因为上市公司的现金流是可以被观察到的。因此，上市公司的失败是不可容忍的。此外，上市公司的股价对利好消息反应迅速，这就导致了管理者短视的行为，其将注意力集中在传统项目上，因为这些项目较早获得成功的可能性更高。因此，Ferreira 等（2014）认为，企业的最优股权结构是随着企业生命周期的变化而变化的，取决于对现有知识进行开发还是对新领域进行探索更合适。

Aggarwal 和 Hsu（2014）利用 1980—2000 年所有风险投资支持的生物技术公司的企业-年份面板数据，研究了创业公司的退出选择（即 IPO 还是并购）对专利产出的影响。为了解决可能的自选择问题，他们使用了广义精度匹配与另外两种实证设计。首先，他们将申请 IPO（或宣布并购）的企业与那些由于与创新无关的原因而没有完成交易的企业进行了比较。其次，他们采用工具变量法进行研究。在这两种识别策略的帮助下，他们发现，如果以专利引用次数来衡量创新质量，那么私有企业是最高的，IPO 退出的企业是最低的，并购退出的企业则处于中间水平。他们还发现，企业在 IPO（并购）后专利数量有所下降（增加）。他们认为，他们的结果与信息保密的作用机制是一致的：上市意味着最大程度的信息披露，从而最大程度地降低了进行创新的边际效益，被其他企业并购的信息披露程度次之，而保持私有涉及的信息披露最少。

除了失去隐私和保密性之外，上市可能会给管理者带来短期压力，使他们更多地关注季度利润而不是长期盈利潜力，从而导致 Stein（1988）所预测的"管理短视"问题。从这个意义上说，保持私有与上市相比，可能更有利于保持企业从事创新活动的积极性。为了验证这一理论，Lerner 等（2011）以 472 起杠杆收购交易作为样本，实证检验了通过杠杆收购实现私有化能否缓解管理者的短期压力，促使他们更多地投资于长期创新项目。他们发现，尽管在杠杆收购后，专利申请水平没有显著变化，但在私募股权投资之后的几年中，企业会追求更有影响力的创新（以专利引用次数来衡量创新质量）。就创新活动的基本性质而言，他们没有发现在不同的所有权结构下，专利的原创性或普适性有明显变化。最后，通过杠杆收购实现私有化似乎能促使企业在其核心业务领域重新聚焦有关创新的投资组合。然而，上述研究的一个局限性是，它们不能完全排除自选择作为对其结果另一种解释的可能性。

Bernstein（2015）的后续研究考察了问题的另一面：通过 IPO 上市如何影响企业创新。他将上市公司的创新活动与询价期内因纳斯达克（NASDAQ）指数波动而撤回 IPO 申请的公司进行了比较，从而对因果关系做出了进一步的解释。他发现，内部创新的质量在企业 IPO 后有所下降（创新的数量没有变化），这是由于流失了有技术的发明者并且未离开的发明者的生产力下降。同时，上市公司能够吸引新的发明者，并通过收购其他公司来获得专利。他的结论是，上市改变了企业在追求创新方面的战略。最后，文章找到了一个代理视角的解释：出于对职业生涯的考虑，管理者不喜欢创新项目，因为创新项目在本质上具有长期性和高风险性。由于上市公司面临的代理冲突比私人公司更为严重，因此它们的管理者更倾向于将资源从企业创新中分流出去。

Acharya 和 Xu（2017）指出，依赖外部融资是上市影响创新的另一个渠道。他们通过研究 1994—2004 年的上市公司和私人公司的大量样本数据发现，在依赖外部融资的行业中，与类似的私人公司相比，上市公司进行了更多研发活动，产生了更多有更高影响力的专利，这些行业的财务依赖程度是通过资本支出的中位数来衡量的，而不是通过特定行业年度内所有企业的内部现金流来衡量的。相比之下，在依赖内部融资的行业中，上市公司在创新方面并不比私有企业更加成功。最后，他们的分析表明，更需要外部融资的创新企业会更多地从公开上市中受益，而没有此类需要的企业的创新活动可能会因股市愈演愈烈的短视行为而受到阻碍。

与 Acharya 和 Xu（2017）的研究非常类似，Gao 等（2017）基于 1997—2008 年的样本，直接对上市和私人公司的创新战略进行了比较。他们发现，上市公司倾向于进行更多的实用性创新，因为它们的专利更加依赖现有知识。相比之下，私人公司往往更倾向于探索性创新，因为它们专利的范围更广。可以解释他们这一主要发现的基本机制是，与公开股票市场相关的投资期限较短。

一些论文研究了企业边界及其所有权结构如何通过并购影响创新投资的投入和产出。通过使用基于失败并购的准自然实验来生成收购结果的外生变量，Seru

（2014）发现，与未能成功收购的标的企业相比，多元化并购中被收购的企业追求较少的创新投资，并且所产生的专利数量和专利引用次数也更少。当收购企业具有更活跃的内部资本市场时，企业集团的组织结构对创新的负面影响更明显，这与企业集团管理者害怕启动创新项目的想法相一致：因为研究人员可能会为了争夺企业内部资源，在创新项目启动后操纵向企业管理层传递的信息。此外，他发现，收购目标的创新活动受到抑制，在很大程度上是由于收购后发明者的生产效率下降，而不是由发明者离职而导致的。

Zhao（2009）在一篇相关的论文中，探讨了企业对技术创新和收购的联合决策，并发现这两个战略决策是高度相关的。具体而言，他发现进行收购的企业在一开始就缺乏创新能力，即收购投标前一段时间内创新活动的数量有所减少。此外，那些缺乏创新性的竞标人更有可能完成交易，并通过成功的收购在创新产出质量方面获益更多。这些发现表明，企业创新既会影响企业收购决策，也会被其影响。

Seru（2014）关注的是标的方，Zhao（2009）关注的是收购方，而 Bena 和 Li（2014）研究了标的方和收购方的创新活动是如何对并购结果产生影响的。他们使用 1984—2006 年的专利 - 并购数据样本，发现专利组合规模更大但研发费用较低的企业往往会成为收购方，而研发费用较高但产出专利较慢的企业往往会成为标的方。此外，标的方和收购方具有相近的专利组合规模对它们匹配的可能性有积极影响。最后，专利组合更接近标的方的收购方此后的专利活动会有所增加。总之，他们的结果表明，标的方和收购方之间的技术协同作用对于收购的结果和未来创新能力具有重要的影响。

Liu 等（2016）以类似的思路探讨了企业收购活动对其后续创新产出的影响，并发现两者之间存在正向关系。此外，收购的创新型标的企业当前拥有较好的专利组合，似乎对收购方的公告收益和并购后长期股票收益更为有利。总的来说，Liu 等（2016）重点研究了收购对收购方创新活动的影响，并认为获得创新可能是它们收购其他企业的重要动机。

◇ **企业内部特征**

在这一小节中，我们将关注上市公司的创新活动。我们回顾了一些文献，这些文献深入探讨了企业层面的企业创新决定因素，特别是那些在很大程度上由股东、所有者和创新投资利益的最终剩余价值索取者控制的因素。

首席执行官（CEO）是上市公司最重要的决策者，负责分配公司资源、设计公

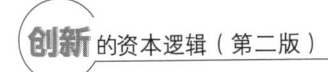

司战略以最终产生利润和财务回报。因此，他们的激励机制、管理风格甚至个人特征都可能对企业创新活动的方向、重点和进展产生实质性影响。因此，我们首先回顾了探索各种 CEO 特征与创新之间关系的学术研究。

通过使用 Malmendier 和 Tate（2005a，b）开发的 CEO 过度自信的最新测量方法，Galaso 和 Simcoe（2011）研究了管理者过度自信对企业创新的影响。具体来说，如果 CEO 在股票期权全额期满之后仍持有高额实值股票期权，则会被归类为过度自信，可以假设过度自信的 CEO 倾向于低估失败的可能性，因此他们往往更愿意追求具有高风险和不确定性的创新项目。他们对 1980—1994 年 450 家大型美国上市公司进行了研究，他们的发现与上述假设相符：过度自信的 CEO 所经营的企业具有更高的引用加权的专利数量，这种效应在更具竞争性的行业中更为明显。

在几乎是同时的研究中，Hirshleifer 等（2012）研究了更为全面的样本（1993—2003 年超过 1 500 家美国上市公司）。他们发现 CEO 过度自信的企业具有更大的收益波动，在研发项目上的投资更多，具有更多的专利数和专利引用次数，并表现出更高的创新生产力。除了上文基于期权的 CEO 过度自信测量方法之外，他们还研究了基于新闻报道的替代测量方法。具体来说，按照 Malmendier 和 Tate（2005，2008）的方法，他们计算出涉及 CEO 并提及过度自信或相反词语的新闻的发布比例。通过使用这两种测量方法，他们发现过度自信的 CEO 不仅追求更多的创新投资，而且更擅于将外部增长机会转化为企业价值。然而，与 Galaso 和 Simcoe（2011）不同的是，他们发现过度自信的 CEO 只在创新行业中对企业创新有促进作用。

Sunder 等（2017）的另一篇文章探讨了 CEO 人格特征在创新中的作用。他们使用 1993—2003 年 1 200 位 CEO 的 4 494 个公司 – 年份的观察值作为样本，发现 CEO 驾驶飞机的爱好与其管理公司的创新活动间存在正向关系。他们还发现，由飞行员 CEO 经营的企业具有更多的专利数和专利引用次数，表现出更高的创新效率，并追求更加多样化和原创的创新项目。他们认为，他们的发现突显了 CEO 寻求刺激的重要作用，这不仅反映了其风险承受能力，而且反映了 CEO 在创新投资的发起和过程中尝试新体验的欲望。为了部分解决 CEO 与企业匹配的非随机性的内生性问题，文中探讨了 CEO 更替前后创新结果的变化，发现在保持企业稳定的前提下，飞行员 CEO 会带来更高的专利数和专利引用次数。

除了 CEO 的人格特征之外，CEO 的技能也有助于企业创新的成功。Custodio 等（2017）研究了这一主题。他们把通才 CEO 定义为那些在终生工作经历中获得综合管理技能的人，并考察了这些 CEO 如何影响他们所管理企业的创新活动。1993—2003 年，通过对 1 464 家公司的 2 005 位 CEO 的样本进行调查，他们发现，通才 CEO 会引导企业创造更多被高度引用的专利，并且会更多地参与探索性而非开发性的创新战略，从而促进企业的创新。最后，他们发现，通才 CEO 促进创新的主要原因是，这样的 CEO 更善于容忍失败，因为当创新企业失败时，他们能够更出色地在劳动力市场以外运用其综合管理技能。因此，高效的劳动力市场可能会有助于整体创新的成功。

此外，CEO 的人脉关系对于企业的创新也很重要，Faleye 等（2014）以 1997—2006 年的 2 366 位 CEO 和 1 532 家企业作为样本，研究了 CEO 人脉关系对企业创新的影响。他们发现，CEO 人际关系更好的企业会更多地参与创新活动，并产生更多和更高质量的专利。他们随后指出，出现这种情况的两个主要渠道分别是人脉网络关系的劳动力市场保险效应对 CEO 冒险的激励，以及通过人脉关系可以获得更多与创新相关的信息。

除了人格特质和技能之外，CEO 的薪酬方案和激励措施在规范其行为、影响其管理风格及设计的公司战略方面也被认为是非常重要的。下面让我们回顾一下关于 CEO 薪酬方案和激励措施如何影响企业创新的文献。

在 Ederer 和 Manso（2013）进行的一项受控实验室实验中，379 名受试者被提供了不同类型的激励计划，并要求他们执行一项任务，该任务涉及探索未经测试的新方法与利用已知方法之间的紧张关系。他们发现，相对于固定工资或标准薪酬的绩效薪酬计划，那些包括容忍早期失败和奖励长期成功的激励计划，在激励探索性（即创新）行动方面是最有效的。他们还发现，终止合同的威胁可以降低受试者的创新动机，但"黄金降落伞"计划（高额离职金）可以在一定程度上减轻这种不利影响。对于那些不愿冒险的受试者来说，这一结果更为明显，在绩效工资制度下，他们的探索倾向非常低。

因此，了解企业（尤其是那些从事创新投资的企业）如何设计 CEO 和高管的薪酬方案以激励创新是很有意义的，因为创新具有异质性、不可预测性和长期性的特点。Baranchuk 等（2014）使用 2001—2004 年新上市的美国公司样本，测试了容忍失败与长期成功回报相结合，是否能够在实证层面增强 CEO 对创新项目进行投资的动力。与 Manso（2011）的预测一致，他们发现企业创新活动与"有利于创新"的激励方案（即对 CEO 未行使和不可行使期权授予的期限、CEO 递延薪酬的比例，以及反收购条款的严密性）之间存在明显的正向关系。虽然在研究中并未探讨因果关系的方向，但这一证据表明，企业创新意愿和为 CEO 提供更多激励性薪酬、更长期权归属期和免于提前终止合同的更好保护措施之间存在平衡匹配。

通过上述两篇论文，Mao 和 Zhang（2018）发现，薪酬结构诱导的 CEO 冒险动机对企业的创新活动具有正向的因果关系。为了进行识别，他们利用了 2005 年 FAS 123R（Financial Accounting Standard No.123 revised）会计准则的发布引起的薪酬变动，即强制以公允价值支付股票期权。他们进一步发现，在实施 FAS 123R 之后，管理层的冒险动机降低，与企业核心业务和探索性发明相关的专利数量也随之降低。

González-Uribe 和 Xu（2017）更深入地研究了 CEO 的薪酬方案，记录了创新活动的企业内周期模式，周期长度与 CEO 雇佣合同一致。他们将 1994—2008 年 571 位 CEO 作为样本，发现合同剩余年份更多的 CEO 会追求更有影响力、广泛性和多样性的创新，并且这一结果不是由薪酬结构的变化驱动的。在调查了这种模式的各种潜在解释之后，作者认为最合理的理由是，长期合同可以使管理者在不必过于担心短期绩效指标的情况下实施创新项目。他们的结论是，一些欧洲国家提出的缩短合法 CEO 合同长度的政策，会抑制企业创新，对实体经济造成不利影响。因此，他们在论文中表示，除了激励因素之外，CEO 合同的长度也可以作为促使 CEO 参与创新活动的一个关键因素。

由于创新是一个长期的、不可预测的、有风险的过程，它不仅需要企业 CEO 的努力，还需要非 CEO 高管以及低级别员工的共同努力，因此，最近的几篇论文研究了非 CEO 高管和普通员工的激励措施是如何对企业的创新项目投资策略产生影响的。例如，Chang 等（2015）发现，非执行层员工的股票期权对创新结果的数量和质量都有明显的影响。他们的识别策略结果表明，主要结果是因果关系。他们还认为，这些股票期权鼓励创新的主要途径是对冒险动机的正向影响，而不是基于绩效的激励。

在一项相关研究中，Jia、Tian 和 Zhang（2019）关注了基于团队的薪酬设计，并调查了高管间协同激励对企业创新绩效的影响。在 Edman 等（2013）和 Bushman 等（2016）的基础之上，他们在高管中采用分散的薪酬绩效敏感度（PPS）作为衡量管理团队激励协同成分的指标。他们建立了一个模型来估算最优 PPS 分散度，并利用该模型的残差来捕获偏离最优分散度的偏差。然后，当 PPS 分散度高于最优水平时，创新绩效下降，但当 PPS 分散度低于最优水平时，绩效的下降就消失了。这些结果符合这一概念，即在相互依赖的工作环境中一些高管的不平等认知可能阻碍企业创新。他们还表明，最优 PPS 分散度的偏差对个体执行的创新生产力有负向影响。

Sauermann 和 Cohen（2010）在另一篇论文中研究了个体非管理层员工的创新激励，他们采用了以心理学为基础的方法，研究了在研发部门实际工作员工的创新绩效与各类动机之间的关系。以 1 700 多位拥有博士学位的科学家和工程师为样本，他们发现不同的动机对创新结果的影响是不同的。与智力挑战、独立性和金钱相关的动机与创新产出有正向关系，而与责任和工作安全性相关的动机似乎与创新绩效呈负向关系。此外，他们发现动机与创新绩效匹配的主要渠道并不是通过影响研发活动的投入，而是通过影响创新努力的其他维度（即特征）。然而，在未进行任何识别试验的情况下，他们的研究只记录了员工动机与创新产出之间的平衡匹配，没有区分处理效应与选择效应。

Dutta 和 Fan（2012）在一项相关研究中，对集中和授权形式的投资决策如何激励企业部门管理者更好地实施创新策略进行了理论研究。在他们的模型中，管理者面临着典型的套牢问题，即总部会通过事后投机行为拿走其应得的报酬，从而减少管理者进行创新的事前激励。由于总部利用中央监控系统提供的信息来限制管理层报酬，因此在集中投资的结构下，管理者的套牢问题更为严重。相比之下，在授权投资的形式下这个问题却不那么严重，因为总部不引入任何监控技术，实际上向管理者提供了更多可以通过其创新努力获得的报酬。因此，他们发现在平衡状态下，授权机制下的创新活动水平要高于集中机制下的创新活动水平。总体而言，他们认为这是提高管理者创新投资努力程度的重要因素。

除了为高层和部门管理者以及一般雇员提供适当的创新激励措施之外，股东可以通过改变董事会的职能属性直接影响企业创新活动的规模和范围，这对于监督和指导公司管理者起着至关重要的作用。

通过 21 世纪初强制采用独立董事的监管变化，Balsmeier 等（2017）发现采用独立董事的企业会产生更多更好的被引用专利，但集中在更加密集和熟悉的技术领域，即被引用专利的增长主要来自被引用专利分布中间的增量专利。同时，这些企业在未引用专利或高度引用专利的数量上并没有表现出明显的变化，这表明它们没有积极探索新领域或追求有风险的创新战略。文章的结论是，公司董事会增强监督可以提高管理者的注意力和生产力，但对于全新的未开发技术的投资并没有什么帮助。

除了审查"内部"管理对创新起到的作用（如通过合同、授权形式、董事会监督为管理者设计适当的激励措施）之外，通过积极的收购市场，探索管理的"外部"形式如何影响企业内部的指标冲突，从而形成 CEO 和重要管理层的创新激励，也是一件有趣的事情。一方面，积极的收购市场可以通过约束管理者减少道德问题。如果没有监督，管理者倾向于逃避或对快速但收益平稳的项目进行投资，反之，被收购和工作被取代的外部威胁可能会激励管理者更努力地工作并提高他们的创新投入。另一方面，由于不完整的合同，管理者可能不愿意将人力资本投入长期性的创新项目中，因为他们担心会被敌意收购者抢走，从而在不支付初始成本的情况下获得创新的利润。此外，管理者可能不愿意对那些对外部投资者不透明的创新项目进行投资，因为这样做会导致企业价值被低估，引发敌意收购和与之相关的可能任免行为。如果不完整合同和非对称信息的论据是有效的，那么活跃的收购市场可能会阻碍管理者追求创新。因此，通过收购进行的外部管理如何影响创新是一个实证问题。

Atanassov（2013）以 1976—2000 年的 13 339 家美国企业为样本，使用双重差分的方法，发现与未通过反收购法各州注册的企业相比，通过了反收购法各州注册的企业，受到的敌意收购外部威胁有所下降，不仅产出的专利较少，同时产出专利的质量也有所下降。此外他还发现，由于存在其他治理机制（如大股东、养老基金股权、财务杠杆以及产品市场竞争），反收购法对创新活动的负面影响有所缓解，但无法完全消除。总的来说，他的证据更符合外部收购市场能够起到约束作用的结论。但是，Karpoff 和 Wittry（2017）持有不同的看法，他们指出，将各州反收购条款作为对企业层面收购威胁的冲击是有问题的，因为一些州的反收购条款没有增加（而是降低了）这些州注册企业的收购壁垒。

Chemmanur 和 Tian（2018）发现了不同的结果，他们研究了企业层面反收购条款的影响，发现它们对创新产出（专利数量和专利引用次数）有正向的因果关系。为了进行识别，他们使用了一种基于股东提案表决产生的局部外生变化的断点回归方法。此外，他们还发现，对面对更大程度信息不对称和在竞争更激烈产品市场上运营的企业来说，反收购条款对创新的正向影响更加明显。他们得出这样的结论，反收购条款有助于提高创新投资中的管理努力，主要是因为它们可以保护管理者免受公开股票市场的短期压力。最后，他们证实了反收购条款数量的增加可以提升那些更热衷于创新活动的企业的价值。

为了研究内部和外部管理机制在企业创新中的相对优势，Sapra 等（2014）建立了一个理论模型，发现了创新和外部收购压力之间存在 U 形关系，这是由于受控制的私人利益与预期收购溢价之间存在相互作用。在他们的模型中,选择更具创新性的项目增加了企业被收购的可能性,从而增加了管理者利益的预期损失。同时,选择更具创新性的项目将意味着更大的预期收购溢价,因为被收购的可能性更高,并且对其质量的事后评估也更加多变。这些权衡产生了预测的 U 形模式。作者发现了与他们预测一致的证据,即创新由有效的企业控制市场或者非常严格的反收购法而得到加强。

尽管多数对企业内部激励结构如何影响创新的研究集中在企业组织资本的作用上,但是组织资本和员工人力资本在创新过程中的相对重要性仍鲜为人知。"马"和"骑手"对创新的作用孰重孰轻更是一个重要而有趣的研究课题。因此,对这一主题的研究在不断增长。

以 1970—2003 年为 5 722 家企业工作的 200 000 多位发明人为样本,Liu 等(2018)在组织资本和发明人人力资本之间进行了比较,进而解释企业创新的成功和特征。他们发现相对于组织资本,人力资本可以解释创新绩效(即专利数量和质量)的大部分变化,但对创新策略(即专利是探索性的还是开发性的)的解释远远不足。为了得出因果推论,他们采用了"虚拟移动法",以及样本中同时有流动员工和固定员工(固定员工所在的企业至少有一位流动员工)的类似方法。此外,他们还指出,当发明人具有更好的人际关系网、企业具有更高的发明人流动性,并且他们在专利生成更困难的行业工作时,发明人对创新的贡献更大。总的来说,他们的证据表明,在产生和支持企业创新方面,人力资本可能比组织资本更为重要。

同样,Chemmanur 等(2019)研究了企业高层管理团队的人力资本,并探讨了其对创新活动的影响。他们首先构建"管理质量因素",使用基于个人指标的因子分析代替管理团队质量(例如管理团队规模、管理者中拥有 MBA 或博士学位的比例、团队中平均每位管理者的职场和校友关系等)。他们研究了该因素与创新的关系,发现管理团队质量较高的企业既有更多的研发投入(即创新投入),又有更多的创新产出。为了进行识别,他们采用了两阶段最小二乘法,将越南战争时期面临征兵的高管人数(此后他们被鼓励去读研究生以推迟被征兵)作为工具变量。最后,他们指出,高管团队管理质量导致创新成功的主要途径是雇佣更多具有更高能力的发明人。该文通过论证高层管理者和专利发明人的人力资本对于企业创新是重要的,对 Liu 等 (2018) 的研究进行了补充。

Chemmanur 等(2018b)采用了与上文相同的管理质量衡量方法,发现私有企业的高质量管理团队在企业 IPO 前提高了创新项目的投资和生产率。此外,他们还发现，IPO 之前创新活动较多和管理质量较高的创业公司往往会较早上市，并且可以在 IPO 发行时和 IPO 之后的二级市场享有较高的评价。这些企业在 IPO 之后的经营业绩要比低质量管理团队的非创新型企业增长更快。

Kerr（2013）为全球迁移对创新和创业的影响的学术研究进行了文献综述。他在论文评述中指出，与本地人相比，美国的大多数移民在科学、技术、工程和数学（STEM）领域受过更好的训练，但他们之间的可比性取决于教育选择。他还研究了移民增加对美国创新影响的文献，并得出结论，移民与美国企业的高创新水平有关，对当地人的短期就业影响极小（而长期影响尚不明确）。总体而言，Kerr（2013）的论文表明，移民拥有独特的人力资本，有利于美国的创新和创业。

◇ 企业外部特征

在本节中，我们讨论的文献探讨了企业外部环境以及那些超出股东直接控制的企业层面的特征是如何对企业创新过程和结果产生影响的。我们首先回顾了对金融分析师、机构投资者、对冲基金等各种金融市场中介机构的研究，然后讨论了关于股票市场交易、价格以及利益相关者对企业创新影响的文章。

以往文献主要关注金融分析师在信息生产和传播活动中起到的正面作用，He 和 Tian（2013）则揭示了在企业创新情境中金融分析师潜在的"阴暗面"。具体来说，文章发现一家企业被金融分析师覆盖的范围越大，产出的专利就越少，专利未来的引用次数也越少。为了探索分析师覆盖范围与创新之间的因果关系，文章使用了基于券商并购和倒闭的准自然实验的双重差分法，以及工具变量法。研究结果表明，金融分析师可能对管理者施加了太多的压力，使其为了满足短期目标，减少对长期创新项目的投资。因此，文章明确了此前未知的分析师覆盖范围的不利影响：导致了管理者的短视，从而减少了创新活动。

在一篇相关的论文中，Goldman 和 Peress（2016）认为创新（即关于技术的知识）和财务分析（即关于知识的技术）是相辅相成的。他们首先建立了一个理论模型，以显示创新激励（即研发支出）与企业信息环境之间的正向关系。然后，通过使用美国各州相继实施研发税收抵免事件作为对研发支出的外部冲击，以及券商并购和倒闭作为对企业信息环境的外部冲击来检验这种关系。但是，由于研发税收抵免除了鼓励创新之外，还增加了企业的收入，因此尚不清楚美国各州研发税收抵免的相继实施是否仅仅通过其对创新激励的影响来影响企业信息环境。同样，券商并购和倒闭可能会影响企业的信息环境和分析师倾向从而给企业管理者带来短期压力（He and Tian, 2013），因此它们对研发支出的影响可能反映了这两种经济力量的净影响。

鉴于机构投资者在企业管理和决策中的重要性，不同类型的机构投资者如何塑造创新过程自然是要探讨的问题。这一系列的研究文献始于 Aghion 等（2013）。他们使用 1991—1999 年的企业 – 年份样本，发现了机构所有权与创新成果（例如每美元研发支出产生的引用加权的专利数）之间整体呈正向关系。这一结果与监督的作用机制是一致的，即机构投资者通过强迫管理者走出"安逸的生活"来约束他们；与职场名誉的作用机制也一致——如果有风险的创新会导致不良后果，机构加强监督可以使管理者的声誉免于受到损害。为了区分这两种解释，作者开发了一个理论模型，并找到了与职场声誉这一渠道一致的证据。

Brav、Jiang、Ma 和 Tian（2018）关注了对冲基金这一特殊类型的积极主义者在企业创新中发挥的作用。他们发现，对冲基金积极主义者针对的企业能够通过减少对研发支出的干预，提高他们的创新效率，同时增加创新产出。此外，对于创新组合更加多元化的企业来说，对冲基金积极主义者对创新的正面影响更为明显。他们还发现，对冲基金诱导提高创新效率收益的主要渠道是创新资源的再分配和人力资源的重新配置，这有助于企业在创新领域的重新聚焦。

Yang（2017）在研究股东 – 债权人冲突如何影响企业创新时，使用了一个新指标——双重所有者（同一机构投资者同时持有企业的债务和权益）来衡量股东—债权人冲突程度。他发现拥有双重所有者的企业（股东 – 债权人冲突较小）会产生更少但更有价值的专利，这意味着双重所有者可以减轻股东 – 债权人冲突并抑制过度冒险（即风险转移）。最后，他发现一种合理的解释渠道是管理激励薪酬对股价波动的敏感性较低。

在一篇相关论文中，Chemmanur 等（2017）探讨了机构交叉持股者在战略联盟形成和企业创新中的作用。他们首先发现，与企业有共同机构持股者的同行业从业者数量与加入创新战略联盟的数量为正向关系，并发现战略联盟对创新存在正向的因果效应。此外他们还研究了联盟诱导网络对创新的影响，发现联盟伙伴通过"共同专利"的方法分享专利权。最后，他们认为战略联盟促进企业创新的重要机制是能够有效地在联盟伙伴之间配置发明人。

通过以更广泛的股东群体来分析积极主义，Qi（2016）发现了股东干预管理层会对创新造成负面影响。他认为，创新可能会导致股票价格对企业基本面信息的反映不够准确，这会触发股东干预和对管理者的严厉处分。因此，在股东介入的威胁下，企业管理者从一开始就会避免进行创新项目。与此假设一致，Qi（2016）发现，对于通过扩大机构所有权和／或分析师覆盖范围而提高股票价格效率的企业，股东干预对创新的负面影响不太明显。

Gu、Mao 和 Tian（2017）在不同环境下采用了相似的方式，研究了违反债务契约情况下银行债务干预对企业创新的影响。他们发现银行干预对创新数量有负向影响，但对创新质量没有负向影响。此外，他们发现创新产出的减少与是否违背公司的核心业务无关，这实际上有助于这些企业重新聚焦创新战略并最终提升企业价值。最后，他们发现上述"重组"效应发生的主要渠道是人力资本的重新部署。

Guadalupe 等（2012）以 1990—2006 年约 2 800 家西班牙制造企业为样本，研究了外资所有权与企业创新之间的关系。在确认了生产率更高的企业更容易成为外国收购者的目标之后，他们发现被收购的企业在转变为外国所有权之后变得更具创新性。此外，他们还发现，外国子公司更高水平的创新主要是通过外国母公司的出口驱动的。总的来说，他们的证据表明，跨国公司的子公司创新更多，因为它们现有的市场规模使其从创新中获得了更大的收益，而不仅仅是因为它们的创新成本低于国内企业。

在相关论文中，Luong 等（2017）研究了外国机构投资者对企业创新的影响。利用来自 26 个非美国国家 2000—2010 年的数据，他们发现外国机构投资者对企业创新具有正向的因果关系。此外，他们的研究还表明，外国机构投资者的积极监督、对失败的更高容忍度，以及促进来自高度创新经济体的知识溢出是外国机构投资者改善企业创新努力的三个可能渠道。

除机构投资者以外，另一类市场参与者是做空者，它们可能影响企业的创新动机如下：它们的主动交易行为既能产生有用的信息（如果做空是由基本面驱动的），也能产生价格下行压力（如果做空是由对冲需求或其他非基本面因素驱动的）。He 和 Tian（2017）通过证券卖空规则（Regulation SHO）的实行的准自然实验来检验做空者是鼓励还是阻碍企业的创新活动，该实验在随机选择的罗素 3000 指数企业子样本中消除了做空限制。他们发现，受证券卖空规则影响的企业在专利质量、市场价值和原创性方面要远远高于对照组企业，这表明做空者能够减轻管理者短视问题并提高企业创新质量。此外，他们还发现，来自做空者的专利相关诉讼风险较低可能是做空者有助于改善创新质量的合理渠道。他们的论文指出了做空者对企业创新产生的一种意想不到的实际效果。

另一篇论文记录了二级市场交易对创新投资的真实影响。Fang 等（2014）采用了双重差分法，基于监管变化产生的流动性的外生变化（主要是 2001 年的十进制化），发现了一个令人惊讶的结果，即股票市场的流动性实际上阻碍了企业创新。他们还认为，流动性对创新产生负面影响的两种可能机制是敌意收购风险增加和非专业机构投资者的数量增加。

Dong 等（2020）研究了股票市场估值过高对企业创新的影响。他们发现，股票估值过高与创新的投入和产出，以及创新的原创性、通用性和新奇性呈正相关关系。相对于一般投资（如资本支出），创新项目的投资似乎对市场估值过高更加敏感，而这种效应对增长较快、估值过高和营业额较高的企业更为明显。此外，他们还发现，估值过高刺激创新的主要渠道是受影响的企业对乐观投资者的直接迎合。总的来说，他们的研究结果表明，市场估值过高可以通过增强企业创新改善社会福利。

Chang 等（2019）在一篇相关论文中研究了企业债务的信用违约互换（CDS）交易是否以及如何对创新活动产生影响。以1997—2008年的782家公司为样本，他们发现CDS交易与大量的专利数量和专利引用次数有关系，而且对于那些更依赖债务融资或是受到贷方更严格审查的企业来说，这种正向作用更为明显。此外，在CDS交易开始后，企业会追求原创性和经济价值都更高的更具风险性的创新投资。最后，他们认为，CDS交易增强企业对创新的激励的主要渠道是提高了贷方的风险承受能力，并相应地增加了借方在创新过程中的冒险行为。

最近的一些文献发现，除了金融分析师、机构投资者、股票市场交易者和CDS市场投资者之外，重要的企业利益相关者也会对企业的创新战略产生影响。例如，Chu 等（2019）研究了供应商-客户关系对供应商创新活动的影响。他们采用了双重差分法模型，认为用供应商和主要客户之间地理距离来衡量的知识溢出，对创新似乎有正向的因果影响。此外，他们还发现，当客户本身更具有创新性，并且其专利组合在技术领域与供应商更接近时，这种正向影响也会更加明显。

Flammer 和 Kacperczyk（2016）在另一篇论文中分析了利益相关者导向对创新的影响。为了探索利益相关者导向中的外生变化，作者利用州级选区制定的法规，即允许董事会在做商业决策时考虑利益相关者的利益。他们发现，制定这样的选区法规会导致更多的创新产出，而利益相关者导向对创新的正面作用在以消费者为导向的和不太环保的产业中更为明显。最后，他们认为，利益相关者导向通过鼓励实验和提高员工的创新生产力来刺激创新。

由于专利申请过程需要企业与专利官员之间进行密切的人际互动，因此企业能否接触美国专利商标局（USPTO）——美国创新生态系统中的一个重要中介机构——对企业创新努力的实现起着至关重要的作用。Jia 和 Tian（2018）利用企业与 USPTO 的距离来衡量可接触性，并表明提高 USPTO 的可接触性可以缩短授予专利许可的时间，并增加企业创新的数量和探索性专利比例。USPTO 地区办事处向创新密集型企业的开放，使 USPTO 具有更好的可接触性，市场给出了积极的反应。结果表明，负责专利申请的官员的可接触性在培育有效的创新生态系统中十分重要。

中观市场特征

在讨论了关于企业创新的各种企业层面的决定因素之后，我们现在将注意力转向企业运行的综合经济环境，并对不同的市场力量影响企业创新投资的过程和结果进行评估。由于创新最终会使创新企业在产品市场上具有竞争优势，因此了解产品市场动态与创新过程的互动和企业在各种市场环境下的创新激励是既有趣又重要的。

在解决这一研究问题的早期尝试中，Aghion 等（2005）发现了产品市场竞争与创新之间的倒 U 形关系。他们首先建立了一个模型，在该模型中，行业中的竞争阻碍了落后企业的创新，但激励了齐头并进的企业对创新项目进行投资，这导致了产品市场竞争对创新的非线性效应。他们随后利用面板数据进行实证分析来检验这一预测，并找到支持性证据。最后，他们发现领导者和追随者之间的平均技术距离会随着产品市场竞争水平的提高而增大，当行业内更加势均力敌时，这种倒 U 形关系更为明显。

在一项相关的研究中，Desmet 和 Rossi-Hansberg（2012）研究了如果完全竞争消除了所有可能的利润，私有企业愿意对创新进行投资的原因。他们认为理论上，在存在不可复制生产要素（如土地）的情况下，产品市场上的完全竞争和要素投入市场上的竞争可以导致最优的创新。人们的核心直觉是，如果一家企业以创新计划对土地进行投标并获胜，这家企业将从创新中受益，因为除了这家企业自身，其他企业无法在该地点生产。只要投资的收益超过成本，企业就会对创新进行投资，这就解释了完全竞争和创新投资是如何共存的。

Yung（2016）提出了另外一个理由来解释为什么竞争市场中的企业愿意对有风险和成本高昂的创新项目进行投资，而不是简单地等待和模仿。在他的模型中，内部融资导致了一种均衡。在这种均衡下，所有的企业都在等待其他企业进行创新，因为创新涉及昂贵的投资，而通过观察其他企业的创新活动可以发现有用的信息。当企业通过外部资源为其项目融资时，这种均衡就会发生变化，因为融资条件取决于投资者对企业质量的看法，企业的能力可以部分通过其创新活动反映。因此，在这种均衡状态下，高质量的企业最好带头创新来传递其能力信号，而低质量企业则会等待更长的时间才会这样做。因此，他的论文为企业的创新努力以及市场范围内的创新浪潮的一些关键特征给出了基于信号的解释。

类似地，Spulber（2013）从理论上探讨了竞争和知识产权保护对创新的影响，并发现这两者是对创新动机的补充。他指出，当创新产品有市场时，生产者（即创新的需求方）之间的竞争和发明人（即创新的供给方）之间的竞争都会带来更多的创新成果。这是因为产品市场的竞争会通过降低生产者的租金来提高发明人实现其创新成果的市场价值的能力。同样，发明市场上的竞争削弱了发明人进行创新以获得垄断利润的动机。另外，当知识产权不能完全被利用时，他认为竞争降低了创新的动机，导致了经济福利的下降。总的来说，他的发现表明反垄断政策和知识产权保护是互补的。

Bloom 等（2013）开发了一个实证框架，以识别来自同一行业中竞争企业的两种不同类型的研发溢出效应：技术溢出效应（倾向于提高相似技术领域中企业的生产效率）和产品市场竞争效应（倾向于从竞争对手那里争夺市场）。他们首先区分了企业在技术领域和产品市场领域中的位置，然后对企业的市场价值、专利和研发支出等多项绩效指标进行了考察。将这一实证框架应用于1981—2001年的一组美国公司数据，他们发现两种研发溢出效应都存在，并且企业产品市场竞争对手的研发活动是其自身创新活动的战略补充。

Thakor 和 Lo（2016）以生物制药企业作为样本，研究了竞争、研发投资和创新企业融资选择之间的关系。他们首先开发了一个理论模型，预测为了应对行业日益增长的压力，创新型公司将会增加研发投资，而不是投资现有资产，或持有更多现金并保持较低水平的净债务。与此同时，在这种情况下企业股票的贝塔值将有所下降，但由于存在更大的特殊风险，整体股票收益的波动性会有所增加。他们随之提供了与这些预测一致的实证证据。

Autor 等（2019）实证研究了中国进口竞争对美国企业创新活动的影响。他们发现进口敞口的变化对专利产出的变化有明显的消极影响。更高的进口敞口还会导致企业层面的全球就业、全球销售和全球研发支出的下降。总的来说，他们的研究结果表明，中国的贸易冲击降低了美国制造业企业的盈利能力，促使这些企业削减创新和其他经济活动。

　　Aghion 等（2018）通过两项实验室实验，检验了竞争对逐步创新的因果影响。创新源于昂贵的研发投资和技术的提高。在他们的实验中，成对的受试对象被匹配了若干时期，形成一个扇区。然后，对于每个时期，两个受试对象中的一个可以选择昂贵的研发投资，如果创新成功，创新主体的技术水平就会提高一步。在每个时期结束时，将根据每个受试对象在该扇区的技术水平和竞争力方面的相对地位，向它们分配报酬。利用这些设计，文章发现竞争对于齐头并进企业的研发投资有积极影响，而对落后企业的创新投资则有消极影响。最后他们发现，更高的竞争水平会降低行业中齐头并进企业的比例。

　　除了产品市场条件外，一般市场条件（如 VC 行业的投资周期）也会对创新活动产生影响。Nanda 和 Rhodes-Kropf（2013）分析了 1985—2004 年间 VC 投资和由 VC 支持企业的样本，发现在活跃的 VC 投资周期内获得投资的创业公司比在冷清的同期获得投资的创业公司更有可能处于创新产出分布的尾部，也就是说它们有可能完全失败（即破产）或者极其成功（即产生更多专利并且专利具有高影响力）。此外，上述结果对于经验丰富的 VC 更明显。他们的研究结果表明，认为火热的市场只对低质量企业有利的认知并不完全正确。

　　在一篇相关的论文中，Nanda 和 Rhodes-Kropf（2017）从理论上证明了为什么在一些地点、时间段和行业中，创新项目会获得更多的投资。在他们的模型中，创新型企业在选择筹集资本时很容易受到融资风险的影响，因此它们更愿意在各个阶段减少融资频率，增加融资规模。另一方面，由于不完整的契约，投资者更倾向于以较小的金额、较高的频率进行投资，以享受清算期权。考虑到这种权衡，他们认为在均衡状态下，融资风险对具有大量实物期权价值的创新型企业的影响是微不足道的。由此可以得出结论，一个火热的金融市场对于需要资金的新颖的创新企业是必要的，这为 Nanda 和 Rhodes-Kropf（2013）的实证发现提供了理论上的依据。

　　除了股票市场提供的股权融资（对上市公司）或 VC（对私有企业）之外，债务融资也是创新项目的重要资金来源。因此，越来越多的文献介绍了银行作为最重要的金融中介之一和最大的债务提供群体，在借款人创新决策和产出中所起到的作用。

　　Benfratello 等（2008）以 20 世纪 90 年代的意大利公司为例，研究了地方银行业发展对创新的影响。他们发现，银行业发展提高了流程创新的概率，尤其是对高技术产业中更依赖外部融资的小企业，但对产品创新没有显著影响。他们认为，固定投资支出的现金流敏感性降低可能是小企业更愿意将资金投入研发的原因。

作为来自美国的证据，有四个同时进行的研究将美国州级银行业放松管制作为探讨银行信贷供给对企业创新影响的识别策略。Chava 等（2013）的研究重点是银行放松管制如何对早期的私有初创企业产生影响。他们发现，州级的州内银行放松管制，增强了银行的本地市场力量，对私有企业的创新产生了负向影响。相比之下，美国各州的州际银行放松管制，则削弱了银行的本地市场力量，促进了这些企业的创新。

同时，Cornaggia 等（2015）分析了银行去监管对上市和私有企业的影响。具体而言，他们发现，对州际银行分支机构放松管制引起的银行竞争，会使那些总部位于放松监管州的上市公司的州层面创新成果减少。在此期间，依赖外部融资的私有企业和渠道有限、只能从当地银行获得信贷的私有企业的创新成功率有所提高。他们认为，银行竞争对小型创新企业有利，因为可以使它们避免被上市公司收购。因此，创新目标的供应减少，会导致上市公司的州层面创新占比更小。

在这一领域的另一篇论文中，Amore 等（2013）重点研究了制造业企业的创新成果，发现 20 世纪 80 年代和 90 年代的州际银行放松监管明显增加了这些企业的创新活动的数量和质量，尤其是那些高度依赖外部资本和位置接近银行的企业。此外，他们声称，产生这种效应的主要渠道是放松监管的银行在地理上分散信贷风险的能力。

同样，Hombert 和 Matray（2017）研究了关系型借贷如何影响创新融资。他们将州内银行放松监管视为对关系的负面冲击，他们发现这种冲击对小型创新企业有负向影响，尤其是那些更依赖关系进行借贷的企业。此外，他们还发现，信贷供应冲击对创新产生负向影响的重要渠道是，受影响地区多产的发明人从小型企业离职。

在一篇论文中，Saidi 和 Zaldokas（2020）探讨了创新和关系型借贷之间的关系。他们关注专利申请（专利申请会导致创新相关机密信息被披露）和对竞争对手保守商业秘密的必要性之间的平衡，并认为专利和银行关系是替代品。因此，《1999 年美国发明人保护法》（American Inventors Protection Act of 1999）要求在提交申请 18 个月后将企业的专利申请公之于众之后，这些创新企业实际上会转换贷款方，并享受更低的贷款利率，这减少了由于担心信息泄露而导致的延迟问题。此外，在试图检验这种替代关系的反向联系时，他们发现，银行增加的私人信息可以使借款公司较少披露其创新活动。

除了考察美国州级银行业的去监管化，一些研究还利用不同的实证背景来分析银行在创新中所起的作用。例如，Nanda 和 Nicholas（2014）以大萧条为背景，发现银行业危机对企业创新的数量、质量和轨迹产生了负向影响，特别是那些资本密集型行业的创新企业。然而，他们没有发现总体上的负向影响，因为大量创新企业要么位于银行业危机并不十分严重的国家，要么在资本密集度较低的行业运营。他们的研究结果有助于解释，为什么在美国银行体系遭受重大历史冲击之后，美国企业仍在不断创新。

Mao（2019）进一步推进了这一调查，并指出信贷市场可以通过抵押品担保机制对企业创新产生影响。具体来说，她发现抵押品冲击主要通过三个渠道对企业的专利和专利引用产生影响：内部研发、收购创新目标和 CVC 投资。文章的识别来自两个方面：首先，文章比较了在不同 MSA（Metropolitan Statistics Areas，大都市统计区），具有不同房地产价格增长情况的持有土地的企业的创新；其次，比较了同一个 MSA 的不同房地产持有水平的企业的创新。这些方法使作者能够控制可能与创新相关的总体经济波动和当地经济条件。

一些早期的研究也探讨了融资如何影响企业的研发投资。例如，Brown 等（2009）发现，内部和外部（上市）股权融资的可用性影响了美国上市企业初期在研发上的支出。具体来说，他们认为，20 世纪 90 年代的研发热潮大多可以用融资供应的转变来解释。Brown 等（2012）在一篇相关的论文中，使用了大量的欧洲企业样本，发现财务约束和获得外部融资对企业的研发投资有相当大的影响，这表明股票市场的发展对经济增长有重大的影响。

除了市场结构和银行体系之外，税收是另一种重要的宏观经济力量，它在很大程度上不受企业管理者的控制，但可能影响他们的创新动机。一方面，由于税收的增加，利益相关者的利益"蛋糕"变小了，这可能会降低管理者和员工追求创新的动机。更高的税收还可能减少创新企业持有的税后现金，从而导致对创新失败的容忍能力降低。另一方面，增加税收可以使地方政府加强教育和其他基础设施支持，这反过来又会促进企业层面的创新。

两项同一时期的研究使用相同的识别策略分析了企业纳税是如何影响创新的。Atanassov 和 Liu（2019）采用双重差分法，实证证明了州所得税的大幅增加（减少）会减少（提高）企业的专利活动。此外，他们还发现，对于那些财务更加窘迫、管理更弱以及那些避税更多的企业，结论更加明显。Mukherjee 等（2017）利用同样的州级税收的相继变化得出了类似结论。除了创新投入（研发费用）和产出（专利）

的数量外,他们还发现税收会影响新产品的引进。因此,这两篇论文的结果与以下观点一致:更高的企业税会抑制冒险行为,从而阻碍创新者的积极性。

Dechezlepretre 等(2016)在不同的环境中探索了相关的问题(对研发税收补贴资格的基于资产规模的阈值进行政策调整),基于英国企业的样本,他们发现税收对研发支出和专利申请都有显著影响。文章表明,在没有税收减免计划的情况下,样本企业的总研发费用将显著降低。他们还发现,税收政策导致的额外研发支出对其他创新企业具有正面的溢出效应。该研究的结果与上述两篇论文的结果一致。此外,Brown 等(2017)使用 OECD 国家的广泛样本研究了研发税收抵免的跨国效应,发现更慷慨的税收抵免与低技术(但不是高科技)行业的更多研发有关。

一些人认为,技术创新就像许多企业活动(如并购和 IPO)一样,往往会按时间段聚集在一起。两篇论文从理论角度分析了这种创新浪潮现象。Sevilir(2017)开发了一种企业相互学习创新的模型。在该模型中,一家企业的创新会激励同行企业在随后的阶段进行创新投资,从而产生创新浪潮。人们的直觉是,随着越来越多的同行企业涉及创新,对于每家企业来说,征用创新的好处越来越少,而自己投资创新的好处越来越多。因此,Sevilir(2017)预测,大量相互关联的企业彼此竞争学习,以及创新思想从一家企业快速流向另一家企业,可能会引发创新浪潮。最后,他的分析预测,一个行业的一系列并购会降低企业的创新动力。Dicks 和 Fulghieri(2020)利用不确定规避的概念来解释创新浪潮。在他们的模型中,在对成功概率了解有限的情况下,投资者需要决定是否为一个创新项目提供资金。这表明,如果不确定规避投资者也可以同时投资其他创新项目,那么他们对一个创新项目会有更有利的看法。因此,不确定规避投资者对创新项目的投资是一种战略补充,这导致了一波创新浪潮。文章还表明,创新浪潮可能始于一个部门一些积极的技术冲击,然后通过不确定规避投资者扩散到其他部门。

市场范围的诉讼风险也会影响企业的创新。Cohen 等(2016)指出,与专利相关的诉讼风险促使创新者将创新的地点从产业(即上市和私有企业)转移到大学来保护自己。具体而言,来自非执业实体(Non-Practicing Entities,NPE)的诉讼风险表现为投机的"专利流氓",推动了创新者专注于较低潜在诉讼风险的技术领域,这种影响在 NPE 诉讼更为激烈的行业中更为明显。

最后,尽管许多国家要求上市公司按季度提交报告并披露收益(欧盟等少数国家和地区除外,2013 年欧盟为打击短期主义取消了此类要求),但美国的情况并非如此。美国证券交易委员会在 1934 年要求上市公司提交年度财务报告,于 1955

年将提交频率提高至半年,并于 1970 年进一步将频率提高至季度。财务报告频率的监管变化也可能影响上市公司的创新动机。Fu 等(2020)对这一问题进行了研究,发现更高的财务报告频率会降低企业的创新产出。此外,这种负面影响对那些具有高度价格敏感性和受到严格财务约束的企业来说更为明显。他们给出的解释是,频繁的报告给管理者带来了短期压力,导致管理者短视。

宏观社会和国家制度特征

在本节中,我们将讨论社会或国家的某些特征,这些特征甚至比国内市场条件更为广泛。我们首先回顾了与股东保护、知识产权、劳动保护、破产和内幕交易相关的法律法规对企业激励创新的影响。然后,我们讨论了国家的整体金融发展、金融自由化、会计制度、国际贸易规则与创新项目投资关系的相关文献。最后,我们将回顾一些论文,这些论文研究了国家的其他方面,比如政策的不确定性、政府补贴、经济增长、人口和社会特征,是否会影响企业创新的过程和结果,如果会影响,将以何种方式产生影响。

◇ 文化

我们首先回顾了制度和创新的文献,这些文献研究了一个国家、当地社区或企业的文化如何影响人们对创新的整体态度,以及开展创新活动的动机和效率。创新是一个需要冒险精神、耐心和毅力的长期、有风险和不透明的过程。在创新过程中,重要参与者(如发明人、管理者、员工、投资者甚至是决策者)的文化背景以及这些人对创新心态背后的社会规范和意识形态,将对创新活动的过程和结果起到至关重要的塑造作用。本节还探讨了有利于创新的企业文化的决定因素,以及发明人的童年经历和他们的种族背景对他们未来创新行为的影响。

Greif 和 Iyigun(2012)使用 1650—1830 年间英国 39 个县的贫困救济面板数据和社会动荡数据,发现英国的前现代社会制度(即旧的济贫法),通过降低那些担心经济变化的人们的暴力行为和阻碍创新反应,帮助国家过渡为现代经济。他们的结论是,社会制度有助于减轻对节约劳动力创新的暴力社会反应。

Benabou 等(2015)研究了宗教如何影响创新。具体来说,他们将 11 项个人对创新开放程度的指标(例如,对科学技术的态度、新旧观念、总体变化、个人冒险、想象力和独立性)与 5 项宗教虔诚程度的指标(包括信仰和参与程度)联系起来。利用世界价值观调查的五次浪潮，并控制社会人口统计因素，以及国家和年份的固定效应，他们研究发现，更强烈的宗教信仰与对创新的负面看法有关。

包容性机构（即机构能够提供广泛的经济机会，而不是以牺牲多数人的利益为代价来照顾少数人）也会影响创新。根据法国大革命后法国占领德国不同地区的时间和地理位置，Donges、Meier和Silva（2018）发现，与未被占领的县相比，占领时间最长的县的人均专利数量增加了一倍多，高科技产业和银行业发达或社会规范宽松的县更是如此。他们的结论是，金融发展和自由的社会规范是包容性机构创造创新环境的重要补充。

一些"不良"的社会文化（如行贿文化）也会影响创新。Ayyagari等（2014）对57个国家的中小企业进行了大样本研究，发现创新型企业比非创新型企业支付的行贿金额更高，特别是在官僚制度盛行、公司管理薄弱的欠发达国家。然而，如此高昂的行贿成本似乎并没有使这些创新型公司通过获得政府业务或逃避更多税而受益。因此他们得出结论，发展中国家的腐败对创新有负面影响。

另一组文献详细研究了进行研发活动的发明人的文化、种族和童年背景。Foley和Kerr（2013）利用专利申请和美国跨国公司海外子公司运营的详细数据，研究了不同文化和种族背景的创新者是如何对跨国公司研发和专利活动的全球分布产生影响的。他们使用专利申请中出现的发明人名字来推断美国的创新者的种族，发现如果特定种族的美国发明人产生的专利越多，那么公司就会在与这个种族相关的国家进行更多的研发并生产更多的专利。因此，他们的研究表明，创新者的文化和种族背景能够促进跨国界创新活动的蜕变。

Bell等（2019a）调查了童年环境对一个人成为发明家概率的重要性，他们使用了120万位美国发明人的专利数据，这些数据来自与税务记录相关的专利记录。他们指出，童年时期通过家庭或邻居接触过创新，对一个人未来的发明倾向有正向的因果关系。另外，这些接触效应是针对技术类别和性别的，那些在邻里或家庭更具有特定技术类别创新氛围环境下长大的人，更有可能在这一技术类别获得专利；如果女孩成长的区域有更多的女性在一个技术类别中有所发明，那么女孩更有可能在这一特定类别进行发明创造。

一些论文探讨了地方冒险文化是如何影响人们从事创新活动的动机的。Chen等（2014）以及Adhikari和Agrawal（2016）研究了地方赌博文化在企业创新中的作用。Chen等（2014）将美国一个县中天主教徒与新教徒的比例作为当地赌博偏好的指标，发现位于赌博易发地区的企业倾向于从事高风险项目，在研发上投入更多，并且会产生更重要的创新产出。Adhikari 和 Agrawal（2016）也得出了相似的结论，他们发现对于具有不同特征的企业来说，当地赌博偏好对创新的影响是各不相同的。为了减轻内生性的问题，Adhikari 和 Agrawal（2016）利用 1965 年的《移民法》进行准自然实验。

◇ 人口特征和人力资本

接下来，我们将回顾一些研究创新与人口统计（年龄、教育、技术或移民背景等）之间关系的文献，这些被统计的人口包括经济体的劳动力或企业与创新相关的关键员工，如上层管理人员或发明人。文献中作者还评估了人力资本和团队合作精神对于创新效率和成果的重要性，因为创新活动的成功关键在于研究团队的人才、经验、努力和士气，以及管理者能够及时高效地筹集资金，并设计适当的激励合同以产生足够的资本–劳动力互补。

Derrien 等（2018）研究了当地劳动力人口（尤其是通勤区域人口的年龄结构）对美国企业创新的影响。文章发现，从通勤区域和企业层面来看，年轻劳动力会产生更多的创新，有更多的专利数量和引用次数。此外，年轻人会通过劳动力供应渠道产生更多的创新，而不是通过融资供给或消费需求渠道。Anelli 等（2019）也探讨了工人年龄对创新的影响，他们研究了当地年轻人口数量的下降是否会减少新企业的创立，从而对创业和创新产生负面影响。通过分析意大利当地劳动力市场移民的变化，他们发现了与上述预测一致的证据。文章进一步显示，移民带动的劳动力外流主要会影响年轻人自有企业和创新行业企业的创建。

Bianchi 和 Giorcelli（2019）利用 1958—1973 年间的意大利行政管理数据，研究了发明人的 STEM（科学、技术、工程和数学）背景如何影响他或她未来进行创新的可能性/风格。具体来说，作者利用了 1961 年意大利教育改革导致 STEM 招生数量突然增加的事件，这使得工科学生（而不是学术型学生）首次进入大学的 STEM 专业。这篇论文表明，STEM 学位人数的这种外生增长，使创新的类型向化学、医学和 IT 倾斜，而不是向机械或工业流程倾斜。此外，该改革还允许拥有 STEM 背景的个人在企业层级中触及最高职位，并更多地参与创新过程。

Acemoglu（2010）开发了一个理论模型，研究了劳动供给不足的经济体鼓励技术应用或创新的条件。他将某一特定技术定义为：当技术进步降低了劳动力边际产量（MLP）时，技术为"强人力节约"；当技术进步提高了 MLP 时，技术为"强人力补充"。文章主要结果表明，如果技术是"强人力节约"，劳动力不足鼓励了技进步；但如果技术是"强人力补充"，则会阻碍技术进步。他的研究结果表明，一个社会的劳动力供给对创新的影响在很大程度上取决于创新背后的技术性质。

另一篇研究劳动力供给和创新之间关系的论文是 Bena 和 Simintzi（2019）的论文，他们利用1999年的中美双边协议来研究获取海外廉价劳动力是否以及如何影响国内企业的创新。他们通过对企业专利申请进行文本分析，将创新分为新产品（产品创新）和新生产方法（流程创新）。这篇论文发现，在中国运营的美国企业流程创新所占的比例大大减少，这表明这些企业选择使用廉价的海外劳动力，而不是对人力节约型创新进行投资。

一些论文研究了具有外国背景的熟练工人是否以及如何影响创新过程和绩效。Hunt 和 Gauthier-Loiselle（2010）研究了美国的技术移民（其中大部分拥有科学和工程学学位）是否会提高创新产出。利用1940—2000年间的州级面板数据和工具变量方法，他们发现移民大学毕业生的人口比例每增加一个百分点，人均专利数量就会增加9%至18%。

Bernstein 等（2018）试图通过移民的直接生产力以及他们对本国合作者的间接溢出效应，量化移民对美国创新的贡献程度。研究发现，移民发明人在申请专利方面通常比本国发明人更有效率，特别是那些未来被引用次数更多、经济价值更高的专利。此外，具有移民背景的发明人更青睐外国技术、与外国发明人互动，并为本国发明人的创新活动创造正面的外部效应。最后，在促进创新成功方面，移民发明人的间接溢出效应贡献要远远大于他们的直接生产力贡献。

本着同样的想法，两篇几乎同时研究的论文研究了持有 H-1B 签证的工人（即有外国背景并获准在美国合法工作的工人）是如何对企业创新产生影响的。Khanna 和 Lee（2018）通过将 H-1B 签证劳动条件申请（Labor Condition Applications, LCA）的数据与 2006—2015 年间产品的零售扫描数据相结合，发现 H-1B 签证认证与更高的产品重新分配率密切相关，这表明新产品的进入和过时产品的退出意味着更大的创新。

Dimmock 等（2019）利用 H-1B 签证高需求年份的分配"抽签"制度，研究了对于小型创新企业来说，雇佣高级熟练工人（持有 H-1B 签证的工人）对企业层面创新成果的影响。他们发现，H-1B 签证的中签者更有可能获得更多的风险投资，更有可能以 IPO 形式成功退出，并有更好的创新表现。

与上述三篇论文相关，Brown 等（2019）将高科技行业中外国出生的企业家的创新行为与美国出生的企业家的创新行为进行了比较。作者发现，在16种不同的创新措施中，移民者拥有的企业在 15 种创新活动中参与较多，包括生产或流程创新活动的数量、研发支出和知识产权产出（如专利、版权和商标）。

有几篇论文表明，共同发明人之间的团队合作对创新的成功产生了巨大的影响。Jaravel 等（2018）利用 1996—2012 年间美国专利发明人的行政税收和专利数据，研究了团队特有人力资本对发明人终身收入和创新能力的影响。他们采用了双重差分法，发现发明人外生过早死亡导致的团队合作终止，会导致合作发明人未来收益和创新生产力的长期大幅下降。

在类似的尝试中，Baghai 等（2018）探讨了团队特有人力资本和团队稳定性在塑造创新中的作用。他们通过分析 1975—2004 年间美国个体发明人的微观数据发现，当发明人团队因破产而解散时，平均而言，那些更倾向于在团队中工作的发明人会对他们未来的创新生产力产生更持久的负面影响。相反，与团队成员共同改变的发明人随后会变得更有创造力。证据再次表明，发明人过去的合作经验对他们未来的创新生产力至关重要。

与上述两篇论文相关，Zacchia（2019）分析了不同企业发明人之间的相互作用是如何对知识溢出和创新活动的形成产生影响的。他构建了一个上市企业网络，其中的链接是两家企业发明人之前相互合作的相对比例的函数。通过这个方法，他发现这种跨企业的合作（除了前文所述的团队合作之外）对知识创造也有很大的影响。

◇ **市场发展**

经济市场和金融体系的发展将直接影响尝试进行创新活动的企业的融资，进而影响它们进行创新活动的能力。近期的文献探讨了基于市场和银行的金融体系、股权/股票和信贷市场的发展、房地产市场的冲击、市场情绪和透明度、劳动力市场摩擦、产品市场竞争，以及各种核心金融市场参与者是如何影响创新的。

Tadesse（2006）比较了基于市场和基于银行的金融体系对技术创新的促进作用。他利用了 1980—1995 年间 34 个国家的 10 个制造行业的面板数据，发现基于市场的金融体系促进了所有经济部门的创新，基于银行的金融体系促进了信息敏感度更高行业的技术进步，这表明金融体系对创新绩效的影响取决于其行业的性质和结构。

Hsu、Tian 和 Xu（2014）使用涵盖 32 个发达国家和新兴国家的数据考察了金融市场发展对企业创新的影响，发现在股市更发达的国家，更依赖于外部融资的行业和本质上更高科技的行业更具创新性。同时，更发达的信贷市场似乎阻碍了这些行业的创新。Bernstein 等（2019）使用的数据将专利发明人的成果与其房产交易关联起来，分析了房地产市场的负面冲击（如 2008 年金融危机期间房产价值的下降）是如何影响技术创新的。他们发现，那些在危机期间经历了房产价值负面冲击的员工，从事的项目风险较小，并且获得的专利数量更少，质量更差。对于那些危机前在就业市场机会有限或房屋资产很少的员工来说，这种影响更为严重。

Bian 等（2017）对比了国有银行和民营银行对企业创新的影响能力。通过大量的德国信贷关系样本，他们发现能够从国有银行获得更多融资的企业很少参与创新活动。同时，能够从民营银行获得更多融资的企业则产生了大量的专利。为了便于识别，文章以地方选举周期中国有银行出现危机的时间为依据，对地方信贷供应进行计量。

Dang 和 Xu（2018）从理论和实证两个方面研究了市场情绪是如何影响企业创新的。他们采用了 1985—2010 年间 6 139 家美国上市公司的面板数据，发现企业层面的创新活动与总体股市情绪之间存在正向关系。此外，研究表明，在市场情绪高涨的时候，财务受限企业比财务不受限企业更有可能发行股票和增加研发投资，这与融资渠道的解释是一致的。

Brown 和 Martinsson（2019）采用 20 个国家的数据，研究了国家的一般信息环境对创新的净效应。他们发现，国家的整体透明度对研发投资和专利的比率有积极影响，特别是在相对更加依赖市场融资来源（如股权）而非银行债务的行业。截面结果表明，透明度通过降低与市场融资相关的信息成本促进创新。相比之下，他们没有发现透明度对有形资产投资有重大影响。

Mao 和 Wang（2019）认为，劳动力稀缺是融资影响创新的重要经济渠道。文章发现，在美国南北战争前的 1812—1860 年间，《自由银行法》（Free Banking Act）陆续实行，而自由州和奴隶州之间劳动力稀缺性存在巨大差异，更丰富的融资渠道可以促进州层面的专利产出，且这种效应在劳动力相对稀缺的自由州更为明显。在奴隶普遍存在的奴隶州，作者还发现了一个有趣的模式：获得融资对替代自由劳动的创新有正面影响，但对替代奴隶劳动的创新有负面影响。

◇ **法律**

经济体的法律体系，特别是管理创新流程各关键环节的法律设计和实施，也对企业创新产生了深远的影响。在新兴的研究领域中，研究者已经对法律制度进行了广泛探索，包括专利（诉讼）法、商标法、知识产权保护法、破产法、股东保护/诉讼系统、内幕交易规则，以及不正当解雇、工作场所吸烟和性别取向等影响劳动力构成或生产力的法律。

Moser（2005）利用19世纪的数据研究了专利法是如何影响创新方向的。他发现在缺乏专利法的国家，发明人的创新活动集中在少数行业中，在这些行业中，保密可以作为专利授权的有效替代，使国家在这些行业达到技术领先。相比之下，拥有专利法国家的发明人可以在更多样化的产业中进行创新。这些发现表明，专利法有助于塑造技术变革的方向。

在后续论文中，Moser（2012）再次使用历史数据，发现1851年英国的大部分创新都没有获得专利。对英国和美国数据的进一步比较分析还显示，专利决策与专利法的差异并无关系，主要是由跨行业差异推动的。

Lerner（2009）研究了专利政策在国际环境下对创新成果的影响。他分析了150年来60个国家专利政策的177项重大变化。令人惊讶的是，他没有找到有力的证据证明加强专利保护对创新率有积极影响。文章提供了三种可能的解释：创新产出的衡量方法不完善；样本周期短导致缺乏测试能力；国内专利未能响应知识产权的增强。Galasso和Schankerman（2015）通过美国联邦巡回上诉法院（The United States Court of Appeals for the Federal Circuit）的专利无效判决的独特背景，分析了经济体中专利权对累积创新的影响，论文发现，无效判决导致重点专利的后续引用增加了50%，但这种影响是高度多样化的，而且主要是由大企业拥有专利所驱动的，这似乎阻碍了小型创新者。因此，研究表明，政府政策的目标应该是在某些特殊环境中促进更有效的专利许可。

Fang等（2017）探讨了在中国知识产权保护是如何影响创新的。他们发现，在国有企业私有化之后，创新有所增加，而且在知识产权保护力度更强的城市，这种影响更大。他们得出了这样的结论：知识产权保护和产权结构共同决定了创新的有效性。通过分析1996年通过的《联邦商标淡化法》（Federal Trademark Dilution Act，FTDA，该法案对指定的商标给予了额外的法律保护），Heath和Mace（2020）研究了商标保护如何影响企业创新和产品战略。他们发现，FTDA引发了更多与商标相关的诉讼、降低了行业准入和退出门槛，从而提高了受影响企业的运营利润。此外，受商标法律保护力度加大的企业降低了创新投入，专利或新产品产生量减少，不安全产品数量召回增多，说明商标法律保护力度加大会对创新动机产生负面影响，使产品质量下降。

Appel 等（2019）分析了非执业实体（Non-Practicing Entities，NPEs 或"专利钓鱼"）发起的专利诉讼是否以及如何影响创业公司的就业、增长、创新和融资活动。他们利用美国 32 个州相继通过反钓鱼法的数据，研究发现采用这些法律会带来更多通过专利衡量的创新产出。这种创新活动的增加，得益于更多的早期风险投资和更多以专利为抵押的贷款。他们得出的结论是，州反钓鱼法可以通过降低琐碎专利要求带来的诉讼风险，提高投资高科技初创企业的净现值。

Gao 和 Zhang（2017）研究了禁止基于性取向和性别认同的歧视的美国州一级的《就业反歧视法案》（Employment Non-Discrimination Act，ENDA）对企业创新的影响。通过对 1976—2008 年间 58 009 家美国上市公司的调查，他们发现应用 ENDA 大大增加了创新产出。文章认为，ENDA 通过将创新企业与支持同性恋的员工匹配来促进创新，这些员工更有可能成为更好的发明人，因为他们往往更年轻、受教育程度更高、更宽容、更开放、更敢于冒险、拥有更多元的背景，并表现出更强的意识形态自由主义。

一系列文献探讨了破产法对创新的影响。在国际背景下，Acharya 和 Subramanian（2009）检验了这样的猜想，即对债务人有利的破产法可能会通过促进破产的延续来鼓励企业创新，而对债权人有利的破产法则具有相反的效果。他们发现证据表明，在债权弱势的国家，创新企业表现出更高的专利创造和更快的增长；而在债权强势的国家，高科技公司的杠杆率较低，创新也较少。

在一项相关研究中，Cerqueiro 等（2017）通过美国 1995—2005 年间的数据调查了个人破产法对企业创新的影响。与 Acharya 和 Subramanian（2009）的观点相反，作者发现，提供强有力的债务人保护的破产法减少了小型企业的专利活动，并降低了其产生专利的平均质量和风险。他们认为，强有力的债务人保护对创新产生负面影响的一个原因是债务融资供给的减少，特别是对那些高度依赖外部融资的行业。

在国际背景下，Brown 等（2013）考察了国家法律体系对企业层面创新投资的影响，特别是对股东保护程度及对股票市场准入的影响。他们发现，更有力的股东保护和更好的股市融资渠道促进了研发投资支出（尤其是小型企业的研发投资支出），而并非普通资本支出。此外，他们还发现信贷市场的发展仅对资本支出有微小影响，对研发支出没有影响。

同一作者团队的两篇相关论文探讨了劳动法对企业创新的影响。Acharya 等（2014）发现，不正当解雇法（保护员工免受不公平解雇）刺激了创新和新企业的创建。作者首先建立了一个模型，在这个模型中，不正当解雇法降低了企业留住员工的可能性，引导员工进行更多的创新工作，从而增加了企业层面的创新产出。文章通过美国各州相继采用的不正当解雇法为模型预测找到了实证支持。

Acharya 等（2013）通过分析美国、英国、法国和德国解雇法的国家层面的变化，也发现了符合上述预测的证据。特别是，他们发现，严格的解雇法会刺激创新，尤其是对创新密集型行业的企业，而其他劳动法并不会起到这样的作用。Levine 等（2017）采用 1976—2006 年间 74 个经济体的数据，探讨了内幕交易法的收紧对专利申请的影响。通过各国内幕交易法的相继变化，他们发现，促进创新产出数量、质量、范围和原创性的是内幕交易法的实施，而并非法律的颁布，对于创新型和不透明的行业这种促进作用更大。他们认为，通过限制内幕交易促进创新的途径是，它可以提高人们对创新活动的估值，从而增加股权融资的流动性。

Gao 等（2020）研究了禁止在工作场所吸烟的无烟法律对企业创新的影响。自 2002 年以来，美国各州相继通过了无烟法，他们发现，总部位于这些州的企业的专利数量和引用次数都有了明显的增长。这种影响在此类法律执行力度较强或之前烟草管制力度较弱的州更为明显。作者认为，无烟法律改善了发明人的健康和生产力，并有助于吸引更多有生产力的发明人。Lin 等（2020）通过 1989—2005 年间美国 23 个州相继通过的通用需求（Universal Demand Law, UD）法律，研究股东诉讼是否以及如何影响企业创新。他们发现，在采用了 UD 法州的企业，股东对董事和经理提起衍生诉讼更加困难，这增加了创新活动的投入和产出，同时也提高了创新成果的质量和价值。作者认为，由于股东诉讼会向管理层施加压力，所以会限制企业的创新能力。

Mezzanotti（2017）通过 2006 年美国最高法院对"eBay 与 MercExchange"的判决，研究了专利诉讼作为专利执行的外生性冲击是如何影响创新的。此项判决增加了法院对专利侵权行为进行补救的灵活性，终止了在侵权行为发生后几乎自动授予永久禁令的做法。文章发现，这种干预对创新的投入和产出都有积极的影响。此外，有证据表明，专利诉讼降低了研发活动的回报，减少了可用于生产活动的内部资源，从而减少了创新。

◇ **法规和政策**

我们回顾的最后一系列文献分析了法规和政策是如何影响创新的，包括市场竞争相关法规（如反垄断法）、公司税和个人税、政府提供的补贴以及对创新活动的财政激励、政府支出、政治不确定性、一般信息环境的透明度、反腐败运动、基于地方的政策以及影响创业公司 IPO 进程的政策。

Segal 和 Whinston（2007）研究了反垄断政策（通常会限制在位者的行为，但对新进入者宽大处理）对那些将创新作为竞争成功要素行业的影响。他们建立了一个理论模型，分析了反垄断政策对在位者和新进入者创新激励的冲突效应，发现在改变创新激励和创新供给的同时，通过固定创新率可以确定净效应的方向。将这些模型应用于几项具体的反垄断政策的结果表明上述紧张关系只会在特定场景中出现，但有利于新进入者的友好政策必然会激励创新。

一系列文献通过美国和国际数据研究了税收政策是如何影响创新的。

Akcigit 等（2018b）研究了 20 世纪美国个人所得税和企业所得税如何影响个体发明人的创新活动。他们利用三个新的数据和一系列识别策略，发现个人所得税和企业所得税都对创新的数量和质量有负面影响。同时，有证据表明，为了应对高税收，创新活动正在发生地理转移。与非企业发明者相比，企业发明者对税收的反应似乎更大。为了分析财政激励对研发投资和生产率增长的影响，Chen 等（2018）利用了中国 InnoCom 项目的准自然实验，该项目以企业所得税减免的形式为研发投资提供了大量的财政激励。他们发现，企业对 InnoCom 项目提供的税收激励反应强烈，但很大一部分反应是由于管理费用的重新标记。

在另一篇论文中，Cai 等（2018）研究了中国制造企业的税收改革（将企业所得税由地方税务局改为国家税务总局征收，有效税率降低 10%），通过中国数据探讨了税收对创新的影响。作者采用断点回归的方式，发现税率的降低提高了企业创新的数量和质量，特别是那些财务约束型企业。

另一个研究方向是政府为创新活动提供的补贴和财政激励如何对企业创新的动机、流程和产出产生影响。Howell（2017）通过美国能源部小企业创新研究资助计划申请人排名的数据，评估了政府研发补贴对创新的影响，发现早期资助可以促进创新活动的融资成功并提高其盈利能力，这种效果对于面临更多财务约束的创业公司更为明显。这篇论文排除了将认证作为一种发现机制的可能性，但认为补贴是有用的，因为它允许接受补贴的企业进行投资，并减少其技术不确定性。

Cheng 等（2019）还利用中国企业－劳动力匹配调查（CEES）的数据研究了政府补贴对创新的影响。他们发现，国有企业（尤其是有政治背景的企业）会优先获得此类补贴，而获得补贴的企业在国内获得的专利更多，也更有可能推出新产品。作者得出的结论是，中国对创新补贴的分配效率较低，且不能激励突破性的创新。

与上述两项研究相关，Bell 等（2019b）研究了研发补贴/补助金或减税等财政激励措施对发明人供给的影响。使用 1996—2012 年间覆盖美国大量发明人的面板数据，作者认为，创新的私人收益（根据发明人的收入纳税记录）极为右偏，这与科学影响（即引用）高度相关，并且往往在个人职业生涯的中间达到最大。他们建立了一个职业选择的理论模型与上述证据相匹配，该模型预测，财务激励只能有限地增加经济体的整体创新能力。类似地，Kong（2019）研究了政府支出如何影响企业创新产出。他发现政府支出对创新产出有负面影响。此外，创新产出的减少在劳动密集型行业、总部位于失业率较低的州以及更依赖政府补贴的企业尤为明显，这表明，资源转移是政府增加支出抑制企业创新的根本原理。

一些论文探讨了政治不确定性和企业政治活动如何影响创新的动机和效率。Bhattacharya 等（2017）利用跨国数据，探讨了对技术创新的影响更大的是政策本身还是政策不确定性。为了进行识别，他们利用基于种族划分的外生变异，采用了固定效应方法。他们发现对国家创新活动产生深远影响的是政策不确定性而不是政策本身。具体来说，政策的不确定性损害了一家企业的创新动机，从而降低了其创新的数量、质量和原创性。

与上述研究相关，Ovtchinnikov 等（2019）分析了企业的政治能动性如何通过减少政治不确定性来促进创新。证据表明，如果企业支持更多的政治家（如赢得选举的政治家、在国会委员会中对企业所在行业拥有管辖权的政治家以及加入这些委员会的政治家），就会更多地从事创新活动。为了证明这一点，作者利用了在 1994 年美国中期选举中共和党出人意料的胜利，以及随后 Newt Gingrich 任命四位初级国会议员担任委员会主席的决定。研究也为政治激进主义的行业内和地理溢出效应提供了证据。

Akcigit 等（2018a）利用意大利企业和雇员的数据，研究了政治联系如何影响企业动态、创新和创造性破坏。通过地方选举造成的准随机断点，作者发现企业层面的政治联系对就业、收入和企业的生存能力有积极影响，但对生产率增长和创新活动有消极影响。他们还发现企业层面的政治关系对行业动态和社会福利会产生整体影响。

几篇论文探讨了有关信息环境透明度的政策如何影响企业的创新活动。Laux 和 Stocken（2017）开发了一个理论模型来检验会计准则和监管执行对创新的影响。他们发现，更严格的会计准则会导致企业在降低资本成本和加重监管处罚之间进行权衡。作者展示了如何根据这些权衡以及监管处罚对违反标准的严重程度的敏感性来制定最佳会计准则。

Agarwal 等（2018）基于美国监管冲击提高共同基金经理投资组合选择透明度进行双重差分法分析，发现披露投资组合的更高要求会增加基金经理的短期压力；通过减少企业管理者的创新激励，使企业的短视行为增加。作为上述文章的补充，Fu 等（2020）研究了财务报告频率的监管变化对企业创新的影响。他们发现更高的财务报告频率会降低企业的创新产出，这与频繁报告会导致管理层短视从而阻碍企业创新的假设是一致的。Zhong（2018）利用 29 个国家强制采用国际财务报告准则（International Financial Reports Standards，IFRS）来提高透明度的数据，发现在财务报告的质量、使用全球会计准则、外部信息环境的质量方面通过减少管理者对职业生涯的担忧，可以使企业在研发方面投入更多的精力。同时，通过促进有效的资源配置，国家的高透明度也会提高创新的效率。

最近有几篇论文采用中国丰富的数据研究政策是如何影响企业创新活动的。Tian 和 Xu（2019）利用中国国家高新区的相继设立和双重差分法，发现此类地方政策对地方创新产出和创业活动有积极的影响。通过进一步的分析，揭示了这一政策促进创新创业的三种可能机制：企业更容易获得融资；更大程度地减轻企业行政负担；国家高新区可以更好地促进人才培养。

Tan 等（2019）通过 2005 年中国股权分制改革产生的部分私有化预期的外生变量，探讨了中国国有企业部分私有化对企业创新的影响。他们发现部分私有化的前景对企业创新有积极影响。两项合理的潜在机制是政府机构与私人股东之间达成更好的利益协调，以及股价信息的改善。Cong 和 Howell（2019）以中国临时暂停 IPO 作为准实验环境，考察了企业延迟进入公开股票市场是否会影响创新。他们发现，IPO 暂停导致的临时上市延迟降低了受影响企业的创新产出（以专利产出衡量）。他们认为，延迟上市企业面临的高度不确定性，以及由于缺乏及时获得公开股权资本的渠道而导致的融资约束，是产生此类效应的两种主要机制。

金融和企业创新研究的未来方向

本节将讨论我们对未来研究方向的一些观察结果和看法，探索金融与企业创新之间的关系。

与自我报告的研发支出和基于专利的方法相比，开发能够更好地反映企业创新活动的新实证指标非常重要。由于数据可用性以及它们作为"行动"变量与理论模型的直接联系，自我报告的研发支出（尤其是上市公司财务报表中报告的研发支出）在过去是经济金融文献中企业创新活动的主要指标。然而，这种指标有一些局限性。第一，研发支出只能反映一个特定的可观察的定量投入（Aghion, et al., 2013），而不能反映企业创新战略的不同维度（Manso, et al., 2017）。第二，研发支出对会计准则非常敏感，例如研发支出应该资本化还是费用化（Acharya and Subramanian, 2009）。第三，财务报表中包含的自主研发支出信息（例如来自Compustat数据库的数据）是不可靠的，其中可能存在明显的计量误差。具体来说，有50%以上的企业没有选择在Compustat数据库中报告研发支出。而企业没有报告研发支出并不意味着企业没有从事创新活动：企业可能会出于战略考虑或利用会计灵活性而有意为之。Koh和Reeb（2015）的研究表明，有10.5%的企业缺失研发信息但获得了专利，这一数字是实际报告零研发支出企业的14倍。因此，现有文献中一种常见的做法是，用0代替缺失的研发支出值，引入可能导致估计偏差的干扰项。

鉴于自我报告的研发支出的局限性，研究人员一直在尝试探索可行的衡量创新的方法。在过去的10年里，专利经常被作为反映企业创新的替代指标。事实上，本次综述中回顾的绝大多数研究都采用了基于专利的方法来衡量企业的创新活动。这种衡量方法优于研发支出，因为研发支出只反映一个特定的可观察的创新投入，无法解释许多其他（同等或甚至更重要的）可观察和不可观察的投入（如人才分配、工作量，以及对创新项目和内部激励计划的关注，特别是公众认可的非货币性投入），而专利是一个创新产出变量，它包含了所有（可观察和不可观察的）创新投入的成功运用。由于专利数据的丰富性，研究人员不仅可以分析创新产出的数量，还可以分析创新产出的质量和基本属性，如它们的影响（应用）、通用性、原创性以及它们与企业核心业务的相关性。此外，专利数据不仅可以用于上市公司，也可以用于私有企业、组织甚至个人。

然而，专利并不是衡量创新的完美指标。首先，现有的文献（Lerner, 2009）指出，在观察到一些令人费解的实证研究结果后，基于专利的创新衡量方式，可能无法完全反映创新产出的真实程度。其次，申请专利只是保护企业知识产权的一种方式，很大程度上取决于企业自身的判断和战略计划。例如，由于企业开发人员不愿意申请专利，许多企业创新产出以商业机密的形式存在。相对于产品创新，流程创新尤其如此：虽然USPTO接受流程创新的申请，但最终授权的专利却集中在产品创新方面。最后，正如Lerner和Seru（2015）所指出的，专利数据本身有一些问题，如截断问题、技术分类调整的困难、跨区域创新活动和误导性作业实践等，如果这些问题没有得到恰当解决，可能会导致错误的结论。

基于上述考虑，近年来有研究者尝试开发了一些新的创新衡量方法。例如，Kogan 等（2017）提出了一种衡量创新成果价值的新方法，即授予专利时的市场感知价值。具体来说，他们研究了一家企业在专利获得批准日期前后时间窗口内的累积异常收益，然后将这一收益乘以该企业的市值规模，以美元为单位估算专利的经济价值。他们发现，他们提出的价值衡量方法与授权专利的科学价值正相关，与测量未来引用的方法所得到的结果一致。此外，他们认为他们基于市场价格的价值度量包含了与基于引用的价值度量相关的附加信息，因为新测量方法与企业增长之间的关系更为密切。然而，这个指标依赖一个隐含的假设，即市场能够对授权专利进行充分评估并正确地估算其附加价值。由于研究设计的局限性，这个新开发的指标只能衡量上市公司的专利价值。

Cooper 等（2019）近期也进行了相关尝试。根据管理学文献，他们提取了企业的研发商数量作为企业创新的替代指标，将其定义为企业特定的研发支出产出弹性。通过比较文献中的研发商数量测量方法和基于专利的测量方法与重要资产定价和公司财务变量的关系，他们得出结论：使用新测量方法得到的估计结果比使用基于专利的衡量方法得到的估计结果与事实更为一致，且更具有统计意义。此外，他们还认为，研发商数量是一种更普遍、更统一的创新衡量标准。但与 Kogan 等（2017）提出的方法一样，这种方法仅适用于上市公司，更特别的是，只能用于研发支出不为零的企业。

Bellstam 等（2019）采取了一种截然不同的方法，他们不再使用基于研发或专利的方法，而是通过对财务分析师的报告进行文本分析，开发出一种新的企业创新指标。具体来说，他们首先将隐狄利克雷分配（the Latent Dirichlet Allocation, LDA）模型拟合到大量的分析报告中，然后通过分析师对创新主题的描述来衡量企业的创新水平。他们认为，新的基于文本的创新衡量标准不仅与专利效率密切相关，而且还反映了不产生专利企业的创新活动。例如，他们发现基于文本的创新衡量方法对于产生专利和不产生专利的企业都能预测到更好的业绩和更高的增长率。然而，这种测量方法的局限性在于仅能反映上市公司的创新。

类似地，Mukherjee 等（2017）对 Lexis-Nexis 新闻数据库进行文本搜索，搜索新闻稿和"发布""产品""介绍""揭幕""开始"等关键词。然后，他们通过事件研究来反映企业对新产品公告的市场反应，并将这些公告反过来作为反映企业创新活动的另一种方式。以上论文为寻找新的创新措施提供了很好的范例。

未来研究的另一个方向是企业技术创新的实际后果和股市后果。我们在此项综述中回顾的绝大多数文献研究的是各类企业、市场和国家层面特征对企业创新的影响。一个自然产生的问题是，企业创新是否且如何对一家企业的真实业绩和财务业绩，以及其所有权结构和关键的企业特征产生影响。例如，创新企业是否从它们的主要市场竞争对手那里获得了更多的市场份额？它们是否更有可能进入新的市场并获得更好的经营业绩？它们是否雇用了生产力更高的员工和拥有更高技能的经理？反过来，创新企业是否表现出更快的长期增长、更好的股票回报率和更高的市场估值？此外，创新型企业是否更适合某些所有权、治理结构和融资政策？它们希望得到更多还是更少的宣传？就劳动力市场的结果而言，创新型企业会催生企业家，尤其是本土企业家吗？最后，企业层面的创新如何影响一个地区或国家的创业就业、金融发展和经济增长？

虽然现有的一些论文在一定程度上解决了上述部分问题（如 Hall, et al., 2005；Cohen, et al., 2013；Hirshleifer, et al., 2013, 2018；Balsmeier, et al., 2016；Farre-Mensa, et al., 2017；Fitzgerald, et al., 2020；Frydman and Papanikolaou, 2018），但沿着这一思路仍然需要进行更多的研究并取得更有效的成果。特别地，未来的研究应该寻找干净的实证设置，并制定明智的识别策略，从而更好地识别企业创新对实体经济和金融市场的因果影响。

参 / 考 / 文 / 献

[1] Acemoglu, Daron. When does Labor Scarcity Encourage Innovation [J]. *Journal of Political Economy*, 2010, 118(6): 1 037–1 078.

[2] Acharya, Viral V and Krishnamurthy Subramanian. Bankruptcy Codes and Innovation. *Review of Financial Studies*, 2009, 22(12): 4 949–4 988.

[3] Acharya, Viral V and Zhaoxia Xu. Financial Dependence and Innovation: The Case of Public Versus Private Firms [J]. *Journal of Financial Economics*, 2017, 124(2): 223–243.

[4] Acharya, Viral V, Ramin P Baghai and Krishnamurthy Subramanian. Labor Laws and Innovation [J]. *Journal of Law and Economics*, 2013, 56(4): 997–1 037.

[5] Acharya, Viral V, Ramin P Baghai and Krishnamurthy Subramanian. Wrongful

Discharge Laws and Innovation [J]. *Review of Financial Studies*, 2014, 27(1): 301–346.

[6] Adhikari, Binay and Anup Agrawal. Religion, Gambling Attitudes and Corporate Innovation [J]. *Journal of Corporate Finance*, 2016, 37: 229–248.

[7] Agarwal, Vikas, Rahul Vashishtha and Mohan Venkatachalam. Mutual Fund Transparency and Corporate Myopia [J]. *Review of Financial Studies*, 2018, 31(5): 1 966–2 003.

[8] Aggarwal, Vikas A and David H Hsu. Entrepreneurial Exits and Innovation [J]. *Management Science*, 2014, 60(4): 867–887.

[9] Aghion, Philippe, John Van Reenen and Luigi Zingales. Innovation and Institutional Ownership [J]. *American Economic Review*, 2013 103(1): 277–304.

[10] Aghion, Philippe, Nicholas Bloom, Richard Blundell, Rachel Griffith and Peter Howitt. Competition and Innovation: An Inverted U Relationship [J]. *Quarterly Journal of Economics*, 2015, 120(2): 701–728.

[11] Aghion, Philippe, Stefan Bechtold, Lea Cassar and Holger Herz. The Causal Effects of Competition on Innovation: Experimental Evidence [J]. *Journal of Law Economics & Organization*, 2018, 34(2): 162–195.

[12] Akcigit, Ufuk, John Grigsby, Tom Nicholas and Stefanie Stantcheva. Taxation and Innovation in the 20th Century. NBER working paper, 2018.

[13] Akcigit, Ufuk, Salome Baslandze and Francesca Lotti. Connecting to Power: Political Connections, Innovation, and Firm Dynamics [J]. NBER working paper, 2018.

[14] Amore, Mario Daniele, Cedric Schneider and Alminas Zaldokas. Credit Supply and Corporate Innovation [J]. *Journal of Financial Economics*, 2013, 109(3): 835–855.

[15] Anelli, Massimo, Gaetano Basso, Giuseppe Ippedico and Giovanni Peri. Youth Drain, Entrepreneurship and Innovation. NBER working paper, 2019.

[16] Appel, Ian, Joan Farremensa and Elena Simintzi. Patent Trolls and Startup Employment [J]. *Journal of Financial Economics*, 2019, 133(3): 708–725.

[17] Atanassov, Julian. Do Hostile Takeovers Stifle Innovation? Evidence from Antitakeover Legislation and Corporate Patenting [J]. *Journal of Finance*, 2013, 68: 1 097–1 131.

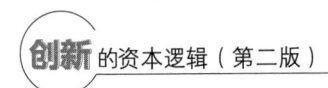

[18] Atanassov, Julian and Xiaoding Liu. Can Corporate Income Tax Cuts Stimulate Innovation [J]. *Journal of Financial and Quantitative Analysis*, 2019: 1–51.

[19] Autor, David, David Dorn, Gordon Hanson, Gary Pisano and Pian Shu. Foreign Competition and Domestic Innovation: Evidence from U.S. Patents [J]. *American Economic Review*, 2020, 2(3): 357–374.

[20] Ayyagari, Meghana, Asli Demirguckunt and Vojislav Maksimovic. Bribe Payments and Innovation in Developing Countries: Are Innovating Firms Disproportionately Affected? [J]. *Journal of Financial and Quantitative Analysis*, 2014, 49(01): 51–75.

[21] Baghai, Ramin P, Rui C Silva and Luofu Ye. Bankruptcy, Team-specific Human Capital, and Innovation: Evidence from US Inventors. Working paper, 2018.

[22] Balsmeier, Benjamin, Lee Fleming, and Gustavo Manso. Escaping Competition and Competency Traps: Identifying how Innovative Search Strategy Enables Market Entry. Working paper, University of California at Berkeley, 2016.

[23] Balsmeier, Benjamin, Lee Fleming and Gustavo Manso. Independent Boards and Innovation [J]. *Journal of Financial Economics*, 2017, 123(3): 536–557.

[24] Baranchuk, Nina, Robert L Kieschnick and Rabih Moussawi. Motivating Innovation in Newly Public Firms [J]. *Journal of Financial Economics*, 2014, 111(3): 578–588.

[25] Bayar, Onur and Thomas J Chemmanur. What Drives the Valuation Premium in IPOs Versus Acquisitions? An Empirical Analysis [J]. *Journal of Corporate Finance*, 2012, 18(3): 451–475.

[26] Bell, Alex, Raj Chetty, Xavier Jaravel, Neviana Petkova and John Van Reenen. Do Tax Cuts Produce more Einsteins? The Impacts of Financial Incentives versus Exposure to Innovation on the Supply of Inventors [J]. *Journal of the European Economic Association*, 2019.

[27] Bell, Alexander M, Raj Chetty, Xavier Jaravel, Neviana Petkova and John Van Reenen. Who Becomes an Inventor in America? The Importance of Exposure to Innovation [J]. *Quarterly Journal of Economics*, 2019, 134(2): 647–713.

[28] Bellstam, Gustaf, Sanjai Bhagat and J Anthony Cookson. A Text-based Analysis of Corporate Innovation [J]. *Management Science,* forthcoming, 2019.

[29] Bena, Jan and Elena Simintzi. Machines Could Not Compete with Chinese Labor: Evidence from U.S. Firms' Innovation [J]. Working paper, 2019.

[30] Bena, Jan and Kai Li. Corporate Innovations and Mergers and Acquisitions [J]. *Journal of Finance*, 2014, 69(5): 1 923–1 960.

[31] Benabou, Roland, Davide Ticchi and Andrea Vindigni. Religion and Innovation [J]. *American Economic Review*, 2015, 105(5): 346–351.

[32] Benfratello, Luigi, Fabio Schiantarelli and Alessandro Sembenelli. Banks and Innovation: Microeconometric Evidence on Italian Firms [J]. *Journal of Financial Economics*, 2008, 90(2): 197–217.

[33] Bernstein, Shai, Rebecca Diamond, Timothy McQuade and Beatriz Pousada. The Contribution of High-skilled Immigrants to Innovation in the United States. Working paper, 2018.

[34] Bernstein, Shai, Timothy McQuade and Richard R Townsend. Do Household Wealth Shocks Affect Productivity? Evidence from Innovative Workers During the Great Recession [J]. *Journal of Finance*, 2020, 76(1).

[35] Bernstein, Shai. Does Going Public Affect Innovation [J]. *Journal of Finance*, 2015, 70(4): 1 365–1 403.

[36] Bhattacharya, Utpal, Pohsuan Hsu, Xuan Tian and Yan Xu. What Affects Innovation More: Policy or Policy Uncertainty? [J]. *Journal of Financial and Quantitative Analysis*, 2017, 52(5): 1 869–1 901.

[37] Bian, Bo, Rainer Haselmann, Vikrant, Vigand Beatrice Weder Di Mauro. Government Ownership of Banks and Corporate Innovation [R]. Working Group Reports on ITiCSE on Working paper, 2017.

[38] Bianchi, Nicola and Michela Giorcelli. Scientific Education and Innovation: From Technical Diplomas to University STEM Degrees. NBER working paper, 2019.

[39] Bloom, Nick, Mark Schankerman and John Van Reenen. Identifying Technological Spillovers and Product Market Rivalry [J]. *Econometrica*, 2013, 81: 1 347–1 393.

[40] Brav, Alon, Wei Jiang, Song Ma and Xuan Tian. How does Hedge Fund Activism Reshape Corporate Innovation [J]. *Journal of Financial Economics*, 2018, 130(2): 237–264.

[41] Brown, J David, John S Earle, Mee Jung Kim and Kyung Min Lee. Immigrant

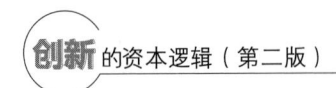

Entrepreneurs and Innovation in the U.S. High-Tech Sector. NBER working paper, 2019: 149-171.

[42] Brown, James R and Gustav Martinsson. Does Transparency Stifle or Facilitate Innovation [J]. *Management Science,* 2019, 65(4): 1 600-1 623.

[43] Brown, James R, Gustav Martinsson and Bruce C Petersen. Do Financing Constraints Matter for R&D? [J]. *European Economic Review*, 2012, 56(8): 1 512-1 529.

[44] Brown, James R, Gustav Martinsson and Bruce C Petersen. Law, Stock Markets, and Innovation[J]. *Journal of Finance*, 2013, 68(4): 1 517-1 549.

[45] Brown, James R, Gustav Martinsson and Bruce C Petersen. What Promotes R&D? Comparative Evidence from Around the World [J]. *Research Policy*, 2017, 46(2): 447-462.

[46] Brown, James R, Steven M Fazzari and Bruce C Petersen. Financing Innovation and Growth: Cash Flow, External Equity, and the 1990s R&D Boom [J]. *Journal of Finance*, 2009, 64(1): 151-185.

[47] Bushman, Robert M, Zhonglan Dai and Weining Zhang. Management Team Incentive Dispersion and Firm Performance [J]. *Accounting Review*, 2016, 91(1): 21-45.

[48] Cai, Jing, Yuyu Chen and Xuan Wang. The Impact of Corporate Taxes on Firm Innovation: Evidence from the Corporate Tax Collection Reform in China. NBER working paper, 2018.

[49] Cerqueiro, Geraldo, Deepak Hegde, Maria Fabiana Penas and Robert Seamans. Debtor Rights, Credit Supply, and Innovation [J]. *Management Science*, 2017, 63(10): 3 311-3 327.

[50] Chang, Xin, David McLean, Bohui Zhang and Wenrui Zhang. Innovation and Productivity Growth: Evidence from Global Patent Award. Working paper, University of Cambridge, 2016.

[51] Chang, Xin, Kangkang Fu, Angie Low and Wenrui Zhang. Non-Executive Employee Stock Options and Corporate Innovation [J]. *Journal of Financial Economics*, 2015, 115(1): 168-188.

[52] Chang, Xin, Yangyang Chen, Sarah Qian Wang, Kuo Zhang and Wenrui Zhang.

Credit Default Swaps and Corporate Innovation [J]. *Journal of Financial Economics*, 2019, 134(2): 474-500.

[53] Chava, Sudheer, Alexander Oettl, Ajay Subramanian and Krishnamurthy Subramanian. Banking Deregulation and Innovation [J]. *Journal of Financial Economics*, 2013, 109(3): 759-774.

[54] Chemmanur, Thomas J and Xuan Tian. Do Anti-Takeover Provisions Spur Corporate Innovation? A Regression Discontinuity Analysis [J]. *Journal of Financial and Quantitative Analysis*, 2018, 53(3): 1 163-1 194.

[55] Chemmanur, Thomas J, Elena Loutskina and Xuan Tian. Corporate Venture Capital, Value Creation, and Innovation [J]. *Review of Financial Studies*, 2014, 27(8): 2 434-2 473.

[56] Chemmanur, Thomas J, Jie He, Shan He and Debarshi K Nandy. Product Market Characteristics and the Choice between IPOs and Acquisitions [J]. *Journal of Financial and Quantitative Analysis*, 2018, 53(2): 681-721.

[57] Chemmanur, Thomas J, Lei Kong, Karthik Krishnan and Qianqian Yu. Top Management Human Capital, Inventor Mobility, and Corporate Innovation [J]. *Journal of Financial and Quantitative Analysis*, 2019, 54(6): 2 383-2 422.

[58] Chemmanur, Thomas J, Manish Gupta and Karen Simonyan. Management Quality and Innovation in Private Firms and the IPO Market Rewards to Innovative Activity. Working paper, Boston College, 2018.

[59] Chemmanur, Thomas J, Yao Shen and Jing Xie. Innovation Beyond Firm Boundaries: Common Blockholders, Strategic Alliances, and Corporate Innovation. Working paper, Boston College, 2017.

[60] Chen, Yangyang, Edward J Podolski, S Ghon Rhee and Madhu Veeraraghavan. Local Gambling Preferences and Corporate Innovative Success [J]. *Journal of Financial and Quantitative Anaysis*, 2014, 49(1): 77-106.

[61] Chen, Zhao, Zhikuo Liu, Juan Carlos Suarez Serrato and Daniel Yi Xu. Notching R&D Investment with Corporate Income Tax Cuts in China. NBER working paper, 2018.

[62] Cheng, Hong, Hanbing Fan, Takeo Hoshi and Dezhuang Hu. Do Innovation Subsidies Make Chinese Firms More Innovative? Evidence from the China

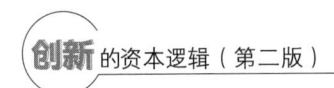

Employer Employee Survey. NBER working paper, 2019.

[63] Chu, Yongqiang, Xuan Tian and Wenyu Wang. Learning from Customers: Corporate Innovation along the Supply Chain [J]. *Management Science*, 2019, 65(6): 2 445–2 466.

[64] Cohen, Lauren, Karl Diether and Christopher Malloy. Misvaluing Innovation [J]. *Review of Financial Studies*, 2013, 26(3): 635–666.

[65] Cohen, Lauren, Umit Gurun and Scott Duke Kominers. Shielded Innovation. Working paper, Harvard Business School, 2016.

[66] Cong, Lin William and Sabrina T Howell. IPO Intervention and Innovation: Evidence from China. NBER working paper, No. 24657, 2019.

[67] Cooper, Michael J, Anne Marie Knott and Wenhao Yang. RQ Innovative Efficiency and Firm Value. Working paper, University of Utah, 2019.

[68] Cornaggia, Jess, Yifei Mao, Xuan Tian and Brian Wolfe. Does Banking Competition Affect Innovation [J]. *Journal of Financial Economics*, 2015, 115(1): 189–209.

[69] Custodio, Claudia, Miguel A Ferreira and Pedro Matos. Do General Managerial Skills Spur Innovation [J]. *Management Science*, 2017, 65(2): 459–476.

[70] Dang, Tri Vi and Zhaoxia Xu. Market Sentiment and Innovation Activities [J]. *Journal of Financial and Quantitative Analysis*, 2018, 53(3): 1 135–1 161.

[71] Dechezlepretre, Antoine, Elias Einio, Ralf Martin, Kieutrang Nguyen and John Van Reenen. Do Tax Incentives for Research Increase Firm Innovation? An RD Design for R&D. LSE Research Online Documents on Economics, 2016.

[72] Derrien, Fran ois, Ambrus Kecskes and Phuong-Anh Nguyen. Labor Force Demographics and Corporate Innovation. Working paper, 2018.

[73] Desmet, Klaus and Esteban Rossihansberg. Innovation in Space [J]. *American Economic Review*, 2013, 102(3): 447–452.

[74] Dicks, David L and Paolo Fulghieri. Uncertainty, Investor Sentiment, and Innovation [J]. *Review of Financial Studies*, forthcoming.

[75] Dimmock, Stephen G, Jiekun Huang and Scott J Weisbenner. Give Me Your Tired, Your Poor, Your High-Skilled Labor: H-1B Lottery Outcomes and Entrepreneurial Success. Working paper, 2019.

［76］Dong, Ming, David A Hirshleifer and Siew Hong Teoh. Stock Market Overvaluation, Moon Shots, and Corporate Innovation [J]. *Journal of Financial and Quantitative Analysis*, forthcoming.

［77］Donges, Alexander, Jeanmarie A Meier and Rui Silva. The Impact of Institutions on Innovation. Social Science Research Network, 2017.

［78］Dutta, Sunil and Qintao Fan. Incentives for Innovation and Centralized versus Delegated Capital Budgeting [J]. *Journal of Accounting and Economics*, 2012, 53(3): 592–611.

［79］Ederer, Florian and Gustavo Manso. Is Pay for Performance Detrimental to Innovation [J]. *Management Science*, 2013, 59(7): 1 496–1 513.

［80］Edmans, Alex, Itay Goldstein and John Y Zhu. Contracting with Synergies. NBER working paper, 2013.

［81］Faleye, Olubunmi, Tunde Kovacs and Anand Venkateswaran. Do Better-Connected CEOs Innovate More? [J]. *Journal of Financial and Quantitative Analysis*, 2014, 49: 1 201–1 225.

［82］Fang, Lily H, Josh Lerner and Chaopeng Wu. Intellectual Property Rights Protection, Ownership, and Innovation: Evidence from China [J]. *Review of Financial Studies*, 2017, 30(7): 2 446–2 477.

［83］Fang, Vivian W, Xuan Tian and Sheri Tice. Does Stock Liquidity Enhance or Impede Firm Innovation [J]. *Journal of Finance*, 2014, 69(5): 2 085–2 125.

［84］Farre Mensa, Joan, Deepak Hegde and Alexander Ljungqvist. What is a Patent Worth? Evidence from the US Patent "lottery" [J]. *Journal of Finance*, 2017.

［85］Ferreira, Daniel, Gustavo Manso and Andre C Silva. Incentives to Innovate and the Decision to Go Public or Private [J]. *Review of Financial Studies*, 2014, 27(1): 256–300.

［86］Fitzgerald, Tristan, Benjamin Balsmeier, Lee Fleming and Gustavo Manso. Innovation Search Strategy and Predictable Returns [J]. *Mangement Science*, forthcoming.

［87］Flammer, Caroline and Aleksandra Kacperczyk. The Impact of Stakeholder Orientation on Innovation: Evidence from a Natural Experiment [J]. *Management Science*, 2016, 62(7): 1 982–2 001.

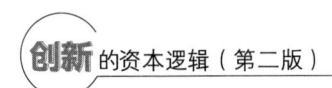

[88] Foley, C Fritz and William R Kerr. Ethnic Innovation and U.S. Multinational Firm Activity [J]. *Management Science*, 2013, 59(7): 1 529–1 544.

[89] Frydman, Carola and Dimitris Papanikolaou. In Search of Ideas: Technological Innovation and Executive Pay Inequality [J]. *Journal of Financial Economics*, 2018, 130(1): 1–24.

[90] Fu, Renhui, Arthur G Kraft, Xuan Tian, Huai Zhang and Luo Zuo. Financial Reporting Frequency and Corporate Innovation [J]. *Journal of Law and Economics*, 2020, 63(3): 501–530.

[91] Fulghieri, Paolo and Merih Sevilir. Organization and Financing of Innovation, and the Choice between Corporate and Independent Venture Capital [J]. *Journal of Financial and Quantitative Analysis*, 2009, 44(06): 1 291–1 321.

[92] Galasso, Alberto and Mark Schankerman. Patents and Cumulative Innovation: Causal Evidence from the Courts [J]. *Quarterly Journal of Economics*, 2015, 130(1): 317–369.

[93] Galasso, Alberto and Timothy Simcoe. CEO Overconfidence and Innovation [J]. *Management Science*, 2011, 57(8): 1 469–1 484.

[94] Gao, Huasheng and Wei Zhang. Employment Nondiscrimination Acts and Corporate Innovation [J]. *Management Science*, 2017, 63(9): 2 982–2 999.

[95] Gao, Huasheng, Pohsuan Hsu and Kai Li. Innovation Strategy of Private Firms [J]. *Journal of Financial and Quantitative Analysis*, 2017, 53(1): 1–32.

[96] Gao, Huasheng, Pohsuan Hsu, Kai Li and Jin Zhang. The Real Effect of Smoking Bans: Evidence from Corporate Innovation [J]. *Journal of Financial and Quantitative Analysis*, 2020, 55(2): 387–427.

[97] Goldman, Jim and Joel Peress. Firm R&D and Financial Analysis: How do They Interact?[I]. Working paper, INSEAD, 2016.

[98] González-Uribe, Juanita and Moqi Xu. CEO Contract Horizon and Innovation. Working paper, London School of Economics, 2017.

[99] Greif, Avner and Murat Iyigun. Social Institutions, Violence and Innovations: Did the Old Poor Law Matter? Unpublished paper, 2012.

[100] Gu, Yuqi, Connie X Mao and Xuan Tian. Banks' Interventions and Firms' Innovation: Evidence from Debt Covenant Violations [J]. *Journal of Law and*

Economics, 2014, 60(4): 637−671.

［101］Guadalupe, Maria, Olga Kuzmina and Catherine Thomas. Innovation and Foreign Ownership [J]. *American Economic Review*, 2013, 102(7): 3594−3627.

［102］Hall, Bronwyn H, Adam B Jaffe and Manuel Trajtenberg. Market Value and Patent Citations [J]. *RAND Journal of Economics*, 2005, 36(1): 16−38.

［103］He, Jie Jack and Xuan Tian. The Dark Side of Analyst Coverage: The Case of Innovation [J]. *Journal of Financial Economics*, 2013, 109(3): 856−878.

［104］He, Jie Jack and Xuan Tian. SHO Time for Innovation: The Real Effects of Short Sellers. Working paper, University of Georgia, 2017.

［105］He, Jie Jack and Xuan Tian. Finance and Corporate Innovation: A Survey [J]. *Asia-Pacific Journal of Financial Studies*, 2018, 47(2): 165−212.

［106］He, Jie Jack and Xuan Tian. Institutions and Innovation: A Review of Recent Literature [J]. *Annual Review of Financial Economics*, 2020, 12:377−398.

［107］Heath, Davidson and Christopher Mace. The Strategic Effects of Trademark Protection [J]. *Review of Financial Studies*, 2020, 33(4): 1 848−1 877.

［108］Hirshleifer, David A, Angie Low and Siew Hong Teoh. Are Overconfident CEOs Better Innovators [J]. *Journal of Finance*, 2012, 67(4): 1 457−1 498.

［109］Hirshleifer, David A, Po-hsuan Hsu and Dongmei Li. Innovative Efficiency and Stock Returns [J]. *Journal of Financial Economics*, 2013, 107(3): 632−654.

［110］Hirshleifer, David A, Po-hsuan Hsu and Dongmei Li. Innovative Originality, Profitability, and Stock Returns [J]. *Review of Financial Studies*, 2018 31(7): 2 553−2 605.

［111］Holmstrom, Bengt. Agency Costs and Innovation [J]. *Journal of Economic Behavior and Organization*, 1989, 12(3): 305−327.

［112］Hombert, Johan and Adrien Matray. The Real Effects of Lending Relationships on Innovative Firms and Inventor Mobility [J]. *Review of Financial Studies*, 2017, 30(7): 2 413−2 445.

［113］Howell, Sabrina T. Financing Innovation: Evidence from R&D Grants [J]. *American Economic Review*, 2017, 107(4): 1 136−1 164.

［114］Hsu, Pohsuan, Xuan Tian and Yan Xu. Financial Development and Innovation: Cross-Country Evidence [J]. *Journal of Financial Economics*, 2014, 112(1):

116-135.

[115] Hunt, Jennifer and Marjolaine Gauthierloiselle. How Much Does Immigration Boost Innovation [J]. *American Economic Journal: Macroeconomics*, 2010, 2(2): 31-56.

[116] Jaravel, Xavier, Neviana Petkova and Alex Bell. Team-Specific Capital and Innovation [J]. *American Economic Review*, 2018, 108: 1 034-1 073.

[117] Jia, Ning and Xuan Tian. Accessibility and Materialization of Firm Innovation [J]. *Journal of Corporate Finance*, 2018, 48: 515-541.

[118] Jia, Ning, Xuan Tian and Weining Zhang. The Holy Grail of Teamwork: Management Team Synergies and Firm Innovation. Working paper, Tsinghua University, 2019.

[119] Karpoff, Jonathan M and Michael D Wittry. Institutional and Legal Context in Natural Experiments: The Case of State Antitakeover Laws [J]. *Journal of Finance*, 2017, 73(2): 657-714.

[120] Kerr, William. High-skilled Immigration, Domestic Innovation, and Global Exchanges [J]. NBER reporter, 2013(4): 13-16.

[121] Khanna, Gaurav and Munseob Lee. High-Skill Immigration, Innovation, and Creative Destruction. NBER working paper, 2018.

[122] Kogan, Leonid, Dimitris Papanikolaou, Amit Seru and Noah Stoffman. Technological Innovation, Resource Allocation and Growth [J]. *Quarterly Journal of Economics*, 2017, 132(2): 665-712.

[123] Koh, Pingsheng and David M Reeb. Missing R&D [J]. *Journal of Accounting and Economics*, 2015, 60(1): 73-94.

[124] Kong, Lei. Government Spending and Corporate Innovation [J]. *Management Science*, 2019.

[125] Kortum, Samuel and Josh Lerner. Assessing the Contribution of Venture Capital to Innovation [J]. *RAND Journal of Economics*, 2000, 31(4): 674-692.

[126] Laux, Volker and Phillip C. Stocken. Accounting Standards, Regulatory Enforcement, and Innovation [J]. *Journal of Accounting and Economics*, 2017, 65(2): 221-236.

[127] Lerner, Josh and Amit Seru. The Use and Misuse of Patent Data: Issues for

Corporate Finance and Beyond. Working paper, Harvard Business School, 2015.

[128] Lerner, Josh, Morten Sorensen and Per Stromberg. Private Equity and Long-Run Investment: The Case of Innovation [J]. *Journal of Finance,* 2016 66(2): 445-477.

[129] Lerner, Josh. The Empirical Impact of Intellectual Property Rights on Innovation: Puzzles and Clues [J]. *American Economic Review*, 2009, 99(2): 343-348.

[130] Levine, Ross, Chen Lin and Lai Wei. Insider Trading and Innovation [J]. *Journal of Law and Economics*, 2017, 60(4): 749-800.

[131] Lin, Chen, Sibo Liu and Gustavo Manso. Shareholder Litigation and Corporate Innovation [J]. *Management Science*, forthcoming.

[132] Liu, Tong, Merih Sevilir and Xuan Tian. Acquiring Innovation. Working paper, University of Pennsylvania, 2016.

[133] Liu, Tong, Yifei Mao and Xuan Tian. The Role of Human Capital: Evidence from Patent Generation. Working paper, 2018.

[134] Luong, Hoang, Fariborz Moshirian, Lily Nguyen, Xuan Tian and Bohui Zhang. How Do Foreign Institutional Investors Enhance Firm Innovation [J]. *Journal of Financial and Quantitative Analysis*, 2017 52(4): 1 449-1 490.

[135] Malmendier, Ulrike and Geoffrey A Tate. CEO Overconfidence and Corporate Investment [J]. *Journal of Finance*, 2005, 60(6): 2 661-2 700.

[136] Malmendier, Ulrike and Geoffrey A Tate. Does Overconfidence Affect Corporate Investment? CEO Overconfidence Measures Revisited [J]. *European Financial Management*, 2005, 11(5): 649-659.

[137] Malmendier, Ulrike and Geoffrey A Tate. Who Makes Acquisitions? CEO Overconfidence and the Market's Reaction [J]. *Journal of Financial Economics*, 2008, 89(1): 20-43.

[138] Manso, Gustavo, Benjamin Balsmeier and Lee Fleming. Heterogeneous Innovation over the Business Cycle. Working paper, University of California at Berkeley, 2017.

[139] Manso, Gustavo. Motivating innovation [J]. *Journal of Finance*, 2011, 66(5): 1 823-1 860.

[140] Mao, Connie X and Chi Zhang. Managerial Risk-Taking Incentive and Firm

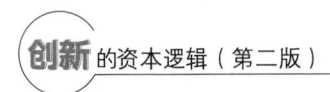

Innovation: Evidence from FAS 123R [J]. *Journal of Financial and Quantitative Analysis,* 2018, 53(2): 867−898.

［141］Mao, Yifei and Jessie Jiaxu Wang. Labor Scarcity, Finance, and Innovation: Evidence from Antebellum America. Working paper, 2019.

［142］Mao, Yifei, Xuan Tian and Xiaoyun Yu. Unleashing Innovation. Working paper, Cornell University, 2016.

［143］Mao, Yifei. Managing Innovation: The Role of Collateral. Working paper, Cornell University, 2019.

［144］Mezzanotti, Filippo. Roadblock to Innovation: The Role of Patent Litigation in Corporate R&D. Working paper, 2017.

［145］Moser, Petra. How do Patent Laws Influence Innovation? Evidence from Nineteenth-century world's Fairs [J]. *American Economic Review,* 2005, 95(4): 1 214−1 236.

［146］Moser, Petra. Innovation without Patents: Evidence from World's Fairs [J]. *Journal of Law and Economics*, 2012, 55(1): 43−74.

［147］Mukherjee, Abhiroop, Manpreet Singh and Alminas Zaldokas. Do Corporate Taxes Hinder Innovation [J]. *Journal of Financial Economics*, 2017, 124(1): 195−221.

［148］Nanda, Ramana and Matthew Rhodeskropf. Investment Cycles and Startup Innovation [J]. *Journal of Financial Economics,* 2013, 110(2): 403−418.

［149］Nanda, Ramana and Matthew Rhodeskropf. Financing Risk and Innovation [J]. *Management Science*, 2019, 63(4): 901−918.

［150］Nanda, Ramana and Tom Nicholas. Did Bank Distress Stifle Innovation During the Great Depression [J]. *Journal of Financial Economics*, 2014, 114(2): 273−292.

［151］OECD. OECD Innovation Strategy 2015: An Agenda for Policy Action Paris. OECD Publishing, 2015.

［152］Ovtchinnikov, Alexei V, Syed Walid Reza and Yanhui Wu. Political Activism and Firm Innovation [J]. *Journal of Financial and Quantitative Analysis,* 2019: 1−36.

［153］Porter, Michael E. Capital Disadvantage: America's Failing Capital Investment System [J]. *Harvard Business Review*, 1992, 70(5): 65−82.

[154] Poulsen, Annette B and Mike Stegemoller. Moving from Private to Public Ownership: Selling out to Public Firms versus Initial Public Offerings [J]. *Financial Management,* 2018, 37(1): 81-101.

[155] Qi, Jin. The Threat of Shareholder Intervention and Firm Innovation. Working paper, University of Minnesota, 2016.

[156] Romer, Paul M. Increasing Returns and Long-Run Growth [J]. *Journal of Political Economy,* 1986, 94(5): 1 002-1 037.

[157] Rosenberg, Nathan. Innovation and Economic Growth. OECD, 2014: 1-6.

[158] Saidi, Farzad and Alminas Zaldokas. How does Firms' Innovation Disclosure Affect Their Banking Relationships? [J]. *Management Science,* forthcoming.

[159] Sapra, Haresh, Ajay Subramanian and Krishnamurthy Subramanian. Corporate Governance and Innovation: Theory and Evidence [J]. *Journal of Financial and Quantitative Analysis,* 2014, 49(04): 957-1 003.

[160] Sauermann, Henry and Wesley M Cohen. What Makes Them Tick? Employee Motives and Firm Innovation [J]. *Management Science*, 2010, 56(12): 2 134-2 153.

[161] Schumpeter, Joseph. *The Theory of Economic Development* [M]. Cambridge: Harvard University Press, 1911.

[162] Segal, Ilya and Michael D. Whinston. Antitrust in Innovative Industries [J]. *American Economic Review*, 2007, 97(5): 1 703-1 730.

[163] Seru, Amit. Firm Boundaries Matter: Evidence from Conglomerates and R&D Activity [J]. *Journal of Financial Economics,* 2014, 111(2): 381-405.

[164] Sevilir, Merih. Learning across Peer Firms and Innovation Waves. Working paper, Indiana University-Bloomington, 2014.

[165] Solow, Robert M. Technical Change and the Aggregate Production Function [J]. *Review of Economics and Statistics*, 1957, 39(3): 312-320.

[166] Spulber, Daniel F. How Do Competitive Pressures Affect Incentives to Innovate When There is a Market for Inventions [J]. *Journal of Political Economy*, 2013, 121(6): 1 007-1 054.

[167] Stein, Jeremy C. Takeover Threats and Managerial Myopia [J]. *Journal of Political Economy,* 1988, 96(1): 61-80.

[168] Sunder, Jayanthi, ShyamVallabha Josyula Sunder and Jingjing Zhang. Pilot CEOs and Corporate Innovation [J]. *Journal of Financial Economics*, 2017, 123(1): 209-224.

[169] Tadesse, Solomon A. Innovation, Information and Financial Architecture [J]. *Journal of Financial and Quantitative Analysis*, 2006, 41(04): 753-786.

[170] Tan, Yongxian, Xuan Tian, Xinde Zhang and Hailong Zhao. The Real Effects of Privatization: Evidence from China's Split Share Structure Reform. Working paper, 2019.

[171] Thakor, Richard T and Andrew W Lo. Competition and R&D Financing Decisions: Theory and Evidence from the Biopharmaceutical Industry [J]. Working paper, MIT, 2016.

[172] Tian, Xuan and Jiajie Xu. Do Place-based Policies Promote Local Innovation and Entrepreneurial Finance? Working paper, 2019.

[173] Tian, Xuan and Tracy Yue Wang. Tolerance for Failure and Corporate Innovation [J]. *Review of Finacial Sttudies,* 2014, 27(1): 211-255.

[174] Yang, Huan. Institutional Dual Holdings and Risk Shifting: Evidence from Corporate Innovation. Working paper, University of Massachusetts, 2017.

[175] Yung, Chris. Making Waves: To Innovate or Be a Fast Second? [J] *Journal of Financial and Quantitative Analysis*, 2016, 51(2): 415-433.

[176] Zacchia, Paolo. Knowledge Spillovers through Networks of Scientists [J]. *Review of Economic Studies* 2019.

[177] Zhao, Xinlei. Technological Innovation and Acquisitions [J]. *Management Science*, 2009, 55(7): 1 170-1 183.

[178] Zhong, Rong. Transparency and Firm Innovation [J]. *Journal of Accounting and Economics*, 2018, 66(1): 67-93.